utb 3936

Eine Arbeitsgemeinschaft der Verlage

Brill | Schöningh – Fink · Paderborn
Brill | Vandenhoeck & Ruprecht · Göttingen – Böhlau Verlag · Wien · Köln
Verlag Barbara Budrich · Opladen · Toronto
facultas · Wien
Haupt Verlag · Bern
Verlag Julius Klinkhardt · Bad Heilbrunn
Mohr Siebeck · Tübingen
Narr Francke Attempto Verlag – expert verlag · Tübingen
Ernst Reinhardt Verlag · München
transcript Verlag · Bielefeld
Verlag Eugen Ulmer · Stuttgart
UVK Verlag · München
Waxmann · Münster · New York
wbv Publikation · Bielefeld
Wochenschau Verlag · Frankfurt am Main

Harald A. Wiltsche

Einführung in die Wissenschaftstheorie

Vandenhoeck & Ruprecht

Harald A. Wiltsche ist Professor für Philosophie an der Universität Linköping und Recurring Visiting Researcher am Institute for Advanced Study in Princeton. Davor war er Assistenzprofessor an der Universität Graz, Fulbright Visiting Scholar an der Stanford University und Erwin-Schrödinger Research Scholar an der University of Toronto. Seine Forschungsinteressen liegen in den Bereichen der allgemeinen Wissenschaftstheorie, der Philosophie der Physik, der Erkenntnistheorie und der Phänomenologie.

Coverabbildung: Das Titelbild zeigt das Display einer Wellenkammer während des Zerfalls eines positiven Kaons, © 1973 CERN.

Mit 5 Abbildungen

Online-Angebote oder elektronische Ausgaben sind erhältlich unter
www.utb-shop.de

Bibliografische Information der Deutschen Nationalbibliothek
Die Deutsche Nationalbibliothek verzeichnet diese Publikation in der Deutschen Nationalbibliografie; detaillierte bibliografische Daten sind im Internet über https://dnb.de abrufbar.

Umschlagabbildung: Wikimedia

2., korrigierte Auflage 2021

ein Imprint der Brill-Gruppe
(Koninklijke Brill NV, Leiden, Niederlande; Brill USA Inc., Boston MA, USA;
Brill Asia Pte Ltd, Singapore; Brill Deutschland GmbH, Paderborn, Deutschland;
Brill Österreich GmbH, Wien, Österreich)
Koninklijke Brill NV umfasst die Imprints Brill, Brill Nijhoff, Brill Hotei, Brill Schöningh, Brill Fink, Brill mentis, Vandenhoeck & Ruprecht, Böhlau, Verlag Antike und V&R unipress.

Vandenhoeck & Ruprecht Verlage | www.vandenhoeck-ruprecht-verlage.com

Umschlaggestaltung: Atelier Reichert, Stuttgart
Satz: Ruhrstadt Medien AG, Castrop-Rauxel
Druck und Bindung: GrafikMediaProduktionsmanagement GmbH, Köln

UTB-Band-Nr. 3936
ISBN: 978-3-8252-5751-4

Dem Andenken
an Ilona Csaplovics und
Friedrich Berger gewidmet.

Inhalt

Vorwort

Das vorliegende Buch stellt den Versuch einer möglichst niederschwelligen Einführung in die Wissenschaftstheorie dar. „Niederschwellig“ deshalb, weil ich mich sowohl auf philosophischer als auch auf naturwissenschaftlicher Seite bemüht habe, so wenig wie nur irgend möglich vorauszusetzen. Idealiter soll diese Einführung darüber hinaus in beide Richtungen funktionieren: Sie soll einerseits für all jene gut lesbar sein, die in einer Einzelwissenschaft zuhause sind, die sich aber trotzdem für eine philosophische Reflexion ihres Faches interessieren. Sie soll andererseits jenen nützen, die aus der Philosophie kommen und sich ein genaueres Bild davon machen wollen, was es mit der philosophischen Wissenschaftstheorie so auf sich hat.

Die Einführung ist aus dem Skript zu einer Vorlesung entstanden, die ich 2013 erstmals an der Universität Graz gehalten habe. Das Buch ist dementsprechend an den praktischen Anforderungen des Unterrichtsalltags orientiert: Es gibt sieben Einheiten. Jede Einheit gliedert sich wiederum in drei thematische Untereinheiten, gefolgt von einer Zusammenfassung und einem Abschnitt, in dem ich auf weiterführende Literatur hinweise. Am Ende jeder Zusammenfassung finden sich zudem fünf exemplarische Fragen, die der Selbstkontrolle dienen.

Die zeitlichen Einschränkungen, die mir bei meiner Vorlesung auferlegt waren, und jene Einschränkungen, die der Wunsch nach einem einigermaßen schlanken Lehrbuch mit sich bringt, haben dazu geführt, dass ich einige wichtige Themen aussparen musste: Ich wäre gerne näher auf die Philosophie des logischen Empirismus, auf die feministische Wissenschaftstheorie, auf Gedankenexperimente, auf den Bayesianismus und auf einige weitere Themenfelder eingegangen. Ich hoffe aber dennoch, meinen LeserInnen einen einigermaßen adäquaten Überblick über den Diskussionsstand in der allgemeinen Wissenschaftstheorie zu geben.

Ein Vorwort ist natürlich auch der Ort, um jenen zu danken, ohne die es das vorliegende Buch nicht geben würde. Beginnen möchte ich mit meinen Studierenden, vor allem den HörerInnen meiner Einführungsvorlesung und den TeilnehmerInnen meines Wissenschaftstheorie-Lesekreises an der Universität Graz. Sie alle haben mir nicht nur bereitwillig als Versuchskaninchen gedient, sondern haben durch Rückmeldungen und Kommentare die Qualität dieser Einführung deutlich verbessert.

Danken möchte ich außerdem dem Österreichischen Fonds zur Förderung der wissenschaftlichen Forschung, der mir die Freiheit gegeben hat, wichtige Partien dieses Buches fertigzustellen. Ebenfalls zu Dank verpflichtet bin ich meinen Freunden und Kollegen an den philosophischen Instituten in Graz, Toronto und anderswo. Besonders hervorheben möchte ich Danny Goldstick, Keizo Matsubara, Sebastian Luft, Walter Hopp, Yiftach Fehige, Simone de Angelis, Lukas Meyer, Marian David, Martina Fürst, Guido Melchior, Pranay Sanklecha und Werner Sauer.

Vier Personen verdienen darüber hinaus besondere Erwähnung: Zunächst Ulrike Gießmann-Bindewald vom Verlag Vandenhoeck & Ruprecht, die dieses Projekt nicht nur von Anfang an in jeder nur erdenklichen Form unterstützt hat, sondern die darüber hinaus mit perfekten Haltungsnoten über meine Säumigkeit und meinen zweifelhaften Sinn für Humor hinweggesehen hat. Dann James Robert Brown, dem ich neben vielen anderen Dingen drei Jahre in Toronto, der Stadt der Zukunft, verdanke. Sonja Rinofner-Kreidl, die mich in den vergangenen zehn Jahren in so unterschiedlichen Weisen unterstützt hat, dass ich alleine hiermit ein Buch füllen könnte. Und Michael Wallner, ohne dessen akribische Korrekturen dieses Buch ein sehr viel schlechteres wäre und ohne dessen Esprit mein Büroalltag so wäre wie Dagobah ohne Yoda.

Last, but not least, gilt der mit Abstand größte Dank meiner Familie. Einerseits meinen Eltern, die die Latte in vielerlei Hinsicht unglaublich hoch gelegt haben und die nicht aufhören, mich zu überraschen. Andererseits meinen drei *Wunschkindern* Lina, Valentin und Ilvi. Und schlussendlich meiner Ehefrau Dana, deren Fingerzeig einer der besten Dinge war, die mir in meinem Leben passiert sind.

Graz, im Sommer 2013 H. A. W.

Vorwort zur zweiten Auflage

Die vorliegende Einführung in die Wissenschaftstheorie ist aus einem Skriptum entstanden, die ich zwischen 2013 und 2019 gehalten habe. Dass ich den Text nun für eine zweite Auflage vorbereite, ist erfreulich: Mein Buch wird gelesen und darf man den Rezensionen Glauben schenken, dann scheint es mir gelungen zu sein, eine brauchbare Orientierung im Feld der Wissenschaftstheorie zu geben. Eine Neuauflage gibt aber auch Anlass zur Frage, ob es nicht sinnvoll wäre, am bestehenden Text stärker Hand anzulegen. Da sich die Wissenschaftstheorie in den letzten Jahren aber nicht in einer Weise verändert hat, die Einfluss auf die vorliegende Einführung hätte, erscheint es mir gerechtfertigt, die zweite Auflage gegenüber der ersten nur geringfügig zu verändern. Mein Dank gilt abschließend allen meinen Studierenden, Ludger Jansen, der mich mit zahlreichen Kommentaren zur Erstauflage versorgt hat, und dem Österreichischen Fonds zur Förderung der wissenschaftlichen Forschung (Projekt-Nr. P31758).

Björsäter, im Sommer 2021 H. A. W.

1. Einheit: Anstelle einer Einleitung – Drei Beispiele aus der Wissenschaftsgeschichte

Wir leben in einer Zeit, in der die Naturwissenschaften allgegenwärtig sind. Wann immer wir unser Handy benutzen, einem Navigationssystem durch den Großstadtdschungel folgen, von Wien nach Toronto fliegen oder aus Nostalgiegründen unseren alten Röhrenfernseher reaktivieren (und damit eine Elektronenkanone starten), setzen wir unbewusst voraus, dass auf die modernen Wissenschaften Verlass ist. Der gesellschaftliche Stellenwert der Naturwissenschaften wird aber auch dann deutlich, wenn die Titelseiten der Zeitungen von Marslandungen berichten, wenn der runde Geburts- oder Todestag einer berühmten Wissenschaftlerin oder eines berühmten Wissenschaftlers gefeiert wird oder wenn wir von bahnbrechenden Neuerungen in der medizinischen Forschung hören. Zwar sind irrationale, dogmatische und antiwissenschaftliche Tendenzen nach wie vor Teil unserer Kultur. Es steht aber dennoch außer Frage, dass die Wissenschaften in unserer Gesellschaft einen Sonderstatus einnehmen. Dieser Sonderstatus ist wohl primär darauf zurückzuführen, dass wissenschaftliches Wissen hinsichtlich seiner Verlässlichkeit und Glaubwürdigkeit konkurrenzlos ist.

Wie kommt diese Verlässlichkeit und Glaubwürdigkeit jedoch zustande? Was macht die Wissenschaften so besonders? Wodurch unterscheidet sich genuin wissenschaftliches Wissen von anderen Arten des Wissens? Viele würden auf diese Frage mit dem Hinweis auf die Besonderheit der *wissenschaftlichen Methode* antworten und dies sicherlich nicht zu Unrecht. Die wissenschaftliche Methode wurde – so hört man nicht selten – im 16. und 17. Jahrhundert von Pionieren wie Nikolaus Kopernikus, Francis Bacon, Johannes Kepler, Galileo Galilei, René Descartes, Robert Boyle, Gottfried Wilhelm Leibniz oder Isaac Newton entwickelt und markiert einen zentralen Wendepunkt in der Menschheitsgeschichte. Seit dieser Zeit arbeiten WissenschaftlerInnen unterschiedlicher Disziplinen an der Verfeinerung und Weiterentwicklung immer genauerer und besserer Methodenwerkzeuge. Wodurch zeichnen sich diese Methoden jedoch aus? Verfügt jede Einzelwissenschaft über ihre eigene Methode? Gibt es eine grundlegende Methode, die allen Wissenschaften gemeinsam ist? Oder noch viel grundlegender: Was ist das eigentlich, eine Methode?

Der Begriff „Methode" setzt sich aus den beiden griechischen Worten *metá* und *hodós* zusammen. *Metá* lässt sich mit „hinter", „nach" oder „zu etwas hin" und *hodós* mit „Weg" übersetzen, weshalb „Methode" so etwas wie „der Weg zu etwas hin" bedeutet. In der Informatik (genauer, in der objektorientierten Programmierung) bezeichnet der Begriff „Methode" beispielsweise einen Algorithmus, der das dynamische Verhalten eines Objekts regelt. Anders gesagt, die Methode legt hier eine endliche Anzahl von Schritten fest, die das Objekt durchläuft, ehe es seinen Endzustand erreicht. Was in diesem Zusammenhang unter „Objekt" bzw. unter „Endzustand" zu verstehen ist, lässt sich natürlich nicht so allgemein sagen; es hängt vom Programm ab, dessen Teil das jeweilige Objekt ist. Sprechen wir etwa von einem simplen Rechenprogramm und ist das betreffende Objekt jener Teil des Programms, der für das Addieren zuständig ist, dann ist die Methode die Liste der Schritte, die von den Summanden zur Summe, also zum „Endzustand", führt.

Der Vergleich mit der Informatik darf natürlich nicht überstrapaziert werden, wenn es um eine Annäherung an den wissenschaftlichen Methodenbegriff geht: WissenschaftlerInnen sind keine Computerprogramme, sondern Menschen aus Fleisch und Blut. Das Ergebnis der Forschung ist durch die Methode nicht vorbestimmt, sondern oftmals vollkommen unvorhersehbar. Die methodischen Werkzeuge, derer sich WissenschaftlerInnen bedienen, sind im Normalfall zu komplex, um sie in Form einfacher Algorithmen darzustellen,[1] und es ist zunächst offen, ob die wissenschaftliche Methode eine Anweisung zur Produktion wissenschaftlichen Wissens darstellt oder ob sie uns nur bei der kritischen Prüfung von Hypothesen hilft. Um diesen und ähnlichen Aspekten Rechnung zu tragen, erscheint es sinnvoll, dem Vorschlag Peter Godfrey-Smiths zu folgen und den wissenschaftlichen Methodenbegriff in einem ersten Schritt wie folgt zu verstehen: Die wissenschaftliche Methode stellt eine Menge von Anweisungen dar, die in ihrer Gesamtheit eine *Strategie* zur Erkundung der Welt ergeben (vgl. Godfrey-Smith 2003, 7). Analysieren wir diese Strategie, so lernen wir auch die Art des Weltbezugs, der für die wissenschaftliche Perspektive charakteristisch ist, besser zu verstehen.

Wir sind nun also im Besitz eines vorläufigen Methodenbegriffs. Dieser besagt, dass darunter eine bestimmte Strategie der Welterkundung zu verstehen ist. Dies genügt jedoch noch nicht, um unsere Ausgangsfrage nach dem Sonderstatus der Wissenschaften zu beantworten: Strategisches Vorgehen kommt ja nicht nur in den Wissenschaften vor, sondern in etlichen anderen Lebensbereichen auch. Wenn die Rede von einem Sonderstatus der Wissenschaften überhaupt gerechtfertigt ist, dann muss es also etwas geben, worin sich die genuin wissenschaftliche Strategie der Welterkundung von anderen nicht wissenschaftlichen Strategien unterscheidet. Dies wirft natürlich die Frage auf, worin dieses besondere „Etwas" genau bestehen könnte.

Mit der Frage nach dem besonderen „Etwas" der wissenschaftlichen Methode ist eine der zentralen Fragen dieser (und vermutlich jeder anderen) Einführung

[1] Hiermit wird natürlich nicht behauptet, dass die Mittel der Informatik für den Bereich der Wissenschaftstheorie generell irrelevant wären. Ganz im Gegenteil, für die sogenannte *computational philosophy of science* ist die Verknüpfung von Wissenschaftstheorie, *cognitive science* und KI-Forschung charakteristisch. Vgl. z.B. die klassische Darstellung bei Thagard (1993).

in die Wissenschaftstheorie angesprochen. Einer populären, aber auch von praktizierenden WissenschaftlerInnen wie dem Physiknobelpreisträger Richard Feynman (1918–1988) vertretenen Auffassung zufolge (Feynman 2007, 70) kann diese Frage mit dem Hinweis auf das „Triumvirat“ von *Beobachtung*, *Schlussfolgerung* und *experimenteller Bestätigung* beantwortet werden. Eine auf diesen drei Bestandteilen aufbauende Methode wurde – wie häufig ausgeführt wird – erst zu Beginn der frühen Neuzeit entwickelt und gegen den herrschenden Dogmatismus kirchlicher und weltlicher Autoritäten in Stellung gebracht. Schematisch lässt sich die Methode, von der hier die Rede ist, in drei Schritten darstellen:

Schritt 1: Der jeweilige Gegenstandsbereich wird voraussetzungslos (d.i. unter Ausschluss theoretischer Vormeinungen) beobachtet.
Schritt 2: Auf der Basis der in Schritt 1 gewonnenen Beobachtungen werden Schlussfolgerungen gezogen, die auf allgemeinster Ebene in Gesetzesaussagen und Theorien gipfeln.
Schritt 3: Die Wahrheit der gewonnenen Gesetzesaussagen und Theorien wird wiederum an der (von der Theorie unabhängigen) Beobachtung bestätigt, vor allem im Rahmen von Experimenten.

Da die zentralen Elemente dieser Vorgehensweise *Beobachtung*, *Schlussfolgerung* und *(experimentelle) Bestätigung* sind, werde ich im Folgenden der Einfachheit halber von der *BSB-Strategie* sprechen.

In den nächsten drei Unterkapiteln dieser Einführungseinheit wird es um den Nachweis gehen, dass die Wege, die WissenschaftlerInnen im Rahmen ihrer Forschungstätigkeit gehen müssen, sehr viel verschlungener sind als dies die BSB-Strategie zum Ausdruck zu bringen imstande ist. Natürlich, die BSB-Strategie wird nicht in Bausch und Bogen zu verwerfen sein. Zu bestreiten ist etwa nicht, dass Vorurteilsfreiheit ein unverzichtbares Ideal darstellt, dass WissenschaftlerInnen unentwegt von Schlussfolgerungen aller Art Gebrauch machen und dass experimentelle Bestätigungen zum wissenschaftlichen Alltagsgeschäft gehören. Es wird sich aber zeigen, dass sich hinter jedem dieser Schlagworte weitaus mehr philosophische Probleme verbergen, als man auf den ersten Blick vermuten würde. Drei historische Beispiele werden uns bei der Illustration dieses Umstands helfen: Ptolemäus’ Epizyklentheorie und eines seiner Argumente für den Geozentrismus werden als Ausgangspunkt für eine Auseinandersetzung mit dem Beobachtungsbegriff dienen. Arthur Eddingtons empirischer Test der allgemeinen Relativitätstheorie wird uns dabei helfen, einigen Problemen mit dem Begriff der wissenschaftlichen Bestätigung und damit der Grundidee des Falsifikationismus auf die Spur zu kommen. Und Urbain Leverriers Berechnung der Umlaufbahnen von Neptun und Vulkan wird es uns schließlich erlauben, die Duhem-These und ihre Auswirkungen auf das falsifikationistische Programm kennenzulernen.

1.1 Ptolemäus' Argumente für unseren Platz im All

Die kanadische Eishockeylegende Wayne Gretzky wird nicht zuletzt deshalb als Ikone des nordamerikanischen Mannschaftssports angesehen, weil er knapp 15 Jahre nach Beendigung seiner aktiven Karriere immer noch sage und schreibe 61 offizielle Rekorde der National Hockey League innehat – darunter so wichtige wie die höchste Tor-pro-Spiel-Quote in einer Saison oder die meisten Punkte in der gesamten Karriere. Nähert man sich der Wissenschaftsgeschichte in derartigen Kategorien, dann kommt Claudius Ptolemäus (ca. 100–180 n.Chr.) ganz eindeutig Ikonenstatus zu. Gemeinsam mit Euklid, dem Verfasser der *Elemente*, führt Ptolemäus die Statistik derjenigen Werke an, die am längsten im wissenschaftlichen Gebrauch stehen. Ptolemäus' *Almagest* definierte nicht nur für 15 volle Jahrhunderte die Disziplin der Astronomie, der Name Ptolemäus steht für ein ganzes Weltbild, dessen Relevanz über den engeren Bereich der Wissenschaft bei Weitem hinausging.

Grob gesprochen setzt sich das Theoriengebäude, das Ptolemäus in den 13 Büchern des *Almagest* entwickelt, aus zwei Teilen zusammen: Auf der einen Seite steht der komplexe mathematische Apparat der Epizyklentheorie, der der Erklärung und Prognose der Planetenbewegungen dient. Auf der anderen Seite steht jener Teil der Theorie, mit dem der Name „Ptolemäus" zumeist assoziiert wird: die geozentrisch-aristotelische Kosmologie, die das Denken bis in die frühe Neuzeit dominierte.

Die für uns wichtigen Eckpfeiler dieser bereits vor Ptolemäus verbreiteten Kosmologie lauten wie folgt (vgl. Abb. 1; 16):

1. Der Mittelpunkt der Erde ist zugleich der Mittelpunkt des Universums.
2. Die Erde ist unbewegt und hat die Form einer Kugel.
3. Für die einfachste Version dieser Kosmologie gilt, dass sich die Planeten (also Mond, Merkur, Venus, Sonne, Mars, Jupiter und Saturn) auf konzentrisch angeordneten Sphären in exakt kreisförmigen Bahnen mit einer konstanten Bahngeschwindigkeit um die Erde bewegen.
4. Die Fixsterne sind an der äußersten Sphäre positioniert.
5. Diese äußerste Sphäre markiert zugleich die finale Begrenzung des Universums.

Für Ptolemäus bestand kein Zweifel, dass die soeben beschriebene Kosmologie dem tatsächlichen Aufbau des Universums zumindest in groben Zügen entspricht. Er haderte jedoch mit zwei Problemen: *Erstens*: Beobachtet man den Sternenhimmel über einen längeren Zeitraum hinweg, so ist auch mit freiem Auge bemerkbar, dass die Helligkeit der Fixsterne konstant bleibt, während sich jene der fünf Planeten Merkur, Venus, Mars, Jupiter und Saturn teils signifikant verändert. *Zweitens*: Man wusste zu Ptolemäus' Lebzeiten natürlich, dass sich die Planeten in östlicher Richtung durch die Sternbilder des Tierkreises bewegen. Man wusste aber auch, dass dies nicht immer der Fall ist. In regelmäßigen Abständen scheinen die Planeten Mars, Jupiter und Saturn ihre übliche Bewegung zuerst „abzubremsen", um dann für einige Zeit „rückwärts", also gen Westen zu ziehen. Dieses sonderbare Verhalten nennt man *retrograde Bewegung* (vgl. Abb. 2 und 3; 16).

Aus heutiger (heliozentrischer) Perspektive lassen sich die retrograde Bewegung und die Helligkeitsunterschiede problemlos erklären. Stellt man sich ein Universum vor, in dem die Planeten auf Ellipsen mit unterschiedlichen Bahngeschwindigkeiten um die Sonne kreisen, dann wird schnell klar, dass die Erde aufgrund ihrer höheren Bahngeschwindigkeit die oberen Planeten Mars, Jupiter und Saturn (Uranus und Neptun waren noch nicht entdeckt) in regelmäßigen Abständen „überholt". Die retrograde Bewegung ist ebenso Resultat dieser Überholmanöver wie die angesprochenen Helligkeitsunterschiede: Differierende Bahngeschwindigkeiten führen zu unterschiedlichen Entfernungen zwischen den Planeten und der Erde, und diese unterschiedlichen Entfernungen nehmen terrestrische BeobachterInnen als Unterschiede in der Helligkeit der Himmelskörper wahr.

Mindestens ebenso einleuchtend ist es jedoch, dass derartige Erklärungsstrategien für die oben dargestellte Version des Geozentrismus nicht zur Verfügung stehen. Bewegen sich die Planeten tatsächlich in exakten Kreisbahnen mit den immer gleichen Bahngeschwindigkeiten um die Erde, dann sind nicht nur Überholmanöver ausgeschlossen, auch Veränderungen der Abstände zwischen Erde und den sie umkreisenden Planeten bleiben aus. Dies hat zur Folge, dass sich sowohl die retrograde Bewegung als auch die beschriebenen Helligkeitsunterschiede als äußerst rätselhafte Anomalien erweisen, die den Geozentrismus in seiner ursprünglichen Form vor ernsthafte Probleme stellen.

Wie erwähnt, gab es für Ptolemäus an der prinzipiellen Richtigkeit der geozentrisch-aristotelischen Kosmologie nichts zu rütteln. Es stand aber auch außer Frage, dass Adaptionen notwendig waren, um die soeben angesprochenen Anomalien in den Griff zu bekommen. Ptolemäus nahm deshalb mathematische Techniken auf, die bereits vor ihm von Astronomen wie Apollonius und Hipparchus untersucht worden waren: Epizykel, Deferenten, Exzenter und Äquanten.[2] Ptolemäus' bleibender Verdienst ist es, aus diesen Techniken und der geozentrisch-aristotelischen Kosmologie eine Theorie geformt zu haben, die nicht nur annähernde empirische Adäquatheit, sondern auch eine erstaunlich gute Prognoseleistung für sich verbuchen kann.

Was ist der springende Punkt an dieser Theorie? Im Kern beruht die ptolemäische Epizyklentheorie auf der Einsicht, dass unter der Voraussetzung der geozentrisch-aristotelischen Kosmologie *eine* Kreisbahn nicht ausreicht, um die Bewegung der Planeten zu beschreiben. Eine adäquate Beschreibung verlangt nach zumindest *zwei* Kreisbahnen: Die Planeten selbst bewegen sich entlang eines

2 Im Rahmen dieser knappen Übersicht werde ich auf die Rolle der Äquanten nicht weiter eingehen. Eine gute Darstellung gibt DeWitt (2010, 120–121).

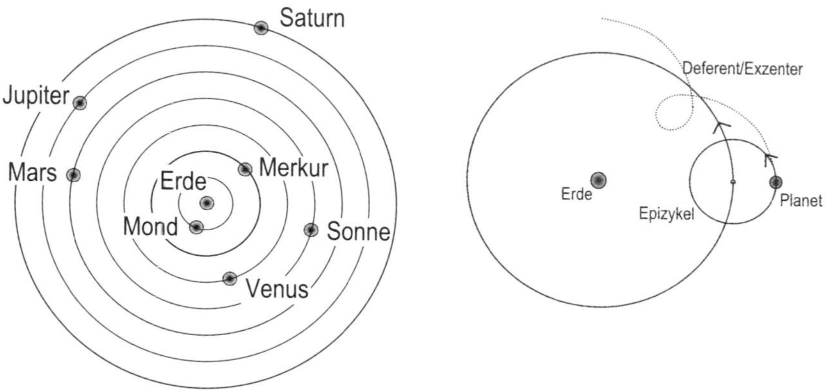

Abb. 1: Das geozentrische Weltbild

Abb. 2: Retrograde Bewegung aus Sicht der Epizyklentheorie

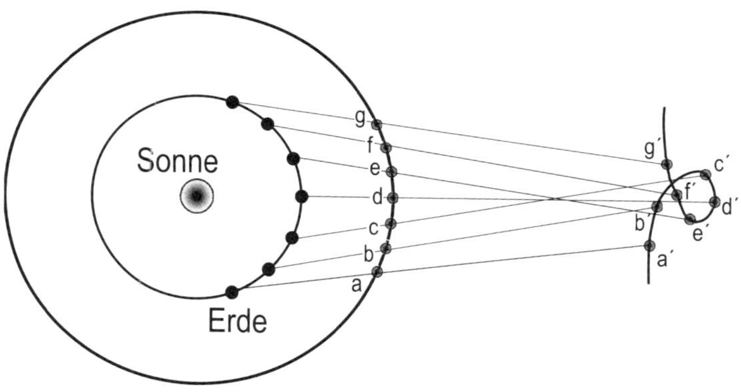

Abb. 3: Retrograde Bewegung aus heutiger Sicht

ersten, kleineren Kreises (des Epizykels). Der Mittelpunkt dieses Epizykels bewegt sich jedoch seinerseits entlang eines zweiten, größeren Kreises (des Deferenten oder Exzenters). In der einfachsten Variante der Epizyklentheorie ist der Mittelpunkt dieses zweiten, größeren Kreises zugleich der Mittelpunkt der Erde.

Wir müssen uns an dieser Stelle weder mit den unterschiedlichen Varianten der Epizyklentheorie noch mit ihren Details beschäftigen. Wichtig ist, dass die beschriebenen mathematischen Instrumente in ihrer Gesamtheit ein theoretisches Modell ergeben, das sich als erstaunlich flexibel erweist. Strategien wie die Veränderung der Radien der Epizykel und Deferenten, die Adaption der Bahngeschwindigkeiten, die Integration zusätzlicher Epizykel oder die Manipulation des Exzentermittelpunkts erlauben die Modellierung einer Vielzahl von möglichen

Bewegungsszenarien.[3] Auf diese Weise gelang Ptolemäus die Erklärung und Prognose der retrograden Bewegung und der zuvor angesprochenen Helligkeitsunterschiede, ohne dabei die entscheidenden Eckpfeiler der geozentrisch-aristotelischen Kosmologie anzutasten. Zwar musste immer wieder nachgebessert werden, wenn neue Beobachtungsmethoden genauere Daten lieferten. Die Erklärungs- und Prognoseleistung der Epizyklentheorie war jedoch trotzdem so hoch, dass sie zum wissenschaftlichen Evergreen wurde.

Was ist zur ptolemäischen Theorie aus wissenschaftstheoretischer Perspektive zu sagen? Wählen wir die BSB-Strategie als Ausgangspunkt, so könnte man zu dem Schluss gelangen, dass die ptolemäische Theorie nach zweierlei Standards zu messen ist. Auf der einen Seite steht die Epizyklentheorie, in deren Rahmen Ptolemäus konkrete empirische Probleme mittels exakter mathematischer Werkzeuge in den Griff zu bekommen versucht. Ptolemäus geht von beobachtbaren Fakten (d.i. von den Planetenbahnen, von der retrograden Bewegung und von den Helligkeitsunterschieden) aus, stellt eine Unvereinbarkeit mit der ursprünglichen Theorie konzentrisch angeordneter Sphären fest und formuliert eine Alternative, die den empirischen Fakten so gut als möglich Rechnung trägt. Sieht man fürs Erste von der Induktionsthematik ab, so scheint alles ganz im Sinne der BSB-Strategie zu verlaufen: Wie in Schritt 1 gefordert, geht der Proklamation der Theorie die voraussetzungslose Beobachtung des betreffenden Gegenstandsbereichs voraus. Und wie in Schritt 3 gefordert, orientiert sich auch die Bestätigung der Theorie einzig und allein an der von theoretischen Vormeinungen unabhängigen Beobachtung.

Auf der anderen Seite scheint Ptolemäus die Bindung an die Empirie jedoch genau dort zu verlieren, wo er der geozentrisch-aristotelischen Kosmologie verpflichtet bleibt. Einer weit verbreiteten Auffassung zufolge war diese nämlich deshalb so bestimmend, weil ein Universum, in dem sich im wahrsten Sinne des Wortes alles um den Menschen dreht, hervorragend zu anthropozentrischen Narrativen wie religiösen Schöpfungsgeschichten passt. Trifft diese Sichtweise zu, dann scheint sich aus dieser historischen Episode tatsächlich eine erste wissenschaftstheoretische Lektion ziehen zu lassen: Ptolemäus kann bis zu dem Punkt als Pionier der wissenschaftlichen Methode angesehen werden, bis zu dem er sich in der Theoriearbeit allein von der Beobachtung leiten lässt. Er verlässt den Weg der Wissenschaftlichkeit jedoch genau dort, wo er der Beobachtung den Rücken kehrt und sich von philosophischen und religiösen Autoritäten und den durch sie propagierten Vorurteilen eine falsche Kosmologie vorschreiben lässt. Diese Interpretation scheint die BSB-Strategie außerdem in ihren Grundzügen zu bestätigen.

Die soeben skizzierte Interpretation beruht auf der strikten Trennung zwischen einem wissenschaftlichen (da an der Beobachtung orientierten) und einem un-

---

3 Es ist schwer, die Flexibilität der Epizyklentheorie in Worten angemessen zu vermitteln. Ich empfehle deshalb, den *Ptolemaic System Simulator* auszuprobieren, der am Department for Astronomy der University of Nebraska-Lincoln entwickelt wurde (https://www.foothill.fhda.edu/astronomy/astrosims/ptolemaic-system/index.html; zuletzt eingesehen im Juli 2021).

wissenschaftlichen (da nicht an der Beobachtung orientierten) Teil der ptolemäischen Astronomie. Diese Interpretation setzt voraus, dass die Gründe für die Akzeptanz der geozentrisch-aristotelischen Kosmologie allein außerwissenschaftlicher Natur sind. Welche Beobachtungen sollten es denn auch sein, die für den Geozentrismus ins Feld geführt werden können? Wie wir gleich sehen werden, hält diese Interpretation der genaueren Analyse jedoch nicht stand: Zwar ist es sicherlich richtig, dass die Dominanz des Geozentrismus zu einem nicht unbeträchtlichen Teil auf außerwissenschaftliche Gründe zurückzuführen ist. Anders als häufig behauptet, wurden zur Begründung des Geozentrismus jedoch sehr wohl handfeste Beobachtungen herangezogen und als Basis für komplexe Argumentationen verwendet. Ein etwas genauerer Blick auf eine dieser Beobachtungen wird uns nicht nur ein besseres Verständnis der vormodernen Astronomie und Physik ermöglichen, er erlaubt es uns zudem, die negativen Folgen eines allzu naiven Beobachtungsbegriffs zu illustrieren.

Derjenige Teil der geozentrisch-aristotelischen Kosmologie, den Ptolemäus um jeden Preis zu bewahren versuchte, beruht auf vier zentralen Eckpfeilern: der Überzeugung, dass die Erde eine Kugel ist; der Ansicht, dass sich die Erde im Zustand der absoluten Ruhe befindet; der Behauptung, dass der Mittelpunkt der Erde zugleich der Mittelpunkt des Universums ist, und der Annahme, dass das Universum endlich ist. Aus heutiger Sicht am wenigsten kontrovers ist die These von der (annähernden) Kugelförmigkeit der Erde. Zu ihrer Begründung verweist Ptolemäus beispielsweise auf eine Beobachtung aus der Seefahrt: Aus welcher Himmelsrichtung man sich auch immer einem Schiff nähert, zu sehen ist zunächst immer nur die Mastspitze. Die Sichtbarkeit des Rumpfes hängt demgegenüber von der Entfernung ab, die zwischen uns und dem Schiff besteht. Diese Beobachtungen wären unverständlich, ginge man nicht von der Kugelförmigkeit der Erde aus, sondern etwa davon, dass sie flach oder zylindrisch ist.

Besonders in den Vordergrund rücken möchte ich jedoch eines jener Argumente, das nach Ptolemäus die Annahme der absoluten Ruhelage der Erde stützen soll. Einige kurze Vorbemerkungen sind nötig, um den Hintergrund dieses Arguments zu verstehen: Seit Eratosthenes (ca. 276–194 v.Chr.) wusste man, dass der Erdumfang mit ungefähr 42.000 Kilometer zu bemessen ist. Geht man von diesem Wert aus und nimmt man weiter an, dass sich die Erde in etwas weniger als einem Tag um ihre eigene Achse dreht, dann folgt hieraus, dass ich mich, während ich diese Zeilen schreibe, mit einer Geschwindigkeit von ungefähr 1750 km/h fortbewege. Beschränkt man sich nicht nur auf die Erdrotation, sondern nimmt man auch noch die Bewegung um die Sonne hinzu, so sprechen wir nach heutigen Berechnungen sogar von unglaublichen 107.000 km/h!

Wichtig ist nun, Ptolemäus' Argumentation an dieser Stelle nicht zu trivialisieren: Obwohl Werte wie diese selbst unsere moderne Vorstellungskraft auf eine harte Probe stellen, ist Ptolemäus' Argument *nicht*, dass derartige Geschwindigkeiten schlicht unmöglich wären. Ptolemäus' Hauptargument ist vielmehr, dass die Annahme einer Erde, die sich mit derartigen Geschwindigkeiten bewegt, mit einer Vielzahl von vollkommen alltäglichen Beobachtungen im Widerspruch steht. Nehmen wir an, ich springe senkrecht in die Höhe und bleibe dabei für 1 Sekunde in der Luft (springende Menschen gehören nicht zu Ptolemäus' Beispielen, sie veranschaulichen seinen Punkt jedoch sehr gut). Es lässt sich beobachten, dass ich nach dieser Sekunde am gleichen Punkt lande, von dem ich zuvor abgesprungen bin. Bewegt sich die Erde aber tatsächlich so rasend schnell, wie vorhin behauptet, dann müsste sie sich nach Ende meines Sprunges bereits um knapp 30 Meter weiterbewegt haben. Ich müsste also um knapp 30 Meter weiter westlich landen, was jedoch ganz klar nicht der Fall ist. Diese und ähnliche Beobachtungen (wie fliegende Vögel, gen Westen abgefeuerte Kanonenkugeln und langsam am Himmel entlangziehende Wolken) zeigen laut Ptolemäus unzweifelhaft, dass die Annahme einer sich bewegenden Erde geradezu absurd ist.

Außer Frage steht, dass hüpfende Menschen, fliegende Vögel, gen Westen abgefeuerte Kanonenkugeln und langsam am Himmel entlangziehende Wolken allesamt wunderbare Beispiele für handfeste Beobachtungen abgeben. Und da es genau solche Beobachtungen sind, auf die Ptolemäus in seiner Argumentation zurückgreift, lässt sich die weiter oben dargestellte Kritik an der Wissenschaftlichkeit der ptolemäischen Theorie nicht ohne Weiteres aufrechterhalten: Es trifft einfach nicht zu, dass Ptolemäus im Hinblick auf die geozentrisch-aristotelische Kosmologie allein philosophischen und religiösen Autoritäten, nicht aber der Beobachtung gefolgt wäre.

Nun könnte man natürlich einwenden, dass etwas mit dem hier zugrunde gelegten Beobachtungsbegriff nicht stimmt. Klar, es ist jederzeit möglich, hüpfende Menschen, fliegende Vögel, gen Westen abgefeuerte Kanonenkugeln und langsam am Himmel entlangziehende Wolken zum Gegenstand von Beobachtungen zu machen. Das Problem ist jedoch die Art und Weise, wie Ptolemäus derartige Beobachtungen in seine Gesamttheorie integriert: Die Hypothese einer ruhenden Erde wird von einem hüpfenden Menschen doch offensichtlich nur unter der Voraussetzung einer vollkommen verkehrten Bewegungslehre und unter Missachtung des Relativitätsprinzips gestützt. Erkennt man den Trägheitssatz an und akzeptiert man, dass innerhalb eines Inertialsystems nur relative Geschwindigkeiten gemessen werden können, dann verliert die Beobachtung eines hüpfenden Menschen diejenige epistemische Relevanz, die Ptolemäus ihr abverlangt.[4]

[4] Hierzu ist Folgendes zu sagen: Das von Galileo Galilei erstmals formulierte Relativitätsprinzip besagt, dass sich innerhalb eines Inertialsystems nicht experimentell entscheiden lässt, ob das Inertialsystem ruht oder sich geradlinig gleichförmig bewegt. Ptolemäus setzt jedoch voraus, dass eine derartige experimentell fundierte Entscheidung im Fall des Inertialsystems Erde möglich ist. (Ich ignoriere an dieser Stelle, dass die Erde streng genommen gar kein Inertialsystem ist, wie die Existenz Foucaultscher Pendel illustriert.) Der Vorwurf, dass Ptolemäus' Argumentation auf einer falschen Bewegungslehre beruht, lässt sich nur im Rekurs auf die aristotelische Physik erläutern. Diese fußt auf der Unterscheidung zwischen natürlichen und erzwungenen Bewegungen. Natürliche Bewegungen sind diejenigen, die Körper vollführen, um an die Orte zu gelangen, die ihrem eigentlichen Wesen entsprechen. Es entspricht beispielsweise dem Wesen schwerer Körper, zum Mittelpunkt des Universums zu streben. Diese natürliche Tendenz erklärt beispielsweise, warum

Außer Frage steht, dass das soeben Gesagte unserem heutigen physikalischen Wissen entspricht. Seit Galileo Galilei (1564–1642) und Isaac Newton (1642–1727) haben wir in der Tat kein Problem, hüpfende Menschen mit dem Faktum einer bewegten Erde in Einklang zu bringen. Aus wissenschaftstheoretischer Perspektive ergeben sich dennoch einige weitreichende Fragen. Erinnern wir uns an die BSB-Strategie und hier vor allem an die Rolle, die der Beobachtung zukommt: Die Beobachtung ist nicht nur dasjenige, das dem Generieren von Theorien vorausgeht, das qua Induktion legitime Hypothesen und Theorien nahelegt und das als die alleinige Prüfungsinstanz anzusehen ist. Die Beobachtung ist darüber hinaus auch dadurch ausgezeichnet, dass sie jederzeit als ein von der Theorie *unabhängiger* Bewertungsmaßstab anzusehen ist. Genau dies will man zum Ausdruck bringen, wenn man von wissenschaftlichen Beobachtungen *Voraussetzungslosigkeit* bzw. *Vorurteilsfreiheit* fordert. Beobachtungen und Theorien nicht zu trennen wäre ungefähr so, als würde man einen Politiker, der in einer Schmiergeldaffäre angeklagt ist, in seiner eigenen Verhandlung als Entlastungszeugen laden.

Unklar ist aber, ob sich die Trennung zwischen Beobachtung und Theorie angesichts jener Ergebnisse, die wir im Rahmen dieses Abschnitts gewonnen haben, tatsächlich durchhalten lässt. Stellen wir uns das Aufeinandertreffen eines Anhängers der geozentrisch-aristotelischen Kosmologie und einer Vertreterin unseres modernen Weltbilds vor: Prinzipiell wäre es wünschenswert, könnten sich die beiden an die theorieunabhängige und beiderseits respektierte Beobachtung wenden, um eine Entscheidung zugunsten der einen oder der anderen Theorie zu treffen. Bereits das simple Beispiel eines hüpfenden Menschen legt aber nahe, dass genau dies nicht ohne Weiteres möglich ist: Nicht einmal in derart einfachen

---

ein Stein, den ich von einem Turm fallen lasse, senkrecht nach unten fällt. Der Stein beendet seine natürliche Bewegung, wenn er entweder beim Mittelpunkt des Universums angelangt ist oder vorher von einem Hindernis (wie etwa der Erdoberfläche) an der Ausführung seiner natürlichen Bewegung gehindert wird. Erzwungene Bewegungen sind demgegenüber solche, die nur deshalb auftreten, weil ein Körper von einer externen Kraft entgegen seiner natürlichen Tendenz bewegt wird. Das Schieben eines Schubkarrens ist ein Paradebeispiel für eine erzwungene Bewegung. Diese hält nur so lange an, wie eine externe Kraft auf den zu bewegenden Körper einwirkt. Wendet man dieses Verständnis von Bewegung nun auf das Problem der Erdrotation an, so ergibt sich Folgendes: Solange ich mit beiden Beinen auf der Erdoberfläche stehe, vollführe ich eine erzwungene Bewegung in östlicher Richtung. Grund für diese erzwungene Bewegung ist der Kontakt zur Erde, die mir ihre Rotationsbewegung aufzwingt. Springe ich in die Luft, dann verliere ich den Kontakt mit der Erdoberfläche. Das bedeutet aber gleichzeitig, dass es keine Kraft mehr gibt, die eine erzwungene Bewegung in östlicher Richtung verursacht. Genau aus diesem Grund bleibe ich in der Luft stehen, während sich die Erde unter mir in östlicher Richtung weiterbewegt. Zentral für die aristotelische Bewegungslehre ist also, dass erzwungene Bewegungen enden, sobald es keine externe Kraft mehr gibt, die diese Bewegung verursacht. Dies (und die gesamte Unterscheidung zwischen natürlichen und erzwungenen Bewegungen) widerspricht jedoch dem Trägheitssatz, dem ersten Gesetz der newtonschen Mechanik. Dieses besagt, dass jeder Körper im Zustand der Ruhe oder gleichförmigen Bewegung verbleibt, solange er nicht durch einwirkende Kräfte zur Änderung seines Zustands gezwungen wird. Dies wiederum erklärt, warum wir die Erdrotation weiterhin mitmachen, auch wenn wir während des Sprungs keinen Bodenkontakt mehr haben.

Fällen scheint sich der epistemische Wert einer Beobachtung festlegen zu lassen, ohne hierbei auf umfassende theoretische Annahmen zurückgreifen zu müssen. Die Katze beißt sich also scheinbar in den Schwanz: Um AnhängerInnen der geozentrisch-aristotelischen Kosmologie davon zu überzeugen, dass hüpfende Menschen nicht für die Richtigkeit ihrer Sichtweise sprechen, müssen diese mit dem Relativitätsprinzip und dem Trägheitssatz zentrale Bestandteile eines für sie fremden Weltbilds bereits anerkannt haben. Haben sie dies nicht, so gibt es für sie scheinbar keinen Grund, denselben hüpfenden Menschen, der für VertreterInnen unseres modernen Weltbildes epistemisch vollkommen irrelevant ist, *nicht* als Beleg für den Geozentrismus anzusehen. Manche meinen, dass dies äußerst schlechte Nachrichten für unser traditionelles Wissenschaftsverständnis sind: Wie soll man so komplexen Artefakten wie ionisierten Partikeln in Wellenkammern oder Atomkernen in Teilchenbeschleunigern den Status von Beobachtungen zuweisen, wenn nicht einmal ein hüpfender Menschen dazu geeignet ist, vorurteilsfreie Entscheidungen in der Theorienwahl zu stützen?

Wir sind in die Materie noch nicht tief genug eingedrungen, um die Triftigkeit derartiger Bedenken adäquat einschätzen zu können. Festhalten sollten wir aber, dass der Beobachtungsbegriff deutlich mehr Fragezeichen aufwirft, als man dies auf den ersten Blick vermuten würde. Welche Auswirkungen diese Ergebnisse auf die BSB-Strategie haben, ist eines der Themen, die uns in den späteren Einheiten beschäftigen werden.

1.2 Einstein, Eddington und die Sonnenfinsternis von 1919

Mein zweites Beispiel ist fast zwei Jahrtausende nach Ptolemäus angesiedelt und betrifft Albert Einstein (1879–1955), den Entdecker der Relativitätstheorie, und Arthur S. Eddington (1882–1944), dem gemeinhin die Ehre zugesprochen wird, bei einem der ersten empirischen Tests der Relativitätstheorie maßgeblich beteiligt gewesen zu sein. Die übergeordnete Thematik, die in diesem Unterabschnitt erläutert werden soll, ist jene der Bestätigung von Theorien. Auf drei Aspekte werde ich besonders eingehen: Die Sonnenfinsternis von 1919 soll *erstens* illustrieren, dass die Bestätigung von Theorien ein bisweilen sehr kompliziertes Unterfangen darstellt. Da es gerade im Fall der anschauungsfernen Relativitätstheorie lange Zeit als schwierig betrachtet wurde, geeignete Prüfungsbedingungen zu schaffen, gilt die Sonnenfinsternis von 1919 bis heute als einer der wichtigsten empirischen Tests der neueren Wissenschaftsgeschichte. Es ist deshalb nahe liegend, die Rekonstruktion dieser Episode zu nutzen, um *zweitens* auf Probleme hinzuweisen, die im Zusammenhang mit dem Begriff der wissenschaftlichen Bestätigung unweigerlich auftreten. Diese Probleme sind jedoch nicht nur von Belang, wenn man die Natur der Bestätigung und die Bedingungen, unter denen sie möglich wird, verstehen will. Je nach Interpretation können diese Probleme als Ausgangspunkt für sehr unterschiedliche wissenschaftstheoretische Projekte dienen, wie sich *drittens* herausstellen wird. Ich werde die Sonnenfinsternis von 1919 deshalb einmal ausgehend von der BSB-Strategie und einmal ausgehend von Poppers Falsifikationismus interpretieren. Das Ziel ist zu zeigen, dass unterschiedliche Wissenschaftstheorien zu teils vollkommen unterschiedlichen Rekonstruktionen ein- und derselben historischen Episode gelangen können.

Wie ich gerade angedeutet habe, ist die einsteinsche Relativitätstheorie dafür bekannt, viele unserer Alltagsintuitionen auf eine harte Probe zu stellen: Beispielsweise ist der speziellen Relativitätstheorie zufolge die Länge eines Objekts von der Relativgeschwindigkeit zwischen Objekt und Beobachtungsrahmen abhängig. Nehmen wir an, dass ich mit meinem Auto auf der Landstraße unterwegs bin. Wird es vom Straßenrand aus gemessen, dann ist die Länge des Autos während der Fahrt um den Faktor

$$l = l_0 \times \sqrt{1-(v/c)^2}$$

kürzer als während eines Stopps an der Ampel.[5] Halte ich an und wird erneut gemessen, dann ist die Länge wieder so, wie in den Fahrzeugpapieren ursprünglich angegeben.

Das Phänomen der sogenannten Lorentzkontraktion ist nicht zufällig gewählt. Es veranschaulicht zwei Aspekte, die im Umgang mit der Relativitätstheorie wichtig sind: Einerseits illustriert die Lorentzkontraktion beispielhaft diejenigen Spannungen, die sich sowohl zwischen Relativitätstheorie und Alltagserfahrung, aber auch zwischen Relativitätstheorie und klassischer Physik ergeben. So widerspricht es etwa einigen unserer grundlegendsten Erwartungen an die empirische Welt, dass Objekte in Abhängigkeit von ihrer Geschwindigkeit schrumpfen. Andererseits zeigt die Lorentzkontraktion aber auch, dass derart kontraintuitive Konsequenzen erst unter sehr extremen Bedingungen eintreten. Bei 100 km/h liegt die Kontraktion meines Autos bei 2×10^{-14} Meter, was in etwa dem Durchmesser eines Atomkerns entspricht. Der Kontraktionseffekt ist also auf der Ebene jener Geschwindigkeiten, mit denen wir uns normalerweise bewegen, irrelevant. Würde ich mein Auto jedoch auf 0,9 c (d.i. 90% der Lichtgeschwindigkeit) beschleunigen, dann wäre der Kontraktionseffekt mit über 50% durchaus beträchtlich.

Dass sich die kontraintuitiven Konsequenzen der Relativitätstheorie erst unter sehr extremen Bedingungen zu zeigen beginnen, könnte als Mangel der Theorie ausgelegt werden: Die Relativitätstheorie macht – wie man monieren könnte – zwar sehr mutige Prognosen, sie knüpft diese jedoch an Bedingungen, die sich, wenn überhaupt, nur schwer realisieren lassen. Selbst wenn ich über die Mittel und die

---

[5] l ist die beobachtete Länge; l_0 ist die Ruhelänge; v die Relativgeschwindigkeit des betreffenden Objekts; c die Lichtgeschwindigkeit. Zu bemerken ist zudem, dass es sich bei der Lorentzkontraktion nicht bloß um einen optischen Effekt handelt (vgl. z.B. Mermin 2005, Kap. 13). Objekte, die sich mit annähernder Lichtgeschwindigkeit bewegen, *erscheinen* für den menschlichen Beobachter vielmehr gedreht, da das Licht von unterschiedlichen Punkten des Objekts unterschiedliche Strecken zurückzulegen hat, bevor es auf die Retina trifft.

Energie verfügen würde, Objekte auf 0,9 c zu beschleunigen, so wäre beim Erreichen dieser Marke (etwa aufgrund der Hitzeentwicklung) nicht mehr genug von meinem Auto übrig, um eine Längenmessung überhaupt noch durchführen zu können. SkeptikerInnen könnten die Relativitätstheorie deshalb mit dem Invisible Boy aus der Komödie *Mystery Men* vergleichen: Dieser behauptet über Superkräfte zu verfügen, die es ihm erlauben, unsichtbar zu werden – jedoch nur, wenn gerade keiner hinsieht.

Hinter derartigen Bedenken steht eine durchaus berechtigte Frage: Wie ist das Verhältnis zwischen Beobachtung und Theorie im Fall von Einsteins Relativitätstheorie zu bewerten? Erinnern wir uns an die BSB-Strategie, so zerfällt diese Frage in zwei Teilfragen. Erstens: Schritt 2 sollte sicherstellen, dass Theorien von Beobachtungen nahegelegt werden, die zuvor in Schritt 1 tatsächlich gemacht wurden. Welche Beobachtungen sind dies jedoch im Fall der Relativitätstheorie? Und zweitens: In Schritt 3 war davon die Rede, dass sich die Wahrheit von Theorien an der Beobachtung bestätigen lassen muss, etwa im Rahmen eines Experiments. Um welche Beobachtungen könnte es sich jedoch im Fall der Relativitätstheorie handeln? Wir werden die erste Teilfrage für den Moment suspendieren und uns auf die zweite konzentrieren.

Die spezielle Relativitätstheorie (kurz: SRT), aus der die vorhin angesprochene Lorentzkontraktion folgt, ist unter anderem deshalb so revolutionär, weil sie die Kategorien von Raum und Zeit vollkommen anders interpretiert, als dies in der klassischen Physik der Fall ist. Raum- und Zeitangaben haben in der SRT keinen absoluten Charakter mehr, sondern sind von der relativen Bewegung der BeobachterInnen abhängig. Dies zeigt sich nicht nur am Beispiel der Lorentzkontraktion. Es zeigt sich auch daran, dass der Begriff *absoluter Simultaneität* verabschiedet wird. Nur weil etwas aus der Perspektive eines Inertialrahmens gleichzeitig passiert, muss dies nicht auch aus der Perspektive eines anderen Inertialrahmens der Fall sein.

Worin sich die SRT und die klassische Physik jedoch nicht unterscheiden, ist der Umstand, dass beide von der Vorstellung eines flachen Raums ausgehen. Beginnen wir, um zu erläutern, was das bedeutet, beim Begriff der geodätischen Linie. Kurz und knapp: Eine geodätische Linie ist die kürzeste Verbindung zwischen zwei Punkten. Befinden sich die zwei Punkte auf einer ebenen Fläche (etwa auf der Seite eines Würfels), dann ist die geodätische Linie eine Gerade. Dieser Befund lässt sich auch umdrehen: Wann immer die geodätische Linie eine Gerade ist, wissen wir, dass wir es mit einer ebenen Fläche zu tun haben.

Heißt das nun aber, dass geodätische Linien immer Geraden sind? Keineswegs. Befinden sich die zwei Punkte, zwischen denen die kürzeste Verbindung gesucht ist, etwa auf einer Kugel, dann ist die geodätische Linie keine Gerade, sondern ein Segment eines Großkreises.[6] Wiederum ist der Umkehrschluss erlaubt: Erweist sich die geodätische Linie als Segment eines Großkreises (oder allgemeiner: als

6 Das erklärt, nebenbei bemerkt, auch, warum Direktflüge zwischen Wien und Toronto den „Umweg" über Grönland und Goose Bay machen. Der Umweg ist nur ein scheinbarer; das Flugzeug folgt in Wirklichkeit der geodätischen Linie zwischen Wien und Toronto.

eine Kurve), dann haben wir es mit einer gekrümmten Oberfläche, also etwa mit einer Kugeloberfläche, zu tun.

Die soeben gewonnenen Einsichten müssen nun nicht auf *Körper im Raum* beschränkt bleiben. Sie können – und das ist entscheidend – genauso gut *auf den Raum selbst* angewandt werden. Ganz analog zur früheren Diskussion erlauben es Informationen über geodätische Linien auch hier, Aussagen über die prinzipielle Beschaffenheit des Raums zu machen: Haben wir es bei den kürzesten Verbindungen zwischen Punkten im Raum mit Geraden zu tun, dann ist der Raum flach; sind die geodätischen Linien Kurven oder Kreissegmente, dann ist der Raum gekrümmt.

Wir können nun der weiter oben aufgestellten Behauptung, dass die SRT ebenso wie die klassische Physik Newtons von der Vorstellung eines flachen Raums ausgehen, einen besseren Sinn abgewinnen: Gemeint ist, dass in beiden Theorien die kürzeste Verbindung zwischen zwei Punkten im Raum immer Geraden sind. Wie wir gesehen haben, können die Längen dieser Geraden im Falle der SRT zwar je nach Relativgeschwindigkeit zwischen zwei Inertialrahmen variieren. Dies ändert jedoch nichts daran, dass eine Verbindung zwischen zwei Punkten im Raum, die *keine* Gerade ist, im Rahmenwerk der SRT ganz einfach keinen Platz hat. Genau hierin ist jedoch einer der zentralen Unterschiede zur allgemeinen Relativitätstheorie (kurz: ART) zu sehen. Diese bringt unter anderem die Einsicht zutage, dass äußerst massereiche Körper zu einer Krümmung der Raumzeit führen. Obwohl Visualisierungen in diesem Kontext stets mit Vorsicht zu genießen sind, kann man sich dies wie folgt vorstellen: Nehmen wir an, der Raum ist ein elastisches Gummituch, das an allen vier Seiten so befestigt ist, dass es eine ebene Fläche ergibt. Knapp am Mittelpunkt des Gummituchs führt eine Gerade vorbei, die zwei Punkte miteinander verbindet. Stellen wir uns nun weiter vor, dass wir in die Mitte des Gummituchs eine schwere Eisenkugel legen. Diese wird aufgrund der Elastizität des Gummituchs eine trichterförmige Einbuchtung verursachen.[7] Die Kugel „krümmt" aber nicht nur das Gummituch, die Verformung des Gummituchs führt auch dazu, dass aus einem Segment der geodätischen Linie eine Kurve wird. Würde diese Linie die Flugbahn eines kleineren Objekts darstellen, dann könnte man sagen, dass die Bahn dieses Objekts eine gravitationsbedingte Ablenkung erfahren hat. Die Gravitation, die diese Ablenkung verursacht, ist nichts anderes als die durch die Masse der Kugel hervorgerufene Krümmung des elastischen Gummituchs.

Ein letzter Mosaikstein fehlt uns noch, um der Antwort auf die Frage nach der möglichen empirischen Bestätigung der Relativitätstheorie endgültig näher zu kommen: Es handelt sich um die Information, dass Licht immer der kürzesten

7 Dieser Satz bringt die Crux derartiger Visualisierungen auf den Punkt. Die Krümmung des zweidimensionalen Gummituchs erfolgt in der entsprechend nächsten, in der dritten Dimension. Im Falle des dreidimensionalen Raums ist die nächste Dimension jedoch die vierte, was dazu führt, dass Visualisierungen der Raumkrümmung scheitern. Einen guten Überblick über die Probleme bei der Visualisierung vierdimensionaler Räume gibt John Norton in seiner generell empfehlenswerten Online-Einführung in die Physik Einsteins (www.pitt.edu/~jdnorton/teaching/HPS_0410/chapters/four_dimensions/index.html; zuletzt eingesehen im Juli 2021).

Strecke zwischen Lichtquelle und BeobachterIn folgt. Licht breitet sich also immer längs geodätischer Linien aus. Nun dürfte langsam klar werden, wohin das alles führt: Wenn ein Körper mit großer Masse die Raumzeit krümmt, dann müsste ein Lichtstrahl, der sich längs einer geodätischen Linie in der Nähe dieses Körpers bewegt, infolge der Raumzeitkrümmung ebenfalls in seiner Bahn abgelenkt werden. Und ist die Masse des Körpers groß genug, dann müsste sich die Ablenkung zudem in einer Größenordnung abspielen, die die Beobachtung dieses Effekts möglich macht. Gesucht ist also ein ausreichend massereicher Körper, in dessen Nähe sich Licht ausbreitet.

Einstein erkannte bereits recht früh, dass es sich bei diesem gesuchten Körper um die Sonne handeln muss, da nur sie massereich genug ist, um eine von der Erde aus messbare Lichtablenkung zu verursachen. Sternenlicht, das den Sonnenrand in ausreichender Nähe passiert, muss – so mutmaßte Einstein – von der Raumzeitkrümmung so stark beeinflusst werden, dass sich eine Differenz zwischen der beobachteten und der tatsächlichen Position des betreffenden Sterns einstellt. Das einzige Problem ist freilich, dass das Sonnenlicht im Normalfall zu stark ist, um die Beobachtung derart sonnennaher Sterne zu erlauben. Der im Rahmen von Einsteins ART prognostizierte Ablenkungseffekt lässt sich deshalb mit optischen Teleskopen nur dann beobachten, wenn die Sonne im Zuge einer totalen Sonnenfinsternis zeitweilig vom Mond verdeckt wird. Zwei britische Teams unter der Leitung von Arthur S. Eddington wurden deshalb nach Principe (eine Insel an der Westküste Afrikas) und Sobral (ein Ort in Nordbrasilien) entsandt, um am 29. Mai 1919 während einer solchen totalen Sonnenfinsternis die Position einiger Sterne im Hyaden-Sternhaufen zu bestimmen. Da die Scientific Community im Anschluss an diese beiden Expeditionen zu dem Ergebnis kam, dass die Ergebnisse mit den Prognosen Einsteins übereinstimmen, ging das Jahr 1919 als das Jahr der endgültigen empirischen Bestätigung der Relativitätstheorie in das kollektive Gedächtnis ein.

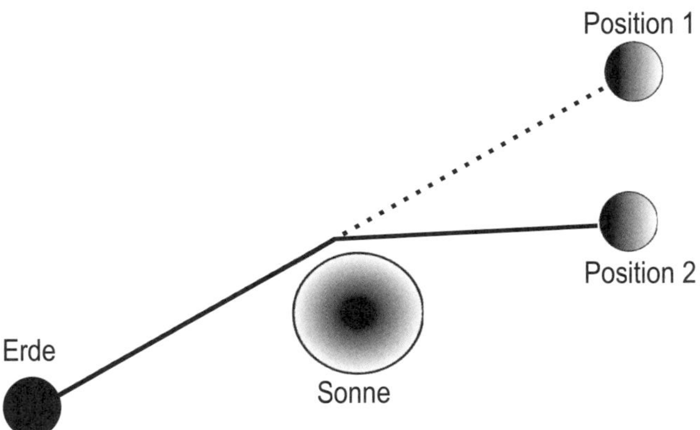

Abb. 4: Der Lichtablenkungseffekt

Kommen wir nun vor dem Hintergrund dieser Episode zur BSB-Strategie zurück. Wie wir uns erinnern, besteht Schritt 3 darin, dass die Wahrheit von Hypothesen und Theorien durch die Beobachtung bestätigt werden soll. Was hierunter genau verstanden werden könnte, lässt sich in einem ersten Anlauf anhand eines Beispiels erklären: Nehmen wir an, ich vertrete die Theorie, dass alle Raben schwarz sind. Obwohl es sich um eine sehr einfache Theorie aus nur einer Allaussage handelt, lässt sich aus ihr eine wichtige logische Konsequenz ableiten: Wenn es wirklich wahr ist, dass *alle* Raben schwarz sind, dann muss auch der nächste Rabe, der mir über den Weg läuft, schwarz sein. Es ist wichtig einzusehen, dass diese Prognose aus der Raben-Theorie *deduktiv* (und damit mit Notwendigkeit) folgt. Dementsprechend könnte man meinen, dass alles, was ich zur Bestätigung der Raben-Theorie brauche, die Geduld ist, mich auf die Lauer zu legen und nach dem nächsten Raben Ausschau zu halten. Die Essenz dieser Sichtweise ist also, dass eine Theorie dann bestätigt ist, wenn sich ihre logischen Konsequenzen als wahr erweisen.

Obwohl zwischen der Raben-Theorie und der ART ein merkliches Komplexitätsgefälle besteht, scheint sich auch die ART gut in die soeben dargestellte Struktur einzufügen. Die ART zeitigt ebenfalls unzählige logische Konsequenzen, unter anderem jene, dass das Licht aus dem Hyaden-Sternhaufen durch einen massereichen Körper wie die Sonne um 1,75 Bogensekunden abgelenkt werden wird. Erweist sich diese logische Konsequenz als wahr, dann scheinen wir gemäß der vorhin dargestellten Struktur dazu berechtigt zu sein, die ART als bestätigt anzusehen. Und ganz nebenbei zeigt sich auch noch etwas anderes: Da sich die ART und die klassische Physik Newtons in Hinblick auf die zu erwartende Lichtablenkung in ihren Prognosen ganz klar widersprechen, gleicht die Sonnenfinsternis von 1919 einem klassischen Western-Showdown: Anstelle von Colts ist es die Beobachtung, die das Shootout zwischen den beiden Kontrahenten entscheiden wird. (Der in der Wissenschaftstheorie gebräuchliche Terminus ist jedoch nicht „Shootout“, sondern *experimentum crucis.*)

Die bisherige Darstellung legt den Eindruck nahe, dass die Sonnenfinsternis von 1919 Schritt 3 der BSB-Strategie durchaus entspricht. Es ist die Beobachtung einiger Sterne aus dem Hyaden-Sternhaufen, die die ART als wahr erweist. Die ART ist deshalb wahr, weil sie die theoretischen Ressourcen zur Verfügung stellt, um die Lichtablenkung von 1,75 Bogensekunden richtig zu prognostizieren. Darüber hinaus erweist sich die Physik Newtons als falsch (oder zumindest als unvollständig), da ihre Prognose von jener der ART beträchtlich abweicht. Wie zumeist in der Wissenschaftstheorie ist die Sache jedoch nicht annähernd so einfach.

Das erste Problem knüpft direkt an die Ergebnisse des letzten Unterkapitels an. Wenn nicht einmal die Beobachtung eines hüpfenden Menschen frei von theoretischen Vorannahmen ist, dann sollte es uns nicht wundern, dass die Beobachtung eines 153 Lichtjahre entfernten Sternhaufens von einem überaus komplexen System von Hintergrundtheorien abhängt, das seinerseits Raum für weitergehende Interpretationen bietet. Die Qualität der Daten, die durch optische Teleskope gewonnen wurden, hängt beispielsweise maßgeblich davon ab, ob während der Belichtung der Fotoplatten die Erdrotation ausgeglichen werden kann. Da 1919 aufgrund der örtlichen Gegebenheiten jedoch nur eine fixe Installation der Teleskope möglich war, musste man improvisieren und auf ca. 40 Zentimeter weite Spiegel zurückgreifen, um die mechanische Kalibrierung der Teleskope durch die Bewegung der Spiegel zu simulieren. Mindestens ebenso problematisch ist der Umstand, dass Fotoplatten hitzeempfindlich sind und sich je nach Temperatureinwirkung verformen. Die Sonnenfinsternis im brasilianischen Sobral etwa ereignete sich während der Morgenstunden, was einen stetigen Temperaturanstieg während der Aufnahmen zur Folge hatte. Wie stark derartige Aspekte auf die Qualität der gewonnenen Daten einwirken, wird deutlich, wenn man zur Kenntnis nimmt, dass ein Millimeter auf der Fotoplatte ziemlich genau einer gemessenen Bogensekunde entspricht. Da die Differenz zwischen der newtonschen und der einsteinschen Prognose bei weniger als einer Bogensekunde liegt, verwundert es deshalb nicht, dass die Verlässlichkeit von Eddingtons Daten zum Teil vehement in Zweifel gezogen wurde (vgl. z.B. Earman & Glymour 1980; Collins & Pinch 1993, 43–55).

Ich weise auf diese technischen Details deshalb in einiger Ausführlichkeit hin, weil sie hervorragend geeignet sind, den Unterschied zwischen genuin wissenschaftlichen und genuin philosophischen Problemen mit der empirischen Bestätigung von Theorien zu illustrieren. Diesem Unterschied kommen wir in einem ersten Schritt näher, wenn wir zur Kenntnis nehmen, dass sich WissenschaftlerInnen der Gefahr möglicher Messungenauigkeiten natürlich auch ohne die warnenden Worte von WissenschaftstheoretikerInnen bewusst sind. Dies zeigt sich schon daran, dass es in der naturwissenschaftlichen Literatur selbstverständlich ist, neben den jeweiligen Messergebnissen immer auch die zu erwartende Messabweichung anzugeben. So wurden beispielsweise die offiziellen Ergebnisse von Sobral mit *1´´,98±0´´,178* (1,98 Bogensekunden bei 0,178 Bogensekunden erwarteter Messabweichung) und jene von Principe mit *1´´,62±0´´,444* (1,62 Bogensekunden bei 0,444 Bogensekunden erwarteter Messabweichung) beziffert, wobei sich die höhere Messabweichung der Principe-Expedition vor allem den schlechten Wetterverhältnissen verdankt.

Dass Messungen aus prinzipiellen Gründen ungenau sind und dass es oft technisch herausfordernd ist, die Messungenauigkeit so gering wie möglich zu halten, gehört also ganz klar zum Bereich genuin wissenschaftlicher Probleme. Konkrete empirische Bestätigungen auf dieser Ebene zu kritisieren, ist Teil des Jobs von WissenschaftlerInnen und weniger Teil des Jobs von WissenschaftstheoretikerInnen. Philosophisch relevant ist demgegenüber ein anderer Aspekt: Erinnern wir uns daran, dass der bisherigen Interpretation zufolge die Sonnenfinsternis von 1919 als eine mögliche Bestätigung der ART behandelt wurde. Das bedeutet, dass etwaige Beobachtungen als Daten, die entweder für oder gegen die ART sprechen, gewertet werden. Führt man sich nun aber die Komplexität der tatsächlichen Messsituation vor Augen, dann wird fraglich, ob während der Sonnenfinsternis von 1919 tatsächlich *nur* die ART auf dem Prüfstand gestanden hat. Ist es nicht vielmehr so, dass die ART *gemeinsam mit einer ganzen Reihe von Hintergrundtheorien* (wie etwa Theorien zu den verwendeten Messverfahren, Theorien zur Erdrotation, Theorien zur Ausdehnung von Fotoplatten, Theorien zur Ausbreitung von Licht etc.) vor das Tribunal der Erfahrung getreten ist? Wie wir in 1.3 sehen werden, ist dies tatsächlich der Fall. Hat dieses Ergebnis aber nicht gleichzeitig weitreichende Auswirkung auf unser Verständnis dessen, was bei der empirischen Bestätigung oder Widerlegung von Theorien tatsächlich vor sich geht? Was wird eigentlich getestet? Die Theorie? Die Hintergrundtheorien? Alles zugleich? Wir werden auf diesen wichtigen Aspekt zurückkommen.

Betrachten wir zunächst die Auffassung, der zufolge eine Theorie als bestätigt zu betrachten ist, wenn sich ihre beobachtbaren Konsequenzen als wahr erweisen. Geht man von dieser Auffassung aus, so muss in einem ersten Schritt geklärt werden, was genau unter einer beobachtbaren Konsequenz zu verstehen ist. Nähert man sich dieser Frage aus logischer Perspektive, so lautet die Antwort, dass all das eine Konsequenz ist, was auf deduktivem Wege aus der Theorie folgt. Eine der Konsequenzen jeder Theorie T ist deshalb $T \vee S$,[8] wobei S eine beliebige Aussage sein kann. Dass $T \vee S$ aus T folgt, liegt an den Regeln der Logik bzw. an den Regeln, denen die Verwendung des nicht ausschließenden Oder (also des Symbols „∨") unterliegt: Verbindet man zwei Aussagen mittels eines nicht ausschließenden Oder, so ist die daraus entstehende Gesamtaussage immer dann wahr, wenn zumindest eine Teilaussage wahr ist (oder aber beide). Die Aussage, dass entweder die Sonne scheint oder Weihnachten am 7. März ist, nimmt also bereits dann einen positiven Wahrheitswert an, wenn eine der beiden Teilaussagen wahr ist, wenn also entweder die Sonne scheint oder Weihnachten am 7. März ist.

Hat man diese Regeln eingesehen, dann wird deutlich, dass ein bloß formallogisches Verständnis des Begriffs der Konsequenz zu höchst eigenwilligen Resultaten führt: Nehmen wir beispielsweise an, dass T die ART ist. Und nehmen wir weiter an, dass S eine Aussage über Beobachtbares ist, beispielsweise jene, dass das Mädchen Ilvi blaue Augen hat. Ist es nun wirklich der Fall, dass Ilvi blaue Augen hat, dann bestätigt dieser Umstand die Aussage $T \vee S$. Das würde aber bedeuten, dass $T \vee S$ und damit auch T durch die Erfahrung bestätigt wird, nämlich genauer durch die Erfahrung, dass Ilvi blaue Augen hat. Genau genommen gibt es aus formallogischer Perspektive also keinen Unterschied zwischen Ilvis blauen Augen und der Sonnenfinsternis von 1919, wenn es um die Bestätigung der ART geht. Angesichts derart absurder Resultate dürfte einleuchten, dass der Begriff der Konsequenz klärungsbedürftig ist, soll er im Rahmen einer umfassenden Theorie der wissenschaftlichen Bestätigung zur Anwendung kommen.

Nehmen wir an, dieses Problem lässt sich irgendwie in den Griff bekommen. Man könnte beispielsweise ein Kriterium vorschlagen, das die Unterscheidung

[8] Bei Symbolisierungen werde ich mich im Folgenden auf ein absolutes Mindestmaß beschränken. Verwendet werden „∨" für ein nicht ausschließendes „oder", „∧" für „und", und „¬" für „nicht".

zwischen bloß logisch möglichen und tatsächlich relevanten Konsequenzen einer Theorie erlaubt. Selbst wenn sich ein derartiges Kriterium jedoch formulieren ließe, wären damit noch nicht alle Probleme beseitigt: Dies wird deutlich, wenn wir einen genaueren Blick auf die Struktur von Bestätigungen und Widerlegungen werfen. Beginnen wir mit dem Fall der Widerlegung einer Theorie, die sich schematisch wie folgt darstellen lässt (wobei *T* die Theorie und *p* die beobachtbare Prognose ist):

1. Wenn *T*, dann *p*;
2. $\neg p$;

---

3. Ergo: $\neg T$.

Was hier vorgeht, lässt sich leicht am Beispiel der zuvor erwähnten Raben-Theorie veranschaulichen: Wenn zutrifft, dass alle Raben schwarz sind (*T*), dann folgt logisch, dass auch der nächste Rabe schwarz sein wird (*p*); der nächste Rabe ist aber nicht schwarz ($\neg p$); daher gilt mit Notwendigkeit, dass die Raben-Theorie falsch ist ($\neg T$).

Man könnte nun annehmen, dass sich der Fall der Bestätigung einer Theorie ganz analog rekonstruieren lässt:

1. Wenn *T*, dann *p*;
2. *p*;

---

3. Ergo: *T*.

Diesen Schluss als folgerichtig zu betrachten, wäre jedoch ein schwerwiegender Irrtum, wie sich leicht am folgenden Beispiel zeigen lässt: Nehmen wir an, dass unser Wenn-Dann-Satz „Wenn es regnet, dann ist die Straße nass“ lautet. Und nehmen wir weiter an, dass die Straße nass ist. Lässt sich hieraus mit Notwendigkeit schließen, dass es geregnet hat? Natürlich nicht. Es könnte genauso gut sein, dass die Straßenreinigung unterwegs war oder dass die Nachbarin überschwänglichen Gebrauch vom Gartenschlauch gemacht hat. Dasselbe gilt natürlich auch in entsprechenden anderen Fällen: Lässt sich aus der Tatsache, dass die Messungen einiger Sterne im Hyaden-Sternhaufen mit den Prognosen der ART übereinstimmen, mit Notwendigkeit auf die Wahrheit der ART schließen? Natürlich nicht. Die Messungen könnten mit den Prognosen bloß rein zufällig übereinstimmen. Oder aber die ART könnte zwar in Bezug auf den Hyaden-Sternhaufen zu wahren Prognosen kommen, nicht aber in Bezug auf den Plejaden-Sternhaufen. Diese Möglichkeiten zeigen, dass sich der Schluss von einer eintreffenden Prognose auf die Wahrheit der Theorie als ein Fehlschluss erweist, und zwar als eine so genannte *fallacia consequentis*.

Zwischen Falsifikation und Bestätigung von Theorien besteht also eine grundlegende Asymmetrie: Während eine einzige nicht eintretende Konsequenz genügt, um eine Theorie auf deduktivem Wege als falsch zu erweisen, lässt sich aus einer eintretenden Konsequenz mitnichten auf die Wahrheit der Theorie schließen. Dies könnte freilich die Hoffnung wecken, dass sich die Wahrheit von Theorien stattdessen auf nicht deduktivem Wege erschließen lässt. Wie auch immer man jedoch glaubt, dieses Vorhaben konkret in die Tat umzusetzen, immer wird eine Lösung davon abhängen, dass sich eine befriedigende Antwort auf das folgende Grundproblem geben lässt: Wissenschaftliche Theorien und Hypothesen haben in den meisten Fällen die Form von Allsätzen. Das bedeutet, dass in ihnen über unbegrenzt viele Elemente geurteilt wird. Das Gesetz etwa, dem zufolge alle Metalle Strom leiten, betrifft seiner Intention nach nicht nur eine endliche Klasse von Elementen in einem individuellen Raum-Zeit-Bereich; es gilt vielmehr für *alle* Metalle, unabhängig von ihrer raum-zeitlichen Lokalisation und unabhängig davon, ob sie gegenwärtig existieren, bereits existiert haben oder erst in der Zukunft existieren werden. Hierin liegt aber zugleich, dass keine auch noch so große Menge eintreffender Prognosen geeignet ist, einen Allsatz solcher Art endgültig zu bestätigen. Wie viele Strom leitende Metalle wir auch immer beobachten mögen – stets besteht die Möglichkeit, dass hinter der nächsten Ecke ein Stück Metall auf uns wartet, das keinen Strom leitet, dass eine Stück nicht leitendes Metall bereits zu existieren aufgehört hat oder dass nicht leitende Metalle erst an einem bestimmten Punkt in der Zukunft zu existieren beginnen werden. Das Grundproblem, von dem vorhin die Rede war, kann also mit der Frage identifiziert werden, ob es zulässig ist, von einer endlichen Menge beobachteter Einzelfälle auf die Wahrheit einer entsprechenden Allaussage und damit auf unbeobachtete Einzelfälle zu schließen.

Wir werden auf diese und ähnliche Probleme noch an etlichen Punkten im Detail zurückkommen. Speziell bei LeserInnen, für die diese Materie neu ist, könnte sich jedoch schon jetzt der Eindruck eingestellt haben, dass es sich bei derartigen Problemen lediglich um das Ergebnis von philosophischen Taschenspielertricks handelt. Man mag ja zuzugeben bereit sein, dass wir ein Kriterium brauchen, um relevante von bloß logisch möglichen Prognosen zu unterscheiden. Und es mag ja stimmen, dass *eine* eintreffende Prognose noch nicht ausreicht, um auf die Wahrheit der betreffenden Theorie zu schließen. Und ja, wir müssen vermutlich einsehen, dass der Begriff der Bestätigung niemals mit abschließender, vollständiger und unumstößlicher Verifikation gleichzusetzen sein wird. Aber sind das nicht letzten Endes rein akademische Bedenken? Ist es nicht trotz alledem überaus nahe liegend, eine Theorie, deren Prognosen nicht nur relevant sind, sondern überdies immer und immer wieder eintreffen, für wahr zu halten? Wäre nicht jede andere Reaktion eine geradezu absurde Form der Realitätsverweigerung?

Werfen wir, um derartige Fragen zu beantworten, einen kurzen Blick auf die Zeit um die vorletzte Jahrhundertwende: 1894 hielt der US-amerikanische Physiker und spätere Nobelpreisträger Albert Michelson (1852–1931) einen Vortrag am neu gegründeten Ryerson Physical Laboratory in Chicago. In diesem Vortrag vertrat Michelson die Ansicht, dass die Natur durch die newtonsche Mechanik, die Thermodynamik und die maxwellsche Theorie des Elektromagnetismus so lückenlos beschrieben wird, dass neue Entdeckungen bestenfalls „hinter der sechsten Dezimalstelle" zu erwarten sind. 6 Jahre später trat ein anderer Physiker, der Brite William Thomson (besser bekannt als Lord Kelvin; 1824–1907), vor die British Association for the Advancement of Science und sprach ebenfalls davon, dass das System der Physik vollkommen harmonisch und im Wesentlichen vollendet sei. Wenn überhaupt, so waren es laut Lord Kelvin nur „zwei dunkle Wölkchen" in Form von zwei einzelnen Experimenten, die den ansonsten strahlend blauen Himmel der klassischen Physik trübten.

Ich weise auf diese Stellungnahmen hin, weil der Optimismus Michelsons und Lord Kelvins den Common Sense des späten 19. Jahrhunderts sehr gut veranschaulicht. Die Physik, wie sie im Kern von Newton in dessen *Philosophiae Naturalis Principia Mathematica* (kurz: *Principia*) von 1687 ausgearbeitet wurde, galt für mehr als zwei Jahrhunderte als das Sinnbild des wissenschaftlichen Erfolgs. Unabhängig davon, ob man es mit dem Verhalten von Kaffeetassen, Kanonenkugeln, Planeten oder mit dem Verhalten der Gezeiten zu tun hatte – die Prognoseleistung der newtonschen Physik war beispiellos. Wie die Aussagen Michelsons und Lord Kelvins belegen, hielt es die überwiegende Mehrheit deshalb für vollkommen ausgeschlossen, dass die newtonsche Physik mehr als bloßer Detailverbesserungen bedürfe. Was zuvor noch den Eindruck eines rein akademischen Zweifels gemacht hat, wurde in Bezug auf die newtonsche Physik aber dennoch Wirklichkeit: Lord Kelvins schwarze Wölkchen wuchsen sich zu einem wahren Unwetter aus, das 1905 in der Proklamation der SRT gipfelte.[9] Die newtonsche Physik wurde trotz ihres Erfolgs falsifiziert und durch eine Nachfolgetheorie ersetzt. Eine gewaltige Menge von Einzelbestätigungen, etliche spektakuläre Prognosen und eine davor unbekannte Vereinheitlichungskraft konnte die Physik Newtons also nicht davor bewahren, wie alle Theorien vor ihr dem Schicksal der Widerlegung zum Opfer zu fallen.

Der Eindruck, den diese Revolution in der Scientific Community im Allgemeinen und in der Wissenschaftstheorie im Speziellen machte, war gewaltig. Ein besonders deutlicher Fall ist der österreichisch-britische Wissenschaftstheoretiker Karl Popper (1902–1994), der die Sonnenfinsternis von 1919 als einen der entscheidenden Impulse für die Entwicklung seines gesamten Denkens ausweist (Popper 1979, 46–48). Nach Popper sind aus der Falsifikation Newtons und der Proklamation der Relativitätstheorie zwei grundlegende Konsequenzen zu ziehen. *Erstens*: Unabhängig von der Anzahl erfolgreicher Prognosen können Theorien

[9] Die beiden Wölkchen sind das Michelson-Morley-Experiment und die Experimente im Zusammenhang mit der Schwarzkörperstrahlung. Bemerkenswert ist, dass die Erklärung beider Experimente letztendlich das Korsett der newtonschen Physik sprengte. Den Ergebnissen des Michelson-Morley-Experiments, das den so genannten „Ätherwind" nachweisen sollte, konnte erst im Rahmen der SRT Rechnung getragen werden. Die Versuche der Messung der Schwarzkörperstrahlung waren entscheidend für die Entwicklung der Quantenphysik.

niemals als bestätigt gelten. Diese Lektion drängt sich nicht nur aus historischen Gründen, d.h. in Anbetracht des Scheiterns der newtonschen Physik, auf. Diese Konsequenz folgt auch aus den zuvor angesprochenen Problemen, die im Zusammenhang mit dem Begriff der Bestätigung (und allgemeiner aus der gesamten Induktionsthematik) auftreten. *Zweitens*: Eine Theorie kann hinsichtlich ihrer Prognoseleistung überaus erfolgreich sein und trotzdem der Falsifikation zum Opfer fallen. Auch hier kann die Physik Newtons als eindrucksvolles historisches Beispiel dienen.

Ihre volle Sprengkraft entfalten diese beiden Konsequenzen vor allem dann, wenn sie mit Schritt 3 der BSB-Strategie kontrastiert werden. Schritt 3 besteht darin, Theorien durch die Beobachtung zu bestätigen. Dies haben wir dahingehend konkretisiert, dass Theorien dann als bestätigt anzusehen sind, wenn sich die aus ihnen ableitbaren Prognosen als wahr erweisen. Es ist jedoch offensichtlich, dass diese Direktive mit keiner der beiden popperschen Konsequenzen in Einklang zu bringen ist: Akzeptiert man die zweite Konsequenz, können erfolgreiche Prognosen nicht mehr als Indikatoren für den Bestätigungsgrad gelten. Akzeptiert man die noch radikalere erste Konsequenz, stellt man in Abrede, dass die Bestätigung von Theorien *überhaupt* eine Rolle spielt.

Auf den ersten Blick könnte sich die Frage aufdrängen, ob nicht ein uferloser Skeptizismus die Folge ist, wenn diese beiden popperschen Konsequenzen akzeptiert werden. Muss man das Streben nach Bestätigung nicht als ein konstitutives Ideal auffassen, ohne das die Wissenschaft jede Zielgerichtetheit verliert? Wird nicht beispielsweise unverständlich, warum WissenschaftlerInnen überhaupt nach Möglichkeiten der experimentellen Überprüfung suchen, wenn man die Hoffnung, Theorien durch geeignete Beobachtungen bestätigen zu können, als Illusion abtut? Wie Popper ganz am Ende des Hauptteils der *Logik der Forschung* schreibt, ist dem nicht so:

> Spricht aus unserer Auffassung Resignation? [I]st [die] intellektuelle Aufgabe [der Wissenschaft] unlösbar? Ich glaube nicht. Niemals setzt sich die Wissenschaft das Phantom zum Ziel, endgültige Antworten zu geben oder auch nur wahrscheinlich zu machen; sondern ihr Weg wird bestimmt durch ihre unendliche, aber keineswegs unlösbare Aufgabe, immer wieder neue, vertiefte und verallgemeinerte Fragen aufzufinden und die immer nur vorläufigen Antworten immer von neuem und immer strenger zu prüfen. (Popper 1994a, 225)

Das Phantom, von dem Popper hier spricht, ist jenes der (graduellen oder absoluten) Bestätigung von Theorien. Von einem Phantom ist zu sprechen, weil die zuvor angesprochenen Probleme, die im Zusammenhang mit dem Begriff der Bestätigung auftreten, nach Popper tatsächlich unlösbar sind. Popper schließt sich dem schottischen Philosophen David Hume (1711–1776) an, der – wie wir in der nächsten Einheit sehen werden – zu dem Ergebnis gekommen war, dass es keine wahrheitskonservierenden Erweiterungsschlüsse gibt. Wenn wir beispielsweise auf der Basis einer endlichen Menge von Einzelbeobachtungen auf eine Allaussage schließen, so tun wir dies laut Hume lediglich aufgrund unserer natürlichen

Veranlagung; eine rationale Begründung für derartige Schlüsse können wir aber aus prinzipiellen Gründen nicht geben. Popper folgt dieser extremen Sichtweise und kommt deshalb zu dem Ergebnis, dass eine Wissenschaftstheorie, in deren Zentrum die Idee der Bestätigung von Theorien steht, ein hoffnungsloses Unterfangen ist.

Die Ergebnisse der humeschen Philosophie sind häufig als *das* Fundamentalproblem der Wissenschaftstheorie angesehen worden. Nicht so bei Popper. Die Probleme, die im Zusammenhang mit dem Bestätigungsbegriff auftreten, sind nach Popper deshalb nicht besorgniserregend, weil all jene Wissenschaftstheorien, die den Begriff der Bestätigung ins Zentrum rücken, *ohnehin auf einem Selbstmissverständnis beruhen.* Laut Popper ist es nicht nur so, dass das Streben nach Bestätigung in der tatsächlichen Forschung keine Rolle spielt, das Streben nach Bestätigung steht überdies dem Ideal der Rationalität, wie es beispielhaft in den Wissenschaften realisiert ist, diametral entgegen. Für Popper ist dieses Streben nämlich Ausdruck einer rechthaberisch-dogmatischen Grundhaltung, die sich mit Wissenschaftlichkeit im guten Sinne des Wortes nicht in Einklang bringen lässt. Anstatt nach Bestätigung zu streben, sollten WissenschaftlerInnen darauf abzielen, ihre Theorien möglichst rigoroser Kritik und möglichst harten Testbedingungen auszusetzen. Das bedeutet nichts anderes, als *Falsifikation* und nicht die unter dem Deckmantel der Bestätigung betriebene Einigelung als das wahre Ziel der Wissenschaft zu propagieren. Übersteht eine Theorie einen Falsifikationsversuch, so ist hieraus nicht zu schließen, dass die Theorie bestätigter ist, als sie dies noch vor dem Falsifikationsversuch war. Diese Sichtweise wäre nach Popper nicht nur philosophisch falsch; sie würde auch ein falsches Wissenschaftsverständnis zum Ausdruck bringen, weil ein überstandener Falsifikationsversuch bestenfalls ein Ansporn ist, nach noch härteren Testbedingungen zu suchen.

Poppers Lösung für die vorhin angesprochenen Probleme mit der Bestätigung von Theorien ist also sehr radikal. Die Lösung ist nämlich, dass es *erstens* keine Lösung gibt und dass wir *zweitens* beginnen müssen, in einer völlig neuen Weise über Wissenschaft nachzudenken. Wie neuartig diese Weise ist, zeigt sich, wenn wir die Sonnenfinsternis von 1919 einer neuerlichen Interpretation unterziehen: Aus Sicht der BSB-Strategie diente die Beobachtung des Hyaden-Sternhaufens dem Zweck, eine von zwei theoretischen Optionen als die richtige auszuzeichnen. Die Übereinstimmung zwischen den Prognosen der ART und den gemessenen Daten wird dementsprechend als eine Bestätigung der einsteinschen Theorie gewertet. Dass die Sonnenfinsternis von 1919 zugleich eine Falsifikation der Physik Newtons zur Folge hat, ist aus dieser Perspektive lediglich ein Nebeneffekt.

Aus falsifikationistischer Perspektive hat diese Interpretation jedoch etwas geradezu Absurdes an sich: Die Physik Newtons ist in ihrer mehr als zweihundertjährigen Geschichte unzählige Male und unter sehr unterschiedlichen Bedingungen bestätigt worden, bevor sich der Schluss von dieser Menge erfolgreicher Bestätigungen auf die Wahrheit der Theorie mit einem Schlag als irrig erwiesen hat. Ist es im Lichte dieses Umstands aber nicht vollkommen unnachvollziehbar, die Bestätigung von Theorien weiterhin als den entscheidenden Aspekt zu betrachten und dementsprechend von der Beobachtung einiger Sterne im Hyaden-Sternhaufen auf die (zumindest annäherungsweise) Wahrheit der ART zu schließen? Wie kann man nach 1919 und mit dem Wissen um das Schicksal der Physik Newtons weiterhin am Gedanken festhalten, dass die Bestätigung dasjenige ist, um das es in der naturwissenschaftlichen Forschung primär geht?

Was für die BSB-Strategie lediglich ein Nebeneffekt ist – nämlich die Falsifikation der newtonschen Physik –, wird dementsprechend aus Sicht des popperschen Falsifikationismus zum eigentlich entscheidenden Aspekt der wissenschaftlichen Forschung. Für Popper ist es bei der Sonnenfinsternis von 1919 nicht darum gegangen, eine von zwei theoretischen Optionen als die richtige auszuzeichnen. Das Ziel war vielmehr, *mittels Falsifikation die falschen theoretischen Optionen auszuschalten.* Diese Vorgehensweise entspricht nach Popper nicht nur der intellektuellen Offenheit, die für die Wissenschaft charakteristisch ist. Sie hat zudem den Vorzug, von der zuvor angesprochenen Asymmetrie zwischen Bestätigung und Falsifikation Gebrauch zu machen: Da bereits eine falsifizierende Instanz einer Allaussage genügt, um mit Notwendigkeit auf deren Falschheit zu schließen, genießt die Falsifikation im popperschen Denken den Sonderstatus, das entscheidende Element der wissenschaftlichen Methode zu sein. Während also die Falsifikation der newtonschen Physik das eigentlich bedeutende Ergebnis der Sonnenfinsternis von 1919 ist, folgt für die ART nur, dass sie einer harten Bewährungsprobe standgehalten hat und dementsprechend als vorläufig unfalsifiziert betrachtet werden kann.

Blickt man abschließend noch einmal aus falsifikationistischer Perspektive und aus Perspektive der BSB-Strategie auf die Sonnenfinsternis von 1919, so bestätigt sich: Ein- und dieselbe historische Episode kann in Abhängigkeit von der wissenschaftstheoretischen Perspektive und in vollkommen unterschiedlichen Weisen rekonstruiert werden.

1.3 Leverrier, der errechnete Neptun und der unwillige Vulkan

Bleiben wir für den Moment bei einem sehr einfachen Verständnis des Falsifikationismus. Dieses besagt, dass aufgrund der weiter oben beschriebenen Asymmetrie zwischen Widerlegung und Bestätigung an die Stelle der Letzteren die Falsifikation als das primäre Werkzeug des wissenschaftlichen Fortschritts tritt. WissenschaftlerInnen sind angehalten, Hypothesen möglichst strengen Testbedingungen auszusetzen. Bestehen die Hypothesen diese Tests, so bedeutet dies nur, dass wir weiter an den betreffenden Hypothesen festhalten können. Demgegenüber genügt aber bereits ein einziges widerstreitendes Testergebnis, um die betreffende Hypothese ein für alle Mal als falsch zu erweisen. Tritt dieser Fall ein, dann ist die Hypothese falsifiziert und muss durch eine neue ersetzt werden. Nennen wir dieses einfache Verständnis den *naiven* Falsifikationismus.[10]

Außer Frage steht, dass sich historische Beispiele finden, die sich mit der soeben beschriebenen Sichtweise in Einklang bringen lassen. Man könnte in diesem Zusammenhang etwa an die Versuche Johannes Keplers (1571–1630) denken, die Umlaufbahn des Planeten Mars zu erklären (vgl. z.B. Toulmin & Goodfield 1961, 198–209; Hanson 1965, 73–85; Gillies 1993, 36–39): Keplers diesbezüglicher Erfolg ist zumindest zum Teil darauf zurückzuführen, dass er auf das äußerst umfangreiche und zu dieser Zeit an Präzision nicht zu überbietende astronomische Datenmaterial Tycho Brahes (1546–1601) zurückgreifen konnte. Dieses Material war jedoch nicht deshalb entscheidend, weil es Kepler als Ausgangspunkt für induktive Verallgemeinerungen diente oder weil er aus ihm auf anderem Wege neuartige Theorievorschläge generieren konnte. Kepler ging vielmehr so vor, ausgehend von Lösungsversuchen früherer Astronomen unterschiedliche Hypothesen auszuarbeiten und diese erst in einem zweiten Schritt anhand von Tycho Brahes Datenmaterial zu überprüfen. Eine Hypothese nach der anderen erwies sich als fehlerhaft, bis er es schlussendlich mit der Hypothese einer elliptischen Umlaufbahn, in deren einem Brennpunkt die Sonne steht, versuchte. Diese Hypothese widerstand sämtlichen Falsifikationsversuchen und wurde deshalb von Kepler als Grundlage seiner weiteren astronomischen Überlegungen akzeptiert.

Zu bestreiten ist also nicht, dass es historische Episoden gibt, die sich aus der Perspektive des naiven Falsifikationismus beschreiben lassen. Dass dies in einigen Fällen möglich ist, wird aber niemanden ernstlich zufriedenstellen. Wenden wir uns einem anderen Beispiel zu, das den naiven Falsifikationismus vor eine sehr viel härtere Probe stellt.

Als der junge Kepler Ende des 16. Jahrhunderts an der Universität Tübingen studierte, wurde er sowohl in ptolemäischer, als auch in kopernikanischer Astronomie unterrichtet. Dass Kepler von Anfang an ein überzeugter Anhänger von Kopernikus' Heliozentrismus war, ist jedoch nicht auf praktische Vorzüge des einen oder des anderen Systems zurückzuführen. In ihrer zu Keplers Studienzeit verbreiteten Form waren beide astronomische Theorien Epizyklentheorien und lagen ziemlich gleichauf, was Komplexitätsgrad und Prognosegenauigkeit betrifft (vgl. z.B. Dreyer 1905, Kap. 13). Theoretisch erlaubten beide Modelle eine Genauigkeit von ungefähr *1/10°*, wenn es um die Prognose der Planetenbahnen geht, und sogar von *1/100°*, wenn es um die Sonne geht. Das einzige Problem war die Bewegung des Mars. Aus Gründen, die man sich zu Ende des 16. Jahrhunderts nicht im Ansatz erklären konnte, sank die Prognosegenauigkeit hier auf bis zu *1/2°* ab. Es ist vor diesem Hintergrund zu sehen, dass Tycho Brahe seinen Assis-

10 Dieses Verständnis entspricht in etwa dem, was Lakatos den *dogmatischen Falsifikationismus* nennt (Lakatos 1978a, 12–19). Festzuhalten ist, dass der naive Falsifikationismus in dieser Form von Popper niemals vertreten wurde (vgl. Einheit 3).

tenten Johannes Kepler darauf ansetzte, ein besseres Modell zur Erklärung des Marsorbit auszuarbeiten.

Kepler kam acht Jahre später zur bereits angesprochenen Einsicht, dass die Lösung nicht in der Einführung zusätzlicher Epizykel, sondern in der vollkommen neuartigen Hypothese der elliptischen Umlaufbahn von Himmelskörpern liegen muss. Was Kepler jedoch nicht geben konnte, war eine plausible Erklärung dafür, dass sich Planeten auf genau diese Weise durchs All bewegen. Inspiriert durch die Studien William Gilberts (1544–1603) mutmaßte er zwar, dass sich die Sonne wie ein Wagenrad dreht und dabei magnetische Ausdünstungen verströmt. Diese Ausdünstungen waren laut Kepler nicht nur mit dafür verantwortlich, dass die Planeten in ihren Bahnen gehalten werden. Sie sollten auch erklären, warum die Bahngeschwindigkeit der Planeten mit zunehmender Entfernung von der Sonne abnimmt. Doch selbst dann, wenn man vom spekulativen Charakter dieses Ansatzes absieht, wird nicht hinreichend klar, warum sich die Planeten ausgerechnet in Ellipsen und nicht etwa auf exakten Kreisbahnen um die Sonne bewegen. Wie unzufrieden Kepler selbst mit diesem Umstand war, zeigt sich daran, dass er die Annahme der Ellipsenform mit einer „Wagenfuhre Mist" verglich, die nur dem einen Zweck dient, „ein System aus einer noch größeren Menge Mist loszuwerden" (vgl. Toulmin & Goodfield 1961, 247; meine Übersetzung).

Knapp sieben Jahrzehnte sollten vergehen, bis es Isaac Newton in seinen *Principia* gelang, die drei keplerschen Gesetze aus seiner Mechanik und dem Gravitationsgesetz herzuleiten und damit die Ellipsenform der Planetenbahnen in befriedigender Art und Weise zu erklären. Und fast ein ganzes weiteres Jahrhundert war nötig, bis man, beflügelt vor allem durch das Wirken des französischen Mathematikers, Physikers und Astronomen Pierre-Simon de Laplace (1749–1827), das mathematische Instrumentarium beisammen hatte, um aus der Theorie Newtons brauchbare Prognosen hinsichtlich der Planetenbewegungen abzuleiten. Damit war es erst jetzt, zu Ende des 18. Jahrhunderts, möglich geworden, die besten theoretischen Modelle der Planetenbewegungen mit den bereits verfügbaren Beobachtungen der Himmelskörper zu vergleichen.

Die Ergebnisse dieser Vergleiche waren jedoch alles andere als positiv. Besonders die Umlaufbahn des erst 1781 entdeckten Uranus erwies sich als problematisch, wie Anders Johan Lexell (1740–1784) bereits kurz nach der Entdeckung des Uranus und Alexis Bouvard (1767–1843) im Jahr 1821 feststellten. Zwischen denjenigen Positionen des Uranus, die gemäß der newtonschen Physik zu erwarten waren, und jenen, die tatsächlich beobachtet wurden, klafften um die Mitte des 19. Jahrhunderts bereits ungefähr zwei Bogenminuten, Tendenz steigend.

Kommen wir auf den naiven Falsifikationismus zurück. Wie wir gehört haben, genießen Widerlegungen hier deshalb eine Vorrangstellung, weil bereits eine falsche Konsequenz genügt, um die Falschheit einer Allaussage mit Notwendigkeit zu erweisen. Warum das so ist, wird deutlich, wenn wir uns noch einmal die Struktur einer Falsifikation vor Augen führen:

1. Wenn T, dann p;
2. $\neg p$;
3. Ergo: $\neg T$.

Die Frage, die sich angesichts der historischen Episode um den Orbit des Uranus aufdrängen muss, ist die folgende: Fügen sich die erfolglosen Versuche, die Berechnungen des Uranusorbit mit den tatsächlichen Beobachtungsdaten in Einklang zu bringen, nicht haargenau in diese Struktur ein? Und bedeutet dies nicht, dass die Physik Newtons zu Mitte des 19. Jahrhunderts als falsifiziert anzusehen gewesen wäre, wenn man dem naiven Falsifikationismus Glauben schenkt? Genau dies scheint tatsächlich der Fall zu sein: Die Konjunktion aus newtonscher Mechanik und Gravitationsgesetz ist eine Theorie (T), aus der sich Prognosen hinsichtlich zu erwartender Positionen des Uranus ableiten lassen (p). Da die Diskrepanz zwischen diesen Prognosen und der tatsächlichen Beobachtung bei zwei Bogenminuten liegt, kann man sagen, dass die Beobachtung dieser Prognose widerspricht ($\neg p$). Folgt man dem naiven Falsifikationismus, dann bleibt dementsprechend nur eine Konklusion, nämlich jene, die newtonsche Physik als falsifiziert zu betrachten ($\neg T$).

Wurde die Falsifikation der klassischen Physik in der Mitte des 19. Jahrhunderts jedoch tatsächlich als eine reale Möglichkeit betrachtet? Die historischen Quellen zeigen, dass diese Option von nicht einem einzigen Protagonisten ernsthaft ins Auge gefasst wurde (Bamford 1996). Ganz im Gegenteil, bereits Lexell und Bouvard hatten gemutmaßt, dass sich die Diskrepanzen zwischen den theoretischen Vorhersagen und den tatsächlichen Beobachtungen eventuell durch ein bislang unbekanntes Objekt jenseits des Uranus erklären lassen. Es war der französische Mathematiker und Astronom Urbain Jean Joseph Leverrier (1811–1877), der diesen Gedanken schließlich zu Ende führte.[11] Leverrier beschränkte sich jedoch nicht darauf, einfach nur die Existenz des zusätzlichen Planeten Neptun zu postulieren, um die beobachteten Störungen des Orbits des Uranus zu erklären. Im Rahmen komplexer Kalkulationen errechnete er die Masse und den Orbit des Neptun und prognostizierte überdies die genaue Position, an der er zu bestimmten Zeitpunkten zu beobachten sein würde. Am 31. August 1846 präsentierte Leverrier seine Ergebnisse. Nicht ganz drei Wochen später, am 18. September 1846, wurden Leverriers Prognosen durch den deutschen Astronomen Johann Gottfried Galle (1812–1910) am Berliner Observatorium bestätigt. Die Hypothese der Existenz des Neptun stellte sich als wahr heraus. Was zunächst als die drohende Falsifikation der klassischen Physik betrachtet hätte werden können – ja

[11] Es sollte zumindest erwähnt werden, dass es eine Diskussion darüber gibt, ob die Ehre der errechneten Entdeckung des Neptun wirklich Leverrier zusteht oder ob es nicht vielmehr der Engländer John Couch Adams (1819-1892) war, der als Urheber der Neptun-Hypothese anzusehen ist. Ich werde auf diese Frage jedoch nicht weiter eingehen (vgl. z.B. Standage 2000).

aus Sicht des naiven Falsifikationismus betrachtet hätte werden müssen –, erwies sich letztendlich als einer ihrer größten Erfolge.[12]

Die Episode um die Entdeckung des Neptun stellt den naiven Falsifikationismus vor ein ernsthaftes Problem. Wäre Leverrier der naiv-falsifikationistischen Strategie gefolgt, wäre die newtonsche Physik aufgrund der widerstreitenden Erfahrungsdaten unverzüglich und ein für alle Mal aufzugeben gewesen. Leverrier ist der Physik Newtons jedoch ganz im Gegenteil treu geblieben, was in weiterer Folge zu einem ihrer größten Triumphe führte. Naive FalsifikationistInnen könnten hierauf zwar mit der Behauptung antworten, Leverrier hätte bloß einen Glückstreffer gelandet. Dies ist jedoch weit weniger glaubwürdig als die Konsequenz, dass es sich entgegen der Grundmaxime des naiven Falsifikationismus auszahlt, Theorien nicht schon bei der erstbesten Gelegenheit fallen zu lassen.

Ich glaube, dass die Episode um Urbain Leverrier den naiven Falsifikationismus tatsächlich in eine ausweglose Situation bringt. Es wäre aber ein Fehler, vom Versagen des naiven Falsifikationismus ohne weitere Umschweife auf Karl Popper zu schließen. Das liegt daran, dass Popper ein sehr viel avancierteres Bild des Falsifikationismus vertreten und beispielsweise in allen Phasen seines Wirkens klar darauf hingewiesen hat, dass Falsifikationen niemals – auch nicht angesichts scheinbar erdrückender Erfahrungsgrundlagen – unausweichlich sind. In Poppers Denken gibt es unterschiedliche Motive, die hierfür verantwortlich sind. Im gegenwärtigen Kontext besonders relevant ist die Einsicht, dass auch noch so eindeutig erscheinende Widerlegungen stets durch die Einführung von Zusatzannahmen vermieden werden können (Popper 1994a, 47–52). Dafür ein einfaches Beispiel:

Nehmen wir an, wir vertreten die Hypothese, dass alle Schwäne weiß sind. Und nehmen wir weiter an, jemand konfrontiert uns mit der Information, dass es in Australien auch schwarze Schwäne gibt. Ist unsere Hypothese hiermit falsifiziert? Nicht zwingend. Wir könnten die Behauptung, der zufolge es in Australien schwarze Schwäne gibt, rundheraus bestreiten. Werden wir mit einem lebenden Exemplar eines schwarzen Schwans konfrontiert, könnten wir behaupten, dass es sich um ein Hologramm handelt oder dass hinter diesem Falsifikationsversuch bloß ein Kübel schwarzer Farbe steckt. Oder aber wir könnten behaupten, dass Vögel existieren, die Schwänen zwar in allen Eigenschaften (außer ihrer Farbe) gleichen, die aber dennoch keine Schwäne sind. Kurzum, wir könnten Ad-hoc-Annahmen einführen, Definitionen willkürlich verändern oder unbequeme Erfahrungsdaten ganz einfach ignorieren.

---

[12] Dieser Erfolg wurde auch gebührend gefeiert, wie ein Gedicht belegt, das am 11. Dezember 1846 im *Liverpool Mercury* veröffentlicht wurde (zit. in Standage 2000, 123f.): „Le Verrier first his learned eyes upraised, and on the problem with fixed purpose gazed; No inward fears subdues his generous soul; No dream of censure could his mind control; The fame of others his bold spirit fired, and with the hope to emulate inspired. He passed the barriers of those distant bounds, once thought to mark the planets' lonely rounds, chasing each one in its varying course, to each assigned its attractive force; Planting the flag of Science wide unfurled, upon the flaming ramparts of the world; And travelling the sphere mental toil, returns victorious with his well-earned spoil."

Die soeben beschriebenen Immunisierungsstrategien sind speziell für pseudowissenschaftliche Glaubenssysteme charakteristisch. Radikale KurzzeitkreationistInnen gehen etwa davon aus, dass die Erde am 23. Oktober 4004 v.Chr. von Gott erschaffen wurde. Nun ist es nahe liegend, hierauf mit fossilen Funden zu kontern, die aufgrund ihres radiometrisch bestimmten Alters die Hypothese einer erst knapp über 6000 Jahre alten Erde klar zu falsifizieren scheinen. Auf derartige Einwände reagieren KreationistInnen jedoch häufig damit, die Ergebnisse radiometrischer Methoden oder die radiometrische Methode selbst anzuzweifeln. Oder aber sie führen Ad-hoc-Setzungen ein, wie beispielsweise jene, dass manche Gesteine von Gott mitsamt der darin enthaltenen Fossilien erschaffen wurden.

Das Problem mit derartigen Immunisierungsstrategien ist, dass ihnen weder auf sachlicher noch auf logischer Ebene beizukommen ist. Jeder Einwand, jeder Widerspruch und jede widerstreitende Beobachtung kann umschifft werden, wenn man bereit ist, entsprechend drastische Maßnahmen zu ergreifen. Die Zweifelhaftigkeit von Immunisierungsstrategien lässt sich deshalb nach Popper nicht auf einer Sachebene oder auf der Ebene der Logik herausstellen. Ihre Zweifelhaftigkeit zeigt sich laut Popper einzig und allein auf der Ebene der „Methode". Es ist – wie Popper auch sagt – eine Frage des „Entschlusses", ob man sich solcher Immunisierungsstrategien bedienen will oder nicht (vgl. Popper 1994a, 50).

Was Popper hier meint, ist Folgendes: KreationistInnen haben nur einen Grund, die Zusatzannahme, dass Gott manche Gesteine bereits mit darin enthaltenen Fossilien erschaffen hat, einzuführen. Dieser Grund ist *nicht*, dass die Zusatzannahme aus dem Kreationismus eine leichter zu prüfende und damit empirisch gehaltvollere Theorie macht. Der einzige Grund, diese Zusatzannahme zu vertreten, ist vielmehr der vorab gefasste Entschluss, die kreationistische These um jeden Preis vor der drohenden Falsifikation zu bewahren. Genau diese Tendenz ist jedoch ein sicheres Merkmal für eine irrational-unwissenschaftliche Haltung. Wer demgegenüber die Ideale der Rationalität verfolgt, wie sie in den Wissenschaften paradigmatisch verwirklicht sind, wird die Möglichkeit der Falsifikation nicht vermeiden wollen, sondern sie ganz im Gegenteil sogar suchen:

> [A]n dem falsifizierenden Experiment haben wir höchstes Interesse, wir buchen es als Erfolg, denn es eröffnet uns neue Aussichten in eine neue Welt von Erfahrungen; und wir begrüßen es, wenn diese uns neue Argumente gegen die neuen Theorien liefert. (Popper 1994a, 49)

Wer sich schon einmal in einer Diskussion mit religiösen FanatikerInnen oder VertreterInnen von Verschwörungstheorien wiederfand, wird Poppers Sichtweise in Bezug auf pseudowissenschaftliche Glaubenssysteme durchaus Einiges abgewinnen können: Es scheint in der Tat ein Indiz für Unwissenschaftlichkeit zu sein, wenn Falsifikationen nicht gesucht und im Fall der Fälle akzeptiert werden, sondern wenn Ad-hoc-Annahmen einzig und allein zu dem Zweck eingeführt werden, Theorien vor auftretenden Problemen zu schützen. Die Frage, die uns im gegenwärtigen Kontext interessieren sollte, ist jedoch die folgende: Handelt es sich *immer*, wenn eine Annahme zu dem Zweck eingeführt wird, auftretende Probleme zu vermeiden, um eine unwissenschaftliche Ad-hoc-Annahme? Die Brisanz dieser Frage kommt erst voll zur Geltung, wenn wir sie in einer etwas konkreterer Form stellen: Hat nicht auch Leverrier die Annahme der Existenz des Neptun allein zu dem Zweck eingeführt, die Physik Newtons vor einer drohenden Falsifikation zu schützen? Bedeutet das aber nicht, dass sich diese Annahme zum Zeitpunkt ihrer Formulierung auf derselben Ebene bewegte wie jene, dass Gott Gesteine mit darin enthaltenen Fossilen erschuf? Die meisten würden diese Sichtweise absurd finden. Das Gefühl der Absurdität genügt aber nicht. Die Wissenschaftstheorie muss eine klare Antwort auf die Frage geben, worin der Unterschied zwischen akzeptablen Zusatzannahmen (z.B. die Existenz des Neptun) und unwissenschaftlichen Ad-hoc-Annahmen (z.B. Gesteine mit darin enthaltenen Fossilen) genau besteht.

Dass die soeben formulierte Frage speziell für die poppersche Wissenschaftstheorie relevant ist, dürfte nicht weiter verwundern. Rückt man wie Popper die Falsifikation von Hypothesen als das entscheidende methodologische Element in den Vordergrund, muss der Frage, warum in manchen Fällen an einer bereits falsifiziert scheinenden Hypothese dennoch festzuhalten ist, besondere Beachtung zukommen. Wir werden diese Frage aber trotz ihrer Wichtigkeit für den Moment suspendieren und mit ihrer Beantwortung bis zum Beginn der vierten Einheit warten (vgl. Einheit 4; 98-100). Für den Rest dieser Subeinheit möchte ich mich einer anderen, mindestens ebenso wichtigen Frage zuwenden.

Unsere bisherigen Überlegungen haben sich um die Frage gedreht, wie die Zusatzannahme, die Leverrier zur Rettung der prima facie falsifizierten Physik Newtons einführte, von offenkundig unwissenschaftlichen Annahmen der Marke „Gott hat Gesteine mit darin enthaltenen Fossilien erschaffen“ unterschieden werden kann. Indem man die Frage auf diese Weise stellt, setzt man jedoch bereits voraus, dass der Physik Newtons vor der Entdeckung des Neptun tatsächlich der Status der *prima facie* Falsifiziertheit zuzuweisen war. Ist dem jedoch tatsächlich so? Versetzen wir uns, um diese Frage zu beantworten, in die Situation, in der sich Leverrier vor der Annahme der Neptun-Hypothese befunden haben muss.

Ausgangspunkt von Leverriers Überlegungen war die merkliche Diskrepanz zwischen dem Orbit des Uranus, wie ihn die Physik Newtons prognostiziert, und dem Orbit des Uranus, wie er tatsächlich zu beobachten ist. Diese Diskrepanz könnte auf den ersten Blick als eine Falsifikation der Theorie angesehen werden, weil die Beobachtungen den Prognosen, die aus der Theorie logisch folgen, klar widersprechen. Ist die Situation jedoch wirklich so einfach? Steht tatsächlich die betreffende Theorie allein im Kreuzfeuer der Kritik, wenn sich Beobachtungen einstellen, die den Vorhersagen der Theorie widersprechen? Diese Frage haben wir uns bereits im letzten Unterabschnitt in Bezug auf die Sonnenfinsternis von 1919 gestellt. Hier ist nun, was der französische Physiker, Mathematiker und Wissenschaftstheoretiker Pierre Duhem (1861–1916) zu diesem Thema zu sagen hat:

[D]er Physiker [kann] niemals eine isolierte Hypothese, sondern immer nur eine ganze Gruppe von Hypothesen der Kontrolle des Experimentes unterwerfen [...]. Wenn das Experiment mit seinen Voraussagungen in Widerspruch steht, lehrt es ihn, daß wenigstens eine der Hypothesen, die diese Gruppe bilden, unzulässig ist und modifiziert werden muß. (Duhem 1998, 248)

Was meint Duhem mit der Rede von „einer ganzen Gruppe von Hypothesen" und mit dem Hinweis, dass ein Widerspruch zeigt, „dass wenigstens eine der Hypothesen unzulässig ist"? Beginnen wir, um einer diesbezüglichen Antwort näherzukommen, mit der folgenden Frage: Ist es eigentlich korrekt zu sagen, dass aus einer Theorie eine Prognose abgeleitet werden kann? Nun, wenn man hierunter versteht, dass eine Theorie eine diskrete Einheit und zudem alles ist, was man braucht, um zu konkreten Vorhersagen zu gelangen, dann ist dies klar zu verneinen. Wollen wir zu einer annähernd realistischen Sichtweise hinsichtlich des Verhältnisses zwischen Theorie und Prognose gelangen, benötigen wir nicht nur einen exakteren Theoriebegriff, wir müssen uns außerdem über die Rolle von Theoriekernen, Spezialannahmen, Zusatztheorien, konkreten Startbedingungen und allgemeinen Grenzbedingungen verständigen. Was mit diesen Begriffen gemeint ist, lässt sich wie folgt explizieren.

Wenn wir im Zusammenhang mit der historischen Episode um Leverrier von *der Theorie* sprechen, aus der sich dies und jenes ableiten lässt, dann meinen wir in einem ersten Schritt einen so genannten *Theoriekern* (*TK*) der klassischen Physik Newtons, der aus den drei Gesetzen der klassischen Mechanik und dem Gravitationsgesetz besteht. Von diesem Theoriekern sind jedoch die *theoretischen Spezialannahmen* (*TS*) zu unterscheiden, die üblicherweise in Bezug auf die Theorie gemacht werden: Spezialannahmen betreffen beispielsweise unterschiedliche Formulierungen des Kerns, wobei zu bemerken ist, dass diese Formulierungen einem sehr viel stärkeren historischen Wandel unterliegen als der Theoriekern selbst. Die Unterscheidung zwischen Theoriekern und theoretischen Spezialannahmen trägt dem Umstand Rechnung, dass es historische Situationen gibt, in denen der Kern konstant bleibt, während auf der Ebene der Spezialannahmen beispielsweise zwischen dem Lagrange-Formalismus und der Hamilton-Mechanik zu unterscheiden ist (Worrall 2011, 162–163).

Der Begriff der Zusatztheorie (*ZT*) ist demgegenüber wie folgt zu erläutern: Wann immer in den Naturwissenschaften auf Beobachtungsdaten Bezug genommen wird, liegen diesen Daten eine Reihe von Hintergrundtheorien zugrunde, beispielsweise jene, die in Bezug auf das verwendete Instrumentarium relevant sind. In der Astronomie beschreibt eine dieser Theorien etwa die Ablenkung, die das Licht eines beobachteten Himmelskörpers erfährt, wenn es in die Erdatmosphäre eintritt. Nimmt man auf Beobachtungsdaten Bezug, dann setzt man damit implizit die Richtigkeit derartiger Hintergrundtheorien voraus.

Einem Verständnis von Start- bzw. Grenzbedingungen kommen wir schließlich näher, wenn wir den Begriff der Prognose etwas genauer unter die Lupe nehmen: Eine Prognose ist eine Aussage über den Zustand eines physikalischen Systems zum Zeitpunkt t_2, wobei t_2 in der Zukunft liegt. Um eine derartige Aussage machen zu können, müssen wir jedoch den Zustand des Systems zum Zeitpunkt t_1 kennen. Im Falle der Prognose des Orbits des Uranus müssen wir beispielsweise wissen, welches die relevanten Elemente des Sonnensystems sind und wie die entscheidenden Eigenschaften dieser Elemente (Masse, Position, Geschwindigkeit etc.) zu bestimmen sind. Die mit diesen Eigenschaften korrelierenden Daten bezeichne ich als Startbedingungen (*SB*).

Prognosen hängen aber andererseits auch davon ab, dass gewisse Grenzbedingungen (*GB*) erfüllt sind. Unter Grenzbedingungen verstehe ich Annahmen, die auf einer grundlegenden Ebene die Stabilität des zu beschreibenden Systems garantieren sollen. Hinsichtlich unseres aktuellen Beispiels kann man in diesem Zusammenhang etwa an eine Geschlossenheitsannahme denken, die festlegt, dass in die Prognose nur Gravitationseffekte eingehen, die von einigen vorab festgelegten Elementen des Systems (vermutlich der Sonne und den jeweils bekannten Planeten) verursacht werden. In die Kategorie der Grenzbedingungen fallen aber auch (komparative oder exklusive) *Ceteris paribus*-Klauseln (Schurz 2002). Exklusive *Ceteris paribus*-Klauseln bringen etwa zum Ausdruck, dass sich das System nur dann in einer bestimmten Weise verhalten wird, wenn es keine externen Störfaktoren gibt.

Versuchen wir uns nun vor dem Hintergrund dieser Erläuterungen die sogenannte Duhem-These[13] vor Augen zu führen: Duhem weist darauf hin, dass Prognosen niemals aus dem Theoriekern allein, sondern immer nur aus der Konjunktion der verschiedenen Bestandteile des Theoriekerns, der Spezialannahmen, der Zusatztheorien, der Startbedingungen und der Grenzbedingungen abgeleitet werden können. Schematisch sieht der erste Schritt einer Falsifikation deshalb wie folgt aus:

Wenn ($TK \wedge TS \wedge ZT \wedge SB \wedge GB$), dann p;

Nehmen wir wiederum an, dass p nicht eintritt:

$\neg p$;

Dann folgt:

Ergo: $\neg(TK \wedge TS \wedge ZT \wedge SB \wedge GB)$.

Dies lässt sich schließlich wie folgt umformen:

Ergo: $\neg TK \vee \neg TS \vee \neg ZT \vee \neg SB \vee \neg GB$.

Jetzt haben wir den Salat. Alles, was uns eine nicht eintretende Prognose sagt, ist, dass entweder alle oder einige Glieder oder wenigstens ein Glied der Konjunktion falsch sind. Die Logik kann uns jedoch nicht dabei helfen, eine Entscheidung

[13] In der Literatur ist sehr häufig von der „Quine-Duhem-These" zu lesen. Quine und Duhem vertraten jedoch bei genauerem Hinsehen recht unterschiedliche, bisweilen sogar gegenläufige Thesen, weshalb beide getrennt behandelt werden sollten (vgl. z.B. Vuillemin 1979; Gillies 1993, Kapitel 5).

zugunsten einer dieser Optionen zu treffen. Oder, um es anders zu sagen: Da $\neg p$, wissen wir zwar, dass irgendetwas mit unserem System aus Theoriekern, Spezialannahmen, Zusatztheorien, Startbedingungen und Randbedingungen nicht stimmt. Um herauszufinden, wo genau das Problem liegt, braucht es jedoch mehr als das bloße Wissen um die Tatsache, dass $\neg p$.

Die Duhem-These wird immer wieder als eine direkte Widerlegung des Falsifikationismus angesehen. Warum das so ist, ist nicht schwer nachzuvollziehen: Trifft die Duhem-These zu, dann scheint es jederzeit möglich zu sein, potenziell falsifizierende Beobachtungen von der betreffenden Theorie abzulenken und auf einen beliebigen anderen Teil der Konjunktion aus Spezialannahmen, Zusatztheorien, Startbedingungen und Randbedingungen umzuleiten. Die Episode um Leverrier scheint diesen Umstand hervorragend zu veranschaulichen: Der beobachtete Uranusorbit stellte zu keinem Zeitpunkt eine ernsthafte Bedrohung für die Physik Newtons dar. Bedroht war lediglich die Konjunktion aus Theoriekern, Spezialannahmen, Zusatztheorien, Startbedingungen und Randbedingungen. Angesichts dieser Ausgangslage ist es aber nicht weiter verwunderlich, dass Leverrier den Theoriekern unangetastet ließ und stattdessen die Startbedingungen (die Informationen bezüglich der Anzahl der Objekte, deren Masse für den Orbit des Uranus relevant sind) modifizierte.

Festzuhalten ist, dass von einer direkten Widerlegung durch die Duhem These nur im Fall des naiven Falsifikationismus die Rede sein kann. Avanciertere Versionen der falsifikationistischen Methode sind durchaus imstande, mit dieser Herausforderung umzugehen (vgl. z.B. Gillies 1993, Kapitel 10; Rowbottom 2011, Kapitel 5). Was die Duhem-These aber dennoch zeigt, ist Folgendes: Für viele ist am Falsifikationismus die Sparsamkeit und Eleganz reizvoll, mit der das Geschäft der naturwissenschaftlichen Forschung auf einen sehr einfachen Nenner gebracht wird. Der Falsifikationismus scheint sich zumindest in seinen einfachen Formen auf die Anweisung zu beschränken, Hypothesen vorzuschlagen, diese möglichst streng zu testen und im Falsifikationsfall durch neue Hypothesen zu ersetzen. Erkennt man die Duhem-These an, dann wird deutlich, dass dieser Schematismus bei Weitem zu steril ist, um in konkreten Situationen naturwissenschaftlicher Forschung handlungsanweisend zu sein. Um der Komplexität konkreter Episoden wie jener um die Entdeckung des Neptun gerecht zu werden, muss die falsifikationistische Methode sehr viel differenzierter ausformuliert werden. Dass dies jedoch gleichzeitig auf Kosten ihrer Sparsamkeit geht, versteht sich von selbst.

Belassen wir es für den Moment bei diesen Bemerkungen (wir kommen auf Popper ohnehin in der dritten Einheit zurück) und wenden wir uns zum Abschluss dieser Subeinheit einer anderen Frage zu. Wie wir gesehen haben, hat Duhem als einer der ersten auf die Komplexität der Relationen hingewiesen, die zwischen Theorien und scheinbar widerstreitenden Erfahrungen tatsächlich bestehen. Nach Duhem gibt es keine einfache logische Regel, die es uns angesichts einer bestimmten Erfahrungsgrundlage erlaubt, auf die Falsifiziertheit eines bestimmten Teils der Konjunktion aus Theoriekern, Spezialannahmen, Zusatztheorien, Startbedingungen und Randbedingungen zu schließen. Dies wirft jedoch die nahe liegende Frage auf, wie Duhem selbst meint, das von ihm aufgeworfene Problem der Rationalität von Theorieentscheidungen zu lösen. Seine Antwort lautet wie folgt:

> Die reine Logik ist keineswegs die einzige Regel unserer Urteile. Gewisse Meinungen, die nicht durch das Prinzip des Widerspruchs unmöglich werden, können dennoch vollkommen unvernünftig sein. Jene Motive, die nicht aus der Logik hervorgehen und dennoch unsere Wahl bestimmen, jene ‚Gründe, die die Vernunft nicht kennt', die zum Scharfsinn und nicht zum mathematischen Denken sprechen, bilden das, was man recht geeignet als *gesunden Menschenverstand* bezeichnet. (Duhem 1998, 291)

Duhem fährt fort:

> Aber diese Gründe des gesunden Menschenverstandes drängen sich nicht mit derselben unabänderlichen Strenge, wie die Vorschriften der Logik auf; sie besitzen etwas Unsicheres, Schwankendes; sie zeigen sich nicht zur gleichen Zeit, mit gleicher Klarheit in allen Köpfen. [...] Physiker [können den] Entscheid [über ungenügende Hypothesen] beschleunigen und die Schnelligkeit des wissenschaftlichen Fortschrittes steigern, indem sie sich bemühen, in sich selbst den gesunden Menschenverstand möglichst hell und wachsam zu erhalten. (1998, 293)

Diese Antwort könnte einige erhobene Augenbrauen zur Folge haben. Glaubt Duhem wirklich – so könnte man fragen –, ein so handfestes Problem wie jenes der Rationalität der Theorienwahl mit dem Hinweis auf einen Begriff wie jenen des *gesunden Menschenverstands* in den Griff bekommen zu können? Befriedigt es uns wirklich, die Rationalität von Leverriers Vorgehen mit dem knappen Hinweis zu begründen, dass dieser *gesunden Menschenverstand* bewiesen hat? Hierauf eine Antwort zu geben wird noch schwieriger, wenn wir uns einem Teil der Episode um Leverrier zuwenden, der in der Wissenschaftstheorie deutlich seltener erwähnt wird als jener, der in der erfolgreichen Entdeckung des Neptun gipfelt.

Nach seinen bahnbrechenden Erfolgen kehrte Leverrier zu einem anderen Problem zurück, an dem er schon vor der Entdeckung des Neptun erfolglos gearbeitet hatte. Dieses Problem ist unter dem Schlagwort „Periheldrehung des Merkur" bekannt und lässt sich wie folgt zusammenfassen: Beschreibt man im Rahmen der Physik Newtons Sonne und Merkur als ein idealisiertes Zweikörpersystem (d.i. als ein System, auf das keine externen Gravitationseffekte wirken), so gelangt man zu dem Ergebnis, dass sich der masseärmere Merkur in einer exakten Ellipsenbahn um die in einem Brennpunkt der Ellipse befindliche massereichere Sonne bewegt. Es gilt hier also, dass das Perihel (d.i. der Punkt der Umlaufbahn, der der Sonne am nächsten ist) unbeweglich ist. Bereits zu Leverriers Zeiten wusste man jedoch, dass der tatsächliche Orbit des Merkur aufgrund der auf ihn wirkenden Gravitationseffekte ein deutlich anderer ist: Das Perihel des Merkurorbit ist einer geringfügigen rechtsläufigen Drehung unterworfen, was dazu führt, dass sich der Merkur nicht in einer Ellipsen-, sondern in einer Rosettenbahn um die Sonne bewegt (vgl. Abb. 5; 55).

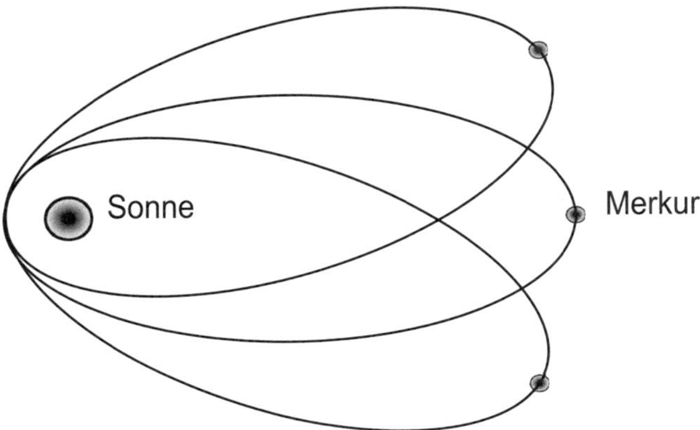

Abb. 5: Die Periheldrehung des Merkur

Problematisch an der soeben beschriebenen Periheldrehung ist nun, dass sich zwischen den prognostizierten und den tatsächlich gemessenen Werten wiederum eine Diskrepanz ergab. Obwohl die Abweichung mit 0,43´´ im Jahr vergleichsweise gering war, kam man nicht an der Tatsache vorbei, dass sich das Merkurperihel stärker drehte, als dies von der newtonschen Physik vorhergesagt wurde. Aus wenig überraschenden Gründen ging Leverrier daran, genau diejenige Lösungsstrategie, die bereits zur Entdeckung des Neptun geführt hatte, nun auch auf den Merkur anzuwenden. In bereits gewohnter Manier prognostizierte er die Existenz eines weiteren Planeten, der sich zwischen Merkur und Sonne befinden sollte. Im Rahmen komplexer Kalkulationen errechnete Leverrier dessen Masse und Geschwindigkeit und sagte überdies die genaue Position voraus, an der der gesuchte Himmelskörper zu beobachten sein würde. Leverrier tat seine Ergebnisse im September des Jahres 1859 öffentlich kund. Science-Fiction-Fans wird freuen, dass der zweite Planet, den Leverrier errechnet hatte, aufgrund seiner Sonnennähe „Vulkan" getauft wurde.

Zunächst wurde Leverriers Vorschlag durchweg positiv aufgenommen: Einerseits war es nahe liegend, dass derjenige Astronom, der die Entdeckung des Neptun ermöglicht hatte, auch in der Lage war, auf dieselbe erfolgreiche Weise das Problem des Merkur zu lösen. Andererseits meldete sich schon bald nach der Veröffentlichung der Vulkan-Hypothese der französische Arzt und Amateurastronom Edmond Lescarbault (1814–1894) und behauptete, den gesuchten Planeten Vulkan bereits im März des Jahres 1859 beobachtet zu haben. 1862 wurde die Entdeckung des Vulkan von einem zweiten Amateurastronomen in England bestätigt und so begann man Mitte der 60er Jahre des 19. Jahrhunderts damit, den Vulkan in astronomischen Lehrbüchern als jüngsten und sonnennächsten Planeten zu führen (Fontenrose 1973).

Der anfänglichen Euphorie zum Trotz verstummten die kritischen Stimmen jedoch nicht vollends. Es wurde darauf hingewiesen, dass die beiden vermeintlichen Beobachtungen des Vulkan zu Zeiten besonders starker Sonnenaktivitäten erfolgt waren, was die Verwechslung mit Sonnenflecken nahelegt. Außerdem war eine Bestätigung durch eine professionelle Instanz wie etwa ein Universitätsobservatorium nach wie vor ausständig. Man versuchte deshalb die Existenz des Vulkan während der Sonnenfinsternisse von 1878, 1901, 1905 und 1908 nachzuweisen, was jedoch in keinem einzigen Fall gelang.

Leverrier selbst hielt bis zu seinem Tode im Jahr 1877 an der Hypothese des Vulkan fest. Den Rest der Scientific Community verließ das Vertrauen jedoch allmählich, was dazu führte, dass unterschiedliche andere Hypothesen vorgeschlagen und diskutiert wurden. Die Palette reichte von einer ungewöhnlich starken Abplattung der Sonne über eine größere Masse der Venus bis hin zur Vermutung, dass nicht ein einzelner Planet, sondern eine Reihe kleinerer Objekte für die anomale Periheldrehung des Merkur verantwortlich sein könnten. Bemerkenswert ist, dass nur wenige die radikale Konsequenz in Betracht zogen, anstatt der Implementation derartiger Zusatzannahmen eine Modifikation des newtonschen Gravitationsgesetzes vorzunehmen. Einer jener, die genau dies vorschlugen, war der Amerikaner Asaph Hall (1829–1907). Seiner Ansicht nach bestand die Lösung darin, das ursprüngliche Gravitationsgesetz

$$F = G\,(m_1 m_2 / r^2)$$

durch Veränderung des Exponenten von r wie folgt zu adaptieren:

$$F = G\,(m_1 m_2 / r^{2+\delta}).$$

(F ist der Betrag der Kraft, die zwischen zwei Massepunkten wirkt, m_1 und m_2 die beiden Massen der Massepunkte 1 und 2, r der Abstand zwischen den Massepunkten und G die Gravitationskonstante.) Was diese Modifikation bewirkt, ist Folgendes: Verändert man den Exponenten von r um δ, wobei $\delta = 0{,}0000001612$, dann bringt man damit die theoretisch prognostizierte Periheldrehung mit den Beobachtungsdaten in Einklang. Da jedoch gleichzeitig gilt, dass die Stärke der Auswirkungen von Halls Modifikation indirekt proportional zum Wert des Abstands r abnimmt, sind die übrigen Planeten von diesem Feintuning nicht mehr betroffen. Hall begegnet den widerstreitenden Beobachtungen also nicht durch die Implementierung von zusätzlichen Annahmen, sondern durch die Modifikation des Theoriekerns.[14]

---

[14] Thomas Kuhn bemerkt sowohl in Bezug auf Asaph Halls Modifikation des Gravitationsgesetzes, als auch in Bezug auf andere Versuche, den Theoriekern des newtonschen Physik vor 1905 (also vor Albert Einsteins Proklamation der SRT) anzutasten, dass „niemand diese Vorschläge sehr ernst nahm" (Kuhn 1976, 94). Warum das so ist, werden wir genauer nachvollziehen können, wenn wir uns mit Imre Lakatos' Begriff des Theoriekerns (vgl. Einheit 4; v.a. S. 100–106) bzw. mit Kuhns

Aus heutiger Perspektive ist Halls Lösungsvorschlag weniger aus wissenschaftlichen Gründen bemerkenswert – zu offensichtlich ist, dass es keine tieferen Gründe zur Einführung von δ gibt, außer eben jene, den Beobachtungen gerecht zu werden (vgl. hierzu Poppers Begriff der unabhaengigen Testbarkeit: Einheit 4; 99). Sein Beitrag ist aus heutiger Perspektive vielmehr deshalb wichtig, weil er die Scientific Community des 19. Jahrhunderts auf die mögliche Fehlbarkeit des newtonschen Theoriekerns vorbereitete (Hanson 1962, 376f.). Genau dies geschah nämlich. Ganz am Ende desjenigen Aufsatzes, in dem die ART erstmals der Weltöffentlichkeit präsentiert wird, gibt Albert Einstein die folgende Formel an, um die Drehung der Ellipse in Richtung der Bahnbewegung zu berechnen (Einstein 1916, 822):

$$\varepsilon = 24\pi^3 (\alpha^2 / T^2c^2 (1 - e^2))$$

(ε ist der Betrag der Drehung pro Umlauf, α die große Halbachse der Ellipse, c die Lichtgeschwindigkeit, e die Exzentrizität der Ellipse und T die Umlaufzeit in Sekunden.) Anders als Hall trägt Einstein der Periheldrehung des Merkur nicht durch willkürliches Feintuning des Theoriekerns Rechnung. Der von Einstein errechnete Wert von 43´´,03 ± 0´´,03, der dem beobachteten Wert von 42´´,56 ± 0´´,94 gegenübersteht, folgt vollkommen natürlich aus den Grundannahmen der ART. Und nicht nur das: Aus Sicht der ART wird auch klar, warum sich zwischen den newtonschen Prognosen und den Beobachtungen eine messbare Diskrepanz ergeben musste. Das Rätsel der Perihelverschiebung des Merkur kann nur dann in befriedigender Art und Weise gelöst werden, wenn man mit der ART davon ausgeht, dass die Raumzeit in der Nähe massereicher Objekte wie der Sonne gekrümmt ist. Dieses neuartige Verständnis des Zusammenhang zwischen Raum, Zeit und Gravitation ist – wie auch im Fall der Sonnenfinsternis von 1919 – ein konstitutiver Bestandteil von Einsteins Lösungsstrategie.

Kommen wir vor diesem Hintergrund auf Duhem zurück: Wie wir gesehen haben, entlarvt Duhem die Vorstellung, dass uns die Logik Aufschluss darüber geben kann, welches Element eines Theoriesystems bei widerstreitenden Beobachtungen aufzugeben ist, als Illusion. Entscheidungen der Theorienwahl bzw. Entscheidungen hinsichtlich der Modifikation des Theoriesystems hängen laut Duhem demgegenüber davon ab, dass WissenschaftlerInnen gesunden Menschenverstand beweisen. Man könnte jedoch bezweifeln, dass uns diese Herangehensweise dabei hilft, historische Episoden wie jene um Leverrier in einer angemessenen Weise zu rekonstruieren. Die diesbezüglichen Bedenken könnten etwa wie folgt aussehen:

Es scheint intuitiv einsichtig zu sein, die Vorgehensweise, die Leverrier im Zusammenhang mit der Entdeckung des Neptun an den Tag gelegt hat, als rational anzu-

Begriff der symbolischen Generalisierung (vgl. Einheit 5.1 und 5.2; v.a. 129-131 und 133–137) beschäftigen.

sehen. Dieser Intuition lässt sich im Rahmen von Duhems Wissenschaftstheorie entsprechen, indem man Leverrier zugesteht, in diesem Kontext durch das Festhalten an der Physik Newtons gesunden Menschenverstand bewiesen zu haben. Geht man so vor, stellt sich jedoch die nahe liegende Frage, wie es um Leverriers gesunden Menschenverstand im Fall des Merkur bzw. im Fall des Vulkan steht. Prinzipiell gibt es zwei Möglichkeiten, hierauf zu antworten. *Erstens*: Man kann sagen, dass Leverrier auch hier dem gesunden Menschenverstand gefolgt ist, da die Vorgehensweise aus seiner Sicht ja dieselbe gewesen ist. Hiermit gibt man aber gleichzeitig zu, dass rationales Vorgehen manchmal zu wissenschaftlich korrekten, manchmal zu wissenschaftlich inkorrekten Ergebnissen führt. Ist der gesunde Menschenverstand dann jedoch überhaupt von Belang, wenn sein Vorliegen von der Korrektheit wissenschaftlicher Ergebnisse vollkommen unabhängig zu sein scheint?

Zweitens: Man könnte bestreiten, dass Leverrier im Fall des Vulkan dem gesunden Menschenverstand gefolgt ist. Man müsste dann aber klären, wie es in zwei strukturell ähnlichen Fällen, in denen beide Male dieselbe Handlungsstrategie vorliegt, zu unterschiedlichen Bewertungen im Hinblick auf das Vorliegen des gesunden Menschenverstands kommt. Natürlich könnte man darauf hinweisen, dass die strukturelle Ähnlichkeit zwischen Merkur und Uranus eine bloß scheinbare ist: Während der anomale Orbit im Falle des Uranus Resultat eines Gravitationseffekts ist, der sich mittels des newtonschen Gravitationsgesetzes beschreiben lässt, ist der anomale Orbit im Falle des Merkur Resultat eines Gravitationseffekts, der sich nur mehr im Rahmen der ART beschreiben lässt. Legt man jedoch diesen Unterschied zugrunde, um zwischen dem Vorliegen oder der Abwesenheit des gesunden Menschenverstands zu unterscheiden, dann stellt dies letztendlich wiederum die Relevanz des Letzteren infrage. Wie kann der gesunde Menschenverstand für die Theorienwahl relevant sein, wenn sein Vorliegen von den Ergebnissen ebendieser Theoriewahl abhängt? Ist der gesunde Menschenverstand gemäß dieser Sichtweise nicht bloß etwas, das all jenen Theorieentscheidungen, die sich aus rein innerwissenschaftlichen Gründen bewähren, *nachträglich* zugewiesen wird?[15]

1.4 Against Philosophy?

Wir sind an einem Punkt angelangt, an dem sich ein gewisses Gefühl der Unzufriedenheit breit machen könnte: Unser Weg hat mit einer populären Auffassung über das Wesen der wissenschaftlichen Methode begonnen. Die BSB-Strategie sollte diejenigen Aspekte abbilden, die einer weit verbreiteten Meinung zufolge charakteristisch für den Prozess des wissenschaftlichen Erkenntnisgewinns sind.

[15] Behauptet ist an dieser Stelle freilich nicht, dass es für ProponentInnen der Duhemschen Theorie des gesunden Menschenverstands keinen Ausweg aus dieser Situation gibt. Vgl. hierzu bzw. auch hinsichtlich der Frage, ob Duhems Position als eine Vorwegnahme der aktuellen *virtue epistemology* anzusehen ist, Stump 2007, Ivanova 2010, Kidd 2011 und Fairweather 2012.

Es hat jedoch nicht lange gedauert, bis sich erste Schwächen der BSB-Strategie offenbart haben: Vor allem die Begriffe der Beobachtung und der Bestätigung haben sich als keineswegs unproblematisch erwiesen: Beobachtungen sollen zwar im Rahmen der BSB-Strategie die Rolle von theorieunabhängigen Instanzen einnehmen. Die Relevanz von Beobachtungen scheint sich jedoch nicht unabhängig von gewissen theoretischen Vorentscheidungen bewerten zu lassen. In Bezug auf den Begriff der Bestätigung sind wir vorerst auf zwei Probleme gestoßen: Geht man davon aus, dass eine Theorie bestätigt ist, wenn sich ihre Konsequenzen als wahr erweisen, dann muss einerseits ein Kriterium angegeben werden, um tatsächlich relevante von bloß logisch möglichen Konsequenzen unterscheiden zu können. Andererseits haben wir einsehen müssen, dass eine auch noch so große Menge von Einzelbeobachtungen nicht ausreicht, um eine Allaussage als endgültig bestätigt anzusehen.

Obwohl wir noch nicht über das Wissen verfügen, die wahre Tragweite dieser Probleme einschätzen zu können, haben wir dennoch begonnen, über mögliche Alternativen zur BSB-Strategie nachzudenken. Als eine Option hat sich zunächst die poppersche Falsifikationsstrategie angeboten. Doch auch hier haben sich rasch Bedenken eingestellt: Der Fokus auf Falsifikation hat zwar den Vorteil, auf ein sehr schlankes und logisch durchsichtiges Konzept von Rationalität bauen zu können, das obendrein gegenüber den Problemen der induktiven Bestätigung immun ist. Man erkauft sich diesen Vorteil jedoch dadurch, auf ein Grundmuster der Theorienwahl festgelegt zu sein, das der Komplexität konkreter historischer Beispiele nicht gerecht wird. Die Episode um Leverrier ist hier paradigmatisch: Obwohl wir um das Schicksal der Physik Newtons wissen, scheint es eine inakzeptable Konsequenz zu sein, Leverriers Entdeckung des Neptun mit argumentativen Absurditäten wie dem Kurzzeitkreationismus auf eine Stufe zu stellen. Derartig kontraintuitive Ergebnisse können durch Modifikationen der falsifikationistischen Grundmethode möglicherweise vermieden werden. Diese Modifikationen gehen jedoch zulasten der Eleganz, die für viele am Falsifikationismus so verführerisch ist.

Angesichts derartiger Probleme erschien Duhems Begriff des gesunden Menschenverstands zunächst wie ein guter Ausweg. Dieser Begriff zeichnet sich zwar – wie Duhem unumwunden zugibt – im Gegensatz zu logischen Normen durch eine prinzipielle Ungenauigkeit aus; er verfügt jedoch bei der Anwendung auf komplexe historische Beispiele über genau die Flexibilität, die allzu schablonenhafte Raster wie die Falsifikationslogik vermissen lassen. Doch auch hier haben sich letztendlich Zweifel geregt: KritikerInnen könnten bemängeln, dass eine Theorie wissenschaftlicher Rationalität, die auf einem so vagen Begriff aufbaut, nicht genug normative Kraft entwickelt, um autonome (d.i. von der faktischen Wissenschaftsentwicklung unabhängige) Rationalitätsstandards zu begründen. Auf der Grundlage eines derart wackligen Fundaments ist alles, wozu die Wissenschaftstheorie scheinbar zunutze ist, dem faktischen Wissenschaftsverlauf hinterherzuhecheln und jenen Theorieentscheidungen, die sich aus innerwissenschaftlichen

Gründen bewährt haben, das Etikett des gesunden Menschenverstands umzuhängen. Ob die Wissenschaften auf retrospektive Beglaubigungen dieser Art tatsächlich angewiesen sind, bleibt jedoch dahingestellt.

Auf der Basis derartiger Ergebnisse könnte man sich zu einer pessimistischen Position gedrängt fühlen, wie sie in jüngster Vergangenheit speziell von praktizierenden WissenschaftlerInnen immer wieder vertreten wurde. Eine beispielhafte Argumentation könnte wie folgt lauten: Naturwissenschaften in unserem modernen Sinne des Wortes gibt es seit fast einem halben Jahrtausend. Zumindest seit dieser Zeit (und tatsächlich bereits sehr viel länger) erforschen WissenschaftlerInnen die Welt um uns – und das mit großem Erfolg. Auch wenn die Entwicklung der Wissenschaften nicht ohne Brüche vonstattenging, so gibt es doch so etwas wie wissenschaftlichen Fortschritt und eine Vermehrung wissenschaftlichen Wissens. Ein nicht unwichtiger Aspekt an dieser Erfolgsstory ist die Institutionalisierung der Wissenschaften: JungwissenschaftlerInnen lernen das Methodenhandwerk ihrer jeweiligen Disziplin von ihren VorgängerInnen, erweitern es bei Bedarf und geben es an die nachfolgende Generation weiter. All dies setzt aber voraus, dass es eine wissenschaftliche Methode gibt, die auch ohne Zutun der Philosophie explizit genug ist, um von WissenschaftlerInnen gelehrt, gelernt und angewandt werden zu können. Wozu dann aber Wissenschaftstheorie, wenn die Wissenschaften auch ganz gut für sich selbst zu sorgen scheinen? Können uns die genuin philosophischen Probleme bei der Fixierung einer einheitlichen Strategie der wissenschaftlichen Welterkundung nicht deshalb kalt lassen, weil sich die wissenschaftstheoretische Reflexion bei näherem Hinsehen ohnehin als eine sinnlose Ressourcenverschwendung erweist?

Eine Haltung dieser Art wurde beispielsweise vom US-amerikanischen Physiknobelpreisträger Steven Weinberg vertreten. Genau genommen geht Weinberg sogar noch weiter: Sein wenig schmeichelhaftes Urteil ist, dass die Philosophie die Physik in ihrem geschichtlichen Verlauf sogar behindert hat, weshalb der einzige Dienst, den PhilosophInnen PhysikerInnen erweisen können, jener ist, sie vor den Fehlinterpretationen anderer PhilosophInnen zu schützen (Weinberg 1992, 166). Weinberg führt zwei Beispiele an: Aufseiten der Metaphysik versucht Weinberg zu zeigen, dass Newtons Physik vor allem auf dem europäischen Kontinent schon sehr viel früher salonfähig hätte sein können, wäre da nicht Descartes' Doktrin des Mechanismus gewesen (Weinberg 1992, 169–173). Aufseiten der Erkenntnistheorie erwähnt Weinberg, dass sich die Physik des 19. und 20. Jahrhunderts viele (seiner Ansicht nach) sinnlose Diskussionen hinsichtlich der Interpretation der Atomtheorie und der Quantenmechanik gespart hätte, hätte nicht die „positivistische" Philosophie PhysikerInnen den Floh des Anti-Realismus ins Ohr gesetzt (Weinberg 1992, 174–184).

Wichtig erscheint mir Folgendes: Der englische Titel von Weinbergs Buch lautet *Dreams of a Final Theory*. Dieser Titel ist insofern programmatisch, als es Weinberg um das Ideal einer finalen, alles vereinheitlichenden Theorie geht – ein Ideal, das nach Weinberg allen Bemühungen der physikalischen Theoriebildung zugrunde liegen sollte. Im Zuge seiner Argumentation versucht Weinberg nicht nur die Frage nach dem Wesen von Naturgesetzen zu beantworten, er tritt unter anderem auch dafür ein, dass Tugenden wie Einfachheit oder Eleganz entscheidend sind, wenn es um die Wahl von Theorien geht. Er betont die Vereinheitlichung als treibende Kraft der physikalischen Forschung, er argumentiert für eine realistische Interpretation wissenschaftlicher Theorien und er widmet ein ganzes Kapitel dem Verhältnis zwischen Physik und Religion. All dies sind zweifellos legitime Fragen. Bemerkenswert ist jedoch, dass sie von jemandem gestellt werden, der die Philosophie als ein durch und durch sinnloses Unterfangen ansieht. Es dürfte offensichtlich sein, worauf ich hinaus will: Jemand, der der Philosophie alle Relevanz abspricht, sich aber zugleich mit Fragen beschäftigt, die ganz offensichtlich philosophischer Natur sind, ähnelt einem Raucher, der, während er sich eine weitere Zigarette ansteckt, davon berichtet, dass er sich letzte Woche das Rauchen abgewöhnt hat. In der Philosophie spricht man in solchen Fällen von einem performativen Selbstwiderspruch. Man meint damit, dass die Aussage, der zufolge das Philosophieren über die Naturwissenschaften sinnlos ist und dementsprechend unterlassen werden sollte, ganz klar eine philosophische Aussage darstellt und somit selbstwidersprüchlich ist.

Dass Weinberg trotz seiner philosophiekritischen Einstellung die Philosophie nicht loswird, sollte uns nicht weiter überraschen. Wie im Folgenden an vielen Stellen deutlich werden wird, sind die Wissenschaften stets insofern unterbestimmt, als sie unabhängig vom Grad ihres jeweiligen Erfolgs unterschiedliche Arten der Interpretation zulassen. Ob WissenschaftlerInnen beispielsweise das realistische Ideal der Annäherung an das wahre Sein der Welt verfolgen oder Theorien bloß als Instrumente zur Beschreibung beobachtbarer Phänomene verstehen, zeigt sich nicht schon auf der Ebene, auf der die betreffenden Theorien formuliert sind (vgl. 7.2 und 7.3). Natürlich, geht es nur um die praktische Anwendung von Theorien, so kann diese Frage getrost als irrelevant betrachtet werden. Streben wir aber ein umfassenderes Verständnis unseres wissenschaftlichen Tuns an, so kommen wir an der Beantwortung derartiger Fragen nicht vorbei. Und es ist genau dieser Punkt, an dem die wissenschaftstheoretische Arbeit beginnt. Indem sie ein umfassenderes Verständnis der faktisch stattfindenden Forschung erreichen will, tritt die Wissenschaftstheorie mit den Wissenschaften nicht in Konkurrenz; worum es ihr allein geht, ist die möglichst umfassende Klärung von wissenschaftlichen Begriffen, Aussagen, Methoden und Theorien. Die nachfolgenden Einheiten sind als der Versuch des Nachweises zu lesen, dass eine derartige Klärung sowohl für PhilosophInnen als auch für EinzelwissenschaftlerInnen möglich, sinnvoll und gewinnbringend ist.

1.5 Zusammenfassung und exemplarische Fragen

Am Ende aller Einheiten findet sich eine Liste von Fragen, die zur Selbstkontrolle verwendet werden können: Hat man den Inhalt der Einheit verstanden, sollte die Beantwortung dieser Fragen kein Problem darstellen.

Die Einführungseinheit, an deren Ende wir uns gerade befinden, stellt diesbezüglich jedoch eine Ausnahme dar: Wie ich im Vorwort angesprochen habe, dient diese Einführungseinheit weniger der Vermittlung von einfach reproduzierbarem Faktenwissen. Auf den vorangegangenen Seiten ging es vielmehr darum, eine historische Folie auszuarbeiten, die uns *erstens* auf die Thematik einstimmen, der Thematik *zweitens* etwas mehr Bodenhaftung geben und es uns *drittens* ermöglichen soll, an späteren Punkten auf diese historischen Beispiele zurückzukommen. Hierin ist der Grund zu sehen, dass sich in diesem Unterabschnitt anders als in den anderen Einheiten keine zusammenfassenden Fragen finden. Der oder die LeserIn sollte aber am Ende der Lektüre in der Lage sein, auch solche Themen, die in dieser Einführungseinheit nicht explizit angesprochen wurden, auf die diskutierten Episoden rückbeziehen zu können.

1.6 Weiterführende Literatur

Da alle genuin wissenschaftstheoretischen Themen, die in dieser Einführungseinheit zur Sprache kommen, in späteren Einheiten wiederkehren und dort in detaillierterer Form behandelt werden, beschränke ich mich hier auf weiterführende Literatur, die den naturwissenschaftlichen Hintergrund der erwähnten Beispiele betreffen.

Der historische Kontext der ptolemäischen Astronomie und ihrer Einbettung in die aristotelische Physik und Kosmologie wird hervorragend in Dreyer 1905, Koestler 1959, Kuhn 1980, Toulmin & Goodfield 1961, Crombie 1965, Shapin 1996 und Carrier 2001 geschildert. DeWitt 2010 erhebt zwar nicht denselben historischen Anspruch wie die zuvor angesprochenen Werke, der physikalische und astronomische Hintergrund wird jedoch in einer für PhilosophInnen sehr verständlichen Weise dargestellt. Munitz 1965 ist die meines Wissens umfassendste Sammlung von Primär- und Sekundärtexten zur Kosmologie und Astronomie von der Antike bis zur Mitte des 20. Jahrhunderts.

Um die Sonnenfinsternis von 1919 angemessen interpretieren zu können, ist ein grundlegendes Verständnis der Physik Einsteins notwendig. Diesbezüglich sind die entsprechenden Kapitel aus Kosso 1998, Teil 6 aus Cushing 1998, Teil 8 aus Silver 1998 und Mermin 2005 empfehlenswert. Nochmals hingewiesen sei außerdem auf die hervorragende Einführung *Einstein for Everyone*, die John Norton auf seiner Homepage zur Verfügung stellt (vgl. Fußnote 8 für den entsprechenden Link). Die meines Wissens umfassendste Sammlung von klassischen kommentierten Primärtexten zur Relativitätstheorie ist Lorentz et al. 1923. Hilfreiche Darstellungen zu den Konzeptionen von Raum, Zeit und Raumzeit finden sich in Carrier 2009 und im ersten Teil von Esfeld 2012. Kommentierte Primärtexte zu dieser Thematik finden sich außerdem in Huggett 1999. Die bereits zitierten Earman & Glymour 1980 und Collins & Pinch 1993 (Kapitel 2) unterziehen die Sonnenfinsternis von 1919 einer detaillierten Untersuchung (wobei die

Rückschlüsse, die Collins & Pinch ziehen, ob ihrer Radikalität mit Vorsicht zu genießen sind).

Eine leicht verständliche Darstellung der Physik und Astronomie im 18. und 19. Jahrhundert gibt Mason 1962 (Kapitel 4 und 5). Die Entdeckung des Neptun wird sehr detailliert in Grosser 1962, Moore 1996 und Standage 2000 geschildert. Die Geschichte um die Vulkan-Hypothese wird schließlich in Hanson 1962, Fontenrose 1973 und Baum & Sheehan 1997 im Detail dargestellt.

2. Einheit: Von Skandalen, Raben und „blün" – Die Probleme mit der Induktion

Die Ergebnisse der Einführungseinheit waren mehrheitlich negativ. Treffen die bisherigen Überlegungen zu, dann erlaubt es weder die BSB-Strategie, noch der poppersche Falsifikationismus, eine klare Antwort auf die Frage nach dem Wesen der wissenschaftlichen Methode zu geben. Meine bisherige Darstellung war aber unvollständig, vor allem was die Behandlung der BSB-Strategie anbetrifft. Während ich mich mit den Schritten 1 und 3 in einiger Ausführlichkeit beschäftigt habe, bin ich auf Schritt 2 überhaupt nicht eingegangen. Zur Erinnerung: Schritt 2 liegt darin, auf der Basis von Beobachtungen Schlussfolgerungen zu ziehen, die auf allgemeinster Ebene in Gesetzesaussagen und Theorien gipfeln. Angesichts der Tatsache, dass dieser Teil der BSB-Strategie in der letzten Einheit überhaupt keine Rolle gespielt hat, könnte man sich fragen, ob die Probleme, die bislang aufgetreten sind, eventuell durch eine genauere Analyse von Schritt 2 in den Griff zu bekommen sind.

Die Frage, die geklärt werden muss, wenn eine derartige Analyse möglich werden soll, ist die folgende: Was bedeutet es, „auf der Basis von Beobachtungen Schlussfolgerungen zu ziehen"? Welche Art von Schlussfolgerung ist hier gemeint? Wenden wir uns, um zumindest eine vorläufige Antwort auf diese Frage zu erhalten, an niemand Geringeren als Isaac Newton. Gemessen am Gesamtumfang der *Principia* spielen methodologische Fragen zwar eine eher untergeordnete Rolle. An einigen Stellen, wie etwa im *Allgemeinen Scholion*, finden sich jedoch Bemerkungen, die in unserem Zusammenhang hilfreich zu sein scheinen:

> In der [...] Physik leitet man die Aussagen aus den Naturerscheinungen her und macht sie durch Induktion zu allgemeinen Aussagen. So entdeckte man die Undurchdringbarkeit, die Bewegbarkeit und den *impetus* der Körper, die Gesetze für die Bewegungen und die Schwere. (Newton 1999, 516)

Newtons 4. Regel zur Erforschung der Natur scheint in eine sehr ähnliche Richtung zu zielen:

> In der experimentellen Physik muß man die durch Induktion aus den Naturerscheinungen erschlossenen Propositionen trotz widersprechender Hypothesen solange entweder für vollkommen oder annähernd wahr halten, bis einem andere Naturerscheinungen begegnet sind, durch welche sie entweder noch genauer werden oder durch welche sie Einschränkungen unterworfen werden. Dies muß so sein, damit ein Induktionsschluß nicht durch Hypothesen entkräftet werden kann. (1999, 381)

Newtons Äußerungen zum Thema sind sehr eindeutig: Derjenige Schlusstyp, der es erlaubt, ausgehend von Beobachtungen so wunderbare Entdeckungen wie die Bewegungsgesetze zu machen, ist die *Induktion.*[1] Nach Newton ist es nicht damit getan, die Induktion einfach nur anzuwenden. Teil des korrekten Gebrauchs der wissenschaftlichen Methode ist überdies, die Souveränität der Induktion vor dem Einwirken von Hypothesen zu schützen. All dies wirft aber eine noch viel grundlegendere Frage auf: Was ist eigentlich diese ominöse induktive Methode? Worin besteht sie und was genau ist ihre Rolle im Ensemble der Wissenschaften? Vielleicht kommen wir im Zuge der Auseinandersetzung mit diesen Fragen dem Wesen der wissenschaftlichen Methode näher.

Nähern wir uns dem Begriff der Induktion in einem ersten Schritt *ex negativo* an, d.h. beginnen wir mit demjenigen Schlusstypus, der zumeist als Kontrastfolie herangezogen wird, wenn es um eine Charakterisierung der Induktion geht. Beginnen wir also mit einem *deduktiven* Schluss:

1. Alle Hunde sind Säugetiere.
2. Laika ist ein Hund.

---

3. Ergo: Laika ist ein Säugetier.

Ganz generell zeichnet sich ein gutes Argument dadurch aus, dass seine Prämissen (in diesem Fall Aussage 1 und 2) geeignet sind, die jeweilige Konklusion (in diesem Fall Aussage 3) zumindest bis zu einem gewissen Grad zu begründen. Wird wie im vorliegenden Fall deduktiv geschlossen, dann liegt die stärkste denkbare Form der Begründung vor: Deduktive Schlüsse sind *wahrheitskonservierend* in dem Sinn, dass die Wahrheit der Prämissen die Wahrheit der Konklusion unter allen Umständen garantiert. Dass wir es im vorliegenden Fall mit einem wahrheitskonservierenden Schluss zu tun haben, ist evident: Ist es wahr, dass alle Hunde Säugetiere sind, und ist es wahr, dass Laika ein Hund ist, dann folgt mit absolut unumstößlicher (weil *logischer*) Notwendigkeit, dass Laika auch ein Säugetier ist. David Humes Terminologie folgend nenne ich derartige wahrheitskonservierende Schlüsse im Folgenden *demonstrative Schlüsse.*

Dass manche Schlüsse wahrheitskonservierend sind, ist eine ziemlich interessante Sache. Wie kommt die Eigenschaft, wahrheitskonservierend zu sein, zustande? Die Antwort lautet, dass Schlüsse nur dann wahrheitskonservierend sind, wenn sie in ihren Konklusionen nicht über das hinausgehen, was in den Prämissen ohnehin schon impliziert ist. Demonstrative Schlüsse erkaufen sich die Eigenschaft, wahrheitskonservierend zu sein, also dadurch, dass der Gehalt ihrer Konklusionen den Gehalt ihrer Prämissen nicht übersteigt. Das vorhin genannte

---

[1] Es sollte jedoch nicht unerwähnt bleiben, dass Newtons genaues Verständnis des Induktionsbegriffs in der einschlägigen Literatur nach wie vor diskutiert wird (vgl. z.B. Smith 2002; Belkind 2012). Nahe legen möchte ich jedenfalls nicht, dass Newtons Verständnis des Begriffes mit unserem modernen einfach gleichgesetzt werden kann.

Beispiel illustriert diesen Punkt sehr gut: Wenn man weiß, dass *alle* Hunde Säugetiere sind, und wenn man weiß, dass Laika ein Hund ist, dann ist man im Prinzip schon im Besitz der Information, dass Laika ein Säugetier ist – unabhängig davon, ob man sich dieses Umstands bewusst ist oder nicht.[2] Schlüsse, die in ihren Konklusionen nicht über das hinausgehen, was bereits in den Prämissen impliziert ist, nenne ich im Folgenden *nicht gehaltserweiternde Schlüsse.*

Unbestritten ist, dass demonstrative Schlüsse vor allem in den Formalwissenschaften eine entscheidende Rolle spielen. Viele meinen jedoch, dass sie in der naturwissenschaftlichen Forschung nur von eher untergeordneter Bedeutung sind. Das liegt daran, dass die Naturwissenschaften – anders als die Formalwissenschaften – niemals bei obersten Allsätzen ansetzen, um von hier alle weiteren Partikularaussagen auf demonstrativem Wege abzuleiten. Anstatt bereits mit universellen Allaussagen zu beginnen, scheint es ganz im Gegenteil eine der zentralen Aufgaben der Naturwissenschaften zu sein, allgemeine Gesetzesaussagen und Theorien zuallererst aus Einzelbeobachtungen zu gewinnen und diesen Übergang vom Besonderen zum Allgemeinen entsprechend zu begründen. Nehmen wir etwa das folgende Argument als Beispiel:

1. Alle bisher beobachteten Hunde (H_1, H_2, H_3, ..., H_n) hatten Lungen.

═══════════════

2. Ergo: Alle Hunde haben Lungen.

Außer Frage steht, dass solche Argumente in den Naturwissenschaften tatsächlich häufig vorkommen. Schlüsse wie diese zeichnen sich erstens dadurch aus, ganz klar gehaltserweiternd zu sein. Da in der Prämisse nur von allen de facto beobachteten Hunden die Rede ist, geht der Gehalt der Konklusion (in der von „allen Hunden" in einem raumzeitlich uneingeschränkten Sinne die Rede ist) offensichtlich über den Gehalt der Prämisse hinaus. Außer Zweifel steht aber auch, dass ein solcher Schluss nicht demonstrativ ist: Unabhängig davon, wie viele Hunde wir de facto beobachtet haben, immer besteht die Möglichkeit, dass aus wahren Prämissen eine falsche Konklusion folgt. Obwohl es wahr sein mag, dass alle bisher beobachteten Hunde Lungen hatten, könnte uns schon morgen ein Virus lungenlose Hundemutanten und damit eine falsche Konklusion bescheren. Zusammenfassend ist also Folgendes festzuhalten: Der Generalisierungsschluss von einer endlichen Anzahl beobachteter Hunde auf einen strikten Allsatz ist zwar gehaltserweiternd. Er erkauft sich diese Eigenschaft jedoch dadurch, nicht mehr

[2] Ich sage hier deshalb „im Prinzip", weil es natürlich nicht ausgeschlossen ist, dass demonstrative Schlüsse trotz fehlender Gehaltserweiterung überraschende Ergebnisse zutage fördern. Überraschend sind diese Ergebnisse dann aber nur für ein bestimmtes Subjekt in einer bestimmten Situation und relativ zu einem bestimmten Hintergrundwissen. Ob die Information, die durch einen bestimmten Schluss expliziert wird, implizit schon in den Prämissen enthalten war, ist demgegenüber eine objektive Frage, die von konkreten Subjekten und deren Hintergrundwissen unabhängig ist.

wahrheitskonservierend zu sein. In genau diesem Sinne ist der Doppelstrich zwischen Prämisse und Konklusion zu verstehen: Er zeigt an, dass es sich hier um einen nicht demonstrativen, genauer um einen *induktiven* Schuss handelt, der nicht mit derselben logischen Sicherheit einhergeht, die noch für seine deduktiven Gegenstücke charakteristisch war.

Treffen unsere bisherigen Überlegungen zu, dann erkennt man induktive Schlüsse daran, gehaltserweiternd, aber gleichzeitig nicht demonstrativ zu sein. Bei näherem Hinsehen zeigt sich aber, dass diese Doppelcharakterisierung insofern zu grob ist, als sie auf eine ganze Reihe teils sehr unterschiedlicher Typen von Schlussverfahren zutrifft. Den ersten Typus, nämlich jenen der *enumerativen Induktion*, haben wir bereits kennengelernt: Dieser liegt vor, wenn man angesichts des Umstands, dass alle bislang beobachteten Fs Gs waren, auf die strikte Gesetzeshypothese schließt, dass alle Fs Gs sind. Hiervon ist aber zweitens ein *statistischer Induktionsschluss* zu unterscheiden. Dieser liegt vor, wenn man aufgrund des Umstands, dass soundso viel % aller bislang beobachteten Fs Gs waren, auf die Hypothese schließt, dass soundso viel % aller Fs Gs sind. Von *induktiven Projektionsschlüssen* spricht man drittens, wenn man angesichts des Umstands, dass alle bislang beobachteten Fs Gs waren, darauf schließt, dass auch das nächste F ein G sein wird. Ein vierter Typus gehaltserweiternden und gleichzeitig nicht demonstrativen Schließens ist schließlich jener des *abduktiven Schließens* bzw. des *Schlusses auf die beste Erklärung*. Hier ist ein Beispiel:

1. Meine Bekannte Berta öffnet mir nicht, obwohl ich zum Kaffee eingeladen bin.
2. Wenn Berta gerade Milch holt, kann sie nicht öffnen.

═══════════════════════════

3. Ergo: Berta ist gerade Milch holen.

Ein abduktiver Schluss geht grob gesprochen von einem beobachteten Phänomen aus und schließt von hier aus auf eine unbeobachtete Ursache, die dieses Phänomen befriedigend erklären würde. Dass ein derartiger Schluss nicht demonstrativ ist, dürfte offensichtlich sein: Natürlich ist es logisch genauso gut möglich, dass mir Berta die Türe deshalb nicht öffnet, weil sie von Aliens entführt wurde. Das Entscheidende an einem abduktiven Schluss ist aber gerade, dass auf die Wahrheit derjenigen Erklärungshypothese geschlossen werden soll, die relativ zu unserem Hintergrundwissen als die beste anzusehen ist. Ist ein derartiger Schluss prinzipiell zulässig, dann kann auch kein Zweifel daran bestehen, dass wir es hier mit einem Beispiel korrekten gehaltserweiternden Schließens zu tun haben.[3]

---

[3] Der US-amerik. Philosoph Charles Sanders Peirce war in der neueren Diskussion der erste, der Abduktion neben Induktion u. Deduktion als eigenständigen Typus des Schließens diskutierte (Peirce 1976). Innerhalb der gegenwärtigen Debatte ist auffällig, dass der Induktionsbegriff gelegentlich für jede Form nicht deduktiven Schließens verwendet wird und dementsprechend von enumerativen

Wir haben nun also vier Schlusstypen kennengelernt, auf die die Eigenschaften, nicht demonstrativ und gehaltserweiternd zu sein, gleichermaßen zutreffen. Die quantitativ größte Gruppe, die sich ebenfalls durch diese Doppelcharakterisierung auszeichnet, ist jedoch bislang unerwähnt geblieben. Hier ist ein Beispiel:

1. Wenn etwas ein Hund ist,
   dann ist es auch ein Säugetier.
2. Indy ist ein Säugetier.

~~~~~~~~~~~~~~~~~~~~~~~~~~~~

3. Ergo: Indy ist ein Hund.

Man könnte angesichts dieses Beispiels einigermaßen überrascht sein. Handelt es sich hier nicht um einen glatten Fehlschluss? Vollkommen richtig. Dieses Argument ist ein weiteres Beispiel einer (schon in der letzten Einheit erwähnten) *fallacia consequentis*. Es hat aber einen guten Grund, dass ich in diesem Zusammenhang das Beispiel eines offensichtlichen Fehlschlusses bringe. Beschränkt man sich bei der Klassifikation von Schlusstypen lediglich auf das Eigenschaftspaar der Gehaltserweiterung und der Demonstrativität, dann wird es nicht nur unmöglich, sinnvoll zwischen unterschiedlichen Typen des nicht deduktiven Schließens zu differenzieren. Noch viel wichtiger ist, dass es darüber hinaus unmöglich wird, zwischen scheinbar akzeptablen nicht deduktiven Schlüssen und offensichtlichen Fehlschlüssen zu unterscheiden! Im selben Sinn, in dem sich enumerative Induktionen, induktive Projektionsschlüsse, statistische Induktionen und abduktive Schlüsse durch Nicht-Demonstrativität bei gleichzeitiger Gehaltserweiterung auszeichnen, trifft genau diese Doppelcharakterisierung auch auf beliebige Fehlschlüsse zu: Fehlschlüsse sind nicht-demonstrativ, da die Wahrheit ihrer Prämissen die Wahrheit ihrer Konklusionen nicht garantieren kann. Und sie sind gehaltserweiternd, da der Gehalt ihrer Konklusionen den Gehalt ihrer Prämissen übersteigt.

Es muss nicht extra betont werden, dass dieses Ergebnis überaus kontraintuitiv erscheint. Führen wir uns die Gründe für diese Kontraintuitivität Schritt für Schritt vor Augen: Kaum jemand würde bestreiten, dass es inakzeptabel ist, von der Wahrheit des Hintersatzes eines Konditionals auf die Wahrheit des Vordersatzes zu schließen. Ein derartiger Schluss ist inakzeptabel, weil es offensichtlich ist, dass Indy genauso gut ein Meerschweinchen sein könnte. Würde man diesen Hinweis in den Wind schlagen und trotzdem an der Wahrheit der fraglichen Prämisse festhalten, dann würde man Gefahr laufen, der Irrationalität beschuldigt zu werden – und das vollkommen zu Recht.

Außer Diskussion steht jedoch gleichzeitig, dass es *nicht* im selben Sinne irrational ist, auf der Basis der Beobachtung einer großen Menge von Hunden mit

---

Induktionsschlüssen bis hin zu abduktiven Schlüssen alles umfasst, was nicht demonstrativ und gleichzeitig gehaltserweiternd ist. Ich werde mich dieser Terminologie jedoch nicht anschließen und immer, wenn abduktiven Schlüssen gemeint sind, auch von abduktiven Schlüssen sprechen.
~~~~~~~~~~~~~~~~~~~~~~~~~~~~

Lungen zu schließen, dass alle Hunde Lungen haben. Natürlich wissen wir, dass auch Schlüsse dieser Art schiefgehen können. Aber im Gegensatz zur oben erwähnten *fallacia consequentis* erscheint die Erwartung, dass sich in der Vergangenheit beobachtete Regelmäßigkeiten auch in Zukunft bewähren werden, angesichts unserer bisherigen Erfahrungen vollkommen rational. Wir schließen in genau dieser Weise, wenn wir wie selbstverständlich davon ausgehen, dass die Sonne, die bisher jeden Morgen im Osten aufgegangen ist, auch morgen im Osten aufgehen wird. Und wir schließen in genau dieser Weise, wenn wir unser Büro im sechsten Stock wie jeden Tag über das Treppenhaus und nicht durchs Fenster verlassen. Schlüsse dieser Art nur deshalb mit beliebigen Fehlschlüssen auf eine Ebene zu stellen, weil sie sich wie diese durch Nicht-Demonstrativität bei gleichzeitiger Gehaltserweiterung auszeichnen, erscheint geradezu absurd. Gesucht ist also ein Weg, um innerhalb der Menge nicht deduktiver Schlüsse zumindest zwischen solchen, die uns akzeptabel erscheinen, und solchen, die offensichtliche Fehlschlüsse darstellen, zu unterscheiden.

2.1 David Hume und der Skandal der Philosophie

Die Aufgabe, akzeptable, nicht deduktive Schlusstypen von Fehlschlüssen abzugrenzen, ist untrennbar mit dem Namen David Hume verknüpft. Hume hat in seinem 1748 erschienen Werk *Eine Untersuchung über den menschlichen Verstand* als Erster bemerkt, dass eine derartige Abgrenzung fundamentale philosophische Probleme nach sich zieht. Für viele sind diese Probleme nach wie vor ungelöst. Der britische Philosoph Charlie D. Broad hat deshalb in einer überaus unterhaltsamen Passage[4] davon gesprochen, dass die Induktion der Siegeszug der Naturwissenschaften und gleichzeitig der Skandal der Philosophie ist (vgl. Broad 1952, 143). Warum die Rede von einem Skandal nicht übertrieben ist, wird im Laufe dieses Unterabschnitts deutlich werden.

Folgendes Beispiel soll die Annäherung an Humes Induktionsproblem erleichtern:[5] Nehmen wir an, Karls Lieblingstante Henriette liegt im Krankenhaus und möchte jeden Tag pünktlich um 10 Uhr besucht werden. Am ersten Tag geht Karl zur Bushaltestelle in der Gartengasse, an der die Linie 62 hält, besteigt

[4] „There is a skeleton in the cupboard of Inductive Logic, which Bacon never suspected and Hume first exposed to view. Kant conducted the most elaborate funeral in history, and called Heaven and Earth and the Noumena under the Earth to witness that the skeleton was finally disposed of. But when the dust of the funeral procession had subsided and the last strains of the Transcendental Organ had died away, the coffin was found to be empty and the skeleton in its old place. Mill discretely closed the door of the cupboard, and with infinite tact turned the conversation to more cheerful channels. [...] May we venture to hope [...] that Inductive Reasoning, which has long been the glory of Science, will have ceased to be the scandal of Philosophy?“ (Broad 1952, 142f.)

[5] Ich orientiere mich bei der Darstellung der humeschen Induktionsskepsis an der sehr eingängigen Präsentation von DeWitt 2010, 58–62.

um 9.04 Uhr den Bus und erreicht pünktlich zum Vormittagskaffee das Krankenhaus. Am zweiten Tag geht Karl exakt gleich vor. Am dritten ebenfalls, am vierten ebenso. Am Morgen des fünften Tages könnte die Überlegung, die sich in Karls Kopf abspielt, in etwa wie folgt aussehen:

1. An allen bisherigen Tagen (T_1, T_2, T_3, T_4) konnte ich in der Gartengasse um 9.04 Uhr einen Bus der Linie 62 besteigen.

---

2. Also werde ich auch heute in der Gartengasse um 9.04 Uhr einen Bus der Linie 62 besteigen können.

Wie unschwer zu erkennen ist, handelt es sich hier um einen nicht demonstrativen Schluss. Selbst wenn man von unwahrscheinlichen Ereignissen wie Meteoriteneinschlägen, Zombieepidemien oder Alieninvasionen absieht, ist es möglich, dass die Konklusion falsch ist, obwohl die in der Prämisse 1 zusammengefassten Aussagen allesamt wahr sind. Es könnte beispielsweise ein Mittwoch gewesen sein, an dem Karl das erste Mal ins Krankenhaus gefahren ist. Und das könnte bedeuten, dass heute Sonntag ist und deshalb kein Bus der Linie 62 verkehrt.

Nehmen wir weiter an, dass heute tatsächlich Sonntag ist. Wenn nun Karl kurz vor 9 Uhr das Haus verlässt, um rechtzeitig den Bus der Linie 62 zu erreichen, dann hängt die Frage, ob seine Vorgehensweise wohlbegründet ist, von einer entscheidenden Prämisse ab:

1. An allen bisherigen Tagen (T_1, T_2, T_3, T_4) konnte ich in der Gartengasse um 9.04 Uhr einen Bus der Linie 62 besteigen.
2. Die Linie 62 ändert ihren Fahrplan nie, auch an Wochenenden nicht.

---

3. Also werde ich auch heute in der Gartengasse um 9.04 Uhr einen Bus der Linie 62 besteigen können.

Wie leicht zu erkennen ist, macht das Hinzufügen von Prämisse 2 aus Karls Argument einen demonstrativen Schluss. Die zusätzliche Prämisse stellt sicher, dass vergangene Fahrpläne der Linie 62 den zukünftigen Fahrplänen der Linie 62 gleichen werden, und das auch an den Wochenenden. Ob Karls Vorhaben, kurz vor 9 Uhr das Haus zu verlassen, um den Bus der Linie 62 zu erwischen, wohlbegründet ist, hängt also von einer entscheidenden Voraussetzung ab, nämlich von der Wahrheit von Prämisse 2.

Eine zentrale Erkenntnis, die David Hume im vierten Abschnitt seiner *Untersuchung über den menschlichen Verstand* zutage fördert, ist nun die folgende: Das, was wir soeben in Bezug auf Karl in den Vordergrund gerückt haben, trifft in sehr ähnlicher Form *auf die Gesamtheit aller unserer nicht demonstrativen Schlüsse zu.* Werfen wir einen Blick auf eines von Humes eigenen Beispielen, um zu verdeutlichen, was hiermit gemeint ist:

1. In der Vergangenheit hat die Erfahrung gelehrt, dass mich Brot immer nährt.

2. Also wird es auch in Zukunft der Fall sein, dass mich Brot nährt.

Natürlich ist die Wahl des konkreten Beispiels vollkommen egal. Es geht einzig und allein um die Grundstruktur, die tatsächlich für viele unserer nicht demonstrativen Schlussfolgerungen charakteristisch ist:

1. In der Vergangenheit hat die Erfahrung gelehrt, dass x.

2. Also wird es auch in Zukunft der Fall sein, dass x.

Humes Punkt ist nun, dass dieses Argument – ganz ähnlich wie in Karls Fall – auf einer entscheidenden Prämisse beruht:

1. In der Vergangenheit hat die Erfahrung gelehrt, dass x.
2. Die Zukunft wird so sein wie die Vergangenheit.

3. Also wird es auch in Zukunft der Fall sein, dass x.

Die Leistung von Hume ist also, als Erster auf den Umstand hingewiesen zu haben, dass „alle unsere Erfahrungsschlüsse von der Voraussetzung ausgehen, daß die Zukunft mit der Vergangenheit gleichförmig sein werde“ (Hume 1973, 46). Oder, um es mit anderen Worten zu sagen: Unsere nicht demonstrativen Schlüsse beruhen allesamt auf der Voraussetzung der *Uniformität der empirischen Realität*. Diese Uniformitätsannahme (kurz: UA) ist für unsere induktiven Schlusspraktiken essenziell: Verhält sich die empirische Realität nicht zumindest annähernd gleichförmig, dann macht es überhaupt keinen Sinn, auf der Basis vergangener Erfahrungen bestimmte Erwartungen für die Zukunft zu haben. In einer chaotischen Welt sind wissenschaftliche Prognosen und retrospektive Erklärungen ebenso fehl am Platz wie Lebensversicherungen, Treuegelübde und Pläne fürs Wochenende.

Angesichts des bislang Gesagten drängt sich natürlich eine nahe liegende Frage auf: Lässt sich die UA irgendwie begründen? Auf der Folie unserer bisherigen Überlegungen sind nur zwei Begründungsstrategien denkbar: In Ermangelung anderer Alternativen kann die Begründung der UA entweder auf demonstrativem oder auf nicht demonstrativem Wege erfolgen. Humes „skandalöses“ Ergebnis ist jedoch, dass uns beide Wege in Sackgassen führen.

Was würde es bedeuten, die UA auf demonstrativem Wege zu begründen? Es würde bedeuten, die UA als eine Konklusion anzusehen, die Ergebnis eines wahrheitskonservierenden Schlusses ist. Wäre dem tatsächlich so, dann wäre die UA aber zugleich eine logische Notwendigkeit. Und dies würde im Umkehrschluss bedeutet, dass ihre Verneinung zu einem Widerspruch führt. Genau dies ist aber nach Hume nicht der Fall: Die Leichtigkeit, mit der wir uns beispielsweise vorstellen können, „daß alle Bäume im Dezember und Januar blühen und im Mai und Juni welken werden" (Hume 1973, 46), zeigt, dass nichts Widersprüchliches an der Negation der UA ist. Hieraus folgt, dass sich die UA, wenn überhaupt, dann nur auf nicht demonstrativem Wege begründen lässt.

Wie könnte eine nicht-demonstrative Begründung der UA jedoch im Detail aussehen? Nun, nahe liegend wäre ein Argument, das auf den Nachweis abzielt, dass die Vergangenheit bislang immer der Zukunft glich und dass es deshalb vernünftig ist, von der UA auszugehen:

1. In der Vergangenheit war die Zukunft immer so wie die Vergangenheit.

---

2. Also wird die Zukunft auch in Zukunft so sein wie die Vergangenheit.

Es dürfte offensichtlich sein, was jetzt passiert: So wie im Fall Karls und so wie im Fall des mich bislang nährenden Brotes haben wir es hier mit einem nicht demonstrativen Schluss zu tun, der Vergangenes in die Zukunft projiziert. Wie wir gesehen haben, beruhen solche Schlüsse aber auf einer entscheidenden Voraussetzung:

1. In der Vergangenheit war die Zukunft immer so wie die Vergangenheit.
2. Die Zukunft wird so sein wie die Vergangenheit.

---

3. Also wird die Zukunft auch in Zukunft so sein wie die Vergangenheit.

Was an diesem Argument nicht stimmt, sollte offenkundig sein: Da vorausgesetzt wird, was eigentlich begründet werden soll (nämlich die Annahme, dass die Zukunft so sein wird wie die Vergangenheit), müssen wir einsehen, dass nicht demonstrative Begründungen der UA an ihrer zirkulären Grundstruktur scheitern. Wenn man die UA auf diesem Wege zu begründen versucht, gleicht man im Prinzip dem Lügenbaron Münchhausen, der sich selbst an den Haaren aus dem Sumpf zu ziehen versucht.

Erinnern wir uns, um die Ernsthaftigkeit dieses Ergebnisses angemessen einschätzen zu können, an unsere Ausgangsfrage: Wir sind von der Doppelcharakterisierung „demonstrativ/nicht demonstrativ" und „gehaltserweiternd/nicht gehaltserweiternd" ausgegangen, um unterschiedliche Schlusstypen zu unterscheiden. Diese Doppelcharakterisierung hat sich aber insofern als zu grob erwiesen, als in den Bereich nicht demonstrativer Schlusstypen sowohl durchaus respektabel wirkende induktive Schlusstypen, als auch offensichtliche Fehlschlüsse fallen. Wir haben uns deshalb auf die Suche nach einem brauchbaren Kriterium begeben, um zwischen diesen beiden Kategorien von Schlusstypen zu unterscheiden. Das niederschmetternde Ergebnis der humeschen Analyse ist nun aber, dass es ein solches Kriterium nicht zu geben scheint. Hat Hume Recht, dann setzen alle nicht demonstrativen Schlüsse die UA voraus. Diese lässt sich jedoch weder auf demonstrativem Wege begründen, noch ist eine zirkelfreie Begründung auf nicht demonstrativem Wege möglich. Das scheinbar unausweichliche Ergebnis ist also, dass alle unsere nicht demonstrativen Schlusspraktiken als gleichermaßen unbegründet betrachtet werden müssen.

Ich möchte, bevor ich einige mögliche Reaktionen auf dieses Ergebnis skizziere, eine Sache klarstellen: Hume bestreitet nicht, dass wir auf praktischer Ebene gar keine andere Wahl haben, als uns unentwegt und immerfort nicht demonstrativer Schlusspraktiken zu bedienen. Hume bestreitet aber in aller Klarheit, dass wir jemals imstande sein werden, dieses praktische Vertrauen objektiv zu begründen. Für Hume ist es eine psychologische Zufälligkeit, dass wir zu nicht demonstrativen Schlusspraktiken neigen – nicht mehr und nicht weniger.

Angesichts dieses Zwischenergebnisses könnten sich manche fragen, worin nun eigentlich das Skandalöse an Humes Ergebnis zu sehen ist. Ist es wirklich so schlimm, dass zu unserem Vertrauen in nicht demonstrative Schlusspraktiken nicht mehr zu sagen ist als der Hinweis, dass es einfach in unserer Natur liegt, so vorzugehen? Reicht es nicht, unsere Neigung zu nicht demonstrativen Schlüssen einfach als gegeben anzunehmen und weiterzumachen wie bisher? Dass sich das von Hume aufgeworfene Problem nicht in dieser Weise verniedlichen lässt, zeigt das Beispiel des so genannten Anti-Induktivismus (vgl. Salmon 1967, 15f.; Stegmüller 1996, 7f.): Nehmen wir an, wir rechtfertigen unser Vertrauen in nicht deduktive Schlusspraktiken tatsächlich nur mit dem knappen Hinweis, dass es eben in unserer Natur liegt, so vorzugehen. Nehmen wir weiter an, wir treffen auf Maria, ihres Zeichens Anti-Induktivistin. Maria sagt von sich, dass es in ihrer Natur liegt, die Regel zu befolgen, dass das künftige Eintreffen eines Ereignisses mit umso geringerer Wahrscheinlichkeit erwartet wird, je häufiger es bislang eingetreten ist, und *vice versa.*

Die meisten würden zustimmen, dass Marias Anti-Induktivismus unvernünftig ist. Fraglich ist aber, wie dieses Urteil begründet werden kann bzw. wie Maria davon zu überzeugen ist, dass ihr Anti-Induktivismus eine wenig befolgenswerte Regel darstellt. Offensichtlich ist, dass demonstrative Schlussfolgerungen keine Option darstellen. Nicht demonstrative Schlussfolgerungen sind aber kaum besser geeignet, um Maria umzustimmen: Weist man darauf hin, dass die anti-induktivistische Regel bisher erfolglos war und es deshalb vermutlich auch in Zukunft sein wird, dann setzt dies *unsere* Induktionsregel voraus, die mit Marias Anti-Induktionsregel hinsichtlich ihres Begründungsstatus ebenbürtig ist. Aber nicht nur das: Für Maria legt die *exakt identische* Erfahrungsgrundlage (d.i. die bisherige Erfolgslosigkeit ihres Anti-Induktivismus) den Schluss nahe, dass *ihre* eigene anti-induktivistische Regel zum Erfolg führt und nicht diejenige, von der wir überzeugt sind. Wie sollen wir es mit KreatonistInnen aufnehmen, wenn wir nicht einmal in der Lage sind, Maria von der Unvernünftigkeit ihres Anti-Induktivismus zu überzeugen?

Ich hoffe, dass das Beispiel von Marias Anti-Induktivismus veranschaulicht, wie weitreichend die Konsequenzen der humeschen Induktionsskepsis tatsächlich sind: Gelingt es nicht, das von Hume aufgeworfene Problem in irgendeiner Weise zu lösen, dann sind *alle* nicht demonstrativen Schlussfolgerungen, wie sicher oder unsicher sie uns erscheinen und welcher Art sie auch immer sein mögen, *gleichermaßen unvernünftig*. Da dies eine in der Tat beunruhigende Konsequenz ist, verwundert es kaum, dass sich viele PhilosophInnen um einen Ausweg aus dieser von Hume aufgedeckten Situation bemüht haben. Zwei dieser Auswege möchte ich zum Abschluss dieses Unterabschnitts kurz unter die Lupe nehmen.

Erstens: Wirft man einen Blick auf die Beispiele, die Hume verwendet, um seine Induktionsskepsis zu begründen, dann fällt auf, dass es sich um ziemlich simple Fälle enumerativer und projektiver Induktionen handelt: Hume spricht etwa vom Brot, das uns immer genährt hat, und von dem wir glauben, dass es uns auch morgen nähren wird. Oder er erwähnt die Sonne, die bislang immer im Osten aufgegangen ist, und von der wir glauben, dass sie auch morgen im Osten aufgehen wird. Angesichts dieser und ähnlicher Beispiele könnte man nun wie folgt argumentieren: Es mag ja sein, dass Hume gewisse Probleme in den Vordergrund gerückt hat, die im Zusammenhang mit enumerativen oder projektiven Induktionen auftreten. Wenn überhaupt, dann spielen derart simple Schlusstypen im Bereich der modernen Naturwissenschaften aber eine nur sehr untergeordnete Rolle. Es mag deshalb vielleicht zwar stimmen, dass Humes Induktionsskepsis für die Sphäre der Alltagsrationalität problematisch ist. Sie lässt sich aber nicht undifferenziert auf die Sphäre der naturwissenschaftlichen Forschung ausweiten, da hier ein Ensemble höchst unterschiedlicher und vor allem sehr viel komplexerer Schlussverfahren zum Einsatz kommt.

Wenngleich dieser Einwand auf den ersten Blick über eine gewisse Plausibilität verfügt, beruht er auf einem grundlegenden Missverständnis. Es ist zwar richtig, dass sich bei Hume nur sehr einfache Beispiele enumerativer und projektiver Induktionen finden. Das von Hume aufgeworfene Problem ist aber nicht zuletzt deshalb eines der Grundprobleme der modernen Philosophie, weil es vom Komplexitätsgrad und vom Wesen konkreter Schlussverfahren vollkommen unabhängig ist. Die humesche Induktionsskepsis betrifft *jede* nicht demonstrative Schlussform, solange sie nur beansprucht, auf der Basis von Beobachtungen Aussagen über Unbeobachtetes zu rechtfertigen. Es ist evident, dass diese Charakterisierung auf jede auch noch so komplexe Schlussform zutrifft – unabhängig davon, ob sie Teil des gerade aktuellen naturwissenschaftlichen Methodenkanons ist oder nicht.

Zweitens: Man könnte Hume vorwerfen, mit einer Reihe unsauberer Tricks zu arbeiten. Hume geht – wie wir gesehen haben – von deduktiven Schlüssen aus und erklärt diese aufgrund ihrer Eigenschaft, wahrheitskonservierend zu sein, für unproblematisch. Zu induktiven Schlüssen sagt Hume bei genauerer Betrachtung aber eigentlich fast nichts: Gut, sie werden einerseits als nicht demonstrativ ausgezeichnet. Dies besagt aber letztlich nur, dass induktive Schlüsse nicht deduktiv sind. Sieht man von dieser Trivialität ab, erfährt man ferner, dass induktive Schlüsse aufgrund ihrer Eigenschaft der Gehaltserweiterung begründungsbedürftig sind. Und diese Auszeichnung ist es dann auch, die die Maschinerie der humeschen Induktionsskepsis zum Laufen bringt. Man könnte aber genau an diesem Punkt einhaken und bestreiten, dass nicht demonstrativen Schlusstypen eine Art der Begründung abverlangt werden kann, die überhaupt erst durch den Vergleich mit demonstrativen Schlüssen ins Spiel gebracht wird. Vielleicht ist es ja tatsächlich der Fall, dass Schlussfolgerungen, die uns Aussagen über Unbeobachtetes liefern, *streng genommen* nicht begründet werden können. Vielleicht ist das aber vollkommen unproblematisch, weil sich der Anspruch induktiver Schlussfolgerungen darauf beschränkt, Aussagen über Unbeobachtetes lediglich *mehr oder minder wahrscheinlich zu machen.*

Zunächst erscheint auch diese Argumentationsstrategie überaus einleuchtend: Im Gegensatz zu deduktiven Schlüssen sind Induktionsschlüsse – wie sicher sie uns auch immer erscheinen mögen – stets fehlbar. Erfahrungswissen, das aufgrund von induktiven Schlusspraktiken zustande kommt, hat also immer hypothetischen Charakter. Anstatt hierauf mit der Verabschiedung der Gesamtheit aller induktiven Schlussformen zu reagieren, könnte man aber auch den folgenden interpretativen Weg einschlagen: Induktive Argumente sind unterschiedlich stark. Unterschiedliche Grade der Stärke korrelieren mit unterschiedlich bedingten Wahrscheinlichkeiten, dass eine Konklusion angesichts der in den Prämissen angeführten Daten wahr ist. In der Sprache der Wahrscheinlichkeitstheorie ausgedrückt ist die Stärke eines induktiven Arguments folglich $p(K/D)$, wobei „K" für die betreffende Konklusion und „D" für die betreffenden Daten steht. Obwohl niemals gilt, dass $p(K/D) = 1$ (weil wir es in diesem Fall ja mit einem demonstrativen Schluss zu tun hätten), bietet es sich aus dieser Perspektive dennoch an, die Güte eines induktiven Arguments als seine Stärke im eben explizierten Sinn zu verstehen.

Auf den ersten Blick scheint uns die soeben angedeutete Interpretation gleich mehrere Probleme vom Hals zu schaffen: Erstens erscheint die Wahrscheinlichkeitsinterpretation wie ein gangbarer Mittelweg zwischen prinzipiell unerreichbaren Erwartungen hinsichtlich der Verlässlichkeit von induktiven Argumenten und den radikalen Auswüchsen der totalen Induktionsskepsis. Zweitens macht es den Eindruck, als würde es uns die Anwendung der Wahrscheinlichkeitstheorie erlauben, in einer überaus präzisen Weise über unterschiedliche Stärkegrade nicht demonstrativer Schlüsse zu sprechen. Und drittens scheint uns diese Interpretation einer Lösung des humeschen Problems einen entscheidenden Schritt näher zu bringen.

Vorsicht ist jedoch vor allem hinsichtlich der letztgenannten Hoffnung geboten, wie das folgende Beispiel von Wesley Salmon zeigt (Salmon 1976, 50): Nehmen wir an, wir beobachten eine große Anzahl von Würfen mit einem Spielwürfel und stellen fest, dass in einem Sechstel aller Fälle die Seite mit zwei Augen oben liegt. Diese Beobachtungen repräsentieren unsere Daten D. Unsere Konklusion K ist demgegenüber die Aussage, dass die Häufigkeit, die Seite mit zwei Augen zu würfeln, langfristig bei 1/6 liegt. Salmon konfrontiert uns nun mit den folgenden drei Regeln, die zwar allesamt zur Anwendung kommen könnten, die sich aber in einer wichtigen Hinsicht widersprechen:

1. m/n aller beobachteten As waren Bs; Also ist die langfristig feststellbare, relative Häufigkeit der Bs unter allen As m/n. (standard-induktive Regel)
2. Keine As oder Bs wurden beobachtet; die langfristig feststellbare, relative Häufigkeit der Bs unter allen As ist 1/k, wobei k die Anzahl der möglichen Ergebnisse ist (in diesem Fall 6). (apriorische Regel)
3. m/n aller beobachteten As waren Bs; Also ist die langfristig feststellbare, relative Häufigkeit der Bs unter allen As (n-m)/n. (anti-induktive Regel)

Worauf Salmon hinauswill, ist Folgendes: Wir haben gesehen, dass die Stärke eines induktiven Arguments p(K/D) ist. Nun zeigt sich aber, dass unterschiedliche Regeln selbst auf der Grundlage derselben Daten zu diametral entgegengesetzten Resultaten führen: Präferiert man die standard-induktive Regel 1), dann ist D ein positiver Beleg für K. Präferiert man die apriorische Regel 2), dann spielt die Beobachtung keine Rolle und D ist für K irrelevant. Und präferiert man die anti-induktive Regel 3), dann ist D ein negativer Beleg für K. Um also die Relevanz zu bestimmen, die Daten in Bezug auf bestimmte Konklusionen haben, bedarf es einer Regel. Da die Wahl einer derartigen Regel aber begründungsbedürftig ist, besteht die Gefahr, in genau jene begründungstheoretische Bredouille zu schlittern, die durch die Wahrscheinlichkeitsinterpretation zuallererst hätte verhindert werden sollen. Das Ursprungsproblem wurde also nur verschoben: Die Wahrscheinlichkeitsinterpretation mag sich die Frage nach der Begründung der UA wenigstens in einem ersten Schritt ersparen. An Stelle derer tritt aber dafür jene nach der Begründung einer Regel, die das Verhältnis zwischen den verfügbaren Daten und der gewünschten Konklusion regelt.

2.2 Hempels Raben

Das Ergebnis von Humes Argumentation wird manchmal dahingehend bagatellisiert, dass dieser doch nur gezeigt habe, dass induktive Schlüsse stets fehlbar sind. Eine derartige Interpretation ist jedoch – wie deutlich geworden sein sollte – eindeutig falsch. Trifft Humes Argumentation zu, dann fehlt *jedem* regelgeleiteten Schluss, der uns von Beobachtetem zu Urteilen über Unbeobachtetes zu führen scheint, unabhängig vom Grad des Vertrauens, das wir in ihn setzen, die Basis der normativen Rechtfertigung. Hierin liegt aber zugleich ein zweiter Punkt: Humes Argument betrifft nicht den Aspekt der *Genese* (d.i. der Entstehung) von Aussagen über Unbeobachtetes. Was Hume in aller Schärfe attackiert, ist der Aspekt der *Geltung* derartiger Aussagen. Dass es aber gerade dieser Aspekt ist, der für unseren Kontext entscheidend ist, dürfte klar sein: Die meisten WissenschaftstheoretikerInnen stimmen darin überein, dass es bei der philosophischen Evaluierung wissenschaftlicher Aussagen und Theorien nicht um die Art und Weise geht, wie diese Aussagen entstanden sind. Es ist also unerheblich, welche psychologischen, historischen oder sozialen Faktoren bei der Entstehung einer Theorie eine Rolle gespielt haben. Was im Zentrum des wissenschaftstheoretischen Interesses steht, ist einzig und allein die normative (d.h. die Geltung betreffende) Frage, wie solche Aussagen oder Theorien *begründet* werden können (vgl. hierzu auch Einheit 5.3, 140-142). Da aber eben diese normative Ebene im Zentrum der im letzten Unterabschnitt entfalteten Kritik steht, wird deutlich, warum Hume bis zum heutigen Tage Anlass zur Diskussion gibt.

Soviel zu Hume. Für FreundInnen der Induktion kommt es aber durch Carl Gustav Hempel (1905–1997) noch dicker. Nehmen wir mit Hempel für einen Moment an, dass sich Humes Problem irgendwie in den Griff bekommen lässt. Nehmen wir also an, dass wir davon auszugehen berechtigt sind, induktive Schlüsse als prinzipiell vernünftig anzusehen. Wie wir am Ende des letzten Unterabschnitts gesehen haben, ergibt sich unter dieser Voraussetzung noch immer die Notwendigkeit, das Verhältnis zwischen den empirischen Daten, auf die in den Prämissen Bezug genommen wird, und der Konklusion, die aus diesen Prämissen auf induktivem Wege folgen soll, zu bestimmen. Salmons Beispiel der drei Regeln hat gezeigt, dass die Frage, ob Daten in Bezug auf eine bestimmte Konklusion relevant sind, keineswegs trivial ist. Zur Diskussion steht also, was es bedeutet, von der empirischen Bestätigung einer Hypothese, Theorie oder Gesetzesaussage zu sprechen.

Hempel beginnt die Diskussion dieser Frage mit einer weit verbreiteten Auffassung, die er dem französischen Logiker Jean Nicod (1893–1924) zuschreibt. Nicods Kriterium besagt, dass eine Hypothese der Form

Für alle *x*: Wenn *x* ein *F* ist, dann ist *x* auch ein *G*.

durch ein Objekt *a* bestätigt ist, wenn gilt, dass *a* zugleich *F* und *G* ist. Demgegenüber wird die in Frage stehende Hypothese durch ein Objekt *a* geschwächt, wenn gilt, dass *a* zwar *F*, nicht aber *G* ist. Objekt *a* ist für die in Frage stehende Hypothese irrelevant, wenn gilt, dass *a* kein *F* ist.

Auf den ersten Blick wirkt Nicods Kriterium sehr einleuchtend. Es erscheint überhaupt nicht diskussionsbedürftig, dass die Hypothese „Alle Raben sind schwarz" durch ein *a*, das Rabe ist und schwarz ist, bestätigt, durch ein *a*, das Rabe ist und nicht schwarz ist, geschwächt und durch ein *a*, das kein Rabe ist, überhaupt nicht tangiert wird. In der Wissenschaftstheorie sollten aber immer, wenn etwas vollkommen einleuchtend zu sein scheint, die Alarmglocken schrillen, und Nicods Kriterium ist hier keine Ausnahme. Werfen wir einen Blick auf die folgenden beiden Hypothesen:

S_1: Für alle *x* gilt: Wenn *x* ein Rabe ist, dann ist *x* auch schwarz.
S_2: Für alle *x* gilt: Wenn *x* nicht schwarz ist, dann ist *x* auch kein Rabe.

Nehmen wir nun weiter an, dass wir es mit vier Objekten zu tun haben, nämlich mit *a*, *b*, *c*, und *d*. *a* ist ein Rabe und schwarz, *b* ist ein Rabe und nicht schwarz, *c* ist kein Rabe, aber schwarz, und *d* ist weder ein Rabe, noch schwarz. Nicods Kriterium zufolge gilt nun Folgendes: *a* bestätigt S_1, ist aber gegenüber S_2 neutral. *b* schwächt S_1 und S_2. *c* ist sowohl gegenüber S_1 und S_2 neutral. Und *d* bestätigt S_2, ist aber gegenüber S_1 neutral. Schematisch lässt sich das Ganze wie folgt darstellen:

	a	*b*	*c*	*d*
Rabe	✓	✓	×	×
schwarz	✓	×	✓	×

	a	*b*	*c*	*d*
S_1	✓	×		
S_2		×		✓

Das Problem, um das es Hempel geht, wird deutlich, wenn wir Objekt *d* genauer unter die Lupe nehmen: Wir haben *d* als ein Objekt bestimmt, das weder ein Rabe, noch schwarz ist. *d* könnte also alles Mögliche sein: ein gelber Turnschuh, ein rotes Auto oder ein himmelblauer Panzer. Alle diese Gegenstände bestätigen S_2, weil S_2 ja von all jenen Objekten bestätigt wird, die nicht schwarz und auch kein Rabe sind.

Ein Schritt fehlt uns noch, um Hempels Problem in seiner vollen Tragweite zu erkennen. Dieser letzte Schritt betrifft das Verhältnis, das zwischen S_1 und S_2 besteht: S_1 und S_2 sind – um es kurz und bündig zu sagen – *logisch äquivalent*. Zwei Aussagen sind dann logisch äquivalent, wenn eine aus der anderen allein durch Anwendung gewisser logischer Umformungsregeln gewonnen werden kann. Im vorliegenden Fall genügt etwa die Anwendung der Kontraposition, um von S_1 zu S_2 oder von S_2 zu S_1 zu gelangen. Da aber der Übergang von S_1 zu S_2 oder von S_2 zu S_1 nur eine Sache der logischen Umformung ist, gilt gleichzeitig auch, dass S_1 und S_2 dieselben Wahrheitswerte haben und durch dieselben Daten bestätigt werden. Warum das so ist, wird deutlich, wenn wir S_1 und S_2 mit den beiden Aussagen „Am Gang steht ein Sessel" und „There is a chair in the hallway" vergleichen: Auch hier ist eine Aussage in die andere durch Anwendung gewisser (nicht idealsprachlicher) Übersetzungsregeln überführbar. Und auch hier gilt, dass, wenn eine Aussage wahr ist, auch die andere wahr sein muss, und dass überdies beide Aussagen durch dieselben Daten bestätigt werden (nämlich durch einen Sessel am Gang). Die sogenannte Äquivalenzbedingung bringt genau dies zum Ausdruck: Was immer eine von zwei äquivalenten Aussagen bestätigt, bestätigt auch die andere Aussage. Ob eine Bestätigung vorliegt, hängt nicht von Fragen der Übersetzung ab.

Hempels „Raben-Paradoxon" resultiert nun aus der offensichtlichen Spannung, die zwischen Nicods Kriterium und der Äquivalenzbedingung besteht. Machen wir das Problem Schritt für Schritt deutlich:

1. S_2 wird durch gelbe Turnschuhe, rote Autos und himmelblaue Panzer bestätigt. (Nicods Kriterium)
2. Alles, was eine von zwei äquivalenten Aussagen bestätigt, bestätigt auch die andere Aussage. (Äquivalenzbedingung)
3. S_2 und S_1 sind logisch äquivalent.

---

4. Ergo: S_1 wird auch durch gelbe Turnschuhe, rote Autos und himmelblaue Panzer (*und darüber hinaus durch alle nicht schwarzen Nicht Raben*) bestätigt.

Dieses Ergebnis wirft eine offensichtliche Frage auf: Macht es überhaupt noch Sinn, von empirischer Bestätigung zu sprechen, wenn eine Allaussage, die von der Farbe von Raben handelt, von allen Objekten bestätigt wird, *die keine Raben sind*? Warum sollten Turnschuhe, Autos und Panzer relevant sein, wenn es um die Farbe von Raben geht? (Nelson Goodman war vermutlich der Einzige, der hieran etwas Positives sehen konnte: Ist das Raben-Paradoxon wirklich unausweichlich, dann kann man wenigstens Ornithologie betreiben, ohne dafür das Haus verlassen zu müssen (vgl. Goodman 1955, 70).)

Die meisten werden zustimmen, dass das Ergebnis von Hempels Raben-Paradoxon ziemlich beunruhigend ist. Es widerspricht einigen unserer grundlegendsten Intuitionen über das Wesen empirischer Bestätigungen, dass Turnschuhe, Autos und Panzer relevant sein könnten, wenn es um die Frage nach Raben und deren Farbe geht. Hempels Vorschlag, wie mit diesem Problem umgegangen werden sollte, ist sehr radikal: Nach Hempel müssen wir unsere Intuitionen ganz einfach über Bord werfen und akzeptieren, dass die Aussage „Alle Raben sind schwarz" in der Tat durch gelbe Turnschuhe, rote Autos und himmelblaue Panzer bestätigt wird. Das Gewicht, das ein gelber Turnschuh bei der Bestätigung der fraglichen Allaussage hat, mag zwar gegenüber dem Gewicht eines schwarzen Raben sehr gering sein. Gelbe Turnschuhe sind aber laut Hempel insofern bestätigungsrelevant, als die Aussage „Alle Raben sind schwarz" streng genommen nicht nur von Raben handelt, sondern vom Universum insgesamt (und damit auch von gelben Turnschuhen). Wie kommt Hempel darauf, dass die Aussage „Alle Raben sind schwarz" nicht nur von Raben, sondern vom Universum insgesamt handelt? Nun, im selben Sinn, in dem ein Äquivalenzverhältnis zwischen S_1 und S_2, also zwischen den Aussagen „Alle Raben sind schwarz" und „Alles nicht Schwarze ist nicht Rabe" besteht, sind auch „Alle Raben sind schwarz" und „Alles ist entweder ein Rabe und schwarz oder kein Rabe" äquivalent. Die letztgenannte Aussage handelt aber tatsächlich nicht mehr nur von Raben, sondern unterteilt das Gesamt aller Dinge in drei Klassen, nämlich in jene der nicht schwarzen Raben, der schwarzen Raben und der Nicht-Raben. Da nur Exemplare der ersten Klasse zur Falsifikation der Aussage „Alle Raben sind schwarz" führen, sieht es Hempel als akzeptables Resultat an, dass gelbe Turnschuhe die Aussage „Alle Raben sind schwarz" bestätigen.

2.3 Goodmans „blün"

Hempels Lösungsversuch ist innerhalb der wissenschaftstheoretischen Community auf wenig Gegenliebe gestoßen. Das ist nachvollziehbar: Es ist aller logischer Spitzfindigkeit zum Trotz an Kontraintuitivität kaum zu überbieten, dass ein gelber Turnschuh die Hypothese, dass alle Raben schwarz sind, bestätigen soll. Träfe dies wirklich zu, könnte man ja mit dem gleichen Recht behaupten, dass derselbe gelbe Turnschuh auch die Hypothese bestätigt, dass alle Yetis weiß sind. Um solchen Konsequenzen entgegenzuwirken, wurden deshalb unterschiedliche Alternativvorschläge gemacht, u.a. jener des britischen Mathematikers und Philosophen I. J. Good (1916–2009; vgl. Good 1967): Ob eine bestimmte Beobachtung eine bestimmte Hypothese bestätigt oder nicht, hängt nicht nur von der logischen Relation ab, die zwischen der Beobachtungsaussage und der Hypothese besteht. Die Frage, ob Daten hinsichtlich einer Hypothese relevant sind, hängt immer auch von Hintergrundtheorien ab, im einfachsten Fall etwa von jener, dass gelbe Turnschuhe weder etwas mit Raben noch etwas mit Yetis zu tun haben.

Zunächst wollte Hempel von dieser und ähnlichen anderen Lösungsstrategien partout nichts wissen. Dies lag jedoch weniger am konkreten Inhalt der betreffenden Lösungsvorschläge, sondern primär am wissenschaftstheoretischen Ideal, das Hempel lange Zeit verfolgte: Der Wissenschaftstheorie, wie Hempel sie verstand, geht es nicht um die Deskription realer Bestätigungsprozesse, in die Hintergrundtheorien der angesprochenen Art zweifellos immer hineinspielen. Der Wissenschaftstheorie geht es nach Hempel vielmehr um die Ausarbeitung einer Bestätigungs*logik*, d.h. einer Theorie, die Bestätigung mit rein syntaktischen Mitteln und ohne Bezugnahme auf externe Informationen erfasst. Was Bestätigung ist, soll also laut Hempel allein mit den Mitteln der Logik gezeigt werden (vgl. Hempel 1967). Es ist der Verdienst Nelson Goodmans (1906–1998), nachgewiesen zu haben, dass dieses Ideal einer rein syntaktischen Bestätigungslogik unrealisierbar ist.[6]

Gehen wir mit Goodman von folgendem Argument A aus:

1. Jeder einzelne Smaragd, der vor dem 1. Januar 2050 beobachtet wurde, war grün.

---

2. Alle Smaragde sind grün.

Die zahllosen Beobachtungen von grünen Smaragden vor dem Jahr 2050 sind unsere Datengrundlage D. Die Hypothese „Alle Smaragde sind grün" ist demgegenüber unsere Konklusion K. Lassen wir humesche Bedenken gegenüber der

[6] Es zeugt von der wissenschaftlichen Redlichkeit Hempels, dass dieser die Tragweite von Goodmans Kritik voll und ganz anerkannte. In der Version seines (1945), die in seinem (1965) wieder abgedruckt wurde, findet sich ganz am Ende des Texts nicht nur der Hinweis auf Goodmans Paradoxon, sondern auch Hempels Zugeständnis, dass das Ideal einer rein syntaktischen Theorie der Bestätigung undurchführbar ist (vgl. Hempel 1965, 50f.).

prinzipiellen Verlässlichkeit von nicht demonstrativen Schlüssen beiseite, dann scheint K durch D tatsächlich bis zu einem gewissen Grad bestätigt zu werden. Die meisten würden sich damit einverstanden erklären, dass angesichts tausender und abertausender grüner Smaragde die Konklusion naheliegt, dass alle Smaragde grün sind. Sehen wir uns nun aber ein zweites Argument A_0 an:

1. Jeder einzelne Smaragd, der vor dem 1. Januar 2050 beobachtet wurde, war blün.

---

2. Alle Smaragde sind blün.

A_0 enthält einen bislang undefinierten Begriff, nämlich „blün". Wir definieren „blün" wie folgt:

Blün: Ein Objekt ist *blün* dann und genau dann, wenn es grün ist und erstmals vor dem 1. Januar 2050 beobachtet wurde *oder* wenn es blau ist und nicht erstmals vor dem 1. Januar 2050 beobachtet wurde.

„Blün" mag auf den ersten Blick eigenartig wirken. Das liegt aber primär daran, dass wir das Wort nicht gewöhnt sind. Blüne Dinge kennen wir alle sehr gut: Der grüne Smaragd, den ich gestern ausgegraben habe, ist blün. Die Wiese, die ich sehe, wenn ich jetzt aus dem Bürofenster schaue, ist blün. Und der Himmel am Nachmittag des 7. März 2067 wird ebenfalls blün sein. Der blaue Lapislazuli, den ich gestern ausgegraben habe, ist demgegenüber nicht blün, sondern einfach nur blau.

Um nun zu sehen, worin Goodmans Paradoxon besteht, gehen wir nochmals zu Argument A zurück: Wie wir sagten, scheint der in D ausgedrückte Umstand, dass jeder bisher beobachtete Smaragd grün war, die Hypothese K, der zufolge alle Smaragde grün sind, in einem gewissen Ausmaß zu bestätigen. Zu beachten ist nun aber, dass jeder Smaragd, der bisher beobachtet wurde, nicht nur grün, sondern auch blün ist. Die Argumente A und A_0 beruhen also auf der exakt selben Datengrundlage D, nämlich auf der Menge aller bislang beobachteten Smaragde. Daher gilt auch, dass D nicht nur für K („Alle Smaragde sind grün"), sondern in ebenso starkem Ausmaß auch für K_0 („Alle Smaragde sind blün") spricht. Zwischen K und K_0 besteht aber ein himmelgroßer Unterschied: Während K nur besagt, dass alle Smaragde grün sind, besagt K_0, dass alle Smaragde, die nach dem 1. Januar 2050 erstmals zu beobachten sind, blau sein werden!

Außer Frage steht, dass K eine durchaus akzeptable Hypothese darstellt, während K_0 von niemandem, der auch nur einigermaßen bei Trost ist, ernsthaft in Betracht gezogen werden wird. Zu fragen ist aber, wie sich dieses Urteil begründen lässt. Warum ist uns K_0 höchst suspekt, während wir mit K nicht das geringste Problem haben? An der Datengrundlage kann der Unterschied nicht liegen. D ist ja – wie wir festgestellt haben – in A und A_0 identisch. An der logischen Relation, die zwischen D und K auf der einen Seite und zwischen D und K_0 auf der anderen besteht, kann der Unterschied aber auch nicht liegen. Dies zeigt sich daran, dass A und A_0 die exakt selbe Struktur haben:

1. Jedes einzelne F, das vor dem 1. Januar 2050 beobachtet wurde, war G.

---

2. Alle Fs sind G.

Der Unterschied muss also woanders liegen. Wo genau, ist die offensichtliche Preisfrage. Klar scheint nur, dass es zur Unterscheidung zwischen A und A_0 bzw. zwischen K und K_0 Kriterien bedarf, die die Sphäre des strikt Logischen in jedem Fall sprengen. Und klar scheint auch, dass es die Glaubwürdigkeit induktiver Schlüsse schwer beschädigen würde, wenn ihre Akzeptanz allein von Fragen der Wortwahl abhinge.

Ähnlich wie bei Hempels Raben-Paradoxon haben sich auch hier zahlreiche WissenschaftstheoretikerInnen mit Lösungsvorschlägen zu Wort gemeldet – bislang jedoch ohne zu einem allgemein akzeptierten Ergebnis zu kommen. Für uns genügt es, auf einen Aspekt besonders hinzuweisen: Wie auch immer man mit Goodmans Paradoxon umzugehen gedenkt, man kann es nicht mit dem Argument, dass es sich doch bloß um ein künstlich erzeugtes Scheinproblem handelt, einfach beiseiteschieben. Hiergegen spricht nämlich einerseits, dass das Kriterium der Künstlichkeit gerade in wissenschaftstheoretischen Kontexten kaum geeignet ist, um akzeptable von inakzeptablen Schlussfolgerungen zu unterscheiden. Wer gegenüber dem goodmanschen Paradoxon einwendet, dass „blün" ein durch und durch künstliches Wort ist, muss sich die Gegenfrage gefallen lassen, ob es um Worte wie „Spin", „Charm" oder „Strangeness" (die wir in der Quantenmechanik bedenkenlos benützen, um alle möglichen Hypothesen aufzustellen) besser bestellt ist.

Alexander Bird hat andererseits darauf hingewiesen, dass sich durchaus auch realitätsnähere Beispiele finden lassen, um das Entscheidende an Goodmans Paradoxon zu veranschaulichen (vgl. Bird 1998, 20): Nehmen wir an, Olga weiß über Bäume nur, dass manche von ihnen laubabwerfend und andere immergrün sind. Und nehmen wir weiter an, dass Olga einen Sommer lang Buchen beobachtet. Olgas Datenmaterial wird sowohl die Hypothese, dass Buchen laubabwerfend sind, als auch jene, dass Buchen immergrün sind, stützen, und zwar im exakt selben Ausmaß. Nehmen wir nun aber zusätzlich an, dass Olga ihre Ergebnisse mit Lasse teilt. Lasse hat sein gesamtes Leben in den Nadelwäldern Nordschwedens verbracht und ist noch nie mit der Tatsache in Berührung gekommen, dass es in anderen Gegenden der Welt laubabwerfende Bäume gibt. Aus Lasses Perspektive ist die Hypothese, dass die Bäume, die Olga „Buchen" nennt, laubabwerfend sein könnten, nun aber nicht weniger konstruiert als jene der Blünheit von Smaragden.

2.4 Zusammenfassung und exemplarische Fragen

Wir sind in dieser Einheit von der Frage ausgegangen, ob die Induktion das gesuchte Bindeglied zum besseren Verständnis der genuin wissenschaftlichen Strategie der Welterkundung sein könnte. Um hierauf eine Antwort geben zu können, mussten wir jedoch zunächst klären, was Induktion überhaupt ist. Hierbei haben wir uns zu Darstellungszwecken des Eigenschaftspaars der Demonstrativität und der Gehaltserweiterung bedient. Dieses begriffliche Instrumentarium hat sich jedoch als zu grob erwiesen: Ausgehend von diesem Eigenschaftspaar ist es nicht nur unmöglich geworden, notwendige Unterscheidungen innerhalb der Menge induktiver Schlusstypen zu treffen. Problematisch war vor allem, dass es unmöglich geworden ist, akzeptabel erscheinende Schlusstypen von offenkundigen Fehlschlüssen zu unterscheiden.

Auf der Basis dieser Präliminarien haben wir uns David Humes berühmten induktionsskeptischen Argumenten zugewandt. Humes Analyse zufolge setzen alle unsere nicht demonstrativen Schlusspraktiken die entscheidende Prämisse der Uniformität der empirischen Realität voraus. Eine Begründung der UA ist aber nach Hume weder auf demonstrativem, noch auf nicht demonstrativem Wege möglich. Trifft Humes Analyse zu, müssen deshalb alle nicht demonstrativen Schlüsse unabhängig vom Grad des Vertrauens, das wir in sie setzen, als gleichermaßen unvernünftig betrachtet werden. Dieses beunruhigende Ergebnis scheint sich auch dadurch, Induktionsschlüsse als Wahrscheinlichkeitsschlüsse aufzufassen, nicht aus der Welt schaffen zu lassen.

Die Induktion sorgt jedoch selbst dann, wenn man dieses grundlegende Problem lösen könnte, für Schwierigkeiten. Um zu zeigen, worin diese Schwierigkeiten liegen, haben wir zunächst Nicods Kriterium genauer unter die Lupe genommen. Dieses intuitiv wirkende Kriterium bringt zum Ausdruck, dass eine Aussage der Form „Alle Fs sind Gs“ durch ein Objekt bestätigt wird, wenn es F und G ist. Mindestens ebenso einleuchtend wie Nicods Kriterium ist jedoch die Äquivalenzbedingung. Diese besagt, dass alles, was eine von zwei logisch äquivalenten Aussagen bestätigt, auch die andere logisch äquivalente Aussage bestätigt. Fasst man jedoch Nicods Kriterium und die Äquivalenzbedingung innerhalb einer Theorie der Bestätigung zusammen, ergibt sich, dass die Aussage „Alle Raben sind schwarz“ durch nicht schwarze Nicht-Raben bestätigt wird. Dieses schwerlich akzeptable Ergebnis ist dann unabwendbar, wenn man wie der frühe Hempel am Ideal einer rein syntaktischen Bestätigungslogik festhalten will.

Dass dieses Ideal einer rein syntaktischen Bestätigungstheorie aber auch ganz unabhängig von Fragen der Interpretation des Raben-Paradoxon zum Scheitern verurteilt ist, haben wir schließlich anhand von Goodmans Paradoxon gezeigt. Dieses besteht darin, dass die Datengrundlage aller bislang beobachteten grünen Smaragde nicht nur die akzeptable Hypothese „Alle Smaragde sind grün“ rechtfertigt, sondern auch die ziemlich befremdliche Hypothese „Alle Smaragde sind blün“. Wie auch immer man jedoch meint, zwischen diesen beiden Hypothesen unterscheiden zu können, ein entsprechendes Kriterium scheint die Sphäre einer rein syntaktischen Bestätigungslogik in jedem Fall zu sprengen. Hieraus ist im schlimmsten Fall die Konklusion zu ziehen, dass die empirische Bestätigung von Hypothesen von den Zufälligkeiten unseres Sprachgebrauchs abhängt.

Kommen wir zum Abschluss zu den exemplarischen Fragen, die sich im Anschluss an diese Einheit stellen lassen:

- Nennen Sie je ein Beispiel für einen deduktiven und für einen induktiven Schluss und erläutern Sie die Unterschiede anhand des Eigenschaftspaars von Demonstrativität und Gehaltserweiterung.
- Welche Rolle spielt die Uniformitätsannahme in David Humes Analyse des nicht demonstrativen Schließens? Zu welchem Ergebnis gelangt Hume?
- Besprechen Sie denjenigen Ausweg aus der humeschen Induktionsskepsis, der auf dem Begriff der Wahrscheinlichkeit aufbaut. Diskutieren Sie die Vor- und Nachteile dieser Strategie.
- Skizzieren Sie Nicods Kriterium und die Äquivalenzbedingung. Welche Probleme erwachsen einer Bestätigungstheorie, die sowohl Nicods Kriterium als auch der Äquivalenzbedingung gerecht zu werden versucht?
- Beschreiben Sie Goodmans Paradoxon. Was wollte Goodman mit diesem Paradoxon zeigen?

2.5 Weiterführende Literatur

Wie so oft stellt der Eintrag *The Problem of Induction* in der *Stanford Encyclopedia for Philosophy* einen hervorragenden Ausgangspunkt zu allen in dieser Einheit behandelten Themen dar (Vickers 2011). Hume entwickelt sein induktionsskeptisches Argument im vierten und siebenten Abschnitt seines Bandes (1973). Eine gute Zusammenstellung klassischer Arbeiten zu diesem Aspekt der humeschen Philosophie (sowie eine brauchbare Bibliographie) findet sich in Tweyman (1995). Gute Ausgangspunkte für die systematische Diskussion von Humes Induktionsskepsis stellen nach wie vor Salmon (1966), Swinburne (1973) und Stegmüller (1996) dar. Eine gut lesbare Darstellung des Raben-Paradoxons findet sich in Hempel (1945) bzw. wieder abgedruckt in *Hempel, Aspects of Scientific Explanation. And Other Essays in the Philosophy of Science* (1965). Goodman entwickelt das „Grue-Paradoxon" (so die englische Bezeichnung) im dritten Kapitel seines (1955). Zu Goodmans Paradoxon gibt es einen äußerst hilfreichen Sammelband von Stalker (1994).

3. Einheit: Wir irren uns nach vorne – Der Falsifikationismus Karl Poppers

Hätte man vor 1934, also vor der Erstveröffentlichung von Poppers *Logik der Forschung* PhilosophInnen nach der dringlichsten Herausforderung gefragt, die sich ihrer Ansicht nach für die Wissenschaftstheorie stellt, so hätten sich die Antworten wohl durchweg an der folgenden Argumentationsstruktur orientiert:

1. Die moderne Wissenschaft ist ein rationales Unternehmen.
2. Konstitutiv für die Rationalität der Wissenschaft ist eine Strategie der Welterkundung, die im Kern induktiv ist.
3. Die Rationalität induktiver Schlusstypen lässt sich nicht begründen.

Worin die Herausforderung liegt, ist offenkundig: Die Konjunktion dieser drei Annahmen sorgt für einen Widerspruch. Vertritt man die Ansicht, dass die Wissenschaft rational und Induktion eine notwendige Bedingung dieser Rationalität ist, dann kann man es nicht dabei belassen, dass die Annahme der Rationalität der Induktion ihrerseits unbegründbar ist. Will man also an den ersten beiden Annahmen festhalten und dennoch einen Widerspruch vermeiden, dann muss man bei der dritten Annahme ansetzen und zeigen, dass (und vor allem *wie*) sich die von Hume, Hempel und Goodman aufgeworfenen Probleme lösen lassen.

Teil der soeben angedeuteten Position ist die Überzeugung, dass die Rationalität der Wissenschaft parasitär zur Rationalität der Induktion ist. Dass es sich tatsächlich so verhält, erscheint durchaus plausibel: Eine der Grundfragen, die beantwortbar sein muss, wenn die Rationalität der Wissenschaften nicht bloß ein leeres Versprechen bleiben soll, scheint jene nach den Bedingungen und Möglichkeiten der Begründung von wissenschaftlichen Theorien zu sein. Man könnte jedoch meinen, dass eine Antwort auf diese Frage gleichzeitig eine Antwort auf das Induktionsproblem ist: Wer die Frage nach den Bedingungen und Möglichkeiten der Begründung von Theorien beantwortet, tut doch nichts anderes als zu zeigen, dass, wann und weshalb es vernünftig ist, auf der Grundlage einer endlichen Menge von Beobachtungen Hypothesen für wahr zu halten, in denen in systematischer Weise über Unbeobachtetes geurteilt wird. Im ersten Drittel des 20. Jahrhunderts bemühten sich Wissenschaftstheoretiker wie Rudolf Carnap (1891–1970) oder Hans Reichenbach (1891–1953) darum, diese Bedingungen im Rahmen formal exakter Theorien des induktiven Schließens – im Rahmen so genannter Induktionslogiken – zu explizieren.

3.1 Poppers Methode

Hinsichtlich der induktivistischen Grundausrichtung der Wissenschaftstheorie bestand also im ersten Drittels des 20. Jahrhunderts weitgehende Einigkeit. Man stimmte darin überein, dass vor allem die humesche Induktionsskepsis fundamental genug ist, um nicht nur den engeren Bereich der Wissenschaft, sondern darüber hinaus jede Form der menschlichen Vernunft zu gefährden. Bertrand Russell ging sogar so weit zu behaupten, dass „zwischen geistiger Gesundheit und Geisteskrankheit kein Unterschied [besteht]" (Russell 1951, 557), sollte sich Humes Herausforderung als unlösbar erweisen. Es ist vor diesem Hintergrund zu sehen, dass Karl Popper mit einer gewagten These für Aufsehen sorgte:

> Induktion, das heißt ein Schluß, der auf vielen Beobachtungen beruht, ist ein Mythos. Sie ist weder eine psychologische Tatsache noch eine Tatsache des täglichen Lebens, noch eine der wissenschaftlichen Arbeitsweise. (Popper 1994b, 77)

Der Anti-Induktivismus Poppers mutet natürlich nicht nur deshalb so radikal an, weil er im scharfen Kontrast zum wissenschaftstheoretischen Mainstream seiner Zeit steht. Die Induktion ganz generell und sowohl in inner- wie außerwissenschaftlichen Kontexten als „Märchen" (Popper 2002, 39) zu bezeichnen oder sie mit einer optischen Illusion zu vergleichen (Popper 1974, 1015), ist auch unabhängig von philosophischen Erwägungen eine starke These: Wir gehen von der Unverzichtbarkeit induktiver Schlüsse normalerweise wie selbstverständlich aus, weshalb sich die Frage, wie Poppers strikte Absage an die Induktion zu begründen ist, umso dringlicher stellt.

Soweit ich sehe, fallen die Gründe in drei Gruppen: *Erstens* ist auf philosophischer Ebene festzuhalten, dass Popper von der Unlösbarkeit von Humes Induktionsproblem überzeugt ist. Genau genommen gibt es nach Popper gar kein Induktions*problem*: Folgt man Poppers Darstellung, dann hat Hume vielmehr den *Nachweis* erbracht, dass begründete Schlüsse, die von Beobachtetem zu Unbeobachtetem führen, eine Illusion sind. Popper geht aber *zweitens* sogar noch weiter als Hume: Letzterer behauptet ja nur, dass wir unser Vertrauen in die Induktion nicht *begründen* können. Auf deskriptiver Ebene lässt Hume aber keinen Zweifel an der Alternativlosigkeit unserer induktiven Schlusspraktiken. Für Popper ist jedoch auch dies ein Irrglaube: Unabhängig davon, dass die Induktion aus philosophischen Gründen problematisch ist, hat sie weder in der Wissenschaft noch in der Alltagswelt je eine tatsächliche Rolle gespielt. Hierzu kommt noch ein *dritter* und letzter Grund, der vor allem für die Wissenschaftstheorie von Bedeutung ist: Folgt man Poppers Darstellung, dann war die induktive Methode in der wissenschaftlichen Forschung schon allein deshalb nicht entscheidend, weil Induktion der kritischen Grundhaltung, die Popper als konstitutiv für die Wissenschaften ansieht, diametral entgegensteht. Man kann Poppers diesbezügliche Sichtweise wie folgt zusammenfassen: Während dem Induktivismus ein grundlegender Konservativismus innewohnt, der WissenschaftlerInnen zu „Induktionsmaschinen"

(Watkins 1974, 407) machen würde, lebt Wissenschaft eigentlich und vordergründig von Spontaneität, Kreativität, Offenheit und allzeit erwünschter Kritik. Die Realisierung dieser Ideale ist jedoch nur dort möglich, wo eine strikt anti-induktivistische Methode tonangebend ist (vgl. z.B. Popper 1994b, 70–72).

Die Idee, zwischen induktiver Methode und Konservativismus eine Verbindung herzustellen, ist keinesfalls trivial. Man könnte sich fragen, ob es überhaupt sinnvoll ist, unterschiedliche *Schlusstypen* aufgrund ihrer Progressivität (oder aufgrund des Fehlens derselben) zu bewerten, oder ob es sich hier nicht um einen glatten Kategorienfehler handelt. Die überzeugendste Argumentation für die These, dass zwischen Induktion und Konservativismus tatsächlich eine für die Wissenschaftstheorie relevante Verbindung besteht, findet sich meiner Meinung nach bei Steve Fuller (vgl. Fuller 2012). Fuller geht von Goodmans Paradoxon aus, das – wie wir uns erinnern – darin besteht, dass die Datengrundlage aller bislang beobachteten Smaragde nicht nur für die Hypothese K spricht („Alle Smaragde sind grün"), sondern auch für die Hypothese K_0 („Alle Smaragde sind blün"). Goodman verfolgt mit der Einführung dieses Paradoxons ein negatives und ein positives Ziel: Das negative Ziel ist der bereits angesprochene Nachweis, dass eine reine syntaktische Theorie der empirischen Bestätigung unmöglich ist. Demgegenüber ist Goodmans positive These, dass unsere Fähigkeit zum induktiven Schließen nie unabhängig von der Sprache, der wir uns bedienen, gesehen werden kann. Im konkreten Fall der Blünheit sind wir nach Goodman etwa deshalb berechtigt, K im Gegensatz zu K_0 für begründet zu halten, weil „grün" im Gegensatz zu „blün" ein *projektives* Prädikat ist. Projektive Prädikate sind solche, die sich deshalb in unserer Sprache etabliert haben, weil sie bereits in der Vergangenheit erfolgreich dazu verwendet werden konnten, auf der Basis bisheriger Beobachtungen auf Unbeobachtetes zu schließen.

Goodmans Lösung ist also in der Anweisung zu sehen, im Rahmen unserer induktiven Schlusspraktiken derjenigen Terminologie treu zu bleiben, die sich bereits in der Vergangenheit als erfolgreich erwiesen hat. Für Popper ist diese Lösung jedoch aus zumindest zwei Gründen inakzeptabel: Erstens würde es eines gültigen induktiven Arguments bedürfen, um ein derartiges Vertrauen in projektive Prädikate zu rechtfertigen. Ein solches Argument müsste auf der Basis bisheriger erfolgreicher Verwendungen eines Prädikats den Schluss erlauben, dass auch zukünftige Verwendungen dieses Prädikats erfolgreich sein werden. Die Existenz eines solchen Arguments ist jedoch für den Induktionsskeptiker Popper ausgeschlossen.

Mindestens ebenso wichtig ist aber zweitens, dass laut Popper Stillstand die Folge wäre, wenn innerhalb der wissenschaftlichen Forschung die goodmansche Lösung in die Tat umgesetzt würde. Hätte etwa Einstein angesichts der Probleme, die sich zu Ende des 19. Jahrhunderts für die newtonsche Physik ergaben, weiterhin auf jene Begriffswerkzeuge vertraut, die sich während der zwei Jahrhunderte davor unzählige Male bewährt hatten, dann wäre es nie zur Relativitätstheorie und damit zu unserem gegenwärtigen physikalischen Paradigma gekommen. Aus Sicht des 19. Jahrhunderts war es aber um die Eigenwilligkeit des einsteinschen Begriffsinstrumentariums nicht besser bestellt als um jene des Prädikats „blün".

Hieraus ist ein grundlegendes Credo der popperschen Wissenschaftstheorie abzuleiten: Wissenschaftliche Exzellenz findet nicht dort statt, wo darauf vertraut wird, dass sich Vergangenes ohne Weiteres in die Zukunft projizieren lässt. Poppers These ist, dass wissenschaftliche Exzellenz – ganz im Gegenteil – dort stattfindet, wo WissenschaftlerInnen möglichst kühne Hypothesen vorschlagen und diese möglichst strengen empirischen Testbedingungen aussetzen. Das Ziel der Wissenschaft ist also gerade nicht, vermeintlich paradoxale Hypothesen der Marke „Alle Smaragde sind blün" zu *vermeiden*. Da wir nicht wissen können, ob in der Paradoxie von heute nicht das gefeierte Paradigma von morgen steckt, besteht Wissenschaft nach Popper vielmehr darin, die Situation, mit der uns das goodmansche Paradoxon konfrontiert, mit vollster Absicht immer und immer wieder *herbeizuführen* (vgl. Fuller 2012, 115). Für die Wissenschaft ist diese Vorgehensweise zwingend, da Progressivität nach Popper eine notwendige Bedingung dafür ist, dass sich Theorien auch nur potenziell als interessant erweisen können (Popper 1981, 94).

Halten wir also fest, dass nach Popper ein wichtiger Teil der wissenschaftlichen Methode darin besteht, ebenso kühne wie progressive Hypothesen möglichst strengen Testbedingungen auszusetzen. Was ist aber unter diesen schillernden Begriffen genau zu verstehen? Wann ist eine Hypothese *kühn*, wann *progressiv*? Und wie ist die *Strenge* von Testbedingungen zu definieren? Klären wir diese wichtigen Bestandteile der popperschen Terminologie Schritt für Schritt.

Beginnen wir mit dem am einfachsten zu definierenden Begriff, nämlich mit jenem der Progressivität: Wenn WissenschaftlerInnen eine neue Hypothese vorschlagen, dann geschieht dies natürlich in der Hoffnung, dass die neue Hypothese besser als die bereits vorhandene ist und Letztere genau deshalb ersetzen kann. Welchen Anforderungen muss eine Hypothese jedoch zumindest entsprechen, um auch nur potenziell als die *bessere* Alternative gelten zu können? Zwei Anforderungen sind nach Popper entscheidend: Erstens muss die Nachfolgertheorie restlos alles erklären, was auch die Vorgängertheorie zu erklären imstande war. Und zweitens muss die Nachfolgertheorie den Erklärungsradius um zusätzliche Phänomene erweitern. Die Nachfolgertheorie muss also Phänomene erklären können, bei deren Erklärung die Vorgängertheorie gescheitert ist oder für die es in der Vorgängertheorie noch gar keinen konzeptuellen Raum gegeben hat. Nur wenn diese beiden Anforderungen erfüllt sind, kann man von der Progressivität der Nachfolgertheorie sprechen. Poppers diesbezügliches Paradebeispiel ist die einsteinsche Relativitätstheorie, die die newtonsche Physik laut Popper als Annäherung enthält und in genau diesem Sinne als progressiv bezeichnet werden kann (vgl. Popper 1981, 93f.).[1]

---

[1] Ob sich Poppers Interpretation des Verhältnisses zwischen newtonscher und einsteinscher Physik als haltbar erweist, ist jedoch fraglich. Nach Kuhn berechtigt Poppers Interpretation „vielleicht einen Kraftfahrer, sich so zu verhalten, als lebte er in einem Newtonischen Universum" (Kuhn 1976, 114). Darüber hinaus ist Poppers Sichtweise für Kuhn jedoch weder aus historischen, noch aus systematischen Gründen akzeptabel (Kuhn 1976, 111–115). Wir kommen auf diese Thematik noch im Detail zurück (6.1, 156-160).

Wie steht es demgegenüber um die Kühnheit von Theorien? Da dieser Begriff schwerer zu fassen ist als jener der Progressivität, sollten wir uns hier einer Metapher bedienen: Die meisten von uns haben schon einmal ein Pokerturnier im Fernsehen gesehen. Nehmen wir an, dass bei einem dieser Turniere eine Spielerin bereits in der ersten Runde *All In* geht, d.h. mit all ihrem Geld darauf wettet, diese eine Partie zu gewinnen. Würden wir eine solche Spielerin unter allen Umständen „kühn" oder sogar „tollkühn" nennen? Nein, sicherlich nicht. Wir würden etwa dann nicht von Kühnheit sprechen, wenn die Spielerin mit einem Royal Flush *All In* geht. Um Kühnheit handelt es sich in diesem Fall deshalb nicht, weil ein Royal Flush das höchste Blatt ist, das es im Poker gibt. Und dies bedeutet, dass ein *Scheitern* für die betreffende Spielerin ausgeschlossen ist. Wer mit einem Royal Flush *All In* geht, riskiert nichts, da eine Niederlage aufgrund der Regeln des Pokerspiels ausgeschlossen ist. Anders wäre es mit einer Pik 7 und einer Herz 2, einem der schlechtesten Blätter, die im Poker möglich sind. Die Wahrscheinlichkeit, mit Pik 7 und Herz 2 zu verlieren, ist außerordentlich hoch, weshalb man in dieser Situation allen Grund dazu hätte, ein *All In* als einen überaus kühnen Zug zu betrachten.

Der springende Punkt an dieser Metapher ist, dass „Kühnheit" ein relationaler Begriff ist, der nur dann sinnvoll verwendet werden kann, wenn er vor dem Hintergrund der jeweils relevanten Möglichkeiten des *Scheiternkönnens* gesehen wird. In dieser Hinsicht unterscheiden sich wissenschaftliche Theorien von Pokerblättern nicht nennenswert. Worin sie sich aber sehr wohl unterscheiden, ist der Umstand, dass in Bezug auf wissenschaftliche Theorien nochmals zwischen zwei Dimensionen unterschieden werden muss, und zwar zwischen einer *logischen* und einer *empirischen Dimension des Scheiternkönnens* (vgl. hierzu auch Wendel 1998).

Die logische Dimension des Scheiternkönnens betrifft die Form, die Aussagen aufweisen müssen, um sich zur Anwendung in erfahrungswissenschaftlichen Kontexten zu eignen. Was ist hiermit gemeint? Manche WissenschaftstheoretikerInnen halten es für wichtig, dass erfahrungswissenschaftlich relevante Aussagen die Form von Allsätzen haben. Dies wird deshalb für relevant gehalten, weil Allsätze die deduktive Ableitung singulärer Folgerungen (Popper spricht von „Basissätzen"[2]) erlauben. Obwohl sich Popper dieser Sichtweise prinzipiell anschließt, ist für sein Verständnis der logischen Dimension des Scheiternkönnens aber darüber hinaus entscheidend, dass Allsätze nicht nur positiv als *Gebote*,

2 Der Begriff des Basissatzes erlaubt es, auf einen interessanten Zug des popperschen Denkens hinzuweisen, den ich im Rahmen dieser knappen Darstellung nicht gesondert diskutieren kann der aber unter dem Begriff des *Fallibilismus* große Bekanntheit erlangt hat. Popper ist kein naiver Falsifikationist in dem Sinne, dass behauptet wird, Hypothesen könnten durch geeignete Basissätze zweifelsfrei und ein für alle Mal falsifiziert werden. Poppers Falsifikationismus ist insofern avancierter, als auch Basissätze den Status von Hypothesen haben und dementsprechend dem Anspruch genügen müssen, durch die Erfahrung prüfbar zu sein. Basissätze sind also wie jede andere Hypothese niemals davor gefeit, jederzeit zum Gegenstand der Kritik zu werden. Popper beschreibt die Wissenschaft deshalb auch als einen Pfeilerbau, der nicht auf einem Felsengrund ruht, sondern auf Sumpfland zu errichten ist (Popper 1994a, 75f.).

sondern auch negativ als *Verbote* aufgefasst werden können: Ein universeller Allsatz gebietet nicht nur, dass alle Fs auch Gs sein müssen. Durch Negation erhalten wir das (logisch äquivalente) Verbot, dass es kein F geben kann, das nicht auch ein G ist. Warum dieser Umstand für die Wissenschaftstheorie Poppers zentral ist, dürfte offensichtlich sein: Während auch noch so viele Basissätze („Dieses F ist ein G") ungeeignet sind, einen als Gebot aufgefassten Allsatz („Alle Fs sind auch Gs") endgültig zu bestätigen, genügt bereits ein entsprechender Basissatz („Dieses F ist *kein* G"), um einen als Verbot aufgefassten Allsatz („Es kann kein F geben, das nicht auch ein G ist") zum Scheitern zu bringen (vgl. Popper 1994, §15).[3]

Die logische Form ist aber natürlich nicht das einzige Kriterium, das entscheidend ist, wenn es um die Frage nach der Kühnheit von erfahrungswissenschaftlich relevanten Hypothesen geht. Dies wird deutlich, wenn wir etwa den Allsatz „Alle Lebewesen mit materiellen Köpern verfügen über einen Ätherleib" genauer unter die Lupe nehmen. Diese Aussage verfügt zweifellos über eine einwandfreie logische Form. Wenn wir ihr aber dennoch skeptisch gegenüberstehen, so liegt dies daran, dass hier die empirische Dimension des Scheiternkönnens verletzt ist: Diese Dimension betrifft die methodologische Anweisung, dass erfahrungswissenschaftliche Aussagensysteme an der *sinnlichen Erfahrung* scheitern können müssen, was bei Hypothesen über Ätherleiber ausgeschlossen zu sein scheint.

Entwickelt man das Konzept der Kühnheit von Hypothesen in dieser Weise, dann scheint es zudem möglich zu sein, von unterschiedlichen Graden der Kühnheit zu sprechen: Nehmen wir an, wir verfügen über zwei Hypothesen.

H_1: Alle Raben sind schwarz oder rot oder grün oder gelb.
H_2: Alle Raben sind schwarz.

Es scheint außer Frage zu stehen, dass H_2 die klar kühnere Hypothese ist. Sie ist kühner, weil die Klasse der Basissätze, die durch H_2 verboten wird, deutlich größer ist als jene, die durch H_1 verboten wird. Je größer die Klasse der verbotenen Basissätze, desto empirisch gehaltvoller ist die betreffende Hypothese. Je empirisch gehaltvoller die Hypothese, desto reichhaltiger sind die Möglichkeiten des Scheiternkönnens. Und je reichhaltiger die Möglichkeiten des Scheiternkönnens, desto höher ist letztendlich der Grad der Kühnheit.[4]

Fassen wir die bisherigen Ergebnisse kurz zusammen: Wir sagten, dass nach Popper ein wichtiger Teil der wissenschaftlichen Methode darin besteht, progres-

---

3 Aufmerksamen LeserInnen wird nicht entgangen sein, dass es sich hierbei bloß um eine alternative Formulierung der bereits in Einheit 1.2 angesprochenen Asymmetrie zwischen Bestätigung und Falsifikation handelt.

4 Der Vergleich von Klassen von Falsifikationsmöglichkeiten wird jedoch dadurch erschwert, dass aus jeder Hypothese, die das logische Kriterium des Scheiternkönnens erfüllt, unendlich viele potenziell falsifizierende Existenzaussagen folgen. Popper versucht dieses Problem im sechsten Kapitel seiner *Logik der Forschung* zu lösen.

sive und möglichst kühne Hypothesen möglichst strengen Testbedingungen auszusetzen. Progressiv sind Hypothesen nach Popper dann, wenn sie nicht nur alle Phänomene der Vorgängertheorie erklären, sondern gegenüber der Vorgängertheorie den Erklärungsradius sogar noch erweitern. Von der Kühnheit von Hypothesen ist dann zu sprechen, wenn die beiden besprochenen Kriterien des Scheiternkönnens erfüllt sind: Eine Hypothese muss einerseits eine bestimmte logische Form aufweisen, nämlich jene eines negierten (und damit als Verbot aufgefassten) Allsatzes. Und sie muss andererseits so beschaffen sein, dass ein Scheitern an der sinnlichen Erfahrung möglich ist. Einen möglichst hohen Grad der Kühnheit zu fordern, bedeutet schließlich, dass Hypothesen so gehaltvoll wie möglich sein sollen. Es ist eine Grundüberzeugung der popperschen Wissenschaftstheorie, dass der Grad der Kühnheit deshalb ein Indikator für die Güte von Hypothesen ist, weil wir aus den kühnsten Hypothesen auch (und – wie wir sehen werden – *gerade*) im Fall ihres Scheiterns am meisten lernen (vgl. z.B. Popper 1974, 981).

Kommen wir zum letzten noch verbleibenden Begriff, nämlich zu jenem der Strenge von Testbedingungen. Dass die Rolle, die empirische Tests in erfahrungswissenschaftlichen Kontexten spielen, besondere Beachtung verdient, ist nicht weiter verwunderlich: Wir haben ja gesehen, dass in Bezug auf wissenschaftliche Aussagen nicht nur der logische, sondern auch und in besonderem Maße der empirische Aspekt des Scheiternkönnens relevant ist. Die Rede vom empirischen Aspekt des Scheiternkönnens bezieht sich aber letzten Endes auf nichts anderes als auf die Tests, in deren Rahmen das Scheitern von Theorien konkret erfolgen kann.

Klar ist aber auch, dass nicht alle Situationen, in denen prinzipiell von einem Test einer Theorie gesprochen werden kann, gleichwertig sind. Nehmen wir beispielsweise an, dass meine Lieblingstasse vom Schreibtisch fällt und zerbricht. Kann in einem relevanten Sinne davon die Rede sein, dass hierdurch die Gravitationstheorie getestet wurde? Wohl kaum. Worin liegt jedoch der Unterschied zwischen dieser Situation und der Sonnenfinsternis von 1919? Beide scheinen sich ja zumindest dahingehend zu gleichen, dass hier wie dort ein Ereignis eintritt, das durch die jeweils betreffende Theorie erfolgreich prognostiziert werden kann. Warum würden wir aber trotzdem im zweiten Fall ohne Zögern von einer strengen Testbedingung sprechen, während dies im ersteren Fall geradezu lächerlich erscheint? Im Sinne Poppers lassen sich unter anderem die folgenden Unterschiede namhaft machen: Strenge und Wert eines Tests sind erstens von seiner Novität abhängig. Wird ein empirischer Test zum allerersten Mal durchgeführt – wie dies etwa bei der Sonnenfinsternis von 1919 der Fall war –, so hat dies natürlich positive Auswirkungen auf die Relevanz, die wir diesem Test zuzuweisen bereit sind. Hiermit eng zusammenhängend ist zweitens festzuhalten, dass der Wert eines empirischen Tests mit der Anzahl der erfolgten Tests abnimmt, sofern gilt, dass zwischen dem ersten und den nachfolgenden Tests eine Ähnlichkeitsbeziehung besteht. Genau dies ist im Fall der zerberstenden Lieblingstasse das Problem: Wir haben ganz einfach schon zu viele fallende Gegenstände beobachtet, um ein weiteres fallendes Objekt als einen ernstzunehmenden Test der Gravitationstheorie ansehen zu können. Drittens und letztens ist darauf hinzuweisen, dass ein Test dann als besonders streng anzusehen ist, wenn die zu testende Hypothese einer anderen rivalisierenden Hypothese direkt widerspricht. Wie ich bereits in der Einführungseinheit gesagt habe, bezeichnet man solche Tests als *experimenta crucis*. Sie stellen deshalb eine Sonderform empirischen Testens dar, weil sie im Erfolgsfall eine lupenreine Entscheidung zwischen zwei rivalisierenden Hypothesen erlauben.[5]

Auf der Basis der bisherigen Spezifikationen könnte man zu dem Schluss gelangen, dass die poppersche Methode dem ähnelt, was man in der Wissenschaftstheorie häufig als die *hypothetico-deduktive Methode* bezeichnet: Der Job von WissenschaftlerInnen besteht nach dieser Auffassung in einem ersten Schritt darin, Hypothesen zu generieren. Die Frage, wie diese Hypothesen zustande kommen, ist für die Wissenschaftstheorie irrelevant und gehört in den Zuständigkeitsbereich empirischer Wissenschaften wie der Geschichte oder der Psychologie (Popper 1994a, §2). Wichtig ist nur, dass Hypothesen den beiden erwähnten Kriterien entsprechen: Sie müssen progressiv und möglichst kühn sein. In einem zweiten Schritt sind WissenschaftlerInnen aufgefordert, aus den frei generierten Hypothesen auf deduktivem Wege singuläre Folgerungen abzuleiten. Dies geschieht zu dem Zweck, die logischen Konsequenzen der betreffenden Hypothese im Rahmen von empirischen Tests zu erproben.

Wäre hiermit alles zum Wesen der wissenschaftlichen Methode gesagt, dann wären die poppersche Methode und jene des Hypothetico-Deduktivismus tatsächlich identisch. Dass es jedoch ganz im Gegenteil ein ziemlich tiefer Graben ist, der beide Auffassungen trennt, wird deutlich, wenn man einerseits nach der Motivation, mit der empirische Tests durchgeführt werden, und andererseits nach den Rückschlüssen, die aus diesen Tests zu ziehen sind, fragt: Nach hypotheticodeduktivem Dafürhalten ist die Motivation, singuläre Folgerungen empirischen Testbedingungen zu unterwerfen, ganz klar mit dem Bestreben gleichzusetzen, Hypothesen zu *bestätigen*. Hiermit ist gleichzeitig auch die Idealvorstellung festgelegt, die hinter allen Bemühungen des empirischen Testens steht: Ein Test ist dann erfolgreich, wenn das eintritt, was die betreffende Hypothese vorausgesagt hat. Übersteht eine Hypothese in dieser Weise einen hinreichend strengen Test, dann hat dies aus hypothetico-deduktiver Perspektive auch einen Anstieg des Bestätigungsgrades zur Folge. Oder anders gesagt: Je öfter und je strenger wir eine Hypothese testen, umso größer das Vertrauen, das wir in sie investieren.

Ich nehme an, dass die meisten die soeben skizzierte Sichtweise durchaus einleuchtend finden. Im popperschen Denken hat sie jedoch – wie in aller Deutlichkeit festzuhalten ist – keinen Platz. Nach Popper werden Hypothesen nämlich niemals deshalb einem Test unterworfen, weil man sich hiervon erhofft, der Be-

---

[5] Wie wir in der Einführungseinheit gesehen haben, wird die Existenz von *experimenta crucis* jedoch zumindest seit Pierre Duhem ernsthaft in Zweifel gezogen (vgl. Einheit 1.2 und 1.3).

stätigung der betreffenden Hypothesen näher zu kommen. Dies würde ja bedeuten, entgegen Poppers Anraten auf das tote Pferd der induktiven Bestätigung zu setzen. Die Motivation, Hypothesen empirischen Tests zu unterwerfen, liegt nach Popper viel eher darin, *das Scheitern* von Hypothesen durch möglichst strenge Testbedingungen *so wahrscheinlich wie möglich zu machen.* Die poppersche Idealvorstellung des empirischen Testens steht also jener des Hypothetico-Deduktivismus diametral entgegen: Nicht die überstandenen Tests, sondern ganz im Gegenteil jene Tests, die Hypothesen zum Scheitern bringen, sind aus Poppers Sicht als Erfolg zu werten – genau deshalb sprechen wir auch vom *Falsifikationismus.*

Woran liegt es nun aber, dass wir nach Popper nur im Fall des Scheiterns von Hypothesen von einem Erfolg sprechen können? Ein Grund: Zwischen Verifikation und Falsifikation besteht eine grundlegende Asymmetrie. Diese ist darin zu sehen, dass wissenschaftliche Allaussagen zwar niemals endgültig verifiziert, aber bereits durch einen einzigen geeigneten Basissatz falsifiziert werden können. Hiermit hängt zusammen, dass wir nach Popper nur im Fall des Scheiterns von Hypothesen davon sprechen können, etwas über die Welt zu lernen. In diesen Fällen lernen wir nämlich wenigstens, dass es sich in der Welt *nicht* so verhält, wie dies in den falsifizierten Hypothesen behauptet wurde. Und mehr gibt es für uns laut Popper weder innerhalb noch außerhalb der Wissenschaft zu erreichen.

> Die Methode von Versuch und Irrtum ist eine *Methode der Elimination falscher Theorien* aufgrund von Beobachtungssätzen. Und ihre Rechtfertigung ist die rein logische Beziehung der Deduzierbarkeit, die es uns gestattet, allgemeine Sätze für falsch zu erklären, wenn wir singuläre Sätze als wahr akzeptieren. (Popper, 1994b, 81)

Wir tun also nichts anderes, als uns unablässig „vorwärts zu irren". Hierin besteht die einzig verfügbare Methode, „die alle Organismen anwenden, von der Amöbe bis zu Einstein" (Popper 1979, 70; Popper 1994b, 75).[6]

Wie wir gesehen haben, besteht der poppersche Falsifikationismus in der Anweisung, aus Hypothesen singuläre Folgerungen abzuleiten, um diese möglichst strengen Testbedingungen auszusetzen. Wird die jeweilige Folgerung durch den empirischen Test falsifiziert, ist sie – und mit ihr das System, deren Konsequenz sie ist (Popper 1994a, 8) – umgehend auszuscheiden und durch eine neue Hypothese zu ersetzen. Was aber folgt aus dem gegenteiligen Fall, in dem eine Hypothese einem strengen Test standhält? Nun, nach Popper ziemlich wenig. Ganz gleich, wie viele und wie strenge Tests eine Hypothese besteht, das Ergebnis ist immer dasselbe: Wir wissen nur, dass die betreffende Hypothese bislang nicht falsifiziert werden konnte – nicht mehr und nicht weniger. Ich glaube, dass viele,

---

6 Der hier anklingende evolutionstheoretische Gedanke findet sich bei Popper häufig: „[D]as Wachstum unseres Wissens [ist] das Ergebnis eines Vorgangs [...], der dem sehr ähnlich ist, was Darwin ‚natürliche Auslese' nannte; es gibt also eine *natürliche Auslese von Hypothesen:* Unser Wissen besteht zu jedem Zeitpunkt aus denjenigen Hypothesen, die ihre (relative) Tüchtigkeit dadurch gezeigt haben, daß sie bis dahin in ihrem Kampf ums Dasein überlebt haben; in einem Konkurrenzkampf, der die untüchtigen Hypothesen eliminiert." (Popper 1984, 273)

die den Falsifikationismus Poppers anziehend finden, die Radikalität dieser Sichtweise unterschätzen. Ich möchte deshalb ihre volle Tragweite anhand eines Beispiels veranschaulichen.

1915, als Einstein seine ART der Weltöffentlichkeit präsentierte, konnte die Theorie lediglich zwei empirische Erfolge für sich verbuchen: Mit der Periheldrehung des Merkur und der gravitativen Rotverschiebung des Lichts konnten zwei bekannte Anomalien, an denen die Physik Newtons gescheitert war, in befriedigender Art und Weise erklärt werden. Abgesehen hiervon musste sich die Scientific Community aber volle vier Jahre gedulden, bis mit der Sonnenfinsternis von 1919 ein weiterer empirischer und gleichzeitig der erste prognostische Erfolg eingefahren werden konnte. Die Messung des in der Einführungseinheit beschriebenen Lichtablenkungseffekts wurde in den folgenden Jahren und Jahrzehnten noch einige Male mit optischen Teleskopen wiederholt. Die Genauigkeit der Ergebnisse konnte jedoch aufgrund der Grenzen, die optischen Teleskopen bereits aus physikalischen Gründen gesetzt sind, nicht maßgeblich verbessert werden. Letzteres änderte sich erst, als man anstelle von optischen Teleskopen Radioteleskope verwendete. Diese haben nicht nur den Vorteil, bei der Messung nicht auf die speziellen Bedingungen einer Sonnenfinsternis angewiesen zu sein. Die Ergebnisse von Radioteleskopen sind jenen von optischen Teleskopen vor allem deshalb überlegen, weil Erstere gegenüber der Ablenkung immun sind, die Licht beim Eintritt in die Erdatmosphäre erfährt. Diese neuen technischen Möglichkeiten führten aber nicht nur dazu, dass die Prognosen der ART immer besser bestätigt werden konnten. In der Zwischenzeit sind sich AstrophysikerInnen hinsichtlich des Lichtablenkungseffekts so sicher, dass sie nicht mehr nach weiteren experimentellen Tests für dieses Phänomen suchen, sondern das Phänomen selbst als Werkzeug einsetzen, um andere und völlig neuartige astronomische Beobachtungen zu ermöglichen: Es ist inzwischen eine Standardtechnik der modernen Astrophysik geworden, interstellare Objekte mit sehr großen Massen als so genannte Gravitationslinsen zu verwenden. Der hierbei entstehende Mikrolinseneffekt erlaubt es etwa, die Helligkeit von weit entfernten Himmelskörpern zu verstärken und so unseren Beobachtungsradius beträchtlich zu erweitern (vgl. Peacock 2000, Kapitel 4).

Die Tatsache, dass AstrophysikerInnen ein Phänomen, das zunächst nur als Test für die ART angesehen wurde, inzwischen als Werkzeug zur Entdeckung neuer astronomischer Phänomene benutzen, zeugt vom Vertrauen, das die Scientific Community heutzutage in die ART steckt. Von welcher Art ist dieses Vertrauen aber? Vertrauen AstrophysikerInnen der ART nur, weil sie 97 Jahre Zeit hatten, sich an dieses physikalische Paradigma zu gewöhnen? Oder vertrauen sie der ART nur, weil sie sich zufällig in allen Universitätscurricula findet? Die meisten WissenschaftstheoretikerInnen – und Popper stellt hier keine Ausnahme dar – würden eine derartige Sichtweise absurd finden. Sie würden ganz im Gegenteil davon sprechen wollen, dass das Vertrauen, das die Scientific Community einer Theorie wie der ART entgegenbringt, insofern *rational* ist, als sich *gute Gründe* anführen lassen, um den Vertrauensvorschuss objektiv zu rechtfertigen. Dies wirft aber natürlich eine nahe liegende Folgefrage auf: Was zählt als guter Grund, wenn es um die Bewertung von Theorien geht?

Zu Beginn dieser Einheit habe ich von der Annahme gesprochen, dass die Rationalität der Wissenschaft parasitär zur Rationalität der Induktion ist. Was hiermit gemeint ist, lässt sich nun in Hinblick auf die Frage nach Gründen für die Bewertung von Theorien nochmals genauer sagen: Wäre es möglich, angesichts des bisherigen Abschneidens der ART, angesichts ihrer prognostischen Erfolge und angesichts technischer Anwendungen wie dem *Global Positioning System*[7] induktiv auf die vermutliche Wahrheit und damit auf das vermutlich positive zukünftige Abschneiden der ART zu schließen, so wäre hierin zweifellos ein Paradefall eines guten Grundes zu sehen. Das Vertrauen in die ART wäre in diesem Fall genau deshalb rational, weil ihre bisherigen Erfolge als ausreichend starker Beleg für ihre vermutliche Wahrheit und damit für ihren vermuteten zukünftigen Erfolg angesehen werden können.

Für den Induktionsskeptiker Popper steht dieser Argumentationsweg aber freilich nicht offen. Nimmt man die innere Logik des Falsifikationismus ernst, dann sind Schlüsse, die auf der Basis des bisherigen Abschneidens ein positives Abschneiden in der Zukunft auch nur wahrscheinlich machen, rundheraus abzulehnen. Es scheint deshalb heute um die ART nicht anders zu stehen wie vor 97 Jahren: Heute wie damals ist auf der Habenseite nur zu vermerken, dass eine Falsifikation bislang ausgeblieben ist. Für die ART scheint mithin nur zu sprechen, dass nichts gegen sie spricht.

Der letzte Satz bringt die Grundspannung, der sich die falsifikationistische Wissenschaftstheorie gegenüber sieht, auf den Punkt: Für Popper steht außer Frage, dass die Wissenschaft ein rationales Unternehmen ist (nicht umsonst wird der Falsifikationismus auch kritischer *Rationalismus* genannt). Da dieser Rationalitätsanspruch jedoch ohne Rückgriff auf induktive Mittel und lediglich mithilfe einer rein negative Methode gerechtfertigt werden soll, sieht sich Popper mit einer grundlegenden Herausforderung konfrontiert: FalsifikationistInnen können die Möglichkeit der Rationalität von Theoriebewertungen nicht einfach voraussetzen. Sie müssen vielmehr nachweisen, dass ihre aus Deduktion und Falsifikation bestehende Methode genügt, um das Vertrauen, das wir Theorien wie der ART entgegenbringen, objektiv zu rechtfertigen und damit der Rationalität des Wissenschaftsbetriebs den entsprechenden Stellenwert zuzuweisen.

---

[7] Um mit dem ursprünglich aus der Militärtechnik stammenden *Global Positioning System* hinreichend genaue Positionsbestimmungen zu ermöglichen, müssen die Entfernungen gemessen werden, die zwischen dem GPS-Empfänger und mindestens vier Satelliten bestehen. Da die relativen Geschwindigkeiten zwischen Empfänger und Satelliten jedoch beträchtlich sind, treten Zeitdilationseffekte auf, die sich nur innerhalb der ART korrekt berechnen und dementsprechend ausgleichen lassen. Da der Genauigkeitsunterschied, der ohne den Ausgleich der ART auftritt, bei ungefähr einem halben Kilometer pro Stunde Messzeit liegt, kann durchaus davon die Rede sein, dass die Anwendung des GPS-Systems ein sukzessiver Test der ART und die ART umgekehrt durch das GPS-System umfassend alltagsrelevant geworden ist.

3.2 Bewährung

Man könnte meinen, dass die Situation, in der sich Popper befindet, von vornherein aussichtslos ist: Sprechen wir vom Vertrauen, das wir in Theorien setzen, dann scheinen wir doch offensichtlich von Erwartungen zu sprechen, die das *zukünftige* Abschneiden von Theorien betreffen. Wie aber sollen sich Erwartungen, die die Zukunft betreffen, mittels einer Methode rechtfertigen lassen, die lediglich aus Deduktion und Falsifikation besteht? Deduktive Schlüsse sind nicht gehaltserweiternd und Falsifikationen verraten uns nur, dass es sich in der Welt *nicht* so verhält, wie in der falsifizierten Hypothese behauptet wurde. Wie soll es also möglich sein, mit diesem ausschließlich negativen Instrumentarium positive Aussagen über das vermutete zukünftige Abschneiden von Theorien zu gewinnen?

Das Problem, um das es hier geht, wird freilich nicht nur im Zusammenhang mit der relativ abstrakten Frage nach der Bewertung von Theorien virulent: Nehmen wir an, eine Ingenieurin wird mit dem Bau einer Brücke beauftragt, die zukünftig von zigtausenden Kraftfahrzeugen befahren werden soll. Zur Auswahl stehen zwei Brückendesigns, wobei eines bereits viele hunderte Male erfolgreich erprobt wurde, während das andere völlig neu und deshalb bislang ungetestet ist. Für welches Brückendesign wird sich die Ingenieurin, der es einzig und allein um praktische Aspekte der Zuverlässigkeit und nicht so sehr um Erkenntniserweiterung geht, entscheiden? Nun, will sich die Ingenieurin den Vorwurf der groben Fahrlässigkeit ersparen, dann scheint die einzig rationale Entscheidung jene zu sein, das erprobte Design dem bislang noch nicht erprobten vorzuziehen.

Unabhängig davon, wie selbstverständlich uns diese Wahl auf den ersten Blick auch immer erscheinen mag, aus falsifikationistischer Perspektive kann die Begründbarkeit dieser Entscheidung dennoch nicht als ausgemacht gelten. Klar ist zunächst nur, dass die (fehlende) Falsifikation allein *nicht* handlungsanweisend sein kann: Beide Brückendesigns liegen ja exakt gleichauf, was den Status ihrer faktischen Unfalsifiziertheit anbelangt! Man wird deshalb im Sinne Poppers nach einem anderen Unterschied Ausschau halten und diesen möglicherweise in der Tatsache sehen, dass zwischen den beiden Brückendesigns zumindest hinsichtlich ihres bisherigen Abschneidens Welten liegen. Während ein Brückendesign viele hunderte Male erfolgreich zur Anwendung kam, existiert das andere ja lediglich auf dem Papier. Dementsprechend könnte man die Wahl des ersten Brückendesigns durch den Hinweis rechtfertigen, dass sich dieses aufgrund seiner oftmaligen Umsetzung ganz einfach bewährt hat und dem zweiten Design deshalb vorzuziehen ist. Genau dies ist der Kerngedanke von Poppers Theorie der Bewährung.

Sie ist deshalb zentral, weil sie das positive Gegenstück zu seiner ansonsten ausschließlich negativen Methodologie darstellt. Mit dem Bewährungsbegriff soll also das zu Beginn aufgeworfene Problem aus der Welt geschafft werden, dass Deduktion und Falsifikation nicht auszureichen scheinen, um der Rationalität von Theorieentscheidungen gerecht zu werden. Was aber ist Bewährung genau? Und wie kann sie zur Lösung dieses Problems beitragen? Nun, was auch immer

Bewährung ist, Popper gibt sich allergrößte Mühe, sie in erster Linie vom Begriff der (induktiven) Bestätigung abzugrenzen:

> Bewährung(sgrad) ist [...] ein bewertender *Bericht über die bisherigen Leistungen.* Wie die Bevorzugung ist die Bewertung wesentlich komparativ: Im allgemeinen kann man nur sagen, eine Theorie *A* habe einen höheren (oder niedrigeren) Bewährungsgrad als eine konkurrierende Theorie *B* im Licht der kritischen Diskussion – zu der Prüfungen gehören – *bis zum Zeitpunkt t.* Es sind Berichte über bisherige Leistungen, aufgrund derer gewisse Theorien vielleicht anderen vorgezogen werden. *Aber er sagt nicht das geringste über die zukünftigen Leistungen oder die ‚Verläßlichkeit' einer Theorie.* (Popper 1984, 18)

Zwei Aspekte sind besonders hervorzuheben: Wir erfahren, dass von Bewährung immer nur relativ zu einer bestimmten Anzahl und Art strenger Tests gesprochen werden kann, die miteinander konkurrierende Hypothesen bis zu einem bestimmten Zeitpunkt erfolgreich absolviert haben. Das ist das eine. Noch viel wichtiger ist andererseits, dass Bewährung eine strikt retrospektive Eigenschaft ist, deren Vorliegen keinen wie auch immer gearteten Aufschluss über Zukünftiges gibt. Dieser zweite Aspekt verdankt sich offenkundig Poppers induktionsskeptischem Grundgestus. Fraglich ist aber, wie eine strikt retrospektive Eigenschaft dabei helfen soll, Theoriebewertungen oder praktische Handlungsentscheidungen hinreichend zu erklären. Es mag ja sein, dass die ART insofern gut bewährt ist, als sie zwischen 1915 und heute eine Vielzahl von strengen Tests bestanden hat. Und es mag auch sein, dass das erste Brückendesign deshalb über einen hohen Bewährungsgrad verfügt, weil es bereits hunderte Male erfolgreich umgesetzt wurde. Aber warum sollte all dies in Bewertungs- oder Entscheidungssituationen relevant sein, wenn tatsächlich gilt, dass vergangene Leistungen nicht das Geringste über zukünftige Leistungen und damit über die Verlässlichkeit einer Theorie aussagen? Poppers Antwort lautet wie folgt:

> [D]a wir wählen *müssen*, ist es vernünftig, die bestgeprüfte Theorie zu wählen. Das ist vernünftig im unmittelbarsten Sinne des Wortes, den ich kenne: Die bestgeprüfte Theorie ist diejenige, die im Lichte unserer *kritischen Diskussion* bis jetzt als die beste erscheint, und ich kann mir nichts ‚Vernünftigeres' vorstellen als eine gut geführte kritische Diskussion. Wenn wir die bestgeprüfte Theorie als Grundlage für unsere Handlungen wählen, dann ‚verlassen' wir uns natürlich in einem gewissen Sinne auf sie. Man könnte sie sogar in gewissem Sinne als die ‚verläßlichste' verfügbare Theorie bezeichnen. Das bedeutet aber nicht, daß sie ‚verläßlich' wäre. Sie ist es jedenfalls in dem Sinne nicht, daß wir auch in der Praxis immer gut daran tun, damit zu rechnen, daß sich unsere Erwartungen vielleicht nicht bestätigen. (Popper 1984, 22)

Popper hat an vielen Stellen vor der Gefahr gewarnt, sich nicht mehr aus den Beschränkungen einer vorab festgelegten Theorie lösen zu können und deshalb die Fakten so zurechtzubiegen, dass sie unter allen Bedingungen in die Theorie passen. Man kann sich jedoch an dieser Stelle des Eindrucks nicht erwehren, dass Popper genau dieser Gefahr erliegt und die Kohärenz der eigenen Position um jeden Preis und allen kontraintuitiven Resultaten zum Trotz zu verteidigen versucht. Stellen wir uns vor, die Ingenieurin muss ihre Entscheidung für ein bestimmtes Brückendesign rechtfertigen, etwa vor einer Vorgesetzten der Bauaufsicht. Zu vermuten ist, dass die Ingenieurin in dieser Situation tatsächlich auf den Bewährungsgrad unterschiedlicher Brückendesigns hinweisen und ausgehend hiervon das bestbewährte Design als das verlässlichste auszeichnen wird. So weit ist Popper zuzustimmen. Fraglich ist aber, worauf sich die Rede vom *verlässlichsten* Design hier beziehen soll, wenn nicht auf das Abschneiden, das vom betreffenden Design *in der Zukunft* erwartet wird. Sowohl die Ingenieurin als auch die Vorgesetzte von der Bauaufsicht interessieren sich ja ausschließlich dafür, dass die zu bauende Brücke *in Zukunft* ihren Anforderungen entspricht. In Bezug auf dieses Interesse spielt das Abschneiden in der Vergangenheit aber nur die indirekte Rolle, ein Indikator für das vermutete Abschneiden in der Zukunft zu sein. Gäbe es keine Möglichkeit, auf der Basis des bisherigen Erfolgs eines Brückendesigns auf sein vermutliches zukünftiges Abschneiden zu schließen, dann wäre gar nicht einzusehen, warum das bisherige Abschneiden für die lediglich am zukünftigen Abschneiden interessierte Ingenieurin überhaupt relevant sein sollte.

Man könnte dies auch auf andere Weise zum Ausdruck bringen: Nehmen wir an, dass es tatsächlich keine Möglichkeit gibt, auf der Basis des bisherigen Erfolgs eines Brückendesigns auf sein vermutliches zukünftiges Abschneiden zu schließen. Dies würde nichts an der Zielvorgabe der Ingenieurin ändern, eine Brücke bauen zu wollen, die sich in Zukunft als verlässlich erweisen wird. Unklar wäre aber sehr wohl, warum die am zukünftigen Erfolg interessierte Ingenieurin den Bewährungsgrad als auch nur potenziell relevant betrachten sollte, wenn die Eigenschaft der Bewährtheit wirklich nur über Vergangenes Auskunft gibt. Gemessen an den ganz klar in der Zukunft liegenden Handlungszielen wäre der retrospektive Bewährungsgrad ja ganz einfach irrelevant, weshalb die Wahl des bislang ungetesteten Brückendesigns exakt ebenso vernünftig wäre wie jene des bewährten Designs oder beliebiger anderer, bislang unfalsifiziert gebliebener Designs.

Treffen die bisherigen Überlegungen zu, dann liegt der Verdacht nahe, dass das Problem, von dem wir zu Beginn dieser Subeinheit ausgegangen sind, durch die Theorie der Bewährung nicht gelöst, sondern bestenfalls verschoben wird: Der Bewährungsbegriff wird zu dem Zweck eingeführt, die ansonsten strikt negative Methodologie des Falsifikationismus durch ein positives Gegenstück zu komplettieren. Da aber der Bewährungsgrad eine strikt retrospektive Eigenschaft von Hypothesen ist und dementsprechend keinerlei Aufschluss über Zukünftiges gibt, muss unklar bleiben, wie die Theorie der Bewährung diesem Anspruch gerecht werden soll. Der Falsifikationismus scheint also vor einem Dilemma zu stehen: Entweder wird die Idee der Rationalität von Handlungsentscheidungen und Theoriebewertungen zu dem Preis aufrechterhalten, dass sich ein induktives Element durch die Hintertüre der Bewährung in die vermeintlich induktionsfreie Wissenschaftstheorie Poppers einschleicht. Oder man behält mit der radikalen Induktionsskepsis eines der Schlüsselcharakteristika des Falsifikationismus bei, akzeptiert damit aber gleichzeitig, dass unter diesen Bedingungen Rationalität in

Poppers Wissenschaftstheorie ein leeres Versprechen bleibt (vgl. z.B. Salmon 1981; Newton-Smith 1981, Kap. 3).

3.3 Das Problem nicht falsifizierbarer Aussagen

Treffen die bisherigen Überlegungen zu, dann gelingt es im Rahmen der falsifikationistischen Methodenlehre weder, der Rationalität von Theoriebewertungen noch jener von praktischen Handlungsentscheidungen gerecht zu werden. Dass dies aber nicht das einzige Problem ist, das sich aus Poppers Beschränkung auf eine rein negative Methodologie ergibt, lässt sich anhand einer weiteren Thematik zeigen, nämlich anhand nicht falsifizierbarer Aussagen.

Wie wir gesehen haben, ist die Falsifikation das bestimmende Element der popperschen Wissenschaftstheorie. Die Falsifikation ist nicht nur deshalb zentral, weil sie das Ziel darstellt, auf das nach Popper alle wissenschaftlichen Bemühungen zusteuern. Popper schlägt darüber hinaus „Falsifizierbarkeit als Abgrenzungskriterium" vor (z.B. Popper 1991a, §6), was bedeutet, dass die Falsifizierbarkeit diejenige Eigenschaft ist, deren Vorliegen bereits auf grundlegender Ebene über die Wissenschaftlichkeit oder Unwissenschaftlichkeit von Aussagen bzw. Aussagensystemen entscheidet. Nur solche Aussagen, die durch einen geeigneten Basissatz widerlegt werden können, sind prinzipiell dazu geeignet, Teil eines wissenschaftlichen Aussagensystems zu werden. Das ist nach all dem, was wir zu den unterschiedlichen Dimensionen des Scheiternkönnens gesagt haben, nichts prinzipiell Neues.

Auf den ersten Blick mag die Ansicht, dass die Falsifizierbarkeit von Aussagen eine notwendige Bedingung für ihre Wissenschaftlichkeit ist, überaus einleuchtend wirken. Wir sprechen immerhin über die *Erfahrungs*wissenschaften, weshalb es wenig kontrovers erscheint, der Möglichkeit des Scheiterns an der Erfahrung einen Sonderstatus einzuräumen. Bei genauerer Betrachtung ergeben sich jedoch gewisse Zweifel: Finden sich nicht selbst in unseren respektabelsten Theorien Aussagen, die das Korsett des Falsifizierbarkeitskriteriums ganz offenkundig sprengen? Wie steht es beispielsweise um den Energieerhaltungssatz, der besagt, dass die Gesamtenergie eines geschlossenen Systems stets konstant bleibt? Oder wie steht es um den zweiten Satz der Thermodynamik, demzufolge die Entropie in einem geschlossenen System niemals von allein abnimmt? Für die fundamentale Bedeutung, die solche Aussagen in den jeweiligen Theorien haben, muss nicht gesondert argumentiert werden. Da ihr Allgemeinheitsgrad ihre Falsifikation aber von vornherein auszuschließen scheint, drängen sich Zweifel an der Adäquatheit von Poppers Abgrenzungskriterium auf: Müsste die strikte Befolgung dieses Kriteriums nicht auf die Forderung hinauslaufen, Aussagen von der Art des Energieerhaltungssatzes aus unseren Theorien ein für alle Mal zu verbannen? Oder noch viel schlimmer: Müssten nicht sämtliche Physikinstitute, an denen etwa zur String-Theorie geforscht wird, die sofortige Schließung befürchten, wenn das

Falsifizierungskriterium zur Entscheidungsgrundlage für staatliche Wissenschaftsbudgets erhoben werden würde?

Es hat mit derartigen Bedenken zu tun, dass das Falsifikationskriterium häufig als zu restriktiv empfunden wurde. Welchen Nutzen sollte ein genuin philosophisches Demarkationskriterium haben, das integrale Bestandteile unserer besten Theorien kurzum zur Metaphysik erklärt? FalsifikationistInnen könnten jedoch demgegenüber darauf hinweisen, dass Popper das Falsifikationskriterium stets in einer sehr viel liberaleren Weise aufgefasst hat. Dies wird etwa im letzten Paragraphen der *Logik der Forschung* deutlich, in dem sich die folgende Analogie findet (vgl. Popper 1994a, 222f.): Stellen wir uns ein mit Flüssigkeit gefülltes Gefäß vor, in dem eine Menge Teilchen umherschwimmen. Einige dieser Teilchen bleiben in höheren Gefilden, während andere absinken und langsam einen aus immer mehr Schichten bestehenden Bodensatz bilden. In Poppers Analogie repräsentiert die Gesamtheit aller Teilchen die Gesamtheit aller menschlichen Ideen und Hypothesen. Der Bodensatz stellt demgegenüber jenen Teil dar, dem der Sonderstatus der Wissenschaftlichkeit zukommt. Dass ein Teilchen zu Boden gesunken ist, bedeutet, dass es in eine empirisch test- und somit falsifizierbare Form gebracht wurde.

Zwei Aspekte sind zum korrekten Verständnis dieser Metapher zentral: Einerseits gilt, dass das Verhalten der Teilchen unvorhersehbar ist. Es liegt durchaus im Bereich des Möglichen, dass ein Teilchen auch dann, wenn es sich bereits über einen langen Zeitraum hinweg in den höheren Gefilden der Metaphysik bewegt hat, plötzlich absinkt und Teil des wissenschaftlichen Bodensatzes wird. Genau dies ist beispielsweise im Fall der Atomtheorie passiert, die über Jahrhunderte hinweg nicht über den Status einer metaphysischen Spekulation hinauskam, bevor sie im 19. und 20. Jahrhundert ihre endgültige wissenschaftliche Form erhielt. Der zweite nennenswerte Aspekt ist, dass es nicht dem wissenschaftlichen Bodensatz vorbehalten ist, zur Ordnung unseres Weltbildes oder sogar zur Generierung neuer wissenschaftlicher Prognosen beizutragen. Anders als einige Vertreter des Logischen Empirismus war Popper weit davon entfernt, metaphysischen Aussagen jeglichen Wert abzusprechen. Dieser Liberalismus rührt daher, dass Hypothesen, die heute eindeutig metaphysisch sind, nach Popper bereits morgen absinken und zum fixen Bestandteil der anerkannten Wissenschaft werden können.

FalsifikationistInnen könnten sich gegenüber der weiter oben formulierten Kritik entlang dieser Linien wie folgt verteidigen: Ob eine Aussage prinzipiell falsifizierbar ist oder nicht, lässt sich niemals mit endgültiger Sicherheit entscheiden. Manche Aussagen mögen uns aus heutiger Perspektive so grundlegend erscheinen, dass wir uns faktische Falsifikationsbedingungen einfach nicht vorstellen können. Da wir aber niemals mit Sicherheit wissen können, von welchen empirischen Testmöglichkeiten wir in Zukunft profitieren werden, sollten wir uns von der momentanen Unfalsifizierbarkeit vor allem dann nicht entmutigen lassen, wenn sich die betreffenden Aussagen im Verbund mit unseren restlichen wissenschaftlichen Überzeugungen als sehr anschlussfähig erweisen. Zur Unterstützung dieser Argumentation könnten FalsifikationistInnen auch auf Beispiele aus der realen Forschungspraxis verweisen: Lange Zeit ist man in der Physik wie selbstverständlich vom Paritätsprinzip ausgegangen, d.h. von der Überzeugung, dass Naturgesetze gegenüber Raumspiegelungen unparteiisch sind. Mit anderen Worten: Man nahm wie selbstverständlich an, dass sich ein physikalischer Prozess von seinem spiegelverkehrten Duplikat nicht unterscheidet. Über Jahrhunderte hinweg hielt man dieses Prinzip vermutlich für viel zu allgemein, um über potenzielle Falsifikationsbedingungen auch nur nachzudenken. 1956 gelang jedoch der chinesisch-amerikanischen Physikerin Chien-Shiung Wu (1912–1997) am Beispiel der Radioaktivität der Nachweis, dass Paritätsverletzungen bei der schwachen Wechselwirkung sehr wohl vorkommen, dass also die angesprochene Unparteilichkeit gegenüber links und rechts nicht nur ein Dogma, sondern vor allem falsch ist.

Wie wir gerade gesehen haben, muss aus falsifikationistischer Perspektive allerhöchster Wert darauf gelegt werden, dass sich Bewertungen, die mittels des Falsifizierbarkeitskriteriums zustande kommen, niemals verabsolutieren lassen. Wie die Beispiele der Atomtheorie oder des Paritätsprinzips zeigen, kann es nämlich Jahrhunderte dauern, bis Hypothesen letztendlich doch noch in die Sphäre der Falsifizierbarkeit absinken.

So weit, so gut. Was jedoch, wenn Theorien Bestandteile enthalten, die aus *prinzipiellen Gründen* unfalsifizierbar sind? Was also, wenn es eine Klasse von Aussagen gibt, auf die wir in der naturwissenschaftlichen Praxis zwar nicht verzichten können, deren Unfalsifizierbarkeit aber nicht Sache fehlender technologischer Möglichkeiten oder anderer kontingenter Umstände ist?

Es ist kein Geheimnis, dass es Aussagen dieser Art tatsächlich gibt und dass sie aus unseren besten Theorien in der Tat nicht wegzudenken sind. Hier ist ein Beispiel:

$$N / N_0 = e^{-\lambda t}$$

Ausgehend von einer ursprünglichen Anzahl von Atomen eines radioaktiven Materials (N_0) lässt sich mittels dieser Formel der Prozentsatz derjenigen Atome (N) berechnen, die nach einer gewissen Zeit (t) noch nicht zerfallen sind (λ ist die so genannte Zerfallskonstante). Radium beispielsweise hat eine Halbwertszeit von ungefähr 1600 Jahren, was bedeutet, dass nach dieser Zeitspanne die Hälfte der Ausgangsmenge in Radon zerfallen sein wird. Wie alle Aussagen über Halbwertszeiten sind jedoch auch diese im Sinne eines statistischen Mittelwerts zu verstehen: Die Wahrscheinlichkeit, dass ein einzelnes Radiumatom nach einer Halbwertszeit zerfallen ist, beträgt 0,5, jene, dass es nach zwei Halbwertszeiten zerfallen ist, 0,75, jene, dass es nach drei Halbwertszeiten zerfallen ist, 0,875, und so weiter. Wie viele Halbwertszeiten aber auch immer vergehen, die Wahrscheinlichkeit des Zerfalls erreicht aus prinzipiellen Gründen nie den Wert 1. Das Eintreten eines bestimmten Sachverhaltes (hier der Nicht Zerfall eines einzelnen Radiumatoms) wird also durch die entsprechende Wahrscheinlichkeitshypothese nicht in einem strikten Sinne des Wortes *verboten*, sondern bloß als mehr oder minder unwahrscheinlich ausgezeichnet.

Das Problem, das sich hieraus für den Falsifikationismus ergibt, ist leicht einzusehen: Wie soll man sich die Falsifikation einer Wahrscheinlichkeitshypothese konkret vorstellen, wenn es in der Natur dieser Hypothesen liegt, beobachtbare Phänomene niemals in einem strikten Sinne des Wortes zu verbieten? Nehmen wir an, dass es um die zuvor angesprochene Aussage zur Halbwertszeit von Radium geht und dass wir 50 Halbwertszeiten warten könnten, bevor wir überprüften, ob ein einzelnes Radiumatom zerfallen ist. Die Wahrscheinlichkeit, dass ein solches Atom nach 50 Halbwertszeiten nach wie vor existiert, ist zwar mit 0,00000000000001 unglaublich gering. Von einer Falsifikation im strikten Sinne des Wortes kann aber offensichtlich selbst dann nicht die Rede sein, wenn dieser Umstand entgegen aller Wahrscheinlichkeit doch eintritt. Wollte man das Falsifikationskriterium im strikten Sinne aufrechterhalten, dann hätte dies zur Folge, dass Wahrscheinlichkeitshypothesen ob ihrer prinzipiellen Unfalsifizierbarkeit als metaphysisch gebrandmarkt werden müssten. Dies ist jedoch mit der Tatsache, dass solche Hypothesen aus den modernen Wissenschaften nicht wegzudenken sind, nur schwer in Einklang zu bringen.

Popper sieht das Problem der Wahrscheinlichkeitshypothesen bereits in der *Logik der Forschung* und bettet es in eine umfassende Diskussion unterschiedlicher Interpretationen der Wahrscheinlichkeitstheorie ein (vgl. Popper 1994a, 144–166). Die Details dieser Auseinandersetzung ändern aber nichts daran, dass die Lösung, die Popper anzubieten hat, mit dem Begriff der praktischen Falsifikation steht und fällt. Die folgende Passage ist in diesem Zusammenhang zentral:

> Der Physiker vermag [...] zumeist recht wohl zu unterscheiden, ob eine Wahrscheinlichkeitshypothese sich empirisch bewährt oder ob er sie als zur Prognosenreduktion unbrauchbar, als ‚praktisch falsifiziert' verwerfen soll. Diese ‚praktische Falsifikation' kann offenbar nur so zustande kommen, daß sehr unwahrscheinliche Vorgänge durch methodologischen Beschluß als ‚verboten' gewertet werden. (Popper 1994a, 145f.)

Wir haben bereits gesehen, dass diejenige Art der Falsifikation, die im Bereich deterministisch zu interpretierender Allsätze möglich ist, im Bereich von Wahrscheinlichkeitshypothesen prinzipiell unerreichbar bleibt. Unwissenschaftlich sind Wahrscheinlichkeitshypothesen aber nach Popper dennoch nicht, weil an die Stelle der Falsifikation im strikten Sinne die *praktische Falsifikation* tritt. Was ist diese praktische Falsifikation aber genau? Nun, dem obigen Zitat ist Folgendes zu entnehmen: Praktische Falsifikationen kommen nicht dadurch zustande, dass WissenschaftlerInnen aus einem als Verbot interpretierten Allsatz auf deduktivem Wege eine singuläre Folgerung ableiten, die im Fall einer erfolgreichen Falsifikation mit einem geeigneten Basissatz kollidiert. Praktische Falsifikationen beruhen vielmehr auf Beschlüssen, die die Mitglieder einer Scientific Community nach Maßgabe der disziplinimmanenten Regeln treffen. Es sind also nicht Sinneserfahrung und deduktive Logik allein, die im Fall von Wahrscheinlichkeitshypothesen entscheiden, wann ein beobachtbares Phänomen zum Scheitern der betreffenden Hypothese führt. Es sind vielmehr die WissenschaftlerInnen, die festlegen, wie unwahrscheinlich ein beobachtbares Phänomen sein muss, um eine Hypothese zum Scheitern zu bringen.

Versteht man das unter dem Begriff der praktischen Falsifikation Gesagte als bloße Beschreibung dessen, was sich in der Forschungspraxis tatsächlich abspielt, dann ist Poppers Darstellung nicht ernsthaft zu widersprechen. Es besteht kein Zweifel, dass WissenschaftlerInnen ein Gutteil ihrer Energie darauf verwenden, Standards festzulegen, die bestimmen, wie unwahrscheinlich ein Phänomen sein muss, um eine Hypothese zum Scheitern zu bringen. Mehr als unklar ist jedoch, wie (und vor allem *ob*) sich dieser scheinbar triviale Umstand mit dem Rest des popperschen Programms in Einklang bringen lässt. Das Problem, das sich in diesem Zusammenhang stellt, lässt sich anhand der zuvor zitierten Passage illustrieren. Popper schreibt dort, dass ein Physiker zu entscheiden imstande ist, „ob eine Wahrscheinlichkeitshypothese sich empirisch *bewährt* oder ob er sie als zur Prognosenreduktion unbrauchbar, als ‚praktisch falsifiziert'" betrachten soll. Der Begriff der praktischen Falsifikation wird also jenem der empirischen Bewährung gegenübergestellt und im Sinne seines negativen Gegenstücks eingeführt. Angesichts der Ergebnisse des letzten Unterkapitels sollte die enge Verbindung, die offensichtlich zwischen dem Begriff der praktischen Falsifikation und jenem der empirischen Bewährung besteht, jedoch genügen, um sämtliche Alarmglocken zum Schrillen zu bringen.

Poppers Gedankengang scheint wie folgt auszusehen: Da strikte Falsifikation im Fall von Wahrscheinlichkeitshypothesen ausgeschlossen ist, obliegt es den WissenschaftlerInnen, bereits auf methodologischer Ebene festzulegen, ab welchem Unwahrscheinlichkeitsgrad Hypothesen als falsifiziert zu betrachten sind. Nach Popper sind diese Festlegungen deshalb aber weder willkürlich, noch müssen Wahrscheinlichkeitshypothesen ganz generell als irrational oder unwissenschaftlich betrachtet werden. Das liegt daran, dass die Festlegungen, die die Grenzen zwischen „unwahrscheinlich" und „*zu* unwahrscheinlich" definieren, ihrerseits als Hypothesen zu verstehen sind, die sich entweder empirisch bewähren und deshalb beibehalten werden oder nach Maßgabe disziplinimmanenter Gründe falsifiziert sind und durch neue Festlegungen ersetzt werden müssen. Genau an diesem Punkt findet das Dilemma, mit dem wir die letzte Untereinheit abgeschlossen haben, seine Wiederholung: Folgt man der popperschen Orthodoxie und sieht man Bewährung als eine strikt retrospektive Eigenschaft von Hypothesen an, dann ist nicht einzusehen, warum WissenschaftlerInnen den Bewährtheitsgrad überhaupt relevant finden sollten, wenn es um das zukünftige Abschneiden von methodologischen Festlegungen der angesprochenen Art geht. Angesichts dieses wohlbekannten Problems drängt sich in diesem Kontext erneut das Resultat auf: Entweder gilt auch hier, dass die Induktion durch den Hintereingang und unter dem Deckmantel der Bewährung Einlass in die poppersche Wissenschaftstheorie gefunden hat. Oder aber PopperianerInnen müssen eingestehen, dass ihr

Falsifikationskriterium all jene Wissenschaftsbereiche, die notwendig auf Wahrscheinlichkeitshypothesen angewiesen sind (also beispielsweise die Quantenphysik oder weite Teile der modernen Biologie), als empirisch inhaltsleer, metaphysisch und letztendlich irrational brandmarkt. Auch in diesem Zusammenhang scheint sich der Eindruck zu bestätigen, dass die Eleganz und Sparsamkeit der popperschen Methode abhandenkommt, sobald der Detailgrad der Analyse nach oben geschraubt wird.

3.4 Zusammenfassung und exemplarische Fragen

Unsere Auseinandersetzung mit Poppers Wissenschaftstheorie hat ihren Ausgang bei der Wirkung genommen, die Humes Induktionskritik in der modernen Philosophie und Wissenschaftstheorie hinterlassen hat. Eines der Hauptprobleme ist das folgende: Geht man von der Voraussetzung aus, dass die Rationalität der Wissenschaft parasitär zur Rationalität der Induktion ist, dann hat die Aufgabe, der humeschen Herausforderung zu begegnen und die Vernünftigkeit induktiven Schließens objektiv zu rechtfertigen, allerhöchste Priorität. Kann dieser Herausforderung nicht entsprochen werden, dann ist nicht einzusehen, weshalb wir das Tun von ErfahrungswissenschaftlerInnen vernünftiger finden als jenes von Maria, der Anti-Induktivistin, als jenes von KurzzeitkreationistInnen oder KaffeesatzleserInnen (vgl. Einheit 2.1).

Poppers Wissenschaftstheorie ist ebenfalls als ein groß angelegter Versuch zu werten, die humesche Herausforderung anzunehmen und die drohende Skepsis gegenüber der Rationalität wissenschaftlicher Formen der Welterschließung ein für alle Mal aus der Welt zu schaffen. Von anderen wissenschaftstheoretischen Ansätzen unterscheidet sich Poppers Herangehensweise jedoch in einer entscheidenden Hinsicht: Die Rationalität der Wissenschaft wird bei Popper nicht dadurch gerechtfertigt, die Vernünftigkeit des induktiven Schließens zu rechtfertigen. Ganz im Gegenteil, Popper akzeptiert Humes Induktionsskepsis ohne Wenn und Aber. Für die Rationalität der Wissenschaft ist dies aber deshalb kein Problem, weil induktive Schlusspraktiken nach Popper in den Erfahrungswissenschaften ohnehin keine Rolle spielen. Popper bestreitet also, dass die Rationalität der Wissenschaft parasitär zur Rationalität der Induktion ist. Dies stellt Popper jedoch vor eine andere Herausforderung, nämlich vor jene, der Rationalität der Erfahrungswissenschaften auf anderem, nicht induktiven Wege Rechnung zu tragen.

Karl Popper zufolge liegt der Kern der wissenschaftlichen Methode darin, ebenso kühne wie progressive Hypothesen möglichst strengen Testbedingungen auszusetzen. Ziel dieses Vorgehens ist es jedoch nicht, Hypothesen durch erfolgreich bestandene Tests immer besser zu bestätigen. Dies würde nicht nur gegen Poppers induktionskritische Grundhaltung verstoßen. Die Fixierung auf Bestätigung ist auch deshalb abzulehnen, weil sie nach Popper mit einer rechthaberischen, tendenziell konservativen Haltung korreliert, die dem kritisch-progressiven Grundgestus, der den Erfahrungswissenschaften eigen ist, diametral entgegensteht. Wenn aber nicht Bestätigung das Ziel ist, auf das alle wissenschaftliche Aktivität zusteuert, welches Ziel verfolgt die Wissenschaft dann? Laut Popper tritt an die Stelle, an der man traditionell die Bestätigung vermutete, ganz klar die Falsifikation von Hypothesen. Das liegt nach Poppers Auffassung nicht zuletzt daran, dass Falsifikationen das einzige Mittel sind, um unser Wissen über die empirische Welt zu erweitern. Falsifizieren wir nämlich eine Hypothese, dann wissen wir zumindest, dass es sich in der Welt *nicht* so verhält wie in der Hypothese ursprünglich behauptet.

Poppers Wissenschaftstheorie ist also dem Versuch gewidmet, der Rationalität erfahrungswissenschaftlicher Forschung mittels einer strikt negativen, bloß aus Deduktion und Falsifikation bestehenden Methode Rechnung zu tragen. Dass dieser Versuch jedoch weitreichende Probleme nach sich zieht und wenigstens in seiner ursprünglichen Form letztendlich scheitert, habe ich anhand zweier Themenkreise zu illustrieren versucht. Auf der einen Seite haben wir uns mit dem Beispiel einer Ingenieurin beschäftigt, die sich zwischen zwei Brückendesigns entscheiden muss. Für den Falsifikationismus stellt sich die Frage, weshalb sich die Ingenieurin für das getestete Design entscheiden sollte. Diese Frage ist keinesfalls trivial, da beide Designs exakt gleichauf liegen, was ihre faktische Unfalsifiziertheit anbetrifft. Popper führt deshalb den Begriff der Bewährung ein: Die Ingenieurin wird sich deshalb für das getestete Design entscheiden, weil dieses über den besseren Bewährungsgrad verfügt. Diese Modifikation zeigt, dass Popper die Notwendigkeit, die negative Methodologie des Falsifikationismus durch ein positives Element zu ergänzen, durchaus anerkennt. Poppers Lösungsansatz kann aber letzten Endes nicht überzeugen, da unklar bleibt, weshalb die strikt retrospektive Eigenschaft der Bewährtheit überhaupt relevant sein sollte, wenn es um das zukünftige Abschneiden von Hypothesen geht.

Das zweite Problem, das ich etwas detaillierter diskutiert habe, betrifft Poppers These, dass die Falsifikation nicht nur als Ziel aller erfahrungswissenschaftlichen Bemühungen dient, sondern dass die Falsifizierbarkeit von Hypothesen zudem ein Abgrenzungskriterium ist, das eine Unterscheidung zwischen Wissenschaft und Metaphysik erlauben soll. Als problematisch für diese Sichtweise hat sich aber vor allem die Tatsache erwiesen, dass viele unserer besten Theorien von Wahrscheinlichkeitshypothesen Gebrauch machen, die dem Falsifizierbarkeitskriterium bereits aus prinzipiellen Gründen nicht entsprechen. Popper reagiert hierauf mit dem Begriff der praktischen Falsifikation: Im Fall von Wahrscheinlichkeitshypothesen machen WissenschaftlerInnen von methodologischen Beschlüssen Gebrauch, um festzulegen, wie unwahrscheinlich ein beobachtbares Phänomen sein muss, um eine Hypothese tatsächlich zum Scheitern zu bringen. Da Popper den Begriff der praktischen Falsifikation jedoch eng an jenen der empirischen Bewährung kettet, ergeben sich in diesem Zusammenhang ähnliche Probleme. Entweder halten induktive Elemente unter dem Deckmantel der Bewährung erneuten Einzug in der popperschen Wissenschaftstheorie. Oder aber es ist anzuerkennen, dass Rationalität im Falsifikationismus ein leeres Versprechen bleibt.

- Erläutern Sie, was es bedeutet, dass der induktiven Methode nach Popper ein konservatives Element innewohnt.
- Der Kern der wissenschaftlichen Methode ist nach Popper darin zu sehen, ebenso kühne wie auch progressive Hypothesen möglichst strengen Testbedingungen auszusetzen. Erläutern Sie die Schlüsselbegriffe, die für das Verständnis dieser Sichtweise entscheidend sind.
- Welches Ziel verfolgen WissenschaftlerInnen, wenn sie Hypothesen strengen Testbedingungen aussetzen? Stellen Sie eine induktivistische Sichtweise der popperschen gegenüber und erläutern Sie die Unterschiede entweder anhand eines frei fingierten oder eines historischen Beispiels.
- Beschreiben sie Poppers Begriff der Bewährung anhand eines konkreten Beispiels. Erlaubt es der Bewährungsbegriff, der Rationalität von Handlungsentscheidungen oder Theoriebewertungen Rechnung zu tragen? Begründen Sie Ihre Sichtweise.
- Fassen Sie den Kerngedanken zusammen, der hinter dem Falsifizierbarkeitskriterium steht. Welche Art von Hypothesen ist für dieses Kriterium ein Problem und warum?

3.5 Weiterführende Literatur

Einen guten primärliterarischen Einstieg bietet Poppers Erstlingswerk, die *Logik der Forschung* (Popper 1994a). Wie die meisten von Poppers Veröffentlichungen ist auch diese über weite Strecken hinweg leicht zugänglich. In Bezug auf diejenigen Thematiken, die wir in dieser Einheit behandelt haben, ist überdies Popper 1994b aufschlussreich. Die Sekundärliteratur zu Popper ist umfangreich. Hervorzuheben sind die beiden Bände, die von Schilpp in der Reihe *Library of Living Philosophers* herausgegeben wurden. Band 1 enthält eine Vielzahl kritischer Aufsätze, während Popper in Band 2 auf diese Kritiken reagiert. Hilfreich sind darüber hinaus u.a. die Darstellungen von O'Hear (1980), Newton-Smith (1981, Kapitel 3), Watkins 1984, Gillies (1993, Teil 1 und 4), Miller (1994), Gattei (2009), Keuth (2011), Rowbottom (2011) sowie die in Keuth (1998) versammelten Beiträge zu den einzelnen Kapiteln der *Logik der Forschung*. Aus Platzgründen habe ich mich im Rahmen dieser knappen Darstellung nicht mit dem popperschen Begriff der Wahrheitsnähe beschäftigt. Einen guten Überblick über diese Thematik bietet Oddies Eintrag in der *Stanford Encyclopedia of Philosophy* (Oddie 2008, Abschnitt 2).

4. Einheit: Harte Kerne und der Fortschritt – Die Wissenschaftstheorie Imre Lakatos'

Neben einer allgemeinen Darstellung der falsifikationistischen Methode habe ich in der letzten Einheit zwei Themenbereiche hervorgehoben, die den Falsifikationismus vor besondere Schwierigkeiten stellen. Aufmerksamen LeserInnen wird jedoch darüber hinaus aufgefallen sein, dass ein weiterer möglicher Kritikpunkt bereits in der Einführungseinheit angesprochen wurde. Auf diesen Punkt möchte ich nun zurückkommen.

Ich habe in 1.3 auf die Episode um Urbain Jean Joseph Leverrier hingewiesen. Wir erinnern uns: Zu Beginn des 19. Jahrhunderts musste man zur Kenntnis nehmen, dass sich zwischen dem tatsächlich beobachteten Uranusorbit und jenem, der gemäß der newtonschen Physik zu erwarten war, eine beträchtliche Diskrepanz ergab. Der damaligen Scientific Community lag jedoch nichts ferner, als diese Unvereinbarkeit zwischen theoretischer Prognose und Beobachtung als Beleg für die Falsifiziertheit der newtonschen Physik anzusehen. Ganz im Gegenteil, Leverrier ging stattdessen daran, die Startbedingungen der Prognose zu verändern und einen zusätzlichen, bis dato unbeobachteten Planeten zu postulieren. Leverriers Berechnungen waren so genau, dass die Bestätigung seiner Neptun-Hypothese auf Anhieb gelang. Die prognostizierte Entdeckung des Neptun gilt bis heute als eine der Sternstunden der Physik Newtons.

Warum zwischen dieser Episode und der falsifikationistischen Methode eine grundlegende Spannung besteht, ist leicht einzusehen. Poppers oberste Regel lautet, dass Falsifikationen das Basiswerkzeug des wissenschaftlichen Fortschritts sind. Die Arbeit von WissenschaftlerInnen besteht darin, Theorien vorzuschlagen, aus diesen singuläre Folgerungen (d.i. Prognosen) abzuleiten und Letztere der empirischen Überprüfung zu unterwerfen. Halten die betreffenden Theorien der empirischen Überprüfung stand, können sie beibehalten werden. Werden Folgerungen falsifiziert, „so trifft ihre Falsifikation auch das System, aus dem sie deduziert wurden" (Popper 1994a, 8). Die falsifizierte Theorie ist in diesem Fall aufzugeben und durch eine neue zu ersetzen.

Wie ich auch betont habe, können uns Falsifikationen jedoch niemals zur Aufgabe einer Hypothese *zwingen*. Das liegt einerseits daran, dass der empirischen Basis, anhand derer die singulären Folgerungen überprüft werden, nach Popper nichts Absolutes anhaftet. Popper spricht davon, dass die empirische Basis „schwankt" (Popper 1994a, 74). Hiermit ist gemeint, dass auch Basissätze vor der

Möglichkeit, falsifiziert zu werden, nicht gefeit sind.[1] Falsifikationen sind aber andererseits auch deshalb nicht unausweichlich, weil es angesichts jeder auch noch so eindeutigen Erfahrungsgrundlage Möglichkeiten gibt, Hypothesen durch Einführung von Zusatzannahmen zu immunisieren. Wer zur Annahme hinreichend drastischer Zusatzhypothesen bereit ist, wird jede auch noch so offenkundig falsche Hypothese vor einer drohenden Falsifikation retten können. Popper lässt aber keinen Zweifel daran, dass „der Preis für die Aufrechterhaltung der Theorie [durch Hilfsannahmen] der Verlust oder doch wenigstens die Herabsetzung ihres Wissenschaftscharakters [ist]“ (Popper 1994b, 51).

Man könnte auf den ersten Blick geneigt sein, Popper zuzustimmen. Immunisierungen sind abzulehnen, da es doch offenkundig dem Ideal der Wissenschaftlichkeit widerspricht, angesichts widerstreitender Beobachtungen mit der Einführung von Ad-hoc-Annahmen zu reagieren, sofern diese Annahmen nur dem einen Zweck dienen, die betreffende Hypothese vor den widerstreitenden Beobachtungen zu retten. Wer diese Sichtweise teilt, muss sich aber eine unbequeme Frage gefallen lassen: Hat sich Leverrier nach Maßgabe der popperschen Kriterien nicht ebenfalls des Kapitalverbrechens der Immunisierung schuldig gemacht? Hat nicht Leverriers Leistung genau darin bestanden, auf die widerstreitenden Beobachtungen des Uranusorbit mit der Einführung einer Hilfsannahme zu reagieren, die nur dem einen Zweck diente, die Physik Newtons zu retten? Müsste man dann aber nicht konsequenterweise auch zugeben, dass Leverriers Vorgehensweise aus dieser Perspektive als gleich bedenklich zu bewerten ist wie jene von KurzzeitkreationistInnen oder VerschwörungstheoretikerInnen? Es bringt nichts, diese absurde Konsequenz mit dem Hinweis vermeiden zu wollen, dass sich die Neptun-Hypothese wenigstens *nach* ihrer Einführung als glücklich erwiesen hat, dass also der Eindruck der Unwissenschaftlichkeit mit dem Moment der Beobachtung des Neptun verpufft war. Die eigentlich entscheidende Frage ist nämlich, ob die Physik Newtons nicht schon längst aufzugeben gewesen wäre, *bevor* es überhaupt zur Einführung der Neptun-Hypothese kam.

Die Herausforderung, die sich für den Falsifikationismus stellt, lässt sich angesichts dieser Ausgangslage wie folgt auf den Punkt bringen: Nicht immer, wenn eine Zusatzannahme nur zu dem Zweck eingeführt wird, widersprechende Beobachtungen zu entschärfen, handelt es sich um eine unwissenschaftliche Ad-hoc-Annahme. Das scheint die Episode um Leverrier ganz klar zu zeigen. Der Falsifikationismus muss deshalb eine Erklärung für Episoden wie jene um Leverrier anbieten, da diese aus Poppers Sicht eine Abweichung vom falsifikationistischen

---

[1] Hierfür gibt es in Poppers Denken zwei Gründe: Der erste Grund ist, dass Popper ein Vertreter des Fallibilismus ist. Das bedeutet, dass wir zwar nach Popper objektive Erkenntnis erlangen können, dass sich aber gleichzeitig jede Erkenntnis im Lichte anderer Erkenntnisse als falsch herausstellen kann. Der zweite Grund ist, dass Popper bereits in der *Logik der Forschung* die Ansicht vertreten hat, dass Beobachtungen stets theoriebeladen sind. Wir benötigen also Theorien, um Beobachtungen entsprechend interpretieren zu können, wir können uns aber nie sicher sein, über die richtigen Theorien zu verfügen.

Normalbetrieb darstellen. Eine Erklärung zu liefern, bedeutet in diesem Kontext, Kriterien zu formulieren, die eine hinreichend trennscharfe Unterscheidung zwischen akzeptablen Annahmen und solchen, die dem Ideal wissenschaftlicher Redlichkeit entgegenstehen, erlauben.

Popper hat dieses Problem gesehen und unterschiedliche Strategien zu seiner Lösung vorgeschlagen. Die im gegenwärtigen Kontext entscheidende Strategie ist jene der unabhängigen Testbarkeit. Der Kerngedanke ist leicht erklärt (vgl. Popper 1974, 986f.). Stellt man die Neptun-Hypothese der kreationistischen Annahme gegenüber, dass Gott Gesteine mit darin enthaltenen Fossilien erschaffen hat, dann fällt vor allem eines auf: Während sich die Neptun-Hypothese unabhängig von der Theorie testen lässt, zu deren Rettung sie eingeführt wird, ist dies im Fall der kreationistischen Fossilien-Annahme nicht der Fall. Letztere wird nur jene überzeugen, die von der Richtigkeit der Ausgangstheorie ohnehin überzeugt sind: Nur wer bereits glaubt, dass Gott die Erde am 23. Oktober 4004 v.Chr. erschaffen hat, wird auch zu glauben bereit sein, dass es Teil dieses Schöpfungsaktes war, einige Gesteine bereits mit den darin enthaltenen Fossilien zu erschaffen. Die Fossilien-Annahme erweist sich demnach als zirkulär, weil sie dasjenige, das erklärt werden soll, bei der Erklärung bereits voraussetzt (vgl. Popper 2002, 153–155). Genau dies ist aber im Fall Leverriers anders: Die Annahme, dass die Existenz des Neptun für die Störungen des Uranusorbits verantwortlich ist, kann unabhängig von der Physik Newtons getestet werden und ist somit vom Vertrauen, das wir in die Ausgangstheorie stecken, weitestgehend unabhängig. Und es ist genau diese Unabhängigkeit, die nach Popper eine Grenzziehung zwischen wissenschaftlich respektablen Annahmen und solchen, die als ad hoc zurückzuweisen sind, erlaubt.

Ist diese Lösung überzeugend? Wenden wir uns im Anschluss an Imre Lakatos einem Stück hypothetischer Wissenschaftsgeschichte zu, um einer Antwort auf diese Frage näherzukommen (vgl. Lakatos 1978a, 16f.): Stellen wir uns eine Physikerin in der Zeit vor Einstein vor, die auf der Basis der newtonschen Mechanik plus Gravitationsgesetz und der damals bekannten Startbedingungen den Orbit eines unlängst entdeckten Planeten *p* berechnet. Es zeigt sich, dass der tatsächlich beobachtete Orbit mit dem berechneten nicht übereinstimmt. Wird die Physikerin hieraus schließen, dass die Physik Newtons aufzugeben ist? Nein, die Physikerin wird viel eher vorschlagen, dass es einen Planeten *p´* geben muss, der den Orbit von *p* in einer Weise beeinflusst, die die Diskrepanzen zwischen Prognose und Beobachtung erklärt. Das Problem ist aber, dass *p´* zu klein ist, um durch konventionelle Teleskope beobachtet werden zu können. Die Physikerin sucht deshalb um Forschungsgelder an, um ein neues, ausreichend leistungsfähiges Teleskop zu bauen. Nach drei Jahren Bauzeit begibt sich die Physikerin auf die Suche nach *p´*. Ihr ist klar, dass der Nachweis der Existenz von *p´* ein bahnbrechender Erfolg für die Physik Newtons wäre.

Die Versuche, die Existenz von *p´* nachzuweisen, sind jedoch vergeblich. Wird dies die Physikerin dazu bewegen, die Physik Newtons mitsamt der Annahme der

Existenz von *p´* aufzugeben? Nein, sie schlägt stattdessen eine weitere Annahme vor: *p´* wird durch eine Wolke kosmischen Staubs verdeckt und kann deshalb mit Teleskopen nicht beobachtet werden. Sie berechnet die Eigenschaften und die Lage der Wolke und sucht um Forschungsgelder für den Bau eines Satelliten an. Der Physikerin ist klar, dass es ein bahnbrechender Erfolg für die Physik Newtons wäre, wenn der Satellit die Wolke orten könnte.

Die Versuche, die Existenz der kosmischen Wolke nachzuweisen, sind jedoch vergeblich. Wird dies die Physikerin dazu bewegen, die Physik Newtons, die Annahme von *p´* und jene der kosmischen Wolke aufzugeben? Nein, sie schlägt stattdessen eine weitere Annahme vor: Im Umfeld der kosmischen Wolke, durch die *p´* verdeckt wird, muss es ein magnetisches Feld geben, das die Instrumente des Satelliten beeinträchtigt. Ein weiterer Satellit wird ins All geschossen. Der Physikerin ist klar, dass es ein bahnbrechender Erfolg für die Physik Newtons wäre, wenn der Satellit das Magnetfeld orten könnte. Es ist nicht schwer zu erraten, was passiert: Die Versuche, die Existenz des Magnetfelds nachzuweisen, sind vergeblich.

Was zeigt die Episode um *p* und *p´*? Nun, sie zeigt *nicht*, dass etwas an Poppers Kriterium der unabhängigen Testbarkeit auszusetzen ist. Wie wir noch sehen werden, ist dieses Kriterium ein wichtiges methodologisches Werkzeug, das die Identifikation von Ad-hoc-Annahmen nicht nur in so offensichtlichen Fällen wie der Fossilien-Hypothese, sondern auch in diffizileren Fällen wie Asaph Halls Modifikation des Gravitationsgesetzes (vgl. Einheit 1.3, 46) erlaubt.

Was sich aber sehr wohl zeigt, ist Folgendes: Geht man von den bislang erarbeiteten Kriterien der Theoriewahl aus, lassen sich Theorien trotz widerstreitender Beobachtungen aufrechterhalten, ohne dass dies die befürchtete „Herabsetzung ihres Wissenschaftscharakters" (Popper 1994b, 51) zur Folge hätte. Die Episode um *p* und *p´* veranschaulicht dies hervorragend: Poppers Kriterium der unabhängigen Testbarkeit entsprechend lässt sich nicht nur die Annahme von *p´* unabhängig von der Physik Newtons testen, sondern auch jene der kosmischen Wolke und jene des Magnetfelds. Wenn es aber legitim ist, Annahme *p´* zu machen – und Popper gesteht ja zu, dass Leverriers Neptun-Annahme legitim war[2] –, dann ist nicht einzusehen, warum nicht auch die Annahme der kosmischen Wolke, jene des Magnetfelds oder eine der unzähligen weiteren Annahmen, die dem

2 Popper hat sich meines Wissens nie detailliert mit der Episode um Leverrier auseinandergesetzt. Diejenigen Passagen, in denen sich Popper überhaupt zu diesem Thema äußert, sind jedoch auffällig uneindeutig. Popper sagt zwar an keiner Stelle, dass Leverriers Festhalten an der Physik Newtons irrational war. Er geht aber zumindest so weit zu behaupten, dass „die beobachtete Bewegung des Uranus als eine Falsifikation von Newtons Theorie aufgefaßt [*hätte*] *werden können*" (Popper 1979, 53, meine Kursivierungen). Und an anderer Stelle lesen wir: „Wenn eine unserer Vermutungen fehlgeht – wenn sich, zum Beispiel, der Planet Uranus nicht genau so bewegt wie dies Newtons Theorie verlangt –, *dann müssen wir die Theorie ändern.*" (Popper 1974, 986; meine Übersetzung). Poppers Strategie scheint also jene zu sein, die Vorgehensweise Leverriers zwar gutzuheißen, sie aber gleichzeitig als Ausnahme darzustellen, die einer besonderen Erklärung bedarf.

Kriterium der unabhängigen Testbarkeit entsprechen, legitim sein sollte. Will man auf dogmatische Setzungen der Marke „Nach drei Hilfsannahmen ist aber Schluss!“ verzichten, muss man Popper entgegenhalten, dass es für unsere hypothetische Physikerin auf jeder Ebene rational zu sein scheint, die Physik Newtons beizubehalten und dafür eine weitere Hilfsannahme einzuführen.

Imre Lakatos (1922–1974) hat hieraus eine grundlegende Konsequenz gezogen: Die Rolle der Erfahrung, des Experiments und der Falsifikation wird von FalsifikationistInnen gänzlich inadäquat eingeschätzt. Solange nur eine einzelne Theorie vor das Tribunal der Erfahrung tritt, *ist es schlicht unmöglich, dass die Theorie an der Erfahrung scheitert und deshalb aufgegeben werden muss.* Sehen wir uns die Eckpfeiler von Lakatos' Wissenschaftstheorie an, um uns einen Reim auf diese starke Behauptung zu machen.

4.1 Harte Kerne, weiche Ränder

Lakatos' Wissenschaftstheorie ist in vielerlei Hinsicht eine Weiterentwicklung von Poppers Falsifikationismus. Lakatos macht kein Hehl daraus, dass er die Position Poppers gegenüber jener des Induktivismus, des Konventionalismus oder gegenüber jener Thomas Kuhns in den entscheidenden Punkten vorzieht. Lakatos spart jedoch gleichzeitig nicht mit Kritik: Einer der Hauptvorwürfe ist, dass Popper ein vereinfachendes Bild der wissenschaftlichen Rationalität zeichnet, das mit der realen naturwissenschaftlichen Forschung nicht allzu viel zu tun hat. Historische Episoden wie jene um Leverrier zeigen, dass die falsifikationistische Methode unweigerlich an ihre Grenzen stößt, sobald sie mit der Komplexität konkreter Forschungssituationen konfrontiert wird. Für Lakatos gibt es hierfür auch einen klar benennbaren Grund: Die Grundeinheit der popperschen Wissenschaftstheorie ist die *Theorie.* Und genau hierin liegt nach Lakatos eine der großen Schwächen des Falsifikationismus.

Bevor wir klären können, warum es problematisch ist, Theorien als Ausgangspunkt der wissenschaftstheoretischen Analyse zu nehmen, muss eine grundlegendere Frage geklärt werden: Was ist das überhaupt, eine Theorie? Im Falle Poppers ist diese Frage nicht leicht zu beantworten, da dieser an keiner Stelle eine konzise Explikation seines Theoriebegriffs gibt. Einige Eigenschaften lassen sich aber dennoch benennen: Theorien sind *erstens* sprachliche Gebilde, die der Erklärung vorliegender und der Prognose zukünftiger Sachverhalte dienen. Theorien lassen sich *zweitens* in Isolation von anderen Theorien, Theoriesystemen oder Methodenanweisungen analysieren. Und Theorien sind *drittens* statisch in dem Sinne, dass eine Veränderung ihres Gehalts bewirkt, dass wir es nicht mehr mit Theorie T_1, sondern mit einer modifizierten Nachfolgetheorie T_2 zu tun haben.

Aus Gründen, die wir in 4.2 im Detail kennenlernen werden, ist dieser Theoriebegriff nach Lakatos ungeeignet, um als Grundeinheit der wissenschaftstheoretischen Analyse zu dienen. Lakatos' These lautet, dass die Wissenschaftstheorie nicht bei einzelnen Theorien, sondern bei *Serien von Theorien* ansetzen muss (Lakatos 1978a, 34). Solche Serien von Theorien nennt Lakatos *Forschungsprogramme.* Aber auch Forschungsprogramme sind keine homogenen Einheiten: Wer von einem Forschungsprogramm spricht, meint *erstens* einen *Theoriekern* (Lakatos verwendet den Begriff des *hard core*), der so etwas wie die identitätsstiftende Grundidee des betreffenden Programms repräsentiert. Lakatos' Lieblingsbeispiel ist die Physik Newtons: Hier besteht der harte Kern aus den drei Gesetzen der Mechanik und dem allgemeinen Gravitationsgesetz (vgl. Lakatos 1978c, 179; Einheit 1.3, 41-42). Welchen historischen Wandlungen die Theorie auch immer unterworfen war, diese vier Komponenten repräsentieren das unverzichtbare Rückgrat der Theorie Newtons. Unverzichtbar sind diese Komponenten insofern, als den Theoriekern zu modifizieren bedeutet, das betreffende Forschungsprogramm zu eliminieren und durch ein neues zu ersetzen.

Ein Forschungsprogramm umfasst jedoch weit mehr als nur den Theoriekern. Dieser ist nämlich *zweitens* von einem so genannten *Schutzgürtel aus Zusatztheorien* umgeben (Lakatos spricht von einem *auxiliary belt*). Wie wir bereits in 1.3 gesehen haben, sind diese Zusatztheorien notwendig, um aus dem Theoriekern in Konjunktion mit den notwendigen Start- und Grenzbedingungen konkrete Prognosen ableiten zu können. Im Falle der Physik Newtons beinhaltet dieser Schutzgürtel beispielsweise die geometrische Optik oder Newtons Theorie der atmosphärischen Refraktion (vgl. Lakatos 1978c, 179). Prinzipiell kann man sich ein Forschungsprogramm wie eine Zwiebel vorstellen: Um den Theoriekern gruppieren sich – je nach Wichtigkeit geordnet – mehrere Schichten von Hilfs- und Zusatztheorien. Während diese äußeren Schichten des Schutzgürtels ständigen Veränderungen unterworfen sind, die durch auftretende empirische oder innertheoretische Probleme notwendig gemacht werden, bleibt der Theoriekern konstant und garantiert so die Einheit des betreffenden Forschungsprogramms.

Zu Theoriekern und Schutzgürtel kommt *drittens* die so genannte *positive Heuristik.* Diese ist ein Kompendium von konkreten Problemlösungstechniken, das WissenschaftlerInnen exemplarische Werkzeuge und Strategien an die Hand geben, um mit typischen Problemstellungen zurande zu kommen. In Bezug auf die Physik Newtons denkt Lakatos hier vorrangig an den mathematischen Apparat, der für die Anwendung der Theorie unverzichtbar ist: die Differential-, Integral- und Infinitesimalrechnung oder das Newton-Raphson-Verfahren zur Lösung nichtlinearer Gleichungen (vgl. Lakatos 1978c, 179). Die Rolle der positiven Heuristik beschränkt sich aber nicht darauf, bestimmte Wege der Problemlösung vorzugeben. Dadurch, dass sich durch bestimmte Problemlösungstechniken nur bestimmte Klassen von Problemen thematisieren lassen, legt die positive Heuristik auch fest, welche Probleme innerhalb eines Forschungsprogramms überhaupt relevant werden können.

Theoriekern, Schutzhülle und positive Heuristik werden schließlich durch die *negative Heuristik* komplettiert. Diese wird von Lakatos als eine „methodologische Entscheidung" (Lakatos 1978a, 48) angesehen, die besagt, dass sämtliche widerstreitenden Beobachtungen – wie schwerwiegend sie auch immer sein mögen – vom Theoriekern *ab-* und auf den Schutzgürtel *umgelenkt* werden müssen. Nehmen wir beispielsweise an, dass sich ein beobachteter Himmelskörper nicht so verhält, wie dies die Theorie vorhergesagt hat. Die negative Heuristik gebietet in diesem Fall, dass der Theoriekern vor dieser Unstimmigkeit um jeden Preis zu schützen ist. Die auftretenden Probleme sind stattdessen auf eine fehlerhafte Theorie der Optik, auf eine fehlerhafte Theorie der atmosphärischen Refraktion, auf einen fehlerhaften mathematischen Apparat oder auf verkehrte Start- oder Grenzbedingungen zu schieben. Die negative Heuristik macht also den Theoriekern per methodologischem Dekret unfalsifizierbar: Problemen ist durch Modifikation des Schutzgürtels beizukommen, nicht aber dadurch, den Theoriekern anzutasten. Sehen wir uns zwei Beispiele an, um ein Gefühl dafür zu entwickeln, wie sich diese vier Bestandteile (Theoriekern, Schutzhülle, positive und negative Heuristik) in konkreten Analysesituationen verhalten.

Das erste Beispiel betrifft abermals die Physik Newtons, die Lakatos' Interpretation zufolge[3] in mehreren Etappen entwickelt wurde (vgl. Lakatos 1978a, 50). Newtons erster Schritt bestand darin, ein Modell des Sonnensystems zu entwerfen, das nur aus einer feststehenden punktförmigen Sonne und einem punktförmigen Planeten bestand. Dieses hochgradig idealisierte Modell erlaubte es, das newtonsche Gravitationsgesetz für Keplers Ellipsen abzuleiten. Problematisch war aber, dass dieses Modell Newtons eigenem dritten Gesetz der Mechanik widersprach: Diesem Gesetz zufolge kann die Sonne nämlich unmöglich feststehend sein, weil der Kraft, die die Sonne auf den Planeten ausübt, eine Kraft entsprechen muss, die der Planet auf die Sonne ausübt. Newton ging deshalb zu einem Modell über, in dem sowohl die Sonne als auch der Planet um ihren gemeinsamen Schwerpunkt kreisen. Der nächste Schritt bestand darin, das Modell auf mehrere Planeten auszuweiten, wobei gravitationsbedingte Wechselwirkungen zwischen den Planeten zunächst ignoriert wurden. Hierauf folgte die nächste Modifikation, nämlich jene, aus Massepunkten Massekugeln zu machen. Diese Modifikation brachte aber schwerwiegende mathematische Probleme mit sich, weshalb sich die Veröffentlichung der *Principia* um mehr als ein Jahrzehnt verzögerte. Erst nachdem diese Probleme beseitigt waren, konnte Newton daran gehen, die Massekugeln rotieren zu lassen und den dabei entstehenden Schwankungen der Planetenbahnen Rechnung zu tragen. Hieran knüpfte sich die Berücksichtigung der zuvor ignorierten interplanetarischen Wechselwirkungen und der daraus resultierenden Abweichungen von der idealen Ellipsenform. Weitere Modifikationen umfassten Aspekte wie die rotationsbedingte Abplattung der Himmelskörper.

Was Lakatos mit diesem Beispiel zeigen will, ist Folgendes: Newtons Arbeit bestand offensichtlich in der Ausarbeitung einer Reihe von Modellen, die allesamt dazu bestimmt waren, Ausschnitte der Wirklichkeit mit zunehmender Genauig-

[3] Es sei jedoch ausdrücklich festgehalten, dass Lakatos' Interpretation umstritten ist (vgl. z.B. Harper 2002; Belkind 2012).

keit zu simulieren. Der Weg, den das Forschungsprogramm bei seiner Entwicklung nahm, war jedoch von den verfügbaren empirischen Daten vollkommen unabhängig. Warum rückte Newton von der Vorstellung einer feststehenden Sonne ab? Nicht aufgrund von empirischen Daten, sondern einzig und allein deshalb, weil sie einem Teil des Theoriekerns widersprach. Warum verabschiedete Newton die Vorstellung von Massepunkten? Nicht aufgrund von empirischen Daten (wir *wissen*, dass es keine punktförmigen Massekörper gibt), sondern allein aufgrund der theoretischen Vorannahme, dass es keine Körper mit unendlicher Dichte gibt. An einem Forschungsprogramm zu arbeiten, bedeutet also speziell in den frühen Stadien der Theoriearbeit, empirische Daten *geflissentlich zu ignorieren*. Relevant werden empirische Daten erst ab einem sehr viel späteren Punkt der Entwicklungsgeschichte eines Forschungsprogramms.

Trifft das soeben Gesagte zu, dann stellt sich jedoch eine nahe liegende Frage: Ein wichtiger Aspekt von Lakatos' Rekonstruktion der newtonschen Vorgehensweise ist, dass diese als eine *progressive* Entwicklung von zunehmend realitätsgetreuen Modellen zu verstehen ist. Wie kommt diese Progressivität aber zustande, wenn empirische Daten hierbei keine Rolle spielen? Lakatos' Antwort ist angesichts dessen, was wir bislang über seine Wissenschaftstheorie erfahren haben, klar: Zu Beginn ist es ausschließlich die interne Logik des Theoriekerns, die definiert, welche Stufen das Forschungsprogramm bei seiner Entwicklung nehmen muss. Im Zuge dieser Entwicklung fallen Probleme an, deren Lösung die Entwicklung neuartiger Lösungsstrategien verlangt. Die Gesamtheit dieser Lösungsstrategien ist die positive Heuristik des sich entwickelnden Forschungsprogramms. Erst wenn die positive Heuristik eine einigermaßen stabile Form erreicht hat, kann das Forschungsprogramm der empirischen Überprüfung ausgesetzt werden. Das vorhin diskutierte Beispiel illustriert dies sehr gut: Hätte Newton bereits in den frühen Entwicklungsphasen den Vergleich mit der empirischen Realität gesucht, wäre seine Theorie niemals ihren Kinderschuhen entwachsen. Ein Modell, das aus einer feststehenden punktförmigen Sonne und einem punktförmigen Planeten besteht, hätte gegenüber der Realität aus offensichtlichen Gründen keine Chance gehabt. Newtons Genie lag also nicht zuletzt darin, sich in einer frühen Phase der Theoriearbeit durch die Empirie nicht beirren zu lassen und dem entstehenden Forschungsprogramm die nötige Zeit zu geben, sein wahres Potenzial zu entwickeln.

Das soeben diskutierte Beispiel sollte klar gemacht haben, dass das Ignorieren von empirischen Daten vor allem in frühen Entwicklungsphasen durchaus konstitutiv für den möglichen Erfolg eines Forschungsprogramms sein kann. Ein Forschungsprogramm könnte niemals Fahrt aufnehmen, wenn ihm schon zu Beginn abverlangt würde, es mit jeder Anomalie, die sich ihm bietet, aufzunehmen. Dass es aber mitunter auch noch in späteren Phasen der Theoriearbeit zur *good scientific practice* gehört, Anomalien vom Theoriekern fernzuhalten, lässt sich anhand des zweiten Beispiels zeigen, nämlich anhand der bereits hinlänglich bekannten Episode um die Entdeckung des Neptun.

Wir erinnern uns, dass Leverrier widersprechenden Beobachtungen zum Trotz an der Physik Newtons festhielt, ist für Popper nicht leicht zu erklären. Ganz anders für Lakatos: Aus seiner Perspektive ist Leverriers Vorgehensweise rational, weil er die negative Heuristik des newtonschen Forschungsprogrammes beherzigt und dementsprechend empirische Probleme vom Theoriekern abgelenkt und auf den Schutzgürtel umgeleitet hat. Leverrier hat getan, was alle guten WissenschaftlerInnen in dieser Situation tun würden: Anstatt ein höchst erfolgreiches Forschungsprogramm inklusive einer überaus verdienten positiven Heuristik beim Auftreten vom empirischen Problemen sofort über Bord zu werfen, gelten die Bemühungen dem Versuch, den Theoriekern durch Modifikation des Schutzgürtels zu bewahren. Während diese Vorgehensweise für Popper im Verdacht steht, den Wissenschaftscharakter der betreffenden Theorie herabzusetzen, ist es für Lakatos ein unverzichtbarer Bestandteil der wissenschaftlichen Rationalität, Vertrauen in die Leistungsfähigkeit eines Forschungsprogramms zu entwickeln und dieses nicht schon beim ersten Auftreten von Problemen aufzugeben.

Zum Abschluss dieses Abschnitts möchte ich noch auf einen anderen Unterschied zwischen Popper und Lakatos hinweisen, der mit dem soeben Diskutierten eng zusammenhängt: Bereits in 1.3 haben wir Bekanntschaft mit der so genannten Duhem-These gemacht. Diese besagt, dass eine nicht eintretende Prognose nie die jeweilige Theorie direkt falsifiziert, sondern immer nur die Konjunktion aus Theoriekern, Schutzgürtel, Rand- und Startbedingungen. Eine nicht eintretende Prognose zeigt also nur, dass mindestens ein Glied dieser Konjunktion falsch ist, nicht aber welche(s).

Für den naiven Falsifikationismus ist die Duhem-These ohne Zweifel fatal. Wer glaubt, allein mit den Mitteln der Logik aus nicht eintretenden singulären Folgerungen die Konsequenz ziehen zu können, dass die betreffende Theorie verabschiedet werden muss, ist klar auf dem Holzweg. Doch auch für gewitztere Varianten des Falsifikationismus ist die Duhem-These nicht ganz unproblematisch: Popper behauptet zumindest an einigen Stellen, dass im Fall der Falsifikation einer singulären Folgerung „ihre Falsifikation auch das System, aus dem sie deduziert wurde, [trifft]“ (Popper 1994a, 8). Nimmt man die Duhem-These ernst, stellt sich aber die Frage, warum dies so sein sollte. Die Forderung, angesichts widerstreitender Beobachtungen das gesamte Theoriesystem aufzugeben, erscheint nicht nur dogmatisch – wie die Episode um Leverrier zeigt, widerspricht sie überdies dem Verlauf der Wissenschaftsgeschichte.

Derartige Probleme ergeben sich für Lakatos nicht: Der Umstand, dass eine nicht eintretende Prognose stets auf ein beliebiges Glied der Konjunktion aus Theoriekern, Schutzhülle, Start- und Grenzbedingungen geschoben werden kann, findet hier in Form der negativen Heuristik ihren positiven Niederschlag. Die Möglichkeit, den Theoriekern auf diese Weise vor möglichen Falsifikationen zu schützen, ist für Lakatos keine drohende Unterminierung wissenschaftlicher Rationalitätsstandards. Für Lakatos ist es vielmehr ein integraler Bestandteil der *good scientific practice*, von dieser Möglichkeit Gebrauch zu machen.

4.2 Fortschritt und Degeneration

In Poppers Wissenschaftsethos sind Offenheit und Kritikfreudigkeit die alles entscheidenden Schlüsseltugenden: WissenschaftlerInnen sind jederzeit dazu angehalten, alle Teile ihres Theoriesystems dem Risiko der Falsifikation auszusetzen und auf empirische Probleme mit der Elimination der jeweiligen Theorie zu reagieren. Empirischen Problemen zum Trotz an Theorien festzuhalten ist für Popper eine deviante Vorgehensweise, die im Verdacht des Dogmatismus und der Unwissenschaftlichkeit steht.

Dieser Sichtweise widerspricht Lakatos in aller Deutlichkeit: Wären WissenschaftlerInnen tatsächlich so offen wie Popper ihnen dies abverlangt, dann könnten entstehende Forschungsprogramme ihr wahres Potenzial niemals voll entfalten. Aber auch für bereits arrivierte Forschungsprogramme wäre ein derartiges Offenheitsgebot desaströs: Die Wissenschaftsgeschichte zeigt, dass sich selbst die erfolgreichsten Forschungsprogramme zu jedem Zeitpunkt in einem wahren Ozean von Anomalien bewegen. Volle 60 Jahre lang war man beispielsweise nach Newtons ersten erfolglosen Versuchen nicht in der Lage, das Mondperigäum (d.i. denjenigen Zeitpunkt, an dem der Mond der Erde am nächsten ist) auch nur annähernd genau zu berechnen. Die Scientific Community blieb von dieser Anomalie aber mehrheitlich unbeeindruckt. Dies zahlte sich spätestens 1750 aus, als Alexis Clairaut (1713–1765) nachweisen konnte, dass die Probleme auf periphere Hilfstheorien und nicht auf den Theoriekern zurückzuführen waren (vgl. Kuhn 1976, 94). Auch diese Episode steht ganz im Einklang mit Lakatos' Wissenschaftstheorie: Neben einer gewissen Portion Starrköpfigkeit und der Bereitschaft, eine Anomalie zunächst auf die lange Bank zu schieben, ist es die Modifikation des Schutzgürtels, die die Physik Newtons auch hier vor dem zu frühen Aus bewahrt.[4]

Eine Besonderheit von Lakatos' Wissenschaftstheorie ist also, dass die Duhem-These in ihrem vollen Umfang anerkannt wird: Keine auch noch so schwerwiegende Anomalie ist jemals dazu in der Lage, WissenschaftlerInnen zur Elimination ihrer Forschungsprogramme zu zwingen. Mehr noch, WissenschaftlerInnen werden durch die negative Heuristik sogar dazu angehalten, auftretende Anomalien fürs Erste auszusitzen, bevor sie durch eine Modifikation des Schutzgürtels aus der Welt geschafft werden können. Dies alles bedeutet freilich nicht, dass WissenschaftlerInnen nach Lakatos' Dafürhalten generell dogmatisch wären. Lakatos stimmt mit Popper überein, dass WissenschaftlerInnen üblicherweise offen für Kritik und dementsprechend bereit sind, auf empirische Unstimmigkeiten mit Änderungen an ihrem Theoriegebäude zu reagieren. Lakatos' Punkt ist aber, dass

[4] Zugegebenermaßen gibt es auch bei Popper Stellen, an denen davon die Rede ist, dass „wir von einer guten Theorie [verlangen...], daß sie nicht zu früh widerlegt wird" (Popper 1994b, 360). Man kann sich jedoch des Eindrucks nicht erwehren, dass es sich bei derartigen Zugeständnissen um bloße Lippenbekenntnisse handelt, die in Poppers eigentlicher Methodologie keinen nennenswerten Niederschlag finden (vgl. hierzu Lakatos 1969; Zahar 1983).

sich diese Bereitschaft auf die Peripherie des Schutzgürtels beschränkt und stetig abnimmt, desto näher man dem Theoriekern kommt. WissenschaftlerInnen werden also ohne großes Murren eine untergeordnete Hilfstheorie opfern, wenn dies die Empirie verlangt. Solange sie der negativen Heuristik eines Forschungsprogramms folgen, werden WissenschaftlerInnen nach Lakatos aber keine Bereitschaft zeigen, empirische Unstimmigkeiten als Anlass für Änderungen am identitätsstiftenden Theoriekern zu nehmen.

Das soeben Gesagte wirft jedoch eine nahe liegende Frage auf: Lakatos mag zu Recht bemängeln, dass Theorien viel zu früh auf der Müllhalde der Wissenschaftsgeschichte landen würden, wenn WissenschaftlerInnen Poppers methodologische Anweisungen tatsächlich befolgten. Droht aber Lakatos nicht das exakt inverse Problem, nicht mehr erklären zu können, wie und unter welchen Bedingungen sich WissenschaftlerInnen von ganzen Forschungsprogrammen *trennen*? Dass diese an gewissen Punkten eliminiert und durch neue ersetzt werden, ist ein wissenschaftshistorisches Faktum. Wieso sehen sich WissenschaftlerInnen aber zu solchen Schritten genötigt, wenn Forschungsprogramme jederzeit vor unbequemen empirischen Daten gerettet werden können und wenn die negative Heuristik sogar ausdrücklich fordert, derartige Rettungsmanöver auch wirklich durchzuführen? Müsste man unter diesen Bedingungen nicht erwarten, dass WissenschaftlerInnen ihre Forschungsprogramme endlos am Leben erhalten und sich so der Herausforderung, ein neues Forschungsprogramm aus dem Boden zu stampfen, dauerhaft entziehen?

Es ist offenkundig, welche Herausforderung sich angesichts solcher Bedenken stellt: Lakatos muss im Rahmen seiner Wissenschaftstheorie eine Erklärung dafür anbieten, dass es an gewissen Punkten unumgänglich ist, Forschungsprogramme als gescheitert zu betrachten. Eine solche Erklärung ist keinesfalls trivial, da es – wie wir gesehen haben – jederzeit möglich ist, potenziell falsifizierende Daten vom Theoriekern ab- und auf den Schutzgürtel umzulenken. Welche Bedingungen sollten es also konkret sein, unter denen die Aufgabe eines Forschungsprogramms die einzige rationale Entscheidung ist, die WissenschaftlerInnen bleibt? Kommen wir auf die hypothetische Physikerin vom Anfang dieser Einheit zurück, um diese Frage so anschaulich wie möglich zu beantworten.

Wir erinnern uns: Eine Physikerin aus der Zeit vor Einstein geht von den bekannten Startbedingungen und Theorie T (also von den drei Gesetzen der Mechanik und dem Gravitationsgesetz) aus und berechnet auf dieser Grundlage den Orbit eines unlängst entdeckten Planeten p. Zwischen ihrer Prognose und dem tatsächlich beobachteten Orbit liegt jedoch eine nicht unbeträchtliche Diskrepanz. Anstatt diese Diskrepanz als eine Falsifikation von T anzusehen, wählt die Physikerin die Variante der Modifikation des Schutzgürtels. Sie schlägt eine zusätzliche Hypothese vor, nämlich jene der Existenz eines bislang unentdeckten Planeten p', der für den anomalen Orbit von p verantwortlich ist. Nennen wir diese Hypothese h_1 und die Theorie, die durch das Hinzufügen von h_1 entsteht, $T \wedge h_1$. Der Versuch, $T \wedge h_1$ empirisch zu testen, scheitert jedoch. Wiederum betrachtet die Physikerin dieses Ergebnis nicht als Falsifikation von $T \wedge h_1$. Sie schlägt stattdessen h_2 vor, der zufolge p' durch eine kosmische Staubwolke verdeckt wird, und gelangt so zu $(T \wedge h_1) \wedge h_2$. Der Versuch, $(T \wedge h_1) \wedge h_2$ empirisch zu testen, scheitert. Auch dieses Ergebnis wird von der Physikerin nicht als Falsifikation von $(T \wedge h_1) \wedge h_2$ gewertet. Sie formuliert stattdessen h_3, der zufolge ein Magnetfeld dafür verantwortlich ist, dass sich weder h_1, noch h_2 empirisch bestätigen lassen. Aber auch der empirische Test von $((T \wedge h_1) \wedge h_2) \wedge h_3$ misslingt.

Diese hypothetische Episode verdeutlicht das Problem, um das es gegenwärtig geht, sehr gut: Die Physikerin sieht sich auf jeder Stufe mit dem Problem konfrontiert, dass die Konjunktion aus Theorie und Schutzgürtel eine Prognose produziert, die sich nicht mit der Empirie in Einklang bringen lässt. Und da hieraus immer nur die Konklusion gezogen werden kann, dass *entweder* die Theorie *oder* der Schutzgürtel aufgegeben bzw. erweitert werden muss, ist es aus Sicht der Physikerin auf jeder Stufe rational, sich für das kleinere Übel zu entscheiden und den Schutzgürtel um eine Hypothese zu erweitern. Solange man jede einzelne Stufe der Theoriearbeit isoliert betrachtet, gibt es zudem keinen Grund, warum sich dieses Spiel ausgerechnet auf drei Zusatzhypothesen, nämlich auf h_1, h_2 und h_3, beschränken sollte. Da die Situation, in der sich die Physikerin befindet, auf jeder Stufe dieselbe ist, scheint es möglich zu sein, die newtonsche Theorie beliebig lange vor empirischen Problemen schützen. Es entsteht der Eindruck, dass Theorien Bollwerke sind, denen durch empirische Daten nicht beizukommen ist. Während also Poppers Methodologie eine zu lose Bindung zwischen WissenschaftlerIn und Theorie zur Folge hat, scheint es sich bei Lakatos um schier unauflösliche Bande zu handeln.

Ist die Situation für Lakatos wirklich so aussichtslos, wie es im Moment den Anschein hat? Ich glaube nicht. Kommen wir, um einen Ausweg aus der gegenwärtigen Malaise zu finden, auf einen Hinweis zurück, den ich bereits zu Beginn der letzten Subeinheit gegeben habe. Ich habe dort erwähnt, dass für Lakatos nicht einzelne Theorien die Grundeinheit der wissenschaftstheoretischen Analyse darstellen, sondern ganze Forschungsprogramme. Wir sind nun an einem Punkt angelangt, an dem sich dieser Hinweis als entscheidend erweist.

Ausgehend von der hypothetischen Episode um p sind wir zu dem vorläufigen Schluss gekommen, dass es aus Sicht der Physikerin auf jeder Stufe der Theoriearbeit rational zu sein scheint, die jeweils getestete Theorie nicht zu verwerfen, sondern sie durch Hinzunahme einer weiteren Hilfshypothese vor empirischen Problemen zu retten. Dieses Ergebnis beruht jedoch auf einer entscheidenden Voraussetzung: Vorausgesetzt ist nämlich, dass die einzelnen Stufen der Theoriearbeit in der Tat isoliert betrachtet werden können, dass also die Entscheidung zwischen Falsifikation oder Hinzunahme einer weiteren Zusatzhypothese auf jeder Stufe erneut und in Isolation von den bisherigen Stufen der Theorieentwicklung getroffen werden kann. Was aber, wenn dem nicht so ist? Was, wenn stattdessen die gesamte Evolution, die von T zu $((T \wedge h_1) \wedge h_2) \wedge h_3$ führt, als Grundlage herangezogen werden muss, um zu einer adäquaten Bewertung der Vorgehensweise der Physikerin zu gelangen? Sehen wir uns die Folgen, die eine solche Verlagerung des Analysefokus nach sich zieht, etwas genauer an.

Was verändert sich, wenn die Stufen der Theoriearbeit nicht isoliert voneinander betrachtet werden, sondern wenn man die gesamte Serie von Modifikationen der Ausgangstheorie ins Zentrum des wissenschaftstheoretischen Interesses rückt? Nun, zunächst und zuallererst führt eine derartige Veränderung dazu, dass nicht mehr nur eine einzelne Theorie und die Möglichkeiten, wie ausgehend von dieser Theorie auf empirische Probleme reagiert werden kann, zur Debatte stehen, sondern auch die mittel- und langfristigen Konsequenzen, die diese Reaktionen für das gesamte Forschungsprogramm haben. Nehmen wir die hypothetische Physikerin, die auf die Probleme des Orbit von p zu reagieren versucht, als konkretes Beispiel: Wie wir gesehen haben, ist es auf jeder Stufe der Theoriearbeit möglich, die jeweils aktuelle Theorie durch das Hinzufügen einer neuen Hypothese zu retten. Betrachtet man aber die gesamte Entwicklung, die von T zu $((T \wedge h_1) \wedge h_2) \wedge h_3$ führt, dann werden auch die Konsequenzen deutlich, die die jeweiligen Modifikationen für das gesamte Forschungsprogramm haben. Diese Konsequenzen lassen sich in einem ersten Schritt wie folgt zusammenfassen: Offensichtlich ist einerseits, dass das Forschungsprogramm insgesamt an Komplexität gewonnen hat, da sein Schutzgürtel nun um drei zusätzliche Hypothesen reicher ist als noch zu Beginn. Noch viel schwerer wiegt aber, andererseits, dass das Forschungsprogramm durch diese Erweiterungen in keiner Weise verbessert wurde. Nicht nur, dass sich die eingeführten Zusatzhypothesen empirisch nicht bestätigen lassen. Auch abseits hiervon hat die gesteigerte Komplexität des Schutzgürtels zu keiner Steigerung der Leistungsfähigkeit des Forschungsprogramms geführt: $((T \wedge h_1) \wedge h_2) \wedge h_3$ erlaubt keine Prognosen, die nicht auch schon mit T möglich gewesen wären. Und $((T \wedge h_1) \wedge h_2) \wedge h_3$ erklärt keine Phänomene, die man nicht schon mit T hätte können. Gesteigerter Komplexität steht also stagnierende Leistungsfähigkeit gegenüber, was bedeutet, dass das Forschungsprogramm allem Anschein nach auf der Stelle tritt. In der Terminologie von Lakatos gesprochen ist das Forschungsprogramm in eine *degenerative* Phase eingetreten.

Fassen wir zusammen: Die entscheidende Frage ist nach Lakatos nicht, in welchem Verhältnis Theorie und Empirie auf der Ebene einzelner Stufen der Theorieentwicklung stehen. Diese Frage ist deshalb nicht maßgeblich, weil – so die Quintessenz der Duhem-These – der Empirie auf dieser Ebene immer durch Modifikation des Schutzgürtels Rechnung getragen werden kann. Die entscheidende Frage ist nach Lakatos vielmehr jene, ob die Modifikationen, die angesichts von empirischen Problemen vorgenommen werden müssen, das betreffende Forschungsprogramm mittel- und langfristig in eine degenerative oder in eine progressive Richtung lenken. Dieser Hinweis zeigt, wie differenziert die Rolle der Empirie aus Lakatos' Perspektive zu bewerten ist: Bewegt man sich ausschließlich auf der Mikroebene einzelner Theorien, die mit einzelnen empirischen Datensätzen verglichen werden, dann spielt die Empirie in Lakatos' Wissenschaftstheorie tatsächlich eine nur untergeordnete Rolle. Wechselt man aber stattdessen auf die

Makroebene ganzer Forschungsprogramme, dann hat dies ein vollkommen anderes Bild zur Folge. Auf dieser Ebene zeigt sich nämlich, dass sich die Modifikationen, die angesichts von empirischen Problemen notwendig werden, mittel- und langfristig auf sehr unterschiedliche Weisen niederschlagen können: Verbessern die nötigen Modifikationen das Forschungsprogramm über die ausschlaggebenden Anomalien hinaus, dann kann von einer progressiven Entwicklung des Forschungsprogramms gesprochen werden. Unter diesen Bedingungen ist es in jedem Fall rational, am betreffenden Forschungsprogramm festzuhalten. Ziehen die Modifikationen aber keine Verbesserungen nach sich – stagniert das Forschungsprogramm also –, dann ist eine degenerative Phase der Theorieentwicklung zu konstatieren. Das betroffene Forschungsprogramm läuft Gefahr, aus dem Tritt zu geraten.

Die Basisdifferenz, die Lakatos' Wissenschaftstheorie in Fragen der Theoriebewertung zugrunde liegt, ist also weder jene zwischen Bestätigung und Widerlegung, noch jene zwischen Falsifikation und Bewährung. Lakatos' Basisdifferenz ist vielmehr jene zwischen progressiven und degenerativen Entwicklungen von Forschungsprogrammen. Dieser Umstand zieht jedoch die Herausforderung nach sich, exakte Kriterien angeben zu müssen, mittels derer sich eine Unterscheidung zwischen progressiven und degenerativen Entwicklungstendenzen in konkreten Situationen treffen lässt. Vier Bedingungen sind es, die nach Lakatos erfüllt sein müssen, damit die Entwicklungstendenz eines Forschungsprogramms als progressiv im vollsten Sinne des Wortes bezeichnet werden kann (vgl. Carrier 2002).

Die *erste* Bedingung ist, dass Modifikationen des Schutzgürtels, die aufgrund empirischer Probleme durchgeführt werden, im Einklang mit der positiven Heuristik des Forschungsprogramms stehen müssen. Wir haben gesehen, dass die positive Heuristik ein Kompendium von Lösungsstrategien ist, die WissenschaftlerInnen bei der Lösung typischer Problemsituationen helfen. Eine notwendige Bedingung für die Progressivität eines Forschungsprogramms ist, dass die positive Heuristik Problemsituationen antizipiert, die unter Umständen erst zu einem sehr viel späteren Zeitpunkt eintreten werden. Solange die positive Heuristik flexibel genug ist, um erfolgreiche Lösungsstrategien für neu auftretende Probleme bereitzustellen, befindet sich das Forschungsprogramm auf dem richtigen Weg.

Die *zweite* Bedingung ist, dass nachfolgende Theorieversionen all jene Phänomene erklären müssen, die auch schon von den Vorgängerversionen erfolgreich erklärt werden konnten. Oder, um es anders zu sagen: Modifikationen des Schutzgürtels dürfen nie zu einer Verkleinerung des Explikationsradius eines Forschungsprogramms führen.

Die *dritte* Bedingung ist, dass nachfolgende Theorieversionen zu unvorhergesehenen theoretischen Prognosen in der Lage sein müssen. Dies bedeutet, dass die nachfolgenden Theorieversionen nicht nur all das erklären müssen, was auch die Vorgängerversionen zu erklären imstande waren. Nachfolgeversionen müssen darüber hinaus über ein theoretisches Surplus verfügen. Sie müssen also Phänomene beschreiben, *noch bevor diese empirisch beobachtet wurden.* Es ist offenkundig, dass diese Bedingung an Poppers Kriterium der unabhängigen Testbarkeit angelehnt ist (vgl. Einheit 4, 99-101): Von der Progressivität eines Forschungsprogramms kann nur dann gesprochen werden, wenn Modifikationen des Schutzgürtels mehr sind als bloße Ad-hoc-Annahmen.

Die *vierte* und letzte Bedingung ist schließlich, dass sich die theoretischen Vorhersagen, die im Rahmen der dritten Bedingung gefordert werden, auch empirisch bewähren.

Sind die ersten drei Bedingungen erfüllt, so ist es nach Lakatos gerechtfertigt, von der *theoretischen Progressivität* des betreffenden Forschungsprogrammes zu sprechen. Kommt auch noch die vierte Bedingung hinzu, liegt überdies ein Fall von *empirischer Progressivität* vor (vgl. Lakatos 1978a, 31–34). Folgt man Lakatos' Darstellung, dann ist die Mindestanforderung, die an Forschungsprogramme zu richten ist, jene der theoretischen Progressivität: WissenschaftlerInnen werden vorübergehend an einem Forschungsprogramm festhalten, wenn dieses laufend neue theoretische Prognosen produziert. Dauerhafter Erfolg ist einem Forschungsprogramm aber nur dann beschieden, wenn sich von Zeit zu Zeit auch Episoden empirischer Progressivität einstellen (Lakatos 1978a, 48f.).

Diese Subeinheit hat ihren Ausgang bei der Frage genommen, welches die konkreten Umstände sind, unter denen die Aufgabe eines Forschungsprogrammes unumgänglich wird. Auf der Grundlage der bisherigen Überlegungen sind wir nun in der Lage, hierauf eine zumindest partielle Antwort zu geben: Es ist rational, an einem Forschungsprogramm festzuhalten, wenn es ein hohes Maß an theoretischer Progressivität an den Tag legt und diese überdies durch gelegentliche Episoden empirischer Progressivität untermauert. Ein Forschungsprogramm tritt demgegenüber in eine Phase der Degeneration ein, wenn entweder beide Formen der Progressivität ausbleiben oder wenn sich die Progressivität dauerhaft auf die Produktion von theoretischen Prognosen beschränkt.

Das Vorliegen einer degenerativen Entwicklungstendenz ist also eine notwendige Bedingung dafür, dass die Aufgabe eines Forschungsprogramms als eine rationale Entscheidung zu betrachten ist. Handelt es sich aber auch um eine hinreichende Bedingung? Oder, um die Frage anders zu formulieren: Ist die Aufgabe eines vorliegenden Forschungsprogramms ein Automatismus, der bereits beim ersten Auftreten degenerativer Tendenzen in Kraft tritt? Dies ist aus zwei Gründen zu verneinen: Festzuhalten ist einerseits, dass sich Forschungsprogramme von degenerativen Phasen jederzeit wieder erholen können, etwa durch einen unvorhersehbaren Geniestreich, der zu einer revolutionären Veränderung des Schutzgürtels führt (Lakatos 1978a, 51). Wir werden auf diesen Aspekt etwas später zurückkommen. Noch viel wichtiger ist aber andererseits, dass die Aufgabe von Forschungsprogrammen erst ab dem Zeitpunkt als eine ernstzunehmende Option zu betrachten ist, ab dem ein alternatives Forschungsprogramm die Szene betreten hat. Steht nur ein einziges Forschungsprogramm zur Verfügung, so wird man sich mit diesem allen degenerativen Tendenzen zum Trotz begnügen. Erst wenn sich zwei Forschungsprogramme auf ein- und denselben Gegenstandsbereich beziehen, kann man ernsthaft in Erwägung ziehen, die Performance der Programme gegenüberzustellen und sich für jenes zu entscheiden, das die progressivere Entwicklungstendenz und damit die größere heuristische Kraft an den Tag legt (Lakatos 1978a, 69). Grundlegende Veränderungen innerhalb einer Disziplin finden also immer nur dann statt, wenn mehrere rivalisierende Forschungsprogramme um die theoretische Vorherrschaft streiten.

Der zuletzt angesprochene Aspekt rückt einen weiteren wichtigen Unterschied zwischen Lakatos und Popper in den Vordergrund: Folgt man Poppers Darstellungen, dann sind empirische Tests stets „Zweiparteienkämpfe", die zwischen *einer* Theorie auf der einen Seite und der Welt auf der anderen ausgetragen werden. Diesem Verständnis widerspricht Lakatos in aller Deutlichkeit: Wenn empirische Tests in einem Maße aussagekräftig sein sollen, die unter Umständen in der Elimination eines Forschungsprogramms gipfelt, dann muss es sich um einen „Dreiparteienkampf" handeln, in dem zumindest *zwei* rivalisierende Theorien der Welt gegenübertreten (Lakatos 1978a, 31). Die Episode um die Periheldrehung des Merkur (vgl. Einheit 1.3, 44-47) veranschaulicht gut, was man hierunter zu verstehen hat: Anders als das Problem des Uranusorbits wird das ebenfalls seit Anfang des 19. Jahrhunderts bekannte Problem des Merkurperihel häufig als eine definitive Widerlegung des newtonschen Forschungsprogrammes betrachtet. Lakatos' Einstellung ist, dass es hierzu aber erst ab dem Zeitpunkt werden konnte, als die Physik Einsteins die Bühne betrat, eine erfolgreiche Erklärung für das Merkurperihel anbot und darüber hinaus alle vier Bedingungen der Progressivität erfüllte. Ob es sich beim Merkurperihel um eine Widerlegung der Physik Newtons oder um eine Anomalie handelt, die der negativen Heuristik des newtonschen Forschungsprogramms folgend auf die lange Bank geschoben werden kann, hängt also nicht vom jeweiligen empirischen Phänomen selbst ab. Zum Anlass für die Elimination eines Forschungsprogramms wird ein Phänomen erst, wenn ein rivalisierendes Forschungsprogramm vorliegt, das sich durch die Erklärung des betreffenden Phänomens profilieren kann (vgl. Lakatos 1978a, 72f.).

4.3 Kritik

Ebenso wie Popper vor ihm hat Lakatos innerhalb der wissenschaftstheoretischen Community nachhaltigen Einfluss hinterlassen. Manche Einsichten, wie etwa jene, dass der Gegenstand der Analyse nicht Einzeltheorien, sondern ganze Forschungsprogramme sind, die zudem in unterschiedliche Komponenten zerfallen, sind bis heute weithin anerkanntes Allgemeingut. Lakatos' Position hat aber gleichzeitig eine Vielzahl von ernstzunehmenden Einwänden provoziert, von denen ich im Folgenden drei kurz ansprechen möchte.

Der *erste* Einwand knüpft direkt an die Überlegungen an, die wir in der vorangegangenen Subeinheit angestellt haben. Wir haben gesehen, dass die Elimination von Forschungsprogrammen für Lakatos nur dann rational ist, wenn sich diese erstens in einer degenerativen Phase befinden und wenn zweitens ein rivalisierendes Forschungsprogramm vorliegt, das über eine größere heuristische Kraft verfügt als das zu eliminierende. Beschränkt man sich auf diese abstrakte Ebene, dann erscheint Lakatos' Bestimmung überaus einsichtig: Nehmen wir an, wir haben es mit zwei Forschungsprogrammen zu tun, mit FP_1 und FP_2. Und nehmen wir weiter an, dass sich FP_1 nur durch Einführung von Ad-hoc-Annahmen aufrechterhalten lässt, während FP_2 theoretische Prognosen am laufenden Band produziert, die sich überdies empirisch bewähren. Niemand würde in dieser Situation ernsthaft bezweifeln, dass es rational ist, FP_1 mit fliegenden Fahnen zu verlassen und zu FP_2 überzulaufen.

Ein Problem, das angesichts dieser Darstellung auf der Hand liegt, ist das folgende: Die Annahme, dass reale Situationen der Theorienwahl jemals so eindeutig sind wie unsere holzschnittartige Gegenüberstellung von FP_1 und FP_2, ist mehr als zweifelhaft. Die Unterscheidung zwischen degenerativen und progressiven Entwicklungstendenzen mag vielleicht geeignet sein, um den aus heutiger Perspektive feststehenden historischen Verlauf der Wissenschaften *retrospektiv* verständlich zu machen. Die Kriterien, die Lakatos anbietet, um die Degeneration oder Progressivität von Theorien objektiv zu bemessen, sind jedoch aufgrund ihrer Allgemeinheit kaum dazu geeignet, in realen Forschungssituationen und ohne das Wissen um die weiteren Entwicklungen handlungsanweisend zu werden (vgl Feyerabend 1986, Kapitel 16). Natürlich, wie wir gesehen haben knüpft Lakatos das Vorliegen von progressiven oder degenerativen Tendenzen an die zuvor genannten vier Bedingungen. Doch auch in Bezug auf diese stellt sich die Frage nach den adäquaten Identifikationskriterien jedes einzelne Mal erneut.

Das Problem, um das es gegenwärtig geht, würde aber auch dann nicht verschwinden, wenn wir über hinreichend genaue Kriterien zur Bestimmung der Progressivität oder Degeneration von Forschungsprogrammen verfügten. Nehmen wir an, wir wüssten mit hinreichender Gewissheit, dass sich FP_1 momentan in einer degenerativen Phase befindet. Wie ich bereits erwähnt habe, würde selbst dieses Wissen ein fulminantes Comeback von FP_1 nicht ausschließen, da es ja durchaus sein könnte, dass etwa der Schutzgürtel von FP_1 durch einen revolutionären Geniestreich rundum erneuert wird. Lakatos gibt dies auch unumwunden zu (vgl. Lakatos 1978a, 51; Lakatos 1978b, 113) und geht sogar so weit zu behaupten, dass es unter Umständen rational sein kann, an einem degenerierenden Forschungsprogramm festzuhalten, *obwohl dieses bereits von einem progressiveren Forschungsprogramm abgelöst wurde* (Lakatos 1978b, 117).

Kritiker haben mehrfach darauf hingewiesen, dass Lakatos' Wissenschaftstheorie an genau diesem Punkt aufhört, eine Methodologie im traditionell-normativen Sinne des Wortes zu sein (Feyerabend 1976; Musgrave 1976). Von einer solchen erwartet man Anweisungen, die die Bedingungen festlegen, unter denen die Elimination von Forschungsprogrammen die einzig rationale Option ist. Diese Bedingungen scheint es in Lakatos' Wissenschaftstheorie aber ganz einfach nicht zu geben. Wenn es sich selbst angesichts eines zweifellos progressiven Forschungsprogramms als rational erweisen kann, einem zweifellos degenerierenden Forschungsprogramm die Treue zu halten, dann rückt die Lösung des Problems, das uns in der letzten Subeinheit beschäftigt hat, wiederum in weite Ferne: Unter diesen Bedingungen wird es nämlich sehr zweifelhaft, ob Lakatos das historische Faktum der Elimination von Forschungsprogrammen in einer befriedigenden Art und Weise erklären kann.

Das *zweite* Problem betrifft die Rolle, die die Wissenschaftsgeschichte in Lakatos' Denken einnimmt. Lakatos reiht sich in eine Gruppe von WissenschaftstheoretikerInnen ein, die bereits in den 1960ern und 1970ern des vorigen Jahrhunderts dafür eintraten, dass die philosophische Auseinandersetzung mit den Wissenschaften nicht deren historische Dimension ausblenden kann. Wie wir in Einheit 5 noch detaillierter sehen werden, folgt Lakatos in dieser Hinsicht Thomas Kuhns epochemachender Feststellung, dass die Wissenschaftsgeschichte mehr sein muss als ein „Hort von Anekdoten" (Kuhn 1976, 15), die allenfalls zu Illustrationszwecken zu gebrauchen sind. Wissenschaftstheorien folgen zwar nicht induktiv aus den wissenschaftshistorischen Daten. Bei Lakatos kommt der Geschichte aber insofern eine grundlegende Rolle zu, als es die historischen Daten sind, an denen sich jede wissenschaftstheoretische Konzeption zu bewähren hat. Im selben Sinne, in dem sich die Güte physikalischer Theorien daran bemisst, ob sie mittel- und langfristig den empirischen Daten gerecht werden, sind die historischen Daten Gradmesser für die Adäquatheit wissenschaftstheoretischer Konzeptionen. Vereinfachend gesagt: Wir sollten auch die eleganteste Wissenschaftstheorie über Bord werfen, wenn sie im krassen Widerspruch zur faktischen Entwicklung der Wissenschaften steht.

Diese Auffassung hinsichtlich der Rolle der Wissenschaftsgeschichte ist aus heutiger Perspektive nicht weiter diskussionsbedürftig. Es ist inzwischen zum Common Sense geworden, dass sich wissenschaftstheoretische Thesen an den vorhandenen historischen Daten bewähren müssen. Klar ist aber auch, dass die historischen Daten, von denen hier die Rede ist, nicht einfach vom Himmel fallen. Wissenschaftsgeschichte muss unter gewissen methodologischen Vorgaben geschrieben werden, wie auch Lakatos ganz klar sieht. Es sind jedoch Lakatos' eigene Ansichten zur Methodologie der Wissenschaftsgeschichtsschreibung, die auf zum Teil recht heftige Kritik gestoßen sind.

Wissenschaftsgeschichtsschreibung ist nach Lakatos ein Verfassen von so genannten *rationalen Rekonstruktionen* des faktischen Geschichtsverlaufs. Die Geschichte rational zu rekonstruieren bedeutet, bloß zufällige Details wegzulassen und auf der Basis der verbleibenden notwendigen Elemente zu einer idealisierten Version der jeweils behandelten Episode zu gelangen. Der Geschichtsschreibung kann es nach Lakatos nicht darum gehen, den historischen Verlauf in allen Details wiederzugeben. Die Aufgabe der Wissenschaftsgeschichtsschreibung ist viel eher, diejenige Darstellung zu finden, die die Wissenschaft insgesamt in einem möglichst rationalen Licht erscheinen lässt. In der Tat betrachtet es Lakatos als einen

Vorzug seiner eigenen Art der Wissenschaftsgeschichtsschreibung, Rationalität zu sehen, wo „Irrationalisten" wie Kuhn oder Feyerabend nur außerwissenschaftliche Gründe für Theorieentscheidungen erkennen können (Lakatos 1978b, 133).[5]

Wissenschaftsgeschichtsschreibung bedeutet für Lakatos also immer, das vorhandene historische Material selektiv zu behandeln und bei der Darstellung idealisierter Rekonstruktionen bewusst vom tatsächlichen Geschichtsverlauf abzuweichen. So weit, so gut. Bemerkenswert ist aber, wie groß diese Abweichungen bei Lakatos bisweilen sind. Hier ist ein Beispiel: Niels Bohr (1885–1962) schlug 1913 das nach ihm benannte Atommodell vor, das in seiner ursprünglichen Version ohne die quantenmechanische Eigenschaft des Elektronenspins auskam. Diese wurde erst mehr als ein Jahrzehnt später im Jahre 1925 von Samuel Goudsmit (1902–1978) und George Uhlenbeck (1900–1988) in das bohrsche Modell eingeführt. Folgt man Lakatos' Anweisungen, dann sollten HistorikerInnen die Geschichte aber dennoch so schreiben, als wäre der Elektronenspin bereits von Anfang an fester Bestandteil des bohrschen Programms gewesen. Warum? Nun, Lakatos zufolge einfach deshalb, weil der Elektronenspin *bereits 1913 gut ins bohrsche Programm gepasst hätte* (Lakatos 1978b, 119)! Die kontrafaktische Behauptung, dass Bohr bereits 1913 die Idee des Elektronenspins *hätte haben können*, genügt für Lakatos also, um die Einführung einer wissenschaftlichen Innovation um mehr als ein Jahrzehnt vorzuverlegen und sie WissenschaftlerInnen zuzuschreiben, die die betreffende Idee de facto gar nicht hatten.[6]

Es dürfte nicht weiter überraschen, dass derartige Ideen zur Wissenschaftsgeschichtsschreibung auf wenig Gegenliebe gestoßen sind. Eine nahe liegende Kritik könnte wie folgt aussehen: Die Berücksichtigung der Wissenschaftsgeschichte dient üblicherweise dem Zweck, für die Prinzipien wissenschaftlicher Rationalität nicht allein auf apriorischem Wege zu argumentieren, sondern diese wenigstens zum Teil auf der Grundlage der historischen Fakten zu formulieren und den historischen Daten darüber hinaus die Funktion eines unabhängigen Korrektivs zu geben. Ist man aber bereit, sich in seinen „rationalen Rekonstruktionen" so weit von den historischen Fakten zu entfernen wie Lakatos dies im Fall des bohrschen Atommodells tut, so untergräbt man gerade jene Autorität, um derentwillen man die Geschichte zuallererst ins wissenschaftstheoretische Boot geholt hat. Man erweckt den Eindruck, die Geschichte nur dann zu akzeptieren, wenn sie

---

5 Die Behauptung, dass es ein Vorzug einer Art der Geschichtsschreibung ist, eine möglichst rationale Darstellung der Wissenschaftsentwicklung zu geben, beruht natürlich auf der Voraussetzung, dass diese auch wirklich (und nicht nur in den Geschichtsbüchern) rational gewesen ist. Benützt Lakatos den höheren Rationalitätsgrad seiner eigenen Rekonstruktionen als Argument gegen die vermeintlichen Irrationalisten Feyerabend und Kuhn, so handelt es sich hierbei natürlich um eine offensichtliche *petitio principii* (Feyerabend 1976; Newton-Smith 1981, 94).

6 Festzuhalten ist, dass der wahre Geschichtsverlauf nach Lakatos zumindest die Erwähnung in Fußnoten verdient (vgl. Lakatos 1978b, 119). Dies macht Lakatos' Vorstellungen von einer angemessenen Wissenschaftsgeschichtsschreibung aber nicht weniger eigentümlich: Welchen Sinn macht es, zunächst Geschichtsklitterung zu betreiben, wenn sie danach in den Fußnoten wieder zurückgenommen wird?

einem vorab feststehenden und dogmatisch vorausgesetzten Rationalitätsideal entspricht, sie aber gewaltsam zurechtzubiegen, sobald sie diesem Ideal zuwiderläuft (vgl. Feyerabend 1976; Laudan 1977, Kap. 5).

Kommen wir zum *dritten* und letzten Einwand. Lakatos wirft rivalisierenden Wissenschaftstheorien vor, ein vereinfachendes Bild wissenschaftlicher Rationalität zu zeichnen. Nach Lakatos bedarf es seines aus Theoriekern, Schutzgürtel, positiver und negativer Heuristik bestehenden Analyseinstrumentariums, um der Komplexität von wirklichen Forschungsprogrammen gerecht werden zu können. Ob Lakatos' Wissenschaftstheorie aber wirklich flexibel genug ist, um die reale naturwissenschaftliche Forschung hinreichend detailgetreu abzubilden, ist bei genauerer Betrachtung alles andere als sicher.

Beginnen wir mit dem Theoriekern, dem vielleicht wichtigsten Bestandteil von Lakatos' Wissenschaftstheorie. Wie wir gehört haben, ist dieser das identitätsstiftende Herzstück eines Forschungsprogramms, das von den dynamischen Veränderungen, denen der Schutzgürtel unterworfen ist, unberührt bleibt. Während es zum täglichen Brot von WissenschaftlerInnen gehört, periphere Hilfstheorien nach Maßgabe der auftretenden Probleme zu adaptieren, ist die Modifikation des Theoriekerns nach Lakatos gleichbedeutend mit der Elimination des betreffenden Forschungsprogramms. Es ist deshalb eine von allen VertreterInnen eines Forschungsprogramms geteilte „methodologische Entscheidung" (Lakatos 1978a, 48), von der Modifikation des Theoriekerns im Normalfall abzusehen. Wir haben diese methodologische Entscheidung unter dem Titel „negative Heuristik" kennengelernt.

Die Ansicht, dass der Theoriekern durch ein methodologisches Dekret unfalsifizierbar gemacht wird und dass hierin eine notwendige Bedingung für die Stabilität von Forschungsprogrammen zu sehen ist, geht jedoch an der Realität der naturwissenschaftlichen Forschung vorbei. William Newton-Smith weist auf das Beispiel der SRT hin, zu deren Theoriekern es gehört, dass alle akzeptablen Transformationen zwischen Inertialsystemen lorentzinvariant sind (Newton-Smith 1981, 83f.). Träfe Lakatos' Analyse zu, dann müsste dieses Postulat von allen PhysikerInnen, die innerhalb des Forschungsprogramms der SRT arbeiten, geteilt werden. Genau dies ist aber nicht der Fall, wie Newton-Smith anhand eines konkreten Beispiels zeigt. Anders als von Lakatos dargestellt, scheinen Modifikationen des Theoriekerns völlig unabhängig von empirischen Problemen und degenerativen Entwicklungstendenzen des betreffenden Forschungsprogramms durchaus im Bereich des Möglichen zu liegen.[7]

[7] Natürlich könnte Lakatos auf dieses Problem reagieren: Eine Variante wäre jene, die Ansicht, dass alle akzeptablen Transformationen zwischen Inertialsystemen lorentzinvariant sind, ganz einfach aus dem Theoriekern zu verbannen. Oder aber Lakatos bestreitet, dass es sich nach wie vor um das Forschungsprogramm SRT handelt, wenn an dieser Ansicht gerührt wird. Das Problem ist aber, dass es sich in beiden Fällen um offensichtliche Ad-hoc-Modifikationen handelt, die nur dem einen Zweck dienen, Lakatos' Theorie vor potenziell falsifizierenden Gegenbeispielen zu schützen.

Ähnliche Probleme ergeben sich auch in Bezug auf andere Bestandteile von Lakatos' Wissenschaftstheorie, wie etwa in Bezug auf die positive Heuristik. Wie wir gehört haben, stellt diese nach Lakatos ein Kompendium von paradigmatischen Problemlösungsstrategien dar, die WissenschaftlerInnen dabei helfen, mit auftretenden Schwierigkeiten in einer für das Forschungsprogramm typischen Weise umzugehen. Die positive Heuristik ist also so etwas wie das theoretische Pendant zu einem Multifunktionstaschenmesser – ein überaus flexibles Werkzeug, das in Situationen zum Einsatz kommen kann, von deren Eintreten man zum Zeitpunkt des Kaufs noch gar nicht geträumt hatte.

Ähnlich wie im Fall des Theoriekerns stellt sich aber auch hier die Frage, ob das Multifunktionstaschenmesser „positive Heuristik" der naturwissenschaftlichen Realität entstammt oder ob es sich nicht bloß um ein Produkt der wissenschaftstheoretischen Imagination handelt. Dieser Verdacht wird durch den Umstand genährt, dass sich bei Lakatos selbst nur wenige konkrete Beispiele finden, die das Wesen der positiven Heuristik genauer bestimmen würden. Eine der wenigen Ausnahmen ist die folgende: „Planeten sind ihrem Wesen nach gravitierende Drehkörper mit annähernd kugelartiger Form." (Lakatos 1978a, 51; meine Übersetzung) Dieses Beispiel dürfte einige hochgezogene Augenbrauen zur Folge haben. Das liegt einerseits daran, dass die abstrakt-wissenschaftstheoretischen Charakterisierung der positiven Heuristik so gar nicht zu ihrer Veranschaulichung durch ein konkretes Beispiel passen will: Es ist ganz einfach nicht nachvollziehbar, weshalb man eine so allgemeine Aussage wie jene über die annähernde Kugelförmigkeit von Planeten als eine Instanziierung eines „Kompendiums paradigmatischer Problemlösungsstragien" betrachten sollte. Mindestens ebenso unklar ist aber andererseits, wie ein derart allgemeines Postulat dazu geeignet sein sollte, AnhängerInnen des newtonschen Forschungsprogramms bei der Lösung tatsächlicher (d.i. nicht ausschließlich auf die Form und das grundlegende Verhalten von Himmelskörpern beschränkter) physikalischer Probleme zu helfen.

Man könnte natürlich mutmaßen, dass derartige Unklarheiten nicht unbedingt auf philosophische Defekte zurückzuführen sind, sondern eher darauf, dass Lakatos aus kontingenten Gründen davon abgehalten wurde, den Begriff der positiven Heuristik anhand von Beispielen zu konkretisieren. Mit anderen Worten: Lakatos' Beispiele mögen zwar den theoretischen Ansprüchen der zu illustrierenden Begriffe nicht gerecht werden; dies muss aber nicht notwendigerweise auf Schwächen seiner Wissenschaftstheorie hinweisen, sondern kann genauso gut an den verwendeten Beispielen allein liegen. Gegen diese Vermutung spricht jedoch, dass auch die detaillierten historischen Studien, die in Lakatos' Nachfolge unternommen wurden, nicht mehr Klarheit in die Sache bringen. Elie Zahars Untersuchung der Physik Einsteins (die sich explizit an Lakatos' Wissenschaftstheorie orientiert und diese am historischen Material veranschaulichen will) kann hier als Beispiel dienen: Nach Zahar besteht die positive Heuristik, die in Einsteins Forschungsprogramm verankert ist, aus drei Postulaten (vgl. Zahar 1989, 87–93):

1. Theorien, die den empirischen Daten widersprechen, sind zu eliminieren.
2. Theorien sollen ein kohärentes, einheitliches, harmonisches und einfaches Bild der Wirklichkeit zum Ausdruck bringen.
3. Symmetrien auf der Beobachtungsebene entsprechen tieferliegende Symmetrien auf ontologischer Ebene.

Das Problem, das sich ausgehend von Lakatos' eigenem Beispiel ergeben hat, findet hier seine Wiederholung: Unklar ist einerseits, wie WissenschaftlerInnen von derart allgemeinen Postulaten profitieren sollten, wenn es um die Lösung konkreter physikalischer Probleme geht. Natürlich, die vorliegenden Postulate bringen ein sehr allgemeines Wissenschaftsverständnis zum Ausdruck, das sich unter gewissen Umständen auch auf der Ebene von Theorieentscheidungen auswirken könnte, etwa wenn zwei unterschiedlich komplexe Theorien mit denselben Beobachtungskonsequenzen zur Wahl stehen. Folgt man Lakatos' programmatischen Bestimmungen, dann kommt der positiven Heuristik aber eine sehr viel handfestere Rolle zu. Nach Lakatos ist ihre Aufgabe nämlich,

> Probleme zu definieren, die Konstruktion eines Gürtels von Hilfstheorien zu skizzieren, Anomalien vorauszusehen und diese einem vorab festgelegten Plan folgend in Beispiele erfolgreicher Problemlösungen umzuwandeln. (Lakatos 1978b, 110f.; meine Übersetzung)

Dass die drei angeführten Postulate von besonderer Relevanz sind, wenn es um die Erledigung derartiger Aufgaben geht, erscheint aber in der Tat recht zweifelhaft.

Mindestens ebenso schwerwiegend ist andererseits Folgendes: Prinzipiell sollte man davon ausgehen können, dass sich in der positiven Heuristik eine Herangehensweise an Probleme ausdrückt, die für das jeweilige Forschungsprogramm charakteristisch ist. Was jedoch ist das Charakteristische an den drei Postulaten, die laut Zahar die positive Heuristik der Physik Einsteins ausmachen? Unabhängig von der Frage, wie die angesprochenen drei Postulate zu interpretieren oder gar zu begründen sind, sehe ich keinen Grund, warum diese nicht genauso gut von VertreterInnen der klassischen, vor-einsteinschen Physik oder von antiken NaturphilosophInnen akzeptiert werden könnten. Man fühlt sich deshalb zu dem Schluss gedrängt, dass sich die Bedeutung, die Lakatos der positiven Heuristik zuweist, zumindest dann nicht mit der naturwissenschaftlichen Realität deckt, wenn man sich an Lakatos' eigene Darstellung hält.

4.4 Zusammenfassung und exemplarische Fragen

Fassen wir die Ergebnisse dieser Einheit zusammen: Wir sind bei unseren Untersuchungen zunächst von Fällen ausgegangen, in denen WissenschaftlerInnen empirischen Problemen zum Trotz an Theorien festhalten und für dieses Verhalten belohnt werden. Für naive Versionen des Falsifikationismus sind solche Beispiele in jedem Fall fatal. Aber auch gewitztere Varianten werden auf eine harte Probe gestellt, wie die hypothetische Episode um den Planeten *p* gezeigt hat. Es scheint im Falsifikationismus keine theoretischen Ressourcen für Fälle zu geben, in denen sich das temporäre Ausblenden von Falsifikationen als eine rationale Vorgehensweise erweist.

Klar ist, dass Lakatos' Wissenschaftstheorie in dieser Hinsicht deutlich besser abschneidet: Während aus Poppers Perspektive jede Form des Dogmatismus kategorisch abzulehnen ist, erkennt Lakatos an, dass es Situationen gibt, in denen das Festhalten an bestimmten Teilen einer Theorie die einzig rationale Entscheidung ist. Diese Einsicht schlägt sich auch in der Architektonik von Lakatos' Wissenschaftstheorie nieder: Forschungsprogramme sind wie Zwiebeln aufgebaut, in deren Mitte der so genannte Theoriekern ruht. Dieser beinhaltet diejenigen theoretischen Komponenten, die die Identität des betreffenden Forschungsprogramms festlegen. Da die Modifikation des Theoriekerns mit der Elimination des betreffenden Forschungsprogramms gleichzusetzen ist, wird der Theoriekern durch eine methodologische Entscheidung (durch die so genannte negative Heuristik) für unfalsifizierbar erklärt und somit vor allen empirischen Unstimmigkeiten geschützt.

WissenschaftlerInnen, die innerhalb eines Forschungsprogramms arbeiten, befolgen also nach Lakatos die unausgesprochene Regel, Probleme unter allen Umständen vom Theoriekern abzulenken. Das bedeutet freilich nicht, dass Probleme – seien sie theoretisch-interner oder empirisch-externer Natur – generell ignoriert werden können: Es bedeutet nur, dass WissenschaftlerInnen dafür Sorge tragen müssen, dass empirische Unstimmigkeiten durch Modifikation des Schutzgürtels, der sich in Schichten um den Theoriekern legt, beizukommen ist. Die Art und Weise, wie diese Modifikation vor sich gehen soll, wird nach Lakatos durch die positive Heuristik geregelt.

Eine Eigenheit von Lakatos' Denken ist, dass die Duhem-These in ihrer vollen Tragweite anerkannt wird. Einzelne empirische Datensätze sind niemals dazu in der Lage, Theorien direkt zu falsifizieren. Bedeutet dies aber, dass die Empirie ihre Rolle als unabhängige Testinstanz in Lakatos' Wissenschaftstheorie verliert und Theorien so zu unfalsifizierbaren Bollwerken werden? Lakatos' Antwort auf diese Fragen muss differenziert betrachtet werden: Bleibt man auf der Ebene einzelner Theorien, die mit der Welt verglichen werden, dann muss man tatsächlich zu dem Schluss gelangen, dass der Empirie eine nur sehr untergeordnete Rolle zukommt. Verändert man den Analysefokus aber und nimmt ganze Serien von Theorien in den Blick, dann verändert sich das Ergebnis grundlegend. Ausgehend von der sukzessiven Entwicklung von jeweils modifizierten Theorieversionen lassen sich nämlich zwei grundlegende Tendenzen des Wissenschaftswachstums ausmachen: Entweder verläuft die Evolution von Theorien progressiv oder es ist eine degenerative Entwicklung zu konstatieren.

Die Unterscheidung zwischen Progressivität und Degeneration ist für Lakatos entscheidend, wenn man die Rationalität von Theorieentwicklungen verstehen will. Forschungsprogramme sind prinzipiell aufrechtzuerhalten, so lange sie a) eine progressive Entwicklungstendenz aufweisen und sich b) keiner Konkurrenz gegenübersehen, die einen höheren Grad der Progressivität an den Tag legen. Forschungsprogramme sind demgegenüber aufzugeben, wenn sie a) über längere Zeit hinweg degenerieren und b) mit Rivalen konfrontiert sind, die progressiver sind als das zu eliminierende Forschungsprogramm. Wann Forschungsprogramme aufzugeben sind, ist also niemals eine Frage, die ausgehend von einer einzelnen Theorie, angesichts eines einzelnen Datensatzes und zu einem klar identifizierbaren Zeitpunkt beantwortet werden könnte. Lakatos verwahrt sich aus diesem Grund auch gegen die Idee einer *instant rationality*, d.h. gegen die Vorstellung, dass sich die wissenschaftliche Rationalität in eine Formel pressen und unabhängig vom konkreten Einzelfall zur Anwendung bringen ließe.

Ein abschließendes Urteil könnte vielleicht wie folgt lauten: Lakatos' Wissenschaftstheorie stellt eine zweifellos interessante Weiterentwicklung von Poppers Falsifikationismus dar. Lakatos weist nicht nur der empirischen Erfahrung eine vollkommen neue Rolle zu, er ist auch in der Lage, entscheidende Aspekte des Wissenschaftswachstums in einer gänzlich neuartigen Weise zu erklären. Die Kritikpunkte, die wir in der letzten Subeinheit angesprochen haben, machen jedoch eines klar: Auch Lakatos' Wissenschaftstheorie ist als eine Idealisierung zu betrachten, die sich auf die tatsächliche Forschungsrealität nicht ohne Weiteres übertragen lässt.

Kommen wir zu den abschließenden Fragen:

- Skizzieren Sie die Duhem-These und erläutern Sie, warum diese für Lakatos weit weniger problematisch ist als für unterschiedliche Formen des Falsifikationismus.
- Was ist eine Ad-hoc-Annahme? Nennen Sie ein Kriterium, um Ad-hoc-Annahmen zu identifizieren und bringen sie ein entsprechendes Beispiel.
- Benennen Sie die unterschiedlichen Bestandteile eines Forschungsprogramms und erklären Sie ihre Funktionsweisen.
- Erinnern Sie sich an die hypothetische Episode um den Planeten *p*: Inwiefern ist die Bewertung der Vorgehensweise der Physikerin davon abhängig, ob einzelne Theorien oder Serien von Theorien als Bewertungsgrundlage herangezogen werden?
- Benennen Sie die Kriterien, anhand derer man nach Lakatos ein progressives von einem degenerierenden Forschungsprogramm unterscheidet. Erläutern sie außerdem, welche Bedingungen erfüllt sein müssen, damit die Elimination eines Forschungsprogramms in den Bereich des Möglichen rückt.

4.5 Weiterführende Literatur

Die wichtigen wissenschaftstheoretischen Arbeiten des früh verstorbenen Imre Lakatos finden sich in den beiden Bänden der von John Worall und Gregory Currie herausgegebenen Gesamtausgabe (Lakatos 1978; Lakatos 1978d). Nicht berücksichtigt habe ich die Arbeiten, die Lakatos zur Philosophie der Mathematik verfasst hat (Lakatos 1976), die aber bereits den Keim seiner späteren allgemeinwissenschaftstheoretischen Position beinhalten. Was die Sekundärliteratur anbetrifft, sind der Übersichtsartikel von Carrier (2012) und das Lakatos-Kapitel bei William Newton-Smith (1981, Kapitel 4) ein guter Startpunkt. Ebenfalls sehr brauchbar sind die Monographien von Larvor (1998) und Kadvany (2001) sowie drei Sammelbände, die dem Denken Lakatos' gewidmet sind (Cohen et al. 1976; Gavroglu 1989, Kampis et al. 2002). Besondere Erwähnung verdienen überdies die beiden Lakatos-Kapitel in Feyerabends *Wider den Methodenzwang* (1986, Kapitel 16 & 17) und der Besprechungsaufsatz, den Ian Hacking anlässlich des Anscheinens der Lakatos-Gesamtausgabe verfasst hat (Hacking 1979). Letzterer ist schon alleine deshalb lesenswert, weil Hacking eine hegelianische Interpretation von Lakatos befürwortet.

5. Einheit: Über RätsellöserInnen – Kuhn und die Normalwissenschaft

Folgt man der Darstellung, die ich in der letzten Einheit gegeben habe, könnte man zu dem Schluss gelangen, dass der einzige nennenswerte Referenzpunkt von Lakatos' Wissenschaftstheorie der Falsifikationismus Poppers ist. Natürlich, zu bestreiten ist in der Tat nicht, dass Lakatos an vielen Stellen sowohl in konstruktiver als auch in kritischer Absicht an Popper anknüpft. Es wäre aber dennoch unrichtig, Lakatos hierauf zu beschränken: Ihm ging es nicht so sehr um eine Weiterentwicklung des Falsifikationismus, sein eigentliches Ziel bestand vielmehr darin, Poppers Wissenschaftstheorie mit jener Thomas S. Kuhns zu versöhnen. Mit Letzterer werden wir uns im Rahmen dieser und der nächsten Einheit ebenso auseinandersetzen wie mit der Frage, warum eine Versöhnung zwischen Popper und Kuhn überhaupt notwendig ist.

Ohne Übertreibung kann man sagen, dass es im 20. und 21. Jahrhundert kein Buch über die Wissenschaften gegeben hat, das die Diskussion stärker beeinflusst hat als Kuhns 1962 erstmals erschienene *Struktur wissenschaftlicher Revolutionen*. Kuhn hat nicht nur die Art und Weise verändert, in der das Fachpublikum – also PhilosophInnen, SozialwissenschaftlerInnen, HistorikerInnen und EinzelwissenschaftlerInnen – über Wissenschaft denkt. Einige Einsichten und Begriffe der kuhnschen Wissenschaftstheorie haben es bis in die Sphäre der Alltagssprache geschafft – eine Leistung, die nicht allzu viele wissenschaftstheoretische Werke für sich verbuchen können. All dies wirft natürlich die Frage nach dem „Warum?" auf. Warum hat die *Struktur* (wie ich Kuhns *magnum opus* im Folgenden nennen werde) einen derartigen Eindruck hinterlassen? Was ist das Besondere an der in ihr entwickelten Wissenschaftstheorie? Warum wird die *Struktur* bisweilen als die grundlegende Zäsur angesehen, die sich in der gesamten Wissenschaftstheorie ereignet hat?

Ich möchte, um einer Antwort auf diese Fragen zumindest näherzukommen, mit einigen historischen Bemerkungen beginnen. Ganz generell lässt sich sagen, dass die Wissenschaftstheorie eine vergleichsweise junge Subdisziplin der Philosophie ist. PhilosophInnen haben sich zwar schon seit der Antike teils sehr intensiv mit den Einzelwissenschaften beschäftigt – zu einem eigenständigen Fach mit eigenen Lehrstühlen, Publikationsorganen, Instituten, Zentren und Curricula wurde die Wissenschaftstheorie jedoch erst im letzten Drittel des 19. Jahrhunderts.[1] Die Frühphase der wissenschaftstheoretischen Forschung war durch die Einflüsse einer ganzen Reihe unterschiedlicher Schulen (den frühen Positivismus Auguste Comtes, den mittleren Positivismus Pierre Duhems, den Neukantianismus, den Konventionalismus Henri Poincarés, den Empirismus Ernst Machs oder die Phänomenologie Edmund Husserls) geprägt. Rückblickend betrachtet ist es aber ganz klar der logische Empirismus des Wiener und Berliner Kreises, der der Wissenschaftstheorie (und der so genannten „analytischen" Philosophie insgesamt) wie keine andere Strömung ihren Stempel aufgedrückt hat. Dass der logische Empirismus (zu dem PhilosophInnen, MathematikerInnen und EinzelwissenschaftlerInnen wie Rudolf Carnap, Moritz Schlick, Hans Reichenbach, Philipp Frank, Otto Neurath, Olga Hahn-Neurath, Karl Menger, Hans Hahn, Viktor Kraft, Kurt Gödel und andere zählten) den Ton der philosophischen Debatte so grundlegend veränderte, ist auf viele unterschiedliche (teils philosophische, teils institutionelle) Aspekte zurückzuführen. Charakteristisch für diese neue Art der Wissenschaftstheorie war jedoch in jedem Fall die enge Verknüpfung zwischen Empirismus einerseits („All unser Wissen über die Welt stammt aus der Sinneserfahrung.") und der rigorosen Anwendung der Mittel der modernen Logik andererseits. Nimmt man hinzu, dass die meisten VertreterInnen des logischen Empirismus über profunde Kenntnisse der jeweils von ihnen behandelten Einzelwissenschaften verfügten, wird klar, warum sich ausgehend von Wien und Berlin der Standard der wissenschaftstheoretischen Diskussion im ersten Drittel des 20. Jahrhunderts nachhaltig veränderte.

Obwohl sich die beiden Zentren dieser neuen Art der Wissenschaftstheorie in Zentraleuropa befanden, verbreitete sich der logische Empirismus ab den 1930er- und 1940er-Jahren vor allem in Nordamerika schnell. Dies hat nicht zuletzt damit zu tun, dass die meisten VertreterInnen des Wiener und Berliner Kreises aufgrund ihrer Philosophie, aufgrund ihrer politischen Auffassungen und/oder aufgrund ihrer Abstammung vor dem verbrecherischen Regime des Nationalsozialismus fliehen mussten. Rudolf Carnap verschlug es beispielsweise an die Harvard University, an die University of Chicago und an die University of California, Los Angeles. Hans Reichenbach fasste ebenfalls an der UCLA Fuß, nachdem er zunächst in Istanbul tätig gewesen war. Rückblickend kann man sagen, dass philosophische EmigrantInnen wie Carnap und Reichenbach als Multiplikatoren fungierten und eine ganze Generation von jungen nordamerikanischen PhilosophInnen prägten. All dies hatte zur Folge, dass der logische Empirismus, der in Wien und Berlin entstand, zunächst im angloamerikanischen Raum reüssierte, dort mit anderen philosophischen Schulen wie dem Pragmatismus interagierte und erst Jahre später in bereits veränderter Form nach Zentraleuropa reimportiert wurde.

1 1870 wurde der erste Lehrstuhl für „induktive Philosophie" in Zürich eingerichtet, 1895 folgte der hochschulpolitisch sehr viel wichtigere Lehrstuhl für „Geschichte und Theorie der induktiven Wissenschaften" an der Universität Wien, den in direkter Reihenfolge Ernst Mach, Ludwig Boltzmann und Moritz Schlick bekleideten (vgl. Moulines 2008, Kapitel 1).

Wie nachhaltig die Wirkung des logischen Empirismus für die wissenschaftstheoretische Debatte war, zeigt sich beispielsweise daran, dass Hilary Putnam – einer der bestimmenden Philosophen des 20. Jahrhunderts und Doktorand von Hans Reichenbach an der UCLA – noch in den 1960er-Jahren den Begriff *received view* verwendete, um eine Wissenschaftsauffassung zu bezeichnen, die im Kern jene des logischen Empirismus ist (Putnam 1975a).[2] Mit dem Begriff des *received view* meint Putnam die Sichtweise, mit der jeder aufgewachsen ist, der vor 1960 an einer der führenden nordamerikanischen oder englischen Universitäten Wissenschaftstheorie studierte. Beim *received view* handelt es sich also um so etwas wie die allgemein anerkannte Lehrmeinung, deren ausdrückliche Thematisierung den allermeisten PhilosophInnen als eine völlige Zeitverschwendung erschienen wäre – selbst jenen, die sich zu keinem Zeitpunkt als logische EmpiristInnen bezeichnet hätten.[3] Worin besteht der *received view*, von dem Putnam hier spricht, aber genau? Fünf Punkte sind es, die im Zusammenhang unserer gegenwärtigen Überlegungen entscheidend sind.

1. Die Entwicklung der Wissenschaften ist ein *kumulativer* Prozess. Das bedeutet, dass die Evolution von Theorien als ein ständiges Anwachsen unseres Wissens über die Welt zu verstehen ist. Eine neue Theorie löst eine alte nur dann ab, wenn Erstere über eine größere Problemlösungskompetenz verfügt, eine größere Anzahl von empirischen Phänomenen erklärt und bessere Prognosen erlaubt.
2. Die epistemische Qualität von Theorien wird mittels einer *Methode* bestimmt, die zum einen von den bewerteten Theorien, zum anderen von den zur Bewertung notwendigen empirischen Daten und schließlich von wissenschaftsexternen (z.B. ökonomischen oder weltanschaulichen) Faktoren unabhängig ist.
3. Es ist für die wissenschaftstheoretische Analyse grundlegend, eine klare Trennlinie zwischen dem so genannten *Entdeckungszusammenhang* und dem so genannten *Begründungs-* oder *Rechtfertigungszusammenhang* zu ziehen

---

2 Zwei einschränkende Bemerkungen sind an dieser Stelle nötig. Erstens: Vom *received view* spricht man in der wissenschaftstheoretischen Debatte üblicherweise nur, wenn eine bestimmte Auffassung zum Wesen von Theorien (nämlich die so genannte *syntaktische* Auffassung, wie sie etwa von Carnap und Hempel geprägt wurde) gemeint ist (vgl. etwa Suppe 1974). Auch Putnam verwendet den besagten Begriff im zitierten Artikel auf diese Weise. Zweitens: Neuere Untersuchungen zur Philosophie des Wiener und Berliner Kreises haben gezeigt, dass es mehr als missverständlich ist, von der Philosophie des logischen Empirismus so zu sprechen, als hätte es sich um eine vollkommen geeinte Richtung gehandelt. Die Unterschiede zwischen den einzelnen VertreterInnen sind in mancherlei Hinsicht beträchtlich, weshalb auch die Rede von einem *received view* eine Idealisierung darstellt (vgl. für differenzierte Auseinandersetzungen mit dem logischen Empirismus z.B. Coffa 1991 oder Friedman 1999).

3 Das vielleicht offensichtlichste Beispiel ist Karl Popper. Obwohl Popper schon zur Zeit der *Logik der Forschung* ein ausdrücklicher Gegner des logischen Empirismus war und etwa in der Frage der Induktionsproblematik eine radikal andere Auffassung als beispielsweise Rudolf Carnap vertrat, liegen die Punkte 1 bis 5 auch seiner wissenschaftstheoretischen Position zugrunde.

und nur Letzteren für erkenntnistheoretisch relevant zu erachten. Mit anderen Worten: Für die Geltung einer Theorie ist es vollkommen unerheblich, wer die Theorie auf welche Weise zu welchem Zeitpunkt unter welchen Bedingungen und zu welchen Zwecken entwickelt hat. Wissenschaftstheoretisch relevant ist nur, dass die Theorie der unter 2. angesprochenen Methode gerecht wird und auf diese Weise ihre Gültigkeit unter Beweis stellt.

4. Es ist möglich, die Wissenschaftssprache in *theoretische Begriffe* einerseits und *Beobachtungsbegriffe* andererseits einzuteilen. Beobachtungsbegriffe sind solche, die auf beobachtbare Phänomene (z.B. Sessel, Planeten, Quecksilbersäulen) referieren. Die Unabhängigkeit zwischen Beobachtungsbegriffen und theoretischen Begriffen ist zentral, weil Erstere als neutrale Prüfungsinstanzen für die zu bewertenden Theorien fungieren.
5. Die Begriffe, die in wissenschaftlichen Theorien zur Anwendung kommen, haben feststehende und präzise Bedeutungen. Kommt beispielsweise Begriff B in der Vorgängertheorie T_1 und in der Nachfolgertheorie T_2 vor, dann ist B nicht nur in T_1 und in T_2 exakt definiert – es gilt vor allem, dass sich B sowohl in T_1, als auch in T_2 auf *dasselbe* bezieht.

1 bis 5 ergeben also in ihrer Gesamtheit den *received view*, die wissenschaftstheoretische Orthodoxie, wie sie zu Beginn der 1960er-Jahre bestimmend war und wie sie beispielsweise in Ernest Nagels *The Structure of Science* zum Ausdruck kommt.[4] Den Ruf, die Wissenschaftstheorie auf den Kopf gestellt zu haben, hat sich Thomas Kuhn aber nicht dadurch erarbeitet, bloß einige marginale Bestandteile dieser Standardsichtweise attackiert zu haben. Kuhns Wissenschaftstheorie steht vielmehr mit jedem einzelnen der genannten fünf Bestandteile des *received view* im Widerspruch. Kuhns Bruch mit allem, was der überwältigenden Mehrzahl der WissenschaftstheoretikerInnen vor 1962 lieb und teuer war, gestaltete sich dementsprechend als so grundlegend, dass etwa Philip Kitcher (1993, 3–10) nicht länger vom *received view*, sondern nur mehr von der *Legende* spricht. Sehen wir uns im Folgenden die Eigenheiten der kuhnschen Wissenschaftstheorie etwas genauer an, um ihr revolutionäres Potenzial[5] besser einschätzen zu können.

---

4 Man beachte den Buchtitel! Und man beachte den Umstand, dass Nagels *Struktur* nur ein Jahr vor Kuhns *Struktur* erschienen ist!

5 Wie revolutionär die Wissenschaftstheorie Kuhns tatsächlich ist, wird nach wie vor diskutiert. Das Standardbild war für lange Zeit, dass Kuhn 1962 mit einer Wissenschaftstheorie an die Öffentlichkeit trat, die a) radikal neu, da ohne wirklichen Vorläufer, war und die b) dem logischen Empirismus endgültig den Garaus machte. Zu a) ist zu sagen, dass Kuhns Wissenschaftstheorie selbstverständlich wichtige Vorläufer hatte: Zu nennen sind hier neben den Philosophen Ludwig Wittgenstein und Willard Van Orman Quine u.a. der früh verstorbene US-amerikanische Wissenschaftstheoretiker Norwood Russell Hanson, der US-amerikanische Linguist Benjamin Lee Whorf, die beiden französischen Wissenschaftshistoriker/-philosophen Alexandre Koyré und Émile Meyerson, der ungarische Chemiker und Philosoph Michael Polanyi und – last but not least – der polnisch-israelische Mediziner, Biologe und Wissenschaftstheoretiker Ludwik Fleck. Vor allem Letzterer nimmt in seiner Philosophie der „Denkstile" viele Gedanken Kuhns vorweg (vgl. z.B. Lothar Schäfers und Thomas Schnelles Einleitung in Fleck 1980 und Sady 2012). Zu b) ist zu sagen,

5.1 Paradigmen und Sudokus

Nach Kuhn erfolgt Wissenschaft in vier Phasen: Die erste ist die so genannte *vorparadigmatische* Phase.[6] In ihr hat Wissenschaft streng genommen noch gar nicht angefangen, Wissenschaft zu sein. Kennzeichnend für diese Phase ist, dass sich im jeweiligen Feld noch keine Lehrmeinung durchgesetzt hat, dass es also üblicherweise so viele unterschiedliche Schulen wie an der Debatte beteiligte WissenschaftlerInnen gibt. Als Beispiel für eine vorparadigmatische Phase nennt Kuhn optische Theorien in der Zeit vor Newton (Kuhn 1976, 27f.).

Die inhaltliche Arbeit, die für vorparadigmatische Phasen charakteristisch ist, hat mit den ansonsten üblichen fachwissenschaftlichen Auseinandersetzungen nur wenig zu tun. Vorparadigmatischen WissenschaftlerInnen geht es beispielsweise nicht darum, den Wert einer Naturkonstante um eine zusätzliche Nachkommastelle zu bestimmen oder sich auf die Suche nach einer von der Theorie postulierten Entität zu machen. Vorparadigmatische WissenschaftlerInnen sind stattdessen mit Grundlagendiskussionen beschäftigt, in denen es primär um die Frage geht, wie Forschung in der betreffenden Disziplin überhaupt auszusehen hat. Zur Debatte stehen also beispielsweise ontologische Grundfragen (z.B.: „Aus welchen Bestandteilen besteht die Welt?“), Fragen hinsichtlich der adäquaten Methoden der Datenbeschaffung (z.B.: „Sind in Experimenten erzeugte Phänomene ‚natürlichen‘ vorzuziehen oder umgekehrt?“) oder Fragen hinsichtlich der grundlegenden epistemischen Standards (z.B.: „Was kann überhaupt als wissenschaftliche Begründung gelten?“). Um Fragen wie diese zu entscheiden, schrecken vorparadigmatische WissenschaftlerInnen nicht vor der Verwendung unkonventioneller Begründungsmethoden wie philosophischer Argumente oder Gedankenexperimente zurück.

Die typische vorparadigmatische Veröffentlichung beginnt mit einem Plädoyer für die eigene Art, naturwissenschaftliche Forschung zu beschreiben – sie geht aber über diese programmatischen ersten Schritte nur selten hinaus. Natürlich, es ist nicht vollkommen ausgeschlossen, dass auch in vorparadigmatischen Pha-

---

dass Kuhn zwar sicherlich dazu beigetragen hat, den *received view* ein für alle Mal ad acta zu legen, dass aber gleichzeitig die Unterschiede zwischen Kuhn und logischen Empiristen wie Carnap, Reichenbach oder auch Neurath sehr viel weniger dramatisch sind, als man dies lange Zeit angenommen hat. Ein Hinweis ist etwa in der Tatsache zu sehen, dass Kuhns *Struktur* ursprünglich in der *International Encyclopedia of Unified Science* erschienen ist, dem von Rudolf Carnap und Charles Morris herausgegebenen Zentralorgan des logischen Empirismus. In zwei Briefen an Kuhn, die Carnap in seiner Funktion als Reihenherausgeber geschrieben hat, äußert er sich ausdrücklich sehr positiv über die *Struktur* (beide Briefe sind in Reisch 1991 abgedruckt). Dass hierin keine bloßen Freundlichkeitsfloskeln zu sehen sind, sondern dass es durchaus Berührungspunkte zwischen Kuhn und Carnap (und dem logischen Empirismus im Allgemeinen) gibt, zeigen beispielsweise Earman (1993) und Friedman (2002).

6 Der Vollständigkeit halber sollte erwähnt werden, dass Kuhn zwar im Haupttext der *Struktur* vorparadigmatische Phasen durch die Absenz eines Paradigmas charakterisiert, dass er aber im Postskript zur zweiten Auflage Zweifel daran äußert, ob diese Charakterisierung auch wirklich sinnvoll ist (Kuhn 1976, 190). Ich gehe auf die Thematik an dieser Stelle nicht näher ein.

sen echte wissenschaftliche Errungenschaften zu verzeichnen sind. Die Wahrscheinlichkeit für konkrete einzelwissenschaftliche Lösungen ist jedoch deshalb gering, weil nahezu alle Energie in den Versuch fließt, die anderen WissenschaftlerInnen von den Vorzügen der jeweils eigenen Vision wissenschaftlichen Arbeitens zu überzeugen.

Wissenschaft im eigentlichen Sinn des Wortes beginnt nach Kuhn erst, wenn die vorparadigmatische Phase überwunden wurde und die *normalwissenschaftliche Forschung* beginnt. WissenschaftlerInnen tun nun plötzlich all das, was sie in vorparadigmatischen Phasen nicht (oder zumindest nicht systematisch) getan haben: Sie verzichten auf Grundlagendiskussionen und versuchen nun stattdessen wirklich, den Wert einer Naturkonstante um eine zusätzliche Nachkommastelle zu bestimmen oder eine Entität nachzuweisen, die von einer Theorie postuliert wurde. In der *Struktur* gibt es einen eigenen Namen für WissenschaftlerInnen, die sich innerhalb der Normalwissenschaft mit derartigen Themen beschäftigen: Kuhn nennt sie *puzzle-solver*, was ins Deutsche am besten mit „RätsellöserIn" zu übersetzen ist.

Warum spricht Kuhn in diesem Zusammenhang von *Rätsel*löserInnen und nicht etwa von ProblemlöserInnen oder TheorietesterInnen? Diese Frage erscheint umso dringlicher, wenn man weiß, dass Kuhn bei „Rätsel" nach eigenen Angaben an Geduldsspiele wie Kreuzworträtsel, Puzzles oder Sudokus (mein Beispiel) denkt (Kuhn 1976, 50). Will Kuhn mit dieser Begriffswahl nahelegen, dass die Arbeit von NormalwissenschaftlerInnen mit Freizeitbeschäftigungen gleichzusetzen ist, denen man sich ansonsten nur an regnerischen Sonntagnachmittagen widmet? Hält Kuhn die normalwissenschaftliche Forschung für einen bloßen Zeitvertreib, der bestenfalls der allgemeinen Erbauung, nicht aber höheren Zielen dient?

Der Begriff „RätsellöserIn" mag mit dafür verantwortlich sein, dass die *Struktur* vor allem in den ersten Jahren nach ihrem Erscheinen von manchen als tendenziell antiwissenschaftlich empfunden wurde. Kuhn wurde dahingehend interpretiert, der normalwissenschaftlichen Forschung durch diese Begriffswahl jegliche Tiefe abzusprechen (vgl. z.B. Popper 1970, 53; Putnam 1975b, 261), und auch heute noch wird die *Struktur* entlang dieser Linie hin und wieder als eine der Keimzellen des postmodernen Irrationalismus angesehen (vgl. z.B. Sokal & Bricmont, Kap. 4). Blickt man aber genauer hin, dann lässt sich der Bezeichnung „RätsellöserIn" eine Bedeutung abgewinnen, die von einer Verunglimpfung der normalwissenschaftlichen Arbeit weit entfernt ist.

Was zeichnet die Lösung eines Kreuzworträtsel oder eines Sudokus prinzipiell aus? Erstens gibt es gewisse Regeln, die befolgt werden müssen, wenn man sich auf das betreffende Spiel einlassen will. Wer beispielsweise nicht akzeptiert, dass in jeder Spalte, in jeder Zeile und in jedem Block alle Ziffern von 1 bis 9 genau einmal vorkommen müssen, um das Spiel erfolgreich zu beenden, spielt ganz einfach nicht Sudoku. Ein weiterer wichtiger Aspekt ist zweitens, dass wir Sudoku nicht deshalb spielen, weil wir damit das Sudoku-Spiel an sich verändern oder die

Regeln des Sudoku-Spiels testen wollen. Niemand beginnt ein Sudoku-Rätsel mit der Absicht, die Sudoku-Regeln umstürzen oder auch nur überprüfen zu wollen. Wir spielen Sudoku vielmehr deshalb, weil wir eine Lösung erreichen wollen, deren Wesen durch die Regeln des Spiels vorbestimmt ist und diese deshalb auch nicht tangiert. Der dritte, hiermit eng zusammenhängende Aspekt ist schließlich, dass wir beim Lösen eines Sudokus ganz selbstverständlich davon ausgehen, dass es in jedem einzelnen Fall eine Lösung gibt. Natürlich, es kann sein, dass wir beim Lösen eines Sudokus mit der höchsten Schwierigkeitsstufe kläglich scheitern. Tritt dieser Fall aber tatsächlich ein, dann betrachten wir dies ganz klar als *unser* Versagen. Niemand würde auf die Idee kommen, von der generellen Unlösbarkeit dieses ungelösten Sudokus oder gar von der Unzulänglichkeit des Sudoku-Regelwerks auszugehen.[7]

Es mag sein, dass diese drei Spezifikationen zur Klärung dessen beitragen, was es bedeutet, derartige Spiele zu spielen. Wie hilft es uns aber weiter bei unserem eigentlichen Thema, dem kuhnschen Begriff normalwissenschaftlicher RätsellöserInnen? Kommen wir zunächst auf den Begriff der vorparadigmatischen Wissenschaft zurück. Umgelegt auf unsere Spieleanalogie gleichen vorparadigmatische WissenschaftlerInnen SpielerInnen, die nicht im eigentlichen Sinne des Wortes gemeinsam ein Spiel spielen, sondern die vordergründig damit beschäftigt sind, sich gegenseitig von den Vorzügen der von ihnen jeweils präferierten Spielregeln zu überzeugen. „Normalwissenschaftliche" SpielerInnen unterscheiden sich hiervon insofern, als sie sich auf bestimmte Spielregeln geeinigt haben und diese als bindend für ihre Handlungspraxis anerkennen. Diese Gegenüberstellung wirft natürlich eine nahe liegende Frage auf: Was ist es, das vorparadigmatische WissenschaftlerInnen nicht teilen, NormalwissenschaftlerInnen aber sehr wohl? Oder anders gefragt: Was ist es, das nach Kuhn für die Wissenschaft in einem ähnlichen Sinne konstitutiv ist wie Spielregeln für Spiele? Kuhns Antwort lautet, dass sich NormalwissenschaftlerInnen durch ein gemeinsames *Paradigma* auszeichnen, und zwar in einem ganz ähnlichen Sinn, in dem sich die SpielerInnen eines Spiels durch gemeinsame Spielregeln auszeichnen. Die hieraus resultierende Folgefrage ist offenkundig: Was ist das, ein Paradigma?

Der Begriff des Paradigmas ist einer der wichtigsten Theoriebausteine des kuhnschen Gedankengebäudes. Es verwundert deshalb umso mehr, dass ihn Kuhn im Haupttext der ersten Auflage der *Struktur* mit einer beeindruckenden Ungenauigkeit verwendet und so einer Reihe früher Kritiker reichlich Munition gegeben hat (vgl. z.B. Shapere 1964). Obwohl es übertrieben ist, mit Margaret Masterman von 21 Arten zu sprechen, auf die Kuhn den Begriff des Paradigmas verwendet (Masterman 1970, 61–65), ist zumindest richtig, dass die erste Auflage der *Struktur* nicht ausreicht, um zu einem adäquaten Verständnis des Paradig-

[7] Natürlich, es ist denkbar, dass der Rätselzeitschrift unseres Vertrauens ein Fehler unterlaufen ist und wirklich ein unlösbares Sudoku abgedruckt wurde. Es wäre in diesem Fall jedoch mehr als gerechtfertigt, dem unlösbaren Sudoku den Status einer Anomalie zuzuweisen.

menbegriffs zu gelangen. Zu unterschiedlich sind die Funktionen, die Paradigmen zu übernehmen haben: Sie sollen hier gleichzeitig herausragende wissenschaftliche Leistungen (Kuhn 1976, 25), Theorien (Kuhn 1976, 32), Präzedenzfälle, anerkannte Schulbeispiele, Schemata (Kuhn 1976, 37), Traditionen (Kuhn 1976, 25), dasjenige, das der Entdeckung von quantitativen Gesetzen vorausgeht (Kuhn 1976, 41), Kriterien für die Wahl von Problemen (Kuhn 1976, 51), Verfahren, technische Anwendungen (Kuhn 1976, 73) und einiges andere mehr sein. Es ist in der Tat schwer vorstellbar, wie all dies von ein und derselben Sache geleistet werden kann.

Kuhn hat nach der Erstveröffentlichung der *Struktur* auf diese Situation reagiert und zunächst im Postskript zur zweiten Auflage von 1969 und in weiterer Folge auch an anderen Orten (z.B. Kuhn 1977c) eine Spezifikation des Paradigmenbegriffs vorgenommen. Dieser modifizierten Auffassung zufolge zerfällt ein Paradigma in vier Elemente:[8] Es sind dies *symbolische Generalisierungen, Modelle, Exemplare* und schließlich *Werte.*

Paradigmen bestehen erstens aus *symbolischen Generalisierungen*, die von Kuhn als „die formalen oder leicht formalisierbaren Bestandteile" (Kuhn 1976, 194) eines Paradigmas charakterisiert werden. Als Beispiele führt Kuhn das ohmsche Gesetz ($I = U/R$) oder das zweite newtonsche Gesetz ($F = ma$) an. Symbolische Generalisierungen zeichnen sich dadurch aus, von den WissenschaftlerInnen der jeweiligen Disziplin „fraglos und ohne Widerspruch" (Kuhn 1976, 194; Übersetzung modifiziert) anerkannt zu werden. Sie entsprechen deshalb dem, was Lakatos einen Theoriekern nennt: Sie sind die identitätsstiftende Grundidee des jeweiligen Paradigmas. Kuhn gibt an einigen Stellen darüber hinaus zu verstehen, dass die Effizienz eines Paradigmas mit der Anzahl akzeptierter symbolischer Generalisierungen steigt.

Eine interessante Beobachtung, die als durchaus typisch für den generellen Stil von Kuhns Wissenschaftstheorie betrachtet werden kann, lautet wie folgt: In den Lehrbüchern, die bei der Ausbildung von Studierenden zum Einsatz kommen, finden sich symbolische Generalisierungen charakteristischerweise am Anfang der jeweiligen Kapitel. Studierende werden also zunächst mit einem formalen Skelett à la $F = ma$ konfrontiert, sie müssen aber recht schnell einsehen, dass allein hiermit noch kein Blumentopf zu gewinnen ist. Natürlich, Studierende können unterschiedliche mathematische Manipulationstechniken anwenden, um die symbolischen Generalisierungen zu modifizieren. Da es sich aber zunächst bloß um Ketten abstrakter Symbole handelt, die für sich genommen bar jeder empiri-

---

[8] Genau genommen modifiziert Kuhn seine Terminologie dahingehend, dass er nur mehr Exemplare als Paradigmen bezeichnet, während er das Paradigma im globalen, alle vier Bestandteile umfassenden Sinne „disziplinäre Matrix" bzw. „disziplinäres System" nennt. Da sich diese Verwendungsweise jedoch nicht durchgesetzt hat (nicht einmal bei Kuhn selbst), werde ich beim Begriff „Paradigma" bleiben, wann immer der globale, alle vier Bestandteile umfassende Sinn gemeint ist, und von „Exemplaren" sprechen, wenn einzelne wissenschaftliche Exemplare gemeint sind.

schen Bedeutung sind (und die deshalb ohne entsprechende Konkretisierungen weder empirisch verifiziert, noch empirisch falsifiziert werden können), muss erst in einem zweiten Schritt vermittelt werden, wie symbolische Generalisierungen auf die empirische Welt anzuwenden sind, wie sich also die abstrakten Symbole mit empirischen Daten in Beziehung setzen lassen. Ein typisches Lehrbuchkapitel schließt deshalb mit konkreten Problemstellungen, im Rahmen derer Studierende genau dies lernen: Mittels handfester Anwendungsfälle („Berechnen Sie die Flugbahn eines Projektils, wenn gilt …") wird vermittelt, wie der abstrakte mathematische Formalismus, in dem symbolische Generalisierungen gefasst sind, auf die empirische Welt anzuwenden ist (vgl. z.B. Kuhn 1977c).

Um diese Anwendung symbolischer Generalisierungen auf die empirische Welt tatsächlich leisten zu können, sind nach Kuhn jedoch noch weitere Bestandteile von Paradigmen nötig. Es müssen nämlich zweitens so genannte *Modelle* vorliegen. Während der Modellbegriff in weiten Teilen der modernen Wissenschaftstheorie eine formale, zumeist mathematische Bedeutung hat (vgl. z.B. Portides 2008), spricht Kuhn in einem sehr anschaulichen (und tendenziell uneinheitlichen) Sinn von ihnen. Modelle sind für Kuhn primär *heuristische* Analogien, die zwar nicht den Anspruch einer getreuen Repräsentation der behandelten Wirklichkeit erheben, die aber zumindest der intuitiv einsichtigen Visualisierung der jeweils untersuchten Phänomene dienen. Beispiele für heuristische Modelle dieser Art sind etwa das bohrsche Atommodell, das nach Vorbild des Sonnensystems Elektronen auf festgelegten Bahnen um den Atomkern kreisen lässt, oder die Visualisierung von Gasen als System winziger elastischer Billardkugeln in zufälliger Bewegung.[9]

Symbolische Generalisierungen sind nach Kuhn formale Schemata bar jeder empirischen Bedeutung, solange sie in Isolation betrachtet werden. Eben weil sie empirisch unbestimmt sind, ist es auch nicht möglich, konkrete Verifikations- bzw. Falsifikationsbedingungen zu benennen, solange man sich allein auf die formalen Darstellungen beschränkt. Es bedarf deshalb einer Konkretisierung der symbolischen Generalisierungen; teilweise wird sie durch die Modelle geleistet. Viel wichtiger sind dafür jedoch die so genannten *Exemplare* (*exemplars*), die das dritte Element von Paradigmen ausmachen.

---

[9] Von diesen heuristischen Modellen unterscheidet Kuhn andererseits so genannte *metaphysische* bzw. *ontologische* Modelle. Diese stellen Bindungen dar, die WissenschaftlerInnen in Bezug auf grundlegende Interpretationen der symbolischen Generalisierungen eingehen. Ein Beispiel, das Kuhn selbst nennt, ist die Auffassung, dass alle wahrnehmbaren Phänomene auf die Interaktion qualitativ neutraler Atome im leeren Raum zurückgehen (Kuhn 1976, 195–196). Ein anderes Beispiel ist die (die newtonsche Mechanik spezifizierende) Interpretation des Raumes als leeres, absolutes und unendliches Behältnis. Generell lässt sich zu Kuhns Unterscheidung zwischen symbolischen Generalisierungen und Modellen Folgendes sagen: Während es für die Mitglieder einer paradigmengeleiteten Forschungsgemeinschaft unerlässlich ist, sich in Bezug auf die grundlegenden symbolischen Generalisierungen (und – wie man ergänzen sollte – in Bezug auf die Exemplare) einig zu sein, ist dies in Bezug auf die Modelle nicht zwingend der Fall (vgl. z.B. Kuhn 1970, 255). Innerhalb ein und desselben Paradigmas können unterschiedliche Modelle vorherrschend sein, wie beispielsweise die unterschiedlichen Interpretationen der Quantenmechanik zeigen.

Exemplare sind Musterbeispiele für die konkrete Anwendung von symbolischen Generalisierungen, die von den Mitgliedern einer Forschungsgemeinschaft als so eindrucksvoll und grundlegend empfunden werden, dass aus ihnen ganze Traditionen normalwissenschaftlicher Forschung erwachsen. Zwei bekannte Beispiele für Exemplare sind die Berechnung des Marsorbit durch Johannes Kepler oder die exakte Berechnung der Wiederkehr des Halleyschen Kometen durch Edmond Halley. Die Bedeutung von Exemplaren wie diesen ist jedoch nicht darauf zu reduzieren, von der jeweiligen Scientific Community als korrekte Lösungen für konkrete Rätsel akzeptiert zu werden. Sie ist sehr viel grundlegender, da Exemplare „implizit die legitimen Probleme und Methoden eines Forschungsgebiets für nachfolgende Generationen von Forschern definieren" (Kuhn 1976, 25; Übersetzung modifiziert). Wie wir noch im Detail sehen werden, sind Exemplare deshalb in dieser Weise forschungsleitend, weil sich WissenschaftlerInnen sowohl bei der Suche nach Rätseln, aber auch bei der Wahl der Lösungen für diejenige Vorgehensweise entscheiden, die den paradigmatischen Exemplaren am ähnlichsten sind. Wir kommen hierauf zurück.

Es ist offensichtlich, dass Exemplare und symbolische Generalisierungen ihrem Wesen nach grundverschiedene Dinge sind. Nichtsdestotrotz können beide nur in enger Bezogenheit aufeinander zu einem prägenden Faktor für ein Paradigma werden. Betrachtet man sie isoliert, sind beide gleichermaßen wertlos: Symbolische Generalisierungen sind empirisch unbestimmt und bedürfen deshalb der konkreten Anwendung im Rahmen eines Exemplars, um ihre Problemlösungspotenz demonstrieren zu können. Für Exemplare gilt das exakte Gegenteil: Ihre Relevanz rührt nicht daher, dass in ihnen ein konkretes Problem einer konkreten Lösung zugeführt wird (für sich genommen ist die Kenntnis des Marsorbit oder das Wissen um die Wiederkehr des Halleyschen Kometen sogar ziemlich unwichtig). Exemplare sind für Paradigmen vielmehr deshalb relevant, weil sie der Illustration der Problemlösungskompetenz von symbolischen Generalisierungen dienen und auf diese Weise zu einem „Versprechen" für die zukünftige Forschung werden. Für den Erfolg von Paradigmen sind also niemals *nur* die symbolischen Generalisierungen *oder* die Exemplare verantwortlich. Es ist stets das Zusammenspiel zwischen beiden Elementen, das für die Dominanz eines Paradigmas entscheidend ist.

Uns fehlt noch das vierte und zugleich letzte Element, nämlich jenes der so genannten *Werte* (*values*), demjenigen Teil von Paradigmen, der im Gegensatz zu allen anderen bisher besprochenen Elementen dem geringsten historischen Wandel unterworfen ist. Fünf Werte sind es im Speziellen, die nach Kuhn entscheidend für das Entstehen einer Forschungsgemeinschaft und für die „Bildung eines Gemeinschaftsgefühls bei den Naturwissenschaftlern" (Kuhn 1976, 196) sind (vgl. hierzu auch Kuhn 1977d):

- *Exaktheit*: Theorien sollen exakt sein, was bedeutet, dass zwischen den aus ihnen ableitbaren Folgerungen und den Ergebnissen bereits existierender Beobachtungen und Experimente eine möglichst geringe Abweichung bestehen soll.

- *Konsistenz*: Theorien sollen sich nicht nur durch inneren Widerspruchslosigkeit auszeichnen, es soll zudem möglich sein, sie mit anderen Theorien, die für den betreffenden Gegenstandsbereich relevant sind, in Einklang zu bringen.
- *Anwendbarkeit*: Theorien sollen einen möglichst großen Anwendungsbereich haben, was bedeutet, dass ihre Reichweite möglichst weit über diejenigen speziellen Beobachtungen, Gesetze oder Subtheorien hinausgehen soll, zu deren Erklärung die Theorie ursprünglich eingeführt wurde.
- *Einfachheit*: Theorien sollen einfach sein, was für Kuhn bedeutet, dass sie idealerweise Ordnung in Phänomene bringen, die ansonsten bloß beziehungslos nebeneinander stehen.
- *Fruchtbarkeit*: Theorien sollen schließlich in dem Sinne *fruchtbar* sein, dass durch sie entweder gänzlich neue Phänomene entdeckt oder zumindest neue Relationen zwischen bereits bekannten Phänomenen erschlossen werden können.

Wie wir in der nächsten Einheit sehen werden, zeichnen sich Werte nicht zuletzt dadurch aus, sogar über wechselnde Paradigmen hinweg einigermaßen stabil zu bleiben.

5.2 Ähnlichkeit, Konservativismus und das Wirken der Exemplare

Wir haben nun eine etwas genauere Vorstellung davon, was ein Paradigma ist. Ein Paradigma setzt sich aus vier Bestandteilen zusammen, nämlich aus den symbolischen Generalisierungen (in etwa das, was bei Lakatos der Theoriekern ist), aus den Modellen (in etwa das, was bei Lakatos die positive Heuristik ist), aus den Exemplaren und aus den wissenschaftlichen Werten. Worüber wir jedoch noch nicht Bescheid wissen, ist die Funktionsweise von Paradigmen. Wir haben also noch keine Vorstellung davon, was kuhnsche NormalwissenschaftlerInnen und ihr Verhältnis zu den sie leitenden Paradigmen auszeichnet. Eine Möglichkeit, uns diesbezüglich Klarheit zu verschaffen, ist der Vergleich zwischen NormalwissenschaftlerInnen auf der einen Seite und jenem Typus von WissenschaftlerInnen, der die Wissenschaftstheorie Karl Poppers bevölkert.

Wir erinnern uns: Poppersche WissenschaftlerInnen sind die Han Solos, Lara Crofts oder MacGyvers der naturwissenschaftlichen Forschung. Sie sind wagemutige Haudegen, die sich eine kühne Hypothese nach der anderen einfallen lassen und diese möglichst unbarmherzigen Testsituationen aussetzen. Bestehen die Hypothesen diese Tests, werden sie beibehalten. Scheitern sie, dann werden sie über Bord geworfen. Warum poppersche WissenschaftlerInnen so vorgehen, ist klar: Das Scheitern von Theorien, ist für sie die einzige Möglichkeit, etwas über die Welt zu lernen. Das Scheitern von Theorien zeigt nämlich, dass es sich in der empirischen Welt *nicht* so verhält, wie in der Theorie behauptet. Und da poppersche WissenschaftlerInnen über ausreichend kritische Distanz zu ihren Theorien verfügen, ist die einzige rationale Weise, auf derartige Falsifikationen zu reagieren, jene, die falsifizierte Theorie zu verabschieden und nach einer besseren zu suchen. Müssen neue Theorien für neue empirische Tests gefunden werden, dann sind der Kreativität keine Grenzen gesetzt: Keine neue Hypothese ist zu abgehoben, um sie nicht dem kritischen Tribunal der Falsifikation zu überantworten. Und keine bis dato unfalsifizierte Theorie ist jemals bewährt genug, um sie für vollkommen sakrosankt zu erklären. Ganz generell lässt sich über poppersche WissenschaftlerInnen sagen, dass diese das Neue schätzen und sogar aktiv suchen: Möglichst neuartige Theorien, die ebenso neuartigen Tests unterworfen werden können, sind ein Lebenselement der wissenschaftlichen Arbeit; neue Phänomene, die unser Denken über die Welt revolutionieren, das andere.

Um ein Gefühl dafür zu vermitteln, wie weit Kuhns Wissenschaftstheorie vom popperschen Ideal entfernt ist, möchte ich eine längere Passage aus der *Struktur* zitieren:

> Aufräumtätigkeiten sind das, was die meisten Wissenschaftler während ihrer gesamten Laufbahn beschäftigt, und sie machen das aus, was ich hier normale Wissenschaft nenne. Bei näherer Untersuchung, sei sie historisch oder im modernen Labor, erscheint dieses Unternehmen als Versuch, die Natur in die vorgeformte und relativ starre Schublade, welche das Paradigma darstellt, hineinzuzwängen. In keiner Weise ist es das Ziel der normalen Wissenschaft, neue Phänomene zu finden; und tatsächlich werden die nicht in die Schublade hineinpassenden oft überhaupt nicht gesehen. Normalerweise erheben die Wissenschaftler auch nicht den Anspruch, neue Theorien zu finden, und oft genug sind sie intolerant gegenüber den von anderen gefundenen. Normalwissenschaftliche Forschung ist vielmehr auf die Verdeutlichung der vom Paradigma bereits vertretenen Phänomene und Theorien ausgerichtet. (Kuhn 1976, 38)

Kuhns Darstellung wirkt ernüchternd, vor allem wenn man sie vor dem Hintergrund des popperschen Wissenschaftsideals sieht. NormalwissenschaftlerInnen sind *keine* wagemutigen Haudegen, sie begnügen sich vielmehr mit „Aufräumtätigkeiten" (im englischen Original: „mop-up work"). Doch was meint Kuhn mit dem Begriff der Aufräumtätigkeit genau? Was wird aufgeräumt? Und zu welchem Zweck?

Erinnern wir uns, um hierauf eine Antwort geben zu können, an unsere Explikation des Paradigmenbegriffs. Wir haben dort erfahren, dass es die Exemplare sind, die gemeinsam mit den symbolischen Generalisierungen die Paradigmen und damit das Wesen normalwissenschaftlicher Forschung definieren. Wir können diesen Gedanken nun wie folgt konkretisieren: Ein Paradigma und eine mit ihm verknüpfte Forschungstradition betritt erst dann die Bühne der Wissenschaftsgeschichte, wenn es gelingt, die Problemlösungskompetenz einer symbolischen Generalisierung durch ein besonders eindrucksvolles Exemplar zu illustrieren. Hätte sich Newton zum Beispiel darauf beschränkt, der wissenschaftlichen Öffentlichkeit nur seine drei Gesetze der Mechanik und sein Gravitationsgesetz zu überlassen, dann hätte sich das newtonsche Forschungsprogramm aller Wahrscheinlichkeit nach nicht zu dem aufschwingen können, was es nach 1687 de facto wurde. Bevor die newtonsche Physik zu einem der bestimmenden Paradigmen der Wissenschaftsgeschichte werden konnte, mussten die bekannten symbolischen Generalisierungen der *Principia* erst durch geeignete Exemplare konkretisiert werden, etwa durch die befriedigende Erklärung der Gezeiten oder durch die erwähnte Berechnung der Wiederkehr des Halleyschen Kometen. Erst in Kombination mit diesen exemplarischen Problemlösungen waren die symbolischen Generalisierungen der *Principia* verheißungsvoll genug, um von der Scientific Community als ein sicherer Garant für zukünftigen Erfolg betrachtet zu werden. Nach anfänglichen Widerständen wurde es für WissenschaftlerInnen unumgänglich, sich der Mehrheitsmeinung des newtonschen Paradigmas anzuschließen.

Der soeben gebrauchte Begriff des Anschlusses ist in diesem Kontext durchaus wortwörtlich zu nehmen: Wenn sich WissenschaftlerInnen einem Paradigma anschließen, dann tun sie dies mit Haut und Haaren. Ein Paradigma gleicht nach Kuhn einem Glaubensbekenntnis, auf das NormalwissenschaftlerInnen vom ersten Tag ihrer Ausbildung an eingeschworen werden: In den Lehrbüchern machen sie von Anfang an mit den wichtigen Exemplaren der betreffenden Disziplin Bekanntschaft und lernen so, wie das Geschäft des Rätsellösens auszusehen hat. Die Exemplare legen fest, was gute Physik, gute Astronomie, gute Biologie oder gute Chemie ist. Exemplare sind also die evaluative Basis, um gute von schlechten Rätsellösungen zu unterscheiden.

Exemplare sind aber gleichzeitig auch eine in die Zukunft gerichtete „Verheißung von Erfolg" (Kuhn 1976, 38): Erfolgreiche Problemlösungen, die sich in Form von Exemplaren in Lehrbüchern finden, sollen von den auszubildenden NormalwissenschaftlerInnen als Vorbild für zukünftige Rätsellösungen akzeptiert werden. Und genau das ist es, was Kuhn mit dem Begriff der „Aufräumtätigkeiten" meint: Größen wie Newton oder Einstein konfrontieren die Fachwelt mit revolutionären Verknüpfungen von symbolischen Generalisierungen und Exemplaren und spannten auf diese Weise ungeahnte Problemhorizonte auf. Ganze Heerscharen von NormalwissenschaftlerInnen machen sich in der Folge daran, hinter den GroßmeisterInnen ihres Fachs „aufzuräumen" und die exemplarischen Rätsellösungen, die für das Paradigma konstitutiv waren, auf möglichst viele weitere Phänomene des jeweils behandelten Feldes anzuwenden.

Das zuletzt Gesagte rückt einen weiteren wichtigen Aspekt in den Vordergrund. Kuhn behauptet, dass NormalwissenschaftlerInnen generell nicht auf der Suche nach Neuem sind, sondern ganz im Gegenteil Neues sogar ignorieren, um sich ganz der Verdeutlichung dessen zu widmen, was im bestehenden Paradigma ohnehin schon beschlossen liegt. NormalwissenschaftlerInnen sind also – so kann man Kuhns Botschaft an dieser Stelle auch zusammenfassen – ihrem Wesen nach hochgradig konservativ. Auf der Grundlage unserer bisherigen Überlegungen wird nun deutlich, dass auch dieser Zug normalwissenschaftlicher Forschung zumindest zum Teil auf die Rolle von Exemplaren zurückgeführt werden kann, und zwar sowohl auf der Ebene des Individuums, als auch auf der kollektiven Ebene der Forschungsgemeinschaft (vgl. Bird 2000, 81).

Was die Ebene des Individuums anbetrifft, ist mit Kuhn zu sagen, dass ein Großteil des wissenschaftlichen Trainings darauf abzielt, in den auszubildenden NormalwissenschaftlerInnen einen Sinn für Ähnlichkeitsbeziehungen zwischen den Exemplaren, den nachfolgenden Rätseln und ihren Lösungen zu entwickeln. Die immer gleichen Anwendungsfälle, die sich am Ende von Lehrbuchkapiteln finden („Berechnen Sie die Flugbahn eines Projektils, wenn gilt ..."), sollen also das Gefühl dafür kultivieren, dass es ein Qualitätskriterium für Rätsellösungen ist, den bestimmenden Exemplaren eines Paradigmas möglichst ähnlich zu sein.

Dass sich NormalwissenschaftlerInnen sowohl bei der Wahl der zu behandelnden Rätsel als auch bei der Wahl der präferierten Lösungsstrategien an Ähnlichkeitsrelationen orientieren, ist für Kuhn ein wissenschaftshistorisches Faktum (z.B. Kuhn 1976, 201–203). Ähnlichkeitsrelationen übernehmen aber nicht nur die positive Rolle, aufgrund von äußeren Entsprechungen bestimmte Rätsel und Lösungen nahezulegen. Ähnlichkeitsrelationen wirken gleichzeitig wie Filter, die all das ausblenden, was unseren Erwartungen nicht entspricht. Kuhn zitiert in diesem Zusammenhang ein einflussreiches wahrnehmungspsychologisches Experiment von Jerome Bruner und Leo Postman (Bruner & Postman 1949), in dem Probanden nicht nur eine Reihe von normalen Spielkarten gezeigt wurde, sondern auch vereinzelte „Trickkarten" wie etwa eine schwarze Herz-Drei. Die Ergebnisse dieses Experiments legen grob gesprochen nahe, dass die Probanden auch im Fall der Trickkarten nur das sahen, was sie erwarteten, nämlich entweder eine schwarze Pik-Drei oder eine rote Herz-Drei. Dieses Ergebnis unterstreicht nach Kuhn ein generelles Charakteristikum der menschlichen Wahrnehmung, das auch für den Bereich normalwissenschaftlicher Forschung von allerhöchster Wichtigkeit ist (vgl. Kuhn 1976, 75–78): Haben sich NormalwissenschaftlerInnen erst einmal einem Paradigma angeschlossen und haben sie dementsprechend die Erwartung entwickelt, dass neue Rätsel und Lösungen den wichtigen Exemplaren der jeweiligen Disziplin ähneln müssen, dann ist die Wahrscheinlichkeit, entgegen ihren Erwartungen auf Novitäten zu stoßen, gleich Null. Novitäten werden selbst dann, wenn sie tatsächlich auftreten, ignoriert, weil die ganze Aufmerksamkeit dem gilt, was man auf der Basis von Ähnlichkeitsrelationen zu finden erwartet. Auf individueller Ebene ist der für die Normalwissenschaft charakteristische Konservativismus nach Kuhn also nicht nur auf die Rolle von Exemplaren und die in der Ausbildung erworbenen Ähnlichkeitsbeziehungen zurückzuführen, sondern auch auf andere Faktoren wie unsere physiologische Ausstattung.[10]

Der Konservativismus, der das Handeln von NormalwissenschaftlerInnen bestimmt, ist nach Kuhn jedoch nicht nur ein individuelles, sondern auch maßgeblich ein kollektives bzw. soziales Phänomen: Haben sich ForscherInnen einer For-

[10] Kuhn führt darüber hinaus noch weitere Faktoren wie „die Konstruktion einer komplizierten Ausrüstung, die Entwicklung eines esoterischen Vokabulars und besonderer Fähigkeiten sowie die Verfeinerung der Begriffe, die in wachsendem Maße die Ähnlichkeit mit deren gemeingebräuchlichen Ausgangsbegriffen verringert" an (Kuhn 1976, 77).

schungstradition angeschlossen,[11] dann bedeutet dies, dass das Paradigma selbst nur mehr vorausgesetzt, aber nicht mehr explizit thematisiert wird. NormalwissenschaftlerInnen sehen nicht nur die Gültigkeit des Paradigmas als selbstverständlich an, sie gehen zudem davon aus, dass das Paradigma auch in Zukunft zu erfolgreichen Rätsellösungen in der Lage sein wird. Diese Zuversicht kommt daher, dass die Mitglieder der Scientific Community die paradigmatischen Exemplare bereits als hinreichende Beweise für die Leistungsfähigkeit des Paradigmas ansehen. Genau dies war ja ursprünglich der Grund, sich dem Paradigma anzuschließen.

Mit Kuhn kann man nun sagen, dass diese Erwartung zukünftigen Erfolgs sozialen Druck zur Folge hat, der wiederum verstärkend auf den Konservativismus der Normalwissenschaft wirkt (vgl. z.B. Kuhn 1977a). Um sich beispielsweise am Jobmarkt durchsetzen zu können und eine unbefristete Stelle zu ergattern, müssen werdende ForscherInnen noch in ihrer Ausbildung unter Beweis stellen, dass sie zu eigenständigen Rätsellösungen in der Lage sind. Wollen sie das hiermit verbundene Risiko des Scheiterns minimieren, sind sie jedoch gut beraten, sich an die erlernten Ähnlichkeitsbeziehungen zu halten und sich sowohl bei der Wahl der Rätsel als auch bei der Wahl der Lösungsstrategien nicht zu weit von den paradigmatischen Exemplaren zu entfernen. Natürlich, WissenschaftlerInnen müssen insofern innovationsfreudig sein, als von ihnen die Ausarbeitung bis dato unbekannter Rätsellösungen erwartet wird. Geht ihre Innovationsfreude aber zu weit und entfernen sie sich von den allgemein anerkannten Standards des jeweiligen Paradigmas, bekommen sie die Auslesemechanismen des Wissenschaftssystems mit ganzer Härte zu spüren: Sie erhalten keine PhD-Plätze, ihre Stellen werden nicht verlängert, ihre Papers werden nicht veröffentlicht oder ihr Ansuchen um Drittmittelgelder wird abgelehnt. Kurz und knapp: Sie werden aus der Forschungsgemeinschaft aussortiert oder in diese gar nicht erst aufgenommen.

Wir haben unsere Auseinandersetzung im vorangehenden Abschnitt damit begonnen, Kuhns Begriff der RätsellöserIn einer genaueren Interpretation zu unterziehen. Wir haben uns zu diesem Zweck gefragt, was es eigentlich heißt, Spiele wie Kreuzworträtsel oder Sudoku zu spielen. Des Weiteren haben wir herauszuarbeiten versucht, weshalb Kuhn die Assoziation mit Spielen überhaupt bemüht, wenn es um die Charakterisierung der normalwissenschaftlichen Forschung geht. Ein erstes Ergebnis unserer Überlegungen war, dass Paradigmen für die Mitglieder einer Forschungsgemeinschaft diejenige Rolle spielen, die Spielregeln für die SpielerInnen eines gemeinsamen Spiels übernehmen. Wie wir gesehen haben, beschränkt sich die Bedeutung des Spielens hierauf aber nicht: Ein Spiel zu spielen bedeutet darüber hinaus, die Spielregeln als fraglos gültig anzuerkennen (d.h. sie weder umstürzen noch testen zu wollen) und bei jeder Partie wie selbstverständlich von der

[11] Der Vollständigkeit halber sei darauf hingewiesen, dass die Rede vom Anschluss an ein Paradigma nicht nahelegen soll, dass sich NormalwissenschaftlerInnen bewusst für die Forschungstradition entscheiden, der sie angehören. Im Regelfall werden sie in Paradigmen hineingeboren, was unter anderem heißt, dass sie während ihrer Ausbildungszeit über Jahre hinweg auf die Grundregeln des normalwissenschaftlichen Betriebs eingeschworen werden, ohne diese jemals ausdrücklich zum Problem zu machen.

Existenz einer Lösung auszugehen (d.h. die Schuld im Falle des Scheiterns nicht bei den Regeln zu suchen). Wir sind nun in der Lage, auch die letzten beiden Spezifikationen auf den kuhnschen Begriff der Normalwissenschaft anzuwenden.

Poppersche WissenschaftlerInnen bringen ihre Tage damit zu, sämtliche Bestandteile der von ihnen vorgeschlagenen Theorien empirisch zu testen. Auf kuhnsche NormalwissenschaftlerInnen trifft diese Charakterisierung zumindest im Hinblick auf die Paradigmen, in deren Rahmen sie forschen, nicht im Geringsten zu. NormalwissenschaftlerInnen forschen nicht deshalb, weil sie das Paradigma testen oder gar umstürzen wollen. Im selben Sinne, in dem Sudoku- oder SchachspielerInnen bestehende Spielregeln benötigen, um einen bestimmten Spielzug machen zu können, müssen auch NormalwissenschaftlerInnen das Paradigma unhinterfragt voraussetzen, um ein Rätsel überhaupt formulieren oder es gar lösen zu können (Kuhn 1976, 155f.). Natürlich, Kuhn bestreitet nicht, dass die Erfahrung innerhalb eines Paradigmas den Ausschlag dafür geben kann, ob ein Rätsel als gelöst zu betrachten ist oder nicht. Kuhn bestreitet aber erstens, dass es eine wissenschaftlich relevante, gleichzeitig paradigmenunabhängige Form der Erfahrung gibt (hierzu in der nächsten Einheit mehr), und gibt zweitens zu verstehen, dass die wissenschaftliche Erfahrung, die innerhalb von Paradigmen zustande kommt, durch die Paradigmen weitestgehend vorbestimmt wird:

> Manchmal, wie beispielsweise bei einer Messung von Wellenlängen, ist außer den letzten Einzelheiten des Ergebnisses alles im voraus bekannt, und im allgemeinen ist der Erwartungsspielraum nur wenig breiter. (Kuhn 1976, 49)

Auf der Basis des bislang Gesagten ist überdies klar, dass NormalwissenschaflerInnen ebenso wie Sudoku- oder SchachspielerInnen an Rätsel stets mit der Erwartung herangehen, dass in jedem einzelnen Fall auch tatsächlich eine Lösung existiert. Dies hat zur Folge, dass das Scheitern ausschließlich die Fähigkeiten der RätsellöserInnen in Frage stellt, nicht aber die Problemlösungspotenz des betreffenden Paradigmas. Die Lösbarkeitserwartung, mit der NormalwissenschaftlerInnen an Rätsel herangehen, rührt daher, dass die paradigmenbestimmenden Exemplare von der Scientific Community als hinreichender Beleg für die Leistungsfähigkeit des Paradigmas angesehen werden. Ob diese Überzeugung gerechtfertigt ist oder nicht – da sie von allen Mitgliedern der Forschungsgemeinschaft geteilt wird, bleibt der Schwarze Peter im Falle des Scheiterns stets beim Individuum. Wir sehen nun also, in welchem Sinn der Begriff der RätsellöserInnen und die damit verknüpfte Assoziation mit Geduldsspielen durchaus angebracht ist, wenn es um eine Charakterisierung der normalwissenschaftlichen Forschung geht.

5.3 Werte, Zusammenhänge und Naturalismus

Ich habe mich im vorangegangenen Kapitel zum wiederholten Male der Strategie bedient, bei der Darstellung einer Position den popperschen Falsifikationismus als Kontrastfolie heranzuziehen. In Bezug auf die Wissenschaftstheorie Thomas Kuhns ist diese Vorgehensweise auch zweifellos berechtigt: Einerseits finden sich in der *Struktur* etliche Spitzen gegen Popper (überhaupt ist Popper neben Ernest Nagel der einzige Vertreter des *received view*, der namentlich erwähnt wird). Andererseits gab es dokumentierte Konfrontationen zwischen Popper und Kuhn, allen voran jene im Rahmen einer Konferenz, die 1965 in London stattfand (vgl. Gattei 2008). Ziel dieses Abschnittes ist es, zwei Entgegnungen hervorzuheben, die Popper auf dieser Konferenz zur Verteidigung seines Falsifikationismus vorgebracht hat. Wie wir sehen werden, beruht eines dieser Argumente auf einem glatten Missverständnis. Demgegenüber ist das zweite Argument insofern interessant, als es die fundamentale Frage betrifft, wie die Disziplin der Wissenschaftstheorie überhaupt auszusehen hat.

Ergebnis des vorangegangenen Abschnitts war, dass Kuhn dem Bild eines radikal offenen, allzeit zur Änderung seiner Sichtweise bereiten WissenschaftlerInnentypus, wie es den Falsifikationismus Poppers dominiert, eine scharfe Absage erteilt. Kuhn zeichnet stattdessen ein Bild von NormalwissenschaftlerInnen, das stark an die Mitglieder einer mittelalterlichen Gilde erinnert (Nickles 2002, 146–147). NormalwissenschaftlerInnen sind dieser Darstellung zufolge konservativ, traditionsverbunden, relativ unempfänglich für Innovationen und primär darum bemüht, den Status quo zu erhalten. Diejenigen, die nicht in dieser Weise vorgehen, werden aus der Gilde ausgeschlossen oder in diese gar nicht erst aufgenommen.

Wie hat Popper auf diesen Begriff der Normalwissenschaft reagiert? Nun, anders als man es vielleicht erwarten würde, hat Popper die Existenz der Normalwissenschaft in keiner Weise bestritten (Popper 1970, 54). Manche Passagen von Poppers Replik lesen sich auf den ersten Blick sogar wie ein ausdrückliches Zugeständnis an Kuhn:

> Ich glaube, dass die Wissenschaft ihrem Wesen nach kritisch ist [...]. Aber ich habe auch immer betont, dass eine gewisse Portion Dogmatismus notwendig ist: der dogmatische Wissenschaftler spielt eine wichtige Rolle. Wenn wir der Kritik zu einfach stattgeben, werden wir nie herausfinden, wo die wahre Kraft unserer Theorien liegt. (Popper 1970, 55; meine Übersetzung)

Ich habe bereits in der Falsifikationismus-Einheit erwähnt, dass es vereinzelte Stellen gibt, an denen Popper dem Dogmatismus eine nicht ausschließlich negative Rolle zuweist (vgl. Einheit 4.2, 106, Fußnote 4). Und da auch die soeben zitierte Passage ganz klar in diese Richtung zielt, könnte man sich fragen, worin der vermeintliche Unterschied zwischen Popper und Kuhn überhaupt besteht. Popper gesteht ja offenkundig zu, dass es unter gewissen Umständen rational ist, an einer Theorie festzuhalten, auch wenn diese mit Kritik (d.i. mit scheinbaren Falsifikationen) konfrontiert wird. Könnte es also nicht sein, dass es zu Kuhns Rhetorik gehört, den Dogmatismus zu betonen, während es umgekehrt zu Poppers Rhetorik gehört, die Kritik zu betonen, dass aber beide letzten Endes dasselbe (oder zumindest etwas sehr Ähnliches) meinen?

Es ist mehrfach darauf hingewiesen worden, dass diese Hoffnung unbegründet ist, da Poppers scheinbares Zugeständnis auf einem groben Missverständnis der Wissenschaftstheorie Kuhns beruht (vgl. z.B. Bailer-Jones & Friebe 2009, 67–68):[12] Wenn Popper von dogmatischen WissenschaftlerInnen im positiven Sinne des Wortes spricht, dann sind WissenschaftlerInnen gemeint, die trotz scheinbarer Falsifikationen vorerst an der getesteten Theorie festhalten, etwa deshalb, weil sie vermuten, dass eine Zusatztheorie falsch sein oder ein Messfehler vorliegen könnte (Stichwort: Leverrier). Zu DogmatikerInnen im negativen Sinne werden derartige WissenschaftlerInnen erst, wenn die betreffende Theorie entgegen besserem Wissen und nach Ausschluss der genannten anderen Optionen aufrechterhalten wird.

Das Problem ist nun aber, dass kuhnsche NormalwissenschaftlerInnen weder DogmatikerInnen im positiven noch DogmatikerInnen im negativen Sinne sind. NormalwissenschaftlerInnen zeichnen sich vielmehr dadurch aus, Rätsellösungen auf der Basis eines Paradigmas vorzunehmen, ohne hierbei das Paradigma selbst jemals ausdrücklich zum Thema zu machen. Das Paradigma ist für NormalwissenschaftlerInnen das, was die Spielregeln für SpielerInnen sind: dasjenige, was beim Rätsellösen so selbstverständlich vorausgesetzt wird, dass es im Fall des Scheiterns als Grund dafür nicht einmal in Betracht kommt. Wenn also Popper akzeptable Formen des Dogmatismus dadurch bestimmt, der Kritik nicht vorschnell stattzugeben, um so die wahre Kraft von Theorien herauszufinden, dann geht dies – unabhängig davon, wie berechtigt sein Punkt ansonsten auch immer sein mag – am Kern der kuhnschen Wissenschaftstheorie und vor allem am Kern des Begriffs der Normalwissenschaft vorbei.

In Poppers Replik findet sich aber noch ein anderes Argument, das im gegenwärtigen Kontext interessanter ist als das soeben diskutierte: Ich habe gesagt, dass Popper die Existenz der Normalwissenschaft durchaus zugesteht. Popper beschreibt sie als

> die Tätigkeit [...] des nicht allzu kritischen Experten: um die Tätigkeit des Studierenden, der das momentan angesagte Dogma akzeptiert und kein Interesse daran hat, es herauszufordern, und der eine neue, revolutionäre Theorie nur dann akzeptiert, wenn beinahe alle anderen auch bereit sind, es zu akzeptieren – wenn es also modisch wird und man deshalb auf den fahrenden Zug aufspringt. (Popper 1970, 52; meine Übersetzung)

Der Normalwissenschaftler ist also, so Popper weiter, „eine Person, die man bemitleiden sollte“ (Popper 1970, 52; meine Übersetzung):

> Der Normalwissenschaftler, wie Kuhn ihn beschreibt, wurde schlecht ausgebildet. Er wurde in einem dogmatischen Geist erzogen: Er ist ein Opfer der Indoktrination. Er hat eine Technik gelernt, die angewandt werden kann, ohne nach dem Warum zu fragen [...]. Er ist

[12] Es gibt Versuche der Versöhnung zwischen Popper und Kuhn, beispielsweise durch Darrell Rowbottom (Rowbottom 2011a). Offensichtlich ist aber, dass Rowbottoms Vorschlag nur dann fruchtet, wenn sowohl die poppersche als auch die kuhnsche Wissenschaftstheorie grundlegend modifiziert werden.

> folglich das geworden, das man einen *anwendungsorientierten Wissenschaftler* nennen könnte, im Gegensatz zu dem, was ich einen *reinen Wissenschaftler* nennen sollte. Er ist, wie Kuhn es ausdrückt, damit zufrieden, Rätsel zu lösen. [...] Ich gebe zu, dass diese Art der Einstellung existiert; und sie existiert nicht nur unter Ingenieuren, sondern auch unter Leuten, die als Wissenschaftler ausgebildet wurden. Ich kann aber nur sagen, dass ich eine sehr große Gefahr in dieser Einstellung und in der Möglichkeit sehe, dass sie zur Normalität werden könnte: eine Gefahr für die Wissenschaft und in der Tat eine Gefahr für unsere Zivilisation. (Popper 1970, 53; meine Übersetzung).

Geht man diese Passage zum ersten Mal durch, kann leicht der Eindruck entstehen, dass man es hier weniger mit handfesten Argumenten als mit einer Reihe von großväterlichen Ratschlägen zu tun hat. Popper scheint zwar seinem Missfallen Luft zu machen und sogar das Ende der Zivilisation zu beschwören – seine Kritik beschränkt sich aber dem ersten Anschein nach darauf, allein die *Werte*, die hinter Kuhns Begriff der Normalwissenschaft stehen, zu attackieren. Ist dies aber nicht eine sehr dürftige Art und Weise, auf Kuhns Theorievorschlag, der immerhin durch historische, psychologische und soziologische Belege abgestützt ist, zu reagieren?

Führen wir uns, um die Frage zu beantworten, noch einmal vor Augen, was es eigentlich genau ist, das Popper kritisiert: Popper richtet sich – so lautet die offenkundige Antwort – gegen Kuhns These der Normalwissenschaft und den damit verbundenen WissenschaftlerInnentypus. Doch von welcher Art ist diese These? Beschreibt Kuhn mit dem Begriff der Normalwissenschaft nur, was im historischen Verlauf der Naturwissenschaften tatsächlich der Fall war bzw. heutzutage noch der Fall ist? Oder handelt es sich um eine These hinsichtlich dessen, was in den Naturwissenschaften, gemessen an bestimmten Zielen und Werten, der Fall sein *soll*? Kurz, sind Kuhns Thesen rein *deskriptiv* (d.i. beschreibend, bloß das faktische Sein betreffend) oder kommt ihnen auch eine *normative* (d.i. vorschreibende, bestimmte Werte betreffende) Tragweite zu?

Spricht man in der Philosophie von Begriffen wie „Normativität", „normativ" oder „Wert", dann denkt man zumeist an die Ethik und an die dort stattfindende Auseinandersetzung mit *moralischen Werten* wie Freiheit, Gerechtigkeit oder Gleichheit. Natürlich, auch diese Art von Werten kann relevant sein, wenn es um eine umfassende Analyse des wissenschaftlichen Erkenntnisprozesses geht (man denke beispielsweise an die Frage, ob die Anwendung einer bestimmten Technologie moralisch vertretbar ist oder nicht). Für die Wissenschaftstheorie ist aber eine andere Art von Werten grundlegender, nämlich die so genannten *epistemischen* (d.i. die Erkenntnis betreffenden) *Werte* wie Gültigkeit, Widerspruchslosigkeit oder Einfachheit. Werte wie diese definieren das wissenschaftliche Erkenntnisideal und damit das Ziel, das WissenschaftlerInnen bei ihrer Arbeit stets vor Augen haben sollten.

Traditionell hat man es als die Aufgabe der Wissenschaftstheorie angesehen, sich vorrangig mit dieser Sphäre epistemischer Werte und ihrer Manifestation in Form konkreter Methoden auseinanderzusetzen. Dies wirft aber natürlich die

Frage nach der Art und Weise auf, in der diese Aufgabe umzusetzen ist. Wie geht man vor, um herauszufinden, welche epistemischen Werte die richtigen sind? Wie findet man heraus, in welcher Hierarchie die als richtig erkannten Werte angeordnet sind? Die Antwort auf derartige Fragen wurde üblicherweise auf negativem Wege gegeben: Wie auch immer man die epistemischen Werte fixiert, auf Grundlage derer wissenschaftliche Erkenntnisansprüche zu bewerten sind, sicher ist, dass sie sich nicht allein aus den empirischen (d.i. historischen, sozialen, psychologischen oder kulturellen) Bedingungen herleiten lassen, unter denen diese Erkenntnisansprüche konzipiert und formuliert werden. Warum das so ist, wurde häufig anhand des folgenden Beispiels illustriert.

In der Chemie des 19. Jahrhunderts war bereits vor 1865 C_6H_6 als die Summenformel von Benzol bekannt. Man wusste also, dass Benzol aus sechs Kohlenstoffatomen und sechs Wasserstoffatomen besteht. Was man jedoch nicht wusste, war die genaue Anordnung dieser Bestandteile. Man kannte also die richtige Strukturformel nicht, was bei 217 Möglichkeiten ein nicht unbeträchtliches Problem darstellt. Beantwortet wurde diese offene Frage vom deutschen Chemiker August Kekulé (1829–1896). Dieser gab jedoch später zu Protokoll, dass ihm die richtige Antwort im Schlaf zugefallen sei. Kekulé nickte vor dem Kaminfeuer ein und träumte von der mythischen Gestalt eines Ouroboros, einer Schlange, die sich selbst in den Schwanz beißt. Nachdem Kekulé aufgewacht war, wurde ihm schlagartig bewusst, dass er die richtige Antwort auf das Benzolproblem im wahrsten Sinne des Wortes erträumt hatte: Wie eine Schlange, die sich in den eigenen Schwanz beißt, ist auch Benzol ringförmig organisiert.

Die Anekdote um August Kekulé wurde traditionellerweise wie folgt interpretiert: Die Tatsache, dass Kekulé die Hypothese von der Ringförmigkeit im Traum zugefallen ist, gibt eine wunderbare wissenschafts*historische* Anekdote ab. Sie ist darüber hinaus vielleicht von wissenschafts*soziologischer* Relevanz (z.B.: „Wie wirkt sich die humanistische Bildung auf den naturwissenschaftlichen Erkenntnisprozess aus?") oder kann wissenschafts*psychologisch* verwertet werden (z.B.: „Befördert Schlaf die wissenschaftliche Kreativität?"). Will man aber etwas über die objektive Gültigkeit der Ringförmigkeitsthese erfahren (bzw. über die Methoden und Kriterien, mittels derer ihre objektive Gültigkeit festgestellt wird), dann sind *genetische* Aspekte (d.h. Aspekte, die die Entstehung der These betreffen) irrelevant. Die epistemische Bewertung von Kekulés Hypothese ist davon unabhängig, ob sie Ergebnis harter Arbeit, Ergebnis eines perfiden Betrugs oder Resultat der Eingebung durch das Spaghettimonster war. Die objektive Begründbarkeit von Kekulés These ist auch davon unabhängig, ob Kekulé ein Linker, ein Rechter, ein Franzose, ein Brite oder ein Japaner war. Ja, die Gültigkeit der These von der Ringförmigkeit des Benzol ist sogar davon unabhängig, ob sie von Kekulé, Hinz oder Kunz vorgetragen wurde. Kurz: Einer, vor allem durch Hans Reichenbach (1983, §1) popularisierten Unterscheidung folgend fallen die empirischen Bedingungen des Erkenntnisprozesses in den so genannten *Entdeckungszusammenhang* und sind dementsprechend Thema nicht-philosophischer Disziplinen wie der Psychologie, der Soziologie oder der Geschichte. Fragen nach der objektiven Gültigkeit von wissenschaftlichen Erkenntnisansprüchen fallen hingegen in den so genannten *Rechtfertigungs-* oder *Begründungszusammenhang* und sind dementsprechend Gegenstand der philosophischen Wissenschaftstheorie. Mit der überwiegenden Mehrzahl der VertreterInnen des logischen Empirismus teilte Popper die Ansicht, dass das Verhältnis zwischen Entdeckungs- und Begründungszusammenhang zudem ein asymmetrisches ist: Die Ergebnisse derjenigen Disziplinen, die sich mit dem Entdeckungszusammenhang beschäftigen, sind – so die Sichtweise des *received view* – für die philosophische Analyse des Begründungszusammenhangs irrelevant. Oder anders gesagt: Wer sich allein für die objektive Gültigkeit von Hypothesen interessiert, kann die Genese der betreffenden Hypothese getrost außer Acht lassen und muss sich nicht mit den historischen, sozialen, kulturellen oder psychologischen Bedingungen der Wissensproduktion auseinandersetzen.

Kommen wir vor diesem Hintergrund auf die Fragen von vorhin zurück: Was kritisiert Popper eigentlich, wenn er den kuhnschen Begriff der Normalwissenschaft attackiert? Von welcher Art ist die These, die Kuhn mit diesem Begriff verknüpft? Sieht man sich die methodischen Werkzeuge an, die Kuhn zur Untermauerung seiner Sichtweisen bemüht, und nimmt man die Unterscheidung zwischen Entdeckungs- und Begründungszusammenhang hinzu, dann muss man zu dem Schluss gelangen, dass Kuhn in der *Struktur* beinahe ausnahmslos über den Entdeckungszusammenhang spricht. Dieser Eindruck rührt daher, dass Kuhn primär auf historische und psychologische (seltener auch auf soziologische) Daten zurückgreift, um seine Argumente abzustützen: Sieht man sich beispielsweise im Detail an, wie Kuhn für die im letzten Abschnitt dargestellte Rolle von Exemplaren argumentiert, so stößt man einerseits auf historische Beobachtungen, etwa zur Forschungspraxis von Galileo Galilei (z.B. Kuhn 1976, 201–203), oder aber man findet Ergebnisse psychologischer Studien, wie etwa die bereits angesprochene Untersuchung von Bruner und Postman (vgl. Kuhn 1976, 75–78). Dieser Stil, auf der Grundlage empirischer Daten für wissenschaftstheoretische Thesen zu argumentieren, ist für die *Struktur* insgesamt charakteristisch.

Führt man sich diesen Umstand vor Augen und berücksichtigt man die zuvor angesprochene Unterscheidung zwischen Entdeckungs- und Begründungszusammenhang, fällt es leichter, Poppers Kritik an Kuhn nachzuvollziehen: Aus popperscher Perspektive ist das Problem an Kuhns Wissenschaftstheorie, *dass diese streng genommen gar keine Wissenschaftstheorie ist!* Kuhn geht von historischen Beobachtungen und psychologischen Studien aus, verallgemeinert diese und zieht aus dieser Datenbasis eine Reihe von normativen Schlussfolgerungen. Genau dies ist für Popper aber ein Unding. Wer auf diese Weise vorgeht und aus empirischen Daten normative Rückschlüsse abzuleiten glaubt, verletzt die Trennlinie zwischen Entdeckungs- und Begründungszusammenhang und begeht so einen glatten Kategorienfehler: Es mag durchaus zutreffend sein, dass sich NormalwissenschaftlerInnen so verhalten, wie Kuhn dies beschreibt. Und es mag auch zutreffend sein, dass der menschliche Wahrnehmungsapparat gewisse Dispositionen aufweist, die das von Kuhn beschriebene normalwissenschaftliche Verhalten begünstigt. Geht es jedoch um die genuin normativen Fragen nach der epistemischen Bewertung von Erkenntnisansprüchen, ist all dies für Popper ebenso irrelevant wie Kekulés Nickerchen für die objektive Gültigkeit der Ringförmigkeitsthese.

Kuhn war sich der Tatsache, gegen die damals einflussreiche Unterscheidung zwischen Entdeckungs- und Begründungszusammenhang zu verstoßen, natürlich bewusst (Kuhn 1976, 23f.).[13] Er vertrat jedoch an mehreren Stellen die Ansicht, dass die Unterscheidung in der Schärfe, in der sie von den ProponentInnen des *received view* vertreten wurde, zurückzuweisen ist (vgl. z.B. Kuhn 1977d, 326–328). Einer der Gründe für seine ablehnende Haltung ist, dass Theoriebewertungen für ihn immer in reale (d.h. historische, soziale oder kulturelle) Situationen eingebettet sind und von diesen auch nicht abgetrennt werden können. Die strikte Trennung zwischen einer Sphäre der Entdeckung und einer Sphäre der objektiven, von aller empirischen Kontingenz gereinigten Gültigkeit ist für Kuhn deshalb nicht einmal im Sinne einer Idealisierung statthaft (Kuhn 1977d, 327).[14] Ist es aber tatsächlich unmöglich, zwischen Entdeckungszusammenhang und Begründungszusammenhang trennscharf zu unterscheiden bzw. diese Unterscheidung auch nur in einer abgeschwächten Form aufrechtzuerhalten, dann stellt sich im Hinblick auf die Methoden der Wissenschaftstheorie die folgende offenkundige Frage: Warum sollten erkenntnis- und wissenschaftstheoretische Analysen *nicht* auf empirischem Wege erfolgen?

Dadurch, dass er sich gegen die einflussreiche Unterscheidung zwischen Entdeckungszusammenhang und Begründungszusammenhang auflehnte und so empirischen Disziplinen wie der Geschichte, der Psychologie oder der Soziologie den Weg in die Wissenschaftstheorie ebnete, ist Kuhn zu einem der Vorreiter dessen geworden, was man heutzutage *Naturalismus* nennt. Was ist unter diesem Label zu verstehen? Wie in der Philosophie überhaupt ist der Naturalismus auch in der Wissenschaftstheorie keine einheitliche Doktrin. Es handelt sich vielmehr

13 Es ist aber nicht vollkommen klar, wie wichtig Kuhn diese Thematik war: Er setzt sich im Haupttext der *Struktur* mit der Unterscheidung zwischen Entdeckungs- und Begründungszusammenhang nur an einer einzigen Stelle auseinander – und das in äußerst knapper Form. Wie Paul Hoyningen-Huene berichtet, hat Kuhn jedoch selbst diese knappen Bemerkungen nur deshalb inkludiert, weil ihn sein Kollege Stanley Cavell vor der drohenden Kritik der wissenschaftstheoretischen Community warnte (Hoyningen-Huene 2006, 125). Wären die mahnenden Worte von Cavell nicht gewesen, wäre diese Thematik in der *Struktur* völlig unerwähnt geblieben. Dies deutet darauf hin, dass Kuhn die Unterscheidung nicht allzu wichtig genommen hat.

14 Diese Argumentationslinie hat Kuhn den Vorwurf eingebracht, den Begründungszusammenhang mit einem Entscheidungszusammenhang zu verwechseln: In Ersterem wird die Frage nach der objektiven Gültigkeit von Erkenntnisansprüchen verhandelt, während es in Letzterem um die konkreten Situationen geht, in denen solche Erkenntnisansprüche formuliert und evaluiert werden. Herauszustellen, dass der Entscheidungszusammenhang nicht sinnvoll diskutiert werden kann, ohne über konkrete (d.i. historische, sozial eingebettete etc.) Subjekte zu sprechen, hat – so das Argument gegen Kuhn – keinerlei Auswirkung auf den Begründungszusammenhang (vgl. Siegel 1980, 312).

um ein loses, mal radikaler, mal weniger radikal ausgelegtes Programm, das die Praxis der wissenschaftstheoretischen Analyse betrifft. Im Kern besteht der Naturalismus aus drei Thesen, nämlich a) der Gradualitätsthese, b) einer methodologischen These und c) einer ontologischen These. a) besagt, dass zwischen der Philosophie und den Einzelwissenschaften weder hinsichtlich der Methode, noch hinsichtlich des Gegenstandsbereichs ein grundlegender, sondern bestenfalls ein gradueller Unterschied besteht. b) besagt, dass die einzig legitimen Methoden der Wissensproduktion jene sind, die in den empirischen Wissenschaften zur Anwendung kommen, und dass deshalb Wissen eo ipso empirisches Wissen ist. Und c) besagt, dass die Realität lediglich aus „natürlichen" Entitäten und Prozessen besteht, dass es also keine „seltsamen" oder „übernatürlichen" Entitäten wie etwa moralische oder epistemische Werte gibt. Zusammengenommen ergeben diese drei Thesen, dass es nichts über uns oder über die Welt zu wissen gibt, das sich nicht auf empirisch-einzelwissenschaftlichem Wege herausfinden lässt.

Das positive Credo des Naturalismus lautet also wie folgt: Die Methoden der empirischen Einzelwissenschaften sind auf alle Bereiche menschlichen Erkenntnisstrebens anzuwenden, auch auf die Methoden der empirischen Einzelwissenschaften selbst. Diese Forderung wirft jedoch mehrere Fragen auf, unter anderem diese: Wie ist mit Phänomenen umzugehen, die sich der Thematisierung mittels empirischer Methoden auf den ersten Blick versagen? Wie steht es beispielsweise um die epistemische Norm, dass wir stets jene Hypothese akzeptieren sollen, die mit den verfügbaren Daten übereinstimmt, nicht aber jene, die den verfügbaren Daten widerspricht? Wir scheinen keine empirischen Methoden zu benötigen, um die Gültigkeit dieser Norm einzusehen. Ganz im Gegenteil: Dem ersten Anschein nach setzen wir diese Norm immer schon voraus, wenn wir unterschiedliche Theorien über die empirische Welt bewerten. Ist es deshalb aber nicht fragwürdig, Wissen ganz generell mit empirischem Wissen gleichzusetzen und damit die Möglichkeit von genuin normativem Wissen partout auszuschließen?

NaturalistInnen bestreiten nicht, dass Normen wie die gerade erwähnte in unserem alltäglichen Leben eine große Rolle spielen. Nach naturalistischem Dafürhalten folgen wir ihnen aber nicht deshalb, weil ihnen objektive Gültigkeit zukommt: Dies würde ja die Existenz von Werten implizieren! Nein, biologisch inspirierte NaturalistInnen würden stattdessen sagen, dass es den Überlebenschancen unserer Vorfahren förderlich war, gewissen Normen zu folgen, und dass unsere Präferenz für gewisse Werte ein Ergebnis dieser evolutionären Vorgeschichte ist. Da alle bisherigen Säbelzahntiger versucht haben, ihn zu fressen, entschied sich Zork angesichts des näherkommenden Säbelzahntigers zur Flucht. Da alle bisherigen Säbelzahntiger versucht haben, ihn zu fressen, entschied sich Bork dazu, dem näherkommenden Säbelzahntiger die Hand zur Freundschaft zu reichen. Wer ist unser Vorfahre, Bork oder Zork?[15]

[15] Vgl. für eine entsprechende Argumentation z.B. Ruse (1986); eine anti-naturalistische Kritik von Ruse findet sich z.B. bei Brown (1994, Kap. 4).

Natürlich bedienen sich nicht alle NaturalistInnen evolutionstheoretischer Erklärungen. Wie wir noch sehen werden, kommen in unterschiedlichen Naturalisierungsprogrammen mitunter sehr unterschiedliche empirische Methodenwerkzeuge zum Einsatz. Gemeinsam ist allen Naturalismen aber eines: Phänomene, die sich mittels empirischer Methoden nicht ohne Weiteres beschreiben lassen, müssen auf die eine oder andere Weise re-interpretiert, wegerklärt oder auf andere, methodenkonforme Phänomene reduziert werden. Das liegt daran, dass die Welt für NaturalistInnen nur aus Dingen besteht, die sich mittels empirischer Methoden beschreiben, quantifizieren und letztlich auch erklären lassen.

Der Naturalismus ist inzwischen in vielen philosophischen Disziplinen zur bestimmenden Mehrheitsmeinung geworden. Speziell in der Wissenschaftstheorie hat dies vermutlich damit zu tun, dass hier der außerordentliche Erfolg einzelwissenschaftlicher Methoden besonders augenscheinlich (weil ja der primäre Forschungsgegenstand) ist. WissenschaftstheoretikerInnen sind so vielleicht besonders empfänglich für den Gedanken, dass empirische Methoden auch dann zum Erfolg führen, wenn sie auf sich selbst angewandt werden. Unbestritten ist außerdem, dass die Wissenschaftstheorie von der vermehrten Integration empirischer Disziplinen profitiert hat. Sieht man von einigen Ausnahmen ab, wurde die Wissenschaftstheorie vor Kuhn beispielsweise ohne systematische Berücksichtigung der Wissenschaftsgeschichte betrieben. Traditionelle WissenschaftstheoretikerInnen des *received view* erweckten so nicht selten den Eindruck, mit der Wissenschaft, wie sie tatsächlich in Labors oder Observatorien betrieben wird, reichlich wenig zu tun zu haben. All dies hat sich nicht zuletzt unter dem Einfluss von Kuhn geändert: Von Wissenschaftstheorien wird heutzutage wie selbstverständlich erwartet, sich an wissenschaftshistorischen Daten zu bewähren und diese unter Umständen auch als Falsifikatoren zu akzeptieren. Kaum jemand würde bestreiten, dass die Wissenschaftstheorie hierdurch zu einer gegenstandsadäquateren Disziplin geworden ist.

Aller Positiva zum Trotz sollte man jedoch nie die Tatsache aus den Augen verlieren, dass der Naturalismus das Suffix „-ismus“ nicht nur zu Dekorationszwecken im Titel trägt. Was ich hiermit meine, ist Folgendes: Die meisten Spielarten des Naturalismus beschränken sich nicht auf die harmlose und von kaum jemandem bestrittene Forderung, einzelwissenschaftlichen Disziplinen *auch* eine Rolle im wissenschaftstheoretischen Methodenkanon zuzugestehen. Der Naturalismus steht in der Wissenschaftstheorie nicht selten für die sehr viel radikalere Behauptung, dass die Methoden der empirischen Einzelwissenschaften ausreichen, um *alle* wissenschaftstheoretisch relevanten Fragen, sofern sie überhaupt vernünftig formuliert werden können, in befriedigender Art und Weise zu beantworten. Da es nach naturalistischem Dafürhalten eine Illusion ist, Wissenschaftstheorie auf apriorischem (d.i. nicht empirischem) Wege zu betreiben, bleibt uns ganz einfach nichts anderes übrig, als auf die Methoden der empirischen Einzelwissenschaften zu setzen. Es ist diese radikale Sichtweise, die manche KritikerInnen davon abhält, ebenfalls auf den naturalistischen Zug aufzuspringen. Hier sind drei exemplarische Einwände, die häufig gegen den Naturalismus vorgebracht wurden.

Das *erste* Bedenken lautet, dass das naturalistische Programm hoffnungslos zirkulär ist. Hiermit ist Folgendes gemeint: Die Wissenschaftstheorie beschäftigt sich mit einer Analyse derjenigen Methoden, die in den empirischen Einzelwissenschaften zur Anwendung kommen und die dort dem Ziel der wissenschaftlichen Erkenntnisgewinnung dienen. Verwendet man für diese Art der Analyse jedoch die Methoden der empirischen Einzelwissenschaften, dann setzt man bei der Analyse bereits voraus, was durch die Analyse eigentlich erst geklärt werden soll. KritikerInnen könnten deshalb meinen, dass der Naturalismus in dieser Hinsicht an den Versuch erinnert, die Existenz Gottes mit dem Hinweis zu begründen, dass die Bibel Gottes Wort ist, dass Gott allwissend ist, dass Gott nicht lügt und dass es deshalb gerechtfertigt ist, von der Existenz Gottes auszugehen.[16]

Der *zweite* (indirekt bereits angesprochene) Vorwurf lautet, dass der Naturalismus nicht in der Lage ist, den normativen Ansprüchen der wissenschaftstheoretischen Analyse gerecht zu werden. In der Wissenschaftstheorie geht es nicht primär um die bloße Erhebung und Beschreibung tatsächlich angewandter Methoden der Erkenntnisgewinnung. Der Wissenschaftstheorie geht es vielmehr um die Frage, welche Methoden angewandt werden *sollen*, um das Ziel der Erkenntnisgewinnung auch wirklich erreichen zu können. Die Frage ist aber, wie diese zweite, genuin normative Frage beantwortet werden kann, wenn alles, was zur Verfügung steht, die Methoden der empirischen Einzelwissenschaften sind. Erinnern wir uns an das Beispiel von früher: Die Geschichte über Bork, Zork und den Säbelzahntiger scheint plausibel zu machen, warum es Zork vorbehalten war, neben seinem restlichen genetischen Material auch die Norm, dass Theorien zu den bisher gesammelten Daten passen sollen, weiterzuvererben. Wir können jedoch sehr leicht eine alternative Geschichte finden, durch die das genaue Gegenteil plausibel wird: Nehmen wir an, dass sich Bork und Zork keinem Säbelzahntiger, sondern einem wilden Auerochsen gegenübersehen. Obwohl die bisherigen Aufeinandertreffen allesamt schmerzhaft waren, entschließt sich Zork dazu, dem Auerochsen die Hand zur Freundschaft zu reichen, und geht so als der erste Mensch, dem die Domestizierung von Pflanzenfressern gelingt, in die Geschichte ein. Der in kurzer Zeit gezähmte Auerochse sichert im folgenden Winter Zork das Überleben, während Bork jämmerlich zugrunde geht.

[16] Beginnend mit Quines epochemachendem Aufsatz waren sich NaturalistInnen der zirkulären Struktur ihrer Argumentation aber natürlich zu jedem Zeitpunkt bewusst (Quine 2003a). Die Standardreaktion auf den Zirkularitätsvorwurf ist, dass die Hoffnung auf nicht zirkuläre Argumentationen einer veralteten Form von Erkenntnistheorie entspringt, die ebenfalls zugunsten des Naturalismus aufzugeben ist. Seit Quine wird in diesem Zusammenhang häufig auf eine Metapher von Otto Neurath hingewiesen: Unser wissenschaftliches Erkenntnisstreben gleicht dieser Metapher zufolge einem „Schiff auf offener See", bei dem keine Hoffnung besteht, „es jemals in einem Dock zerlegen und aus den besten Bestandteilen neu errichten zu können" (Neurath 1981, 579).

Ich sehe keinen Grund, weshalb man diese Erklärung als weniger plausibel betrachten sollte als die vorhin gegebene. Wenn es aber möglich ist, gleichermaßen plausible Erklärungen für und gegen das Befolgen einer Norm zu finden, dann legt dies den Schluss nahe, dass die Erklärung des faktischen Vorliegens einer Norm nicht mit ihrer Bewertung identisch ist. Bewertungen sind von Erklärungen jedoch nicht nur zu unterscheiden: Es scheint vor allem auch zu gelten, dass Erstere nicht aus Letzteren abgeleitet werden können.

Ich glaube, dass der Normativitätseinwand, so wie ich ihn gerade skizziert habe, für den Naturalismus tatsächlich ein Problem darstellt. Unklar ist aber, wie genau sich dieser Einwand auf die kuhnsche Wissenschaftstheorie anwenden lässt. Kuhn wird manchmal vorgeworfen, das normative Ziel der Wissenschaftstheorie insofern verfehlt zu haben, als er sich auf bloße Beschreibungen des Wissenschaftsbetriebs beschränke. Dass dies ganz klar nicht das Problem ist, kann man sich etwa anhand der Frage des Konservativismus in der Normalwissenschaft deutlich machen: Wir haben gesehen, dass Paradigmen zu einer massiven Einengung des Sichtfeldes führen. Weil Paradigmen fast restlos vorbestimmen, was als Rätsel akzeptiert wird und wie eine potenzielle Rätsellösung aussehen kann, ist das Verhalten von NormalwissenschaftlerInnen tendenziell intolerant, traditionsverbunden und stark an bereits Bekanntem orientiert. Diese Aufzählung von Eigenschaften ist aber nicht bloß eine Beschreibung dessen, was Kuhn in historischen oder aktuellen Normalwissenschaften de facto vorzufinden glaubt. Der springende Punkt an der kuhnschen Argumentation ist vielmehr, dass der Konservativismus den beispiellosen Erfolg normalwissenschaftlicher Forschung *erklärt*:

> Durch Konzentration der Aufmerksamkeit auf einen kleinen Bereich relativ esoterischer Probleme zwingt das Paradigma die Wissenschaftler, ein Teilgebiet der Natur mit einer Genauigkeit und bis zu einer Tiefe zu untersuchen, die sonst unvorstellbar wären. Und die normale Wissenschaft besitzt einen eingebauten Mechanismus, der eine Lockerung der Restriktionen der Forschung gewährleistet, sobald das Paradigma, von dem sie hergeleitet sind, nicht mehr wirksam funktioniert. An diesem Punkt beginnen die Wissenschaftler, sich anders zu verhalten, und das Wesen ihrer Forschungsprobleme ändert sich. In der Zwischenzeit jedoch, so lange das Paradigma erfolgreich ist, hat die Fachwissenschaft Probleme gelöst, die sich ihre Mitglieder kaum hätten vorstellen können und niemals in Angriff genommen hätten ohne die Bindung an das Paradigma. (Kuhn 1976, 38–39)

Kuhns Argumentation sieht wie folgt aus: *Weil* Paradigmen das Blickfeld von NormalwissenschaftlerInnen einschränken, untersuchen diese die Natur mit einer Genauigkeit, die ansonsten undenkbar wäre. Und *weil* NormalwissenschaftlerInnen die Natur mit einer Genauigkeit untersuchen, die ansonsten undenkbar wäre, ist die normalwissenschaftliche Forschung um so viel erfolgreicher als jede andere Art der Welterkundung. Dieses Beispiel zeigt, dass Kuhn von einem reinen Deskriptivismus weit entfernt ist. Kuhn geht es eindeutig um eine Wissenschafts*theorie*, die sich zum Ziel setzt, das Funktionieren und den Erfolg der normalwissenschaftlichen Forschung zu *erklären*.

Löst all dies den vorhin dargestellten Normativitätsvorwurf? Rekonstruieren wir die kuhnsche Argumentationsstrategie noch einmal, um hierauf eine Antwort zu geben: Kuhn führt zur Charakterisierung des normalwissenschaftlichen Konservativismus eine Reihe von Eigenschaften an, die für sich genommen allesamt klar negativ sind. Das Entscheidende an Kuhns Argumentation ist aber, dass negative Eigenschaften wie Traditionsverbundenheit oder Intoleranz in Kombination etwas sehr Positives ergeben, nämlich die normalwissenschaftliche Forschung. Es ist genau dieser Punkt, an dem das Normativitätsproblem erneut die Bühne betritt: Die Frage ist nämlich, wie Kuhn zu der Einschätzung gelangt, dass die Normalwissenschaft (bzw. eine bestimmte Manifestation derselben) als etwas Positives anzusehen ist. Ist es tatsächlich Teil des kuhnschen Programms, auf den apriorischen Weg der traditionellen normativen Wissenschaftstheorie völlig zu verzichten, dann bleibt der wissenschaftstheoretischen Analyse nur, bei empirischen Beschreibungen faktisch vorliegender Normalwissenschaften zu beginnen und von hier aus zu lokalen Erklärungen ihrer Funktionsweisen fortzuschreiten. Die Sphäre des Normativen mag vielleicht insofern ins Spiel kommen, als man normative Aussagen, wie sie in Forschungsgemeinschaften de facto vertreten werden, beschreibt und danach in lokale Erklärungen integriert. Beschreibungen normativer Aussagen sind aber evidenter Weise etwas vollkommen anderes als die normativen Aussagen selbst.

Nehmen wir für den Moment an, dass die bisherige Argumentation zutrifft und normative Urteile im Rahmen einer naturalistischen Methode tatsächlich nicht zu haben sind.[17] Würde dieses Ergebnis den Naturalismus in eine ausweglose Situation bringen? Natürlich nicht. NaturalistInnen könnten mit dem Hinweis reagieren, dass die bisherigen Ergebnisse unter Umständen nur zeigen, dass etwas an der traditionellen Auffassung zum Wesen der Wissenschaftstheorie faul ist. Vielleicht müssen wir das Vorliegen bestimmter Manifestationen normalwissenschaftlicher Forschung ganz einfach akzeptieren und uns von der Vorstellung lösen, dass es einer normativen Vogelperspektive bedarf, von der aus letzte Rechtssprüche über die ohnehin erfolgreiche Praxis der Normalwissenschaft zu verhängen sind.

Es steht außer Zweifel, dass die soeben skizzierte Argumentationsstrategie eine Möglichkeit darstellt, auf den Normativitätseinwand zu reagieren. NaturalistInnen müssen sich aber darüber im Klaren sein, dass diese Strategie ihren Preis hat. Argumentiert man nämlich in der soeben besprochenen Weise, so führt dies geradeswegs zum *dritten* Einwand gegen den Naturalismus, nämlich zum Einwand des Relativismus. Da wir uns mit diesem Problem im Rahmen der nächsten Einheit etwas genauer auseinandersetzen werden, halte ich mich an dieser Stelle kurz: Ver-

[17] Dass dies aber bei Weitem nicht alle NaturalistInnen tun, zeigt beispielsweise Larry Laudans Versuch, den Naturalismus um eine normative Komponente zu erweitern (vgl. z.B. Laudan 1996, Teil 4). Da eine detaillierte Diskussion von Laudans normativem Naturalismus im Rahmen dieser Einführung zu weit gehen würde, verweise ich auf die exemplarischen Auseinandersetzungen bei Siegel (1990), Psillos (1999, 176–182) und Knowles (2002).

zichtet man auf die Frage nach globalen epistemischen Normen, dann verzichtet man gleichzeitig auf einen übergeordneten Standard, der es erlauben würde, komparative Bewertungen zwischen unterschiedlichen Manifestationen vermeintlicher normalwissenschaftlicher Forschung vorzunehmen. Konkret bedeutet dies, dass uns etwa die Möglichkeit abhandenkommt, gute von schlechter Wissenschaft abzugrenzen. Warum hierin ein Problem zu sehen ist, werden wir in der nächsten Einheit sehen, wenn wir uns mit einer speziellen Spielart des Naturalismus beschäftigen, nämlich mit dem so genannten Sozialkonstruktivismus.

5.4 Zusammenfassung und exemplarische Fragen

Gehen wir, um diese Einheit zusammenzufassen, ganz an den Anfang zurück: Wir haben die Auseinandersetzung mit Kuhn beim *received view* begonnen, bei der wissenschaftstheoretischen Orthodoxie, die bis zu den 1960er-Jahren bestimmend war. Der *received view* besteht aus fünf Thesen: Wissenschaft ist erstens ein kumulativer Prozess. Dieser Prozess wird zweitens von einer klar identifizierbaren Methode vorangetrieben, die zur Bestimmung der epistemischen Qualität von Theorien dient. Bei der Analyse der Wissenschaften muss drittens scharf zwischen Entdeckungs- und Begründungszusammenhang und viertens zwischen Beobachtungsbegriffen und theoretischen Begriffen unterschieden werden. Fünftens und letztens geht man im *received view* davon aus, dass die Begriffe, die in wissenschaftlichen Theorien verwendet werden, feststehende und präzise Bedeutungen haben.

Kuhns Sonderstatus als Revolutionär der wissenschaftstheoretischen Debatte ist nun darauf zurückzuführen, nicht nur einige, sondern alle fünf Bestandteile des *received view* attackiert zu haben. Deutlich wird dies beispielsweise in Bezug auf die zweite These, der zufolge die wissenschaftliche Forschung von einer einheitlichen Methode vorangetrieben wird. Erinnern wir uns an das, was wir zur Rolle von Exemplaren gesagt haben, dann wird klar, dass es Methoden im klassischen Sinne des Wortes für Kuhn nicht gibt. WissenschaftlerInnen folgen bei keiner ihrer Tätigkeiten einem algorithmusartigen Prozedere, das der BSB-Strategie oder dem naiven Falsifikationismus auch nur im Entferntesten ähneln würde. Woran sich WissenschaftlerInnen viel eher orientieren, sind Kuhns Darstellung zufolge Ähnlichkeitsbeziehungen zwischen den paradigmenbestimmenden Exemplaren auf der einen Seite und den nachfolgenden Rätsellösungen auf der anderen. Aber auch diese Ähnlichkeitsbeziehungen werden nicht auf mechanischem Wege angewandt oder erworben, etwa durch das Befolgen eines expliziten Regelwerks. Studierende beispielsweise lernen ihr Handwerk anhand von Musterbeispielen, wie sie sich üblicherweise am Ende von Lehrbuchkapiteln finden. Diese exemplarischen Rätsellösungen dienen dem Zweck, die gesuchten Ähnlichkeitsbeziehungen zu illustrieren und in den Studierenden die Fähigkeit zu wecken, Ähnlichkeiten später selbstständig zu erkennen. Die Unterschiede zwischen praktizierenden WissenschaftlerInnen und interessierten Laien haben also Kuhn zufolge weniger mit expliziten Wissensbeständen zu tun. Was selbst außerordentlich belesenen Laien von praktizierenden WissenschaftlerInnen unterscheidet, ist die *implizite* Befähigung, Wissenschaft in konkreten Situationen *betreiben* zu können (vgl. Polanyi 1974, Kap. 4).

Das soeben Gesagte bringt uns direkt zum zweiten Punkt: Wie kann die Analyse des normalwissenschaftlichen Betriebs konkret aussehen, wenn WissenschaftlerInnen bei ihrer Arbeit nicht klar explizierbaren Methoden, sondern bloß impliziten Routinen der Identifikation von Ähnlichkeiten folgen? Ist es nicht ein aussichtsloses Unterfangen, derartige Routinen einer klärenden Untersuchung unterwerfen zu wollen? Nicht wenn man sich der richtigen Analysewerkzeuge bedient: Nach Kuhn ist es in der Tat aussichtslos, an den traditionellen Methoden der Wissenschaftstheorie festzuhalten. Ersetzt man aber Werkzeuge wie Logik und Begriffsanalyse durch jene der empirischen Psychologie oder der AI-Forschung,[18] dann wird es – so die Hoffnung – durchaus möglich, Licht ins Dunkel der normalwissenschaftlichen Forschung zu bringen. Kuhn hat auf diese Weise denjenigen Zweig der Wissenschaftstheorie inspiriert, der sich der Analyse naturwissenschaftlicher Forschungspraktiken mit den Mitteln der modernen Cognitive Sciences und Computerwissenschaften widmet (vgl. z.B. Giere 1990; Thagard 1992; Nersessian 2002; Andersen, Barker & Chen 2006).

Klar ist jedoch auch – und das ist der eigentlich entscheidende Punkt –, dass derartige Untersuchungen nur dann unter der Bezeichnung „Wissenschaftstheorie" firmieren können, wenn zuvor die Unhaltbarkeit der traditionellen Unterscheidung zwischen Begründungszusammenhang und Entdeckungszusammenhang erwiesen wurde. Nur unter dieser Voraussetzung wird nachvollziehbar, weshalb wissenschaftstheoretische Untersuchungen, die sich aus der Perspektive des *received view* nur mit dem Begründungszusammenhang beschäftigen, auch auf empirischem Wege erfolgen können.

Bislang konnten wir erst zwei von insgesamt fünf Kollisionspunkten zwischen dem *received view* und der Wissenschaftstheorie Kuhns fixieren. Die Darstellung der restlichen Diskrepanzen muss bis zur nächsten Einheit und damit bis zur Auseinandersetzung mit Kuhns revolutionärer Wissenschaftstheorie warten. Es bleibt die Auflistung der exemplarischen Fragen:

- Führen Sie die Elemente an, aus denen ein Paradigma nach Kuhns Auffassung besteht. Beschreiben Sie auch die Funktionen dieser Elemente.
- Kontrastieren Sie denjenigen WissenschaftlerInnentypus, der die poppersche Wissenschaftstheorie dominiert, mit jenem Kuhns.
- Warum spielen Ähnlichkeitsbeziehungen in der kuhnschen Normalwissenschaft eine besondere Rolle?

[18] Kuhn gibt an mehreren Stellen an, ein Computerprogramm benutzt zu haben, um das Erlernen von Ähnlichkeitsbeziehungen zu simulieren (Kuhn 1976, 203; Kuhn 1977a, 310).

- Was ist der Naturalismus in der Wissenschaftstheorie? Aus welchen Thesen besteht er und wie lässt er sich Ihrer Ansicht nach kritisieren?
- Führen Sie diejenigen Thesen des *received view* an, die mit Kuhns Normalwissenschaft im Widerspruch stehen und erläutern Sie, worin die Unterschiede bestehen.

5.5 Weiterführende Literatur

Anlässlich des fünfzigjährigen Jubiläums des Erscheinens der *Struktur* im Jahr 2012 wurde die ohnehin schon reichhaltige Sekundärliteratur zu Thomas Kuhn noch einmal um eine wahre Flut von Veröffentlichungen bereichert. Es ist deshalb schwer, eine repräsentative Auswahl der wichtigsten Publikationen zu treffen, ohne den Rahmen völlig zu sprengen. Ein guter Ausgangspunkt ist aber in jedem Fall der Übersichtsartikel von Alexander Bird, der anlässlich der Jubiläumsedition der *Struktur* im *British Journal for the Philosophy of Science* erschienen ist (Bird 2012). Ebenfalls hilfreich sind die Monographien von Bird (2000) und Hoyningen-Huene (1989), sowie die Sammelbände von Nickles (2002) und Kindi & Arabatzis (2012). Die Diskussion um die Unterscheidung zwischen Begründungs- und Entstehungszusammenhang scheint zwar ein wenig aus der Mode gekommen zu sein, einen guten Überblick über die rezente Debatte gibt aber der Sammelband von Schickore und Steinle (2006). Denjenigen, die sich für den Naturalismus im Allgemeinen interessieren, sei als Ausgangspunkt Keil (1993), Papineau (1993) und der Sammelband von De Caro und MacArthur (2004) empfohlen. Kuhns Naturalismus wird von Bird (2004; 2012a) genauer unter die Lupe genommen. Eine einflussreiche Verteidigung des wissenschaftstheoretischen Naturalismus gegen die drei Einwände der Zirkularität, der Normativität und des Relativismus gibt Giere (1999).

6. Einheit: Talkin' bout a Revolution – Kuhn, Krisen und die Revolution in der Wissenschaftstheorie

Warum eigentlich zwei Einheiten über Kuhn? Warum nicht auch zwei Einheiten über Popper, Lakatos oder das Induktionsproblem? Nun, hierfür gibt es zwei Gründe: Der erste ist, dass Kuhn genau genommen nicht nur eine Wissenschaftstheorie ausgearbeitet hat, sondern zwei. Schon allein deshalb scheint es gerechtfertigt, Kuhn in zwei getrennten Anläufen zu diskutieren. Der zweite Grund ist, dass es nicht die bereits besprochene „normale", sondern die noch zu diskutierende „revolutionäre" Wissenschaftstheorie Kuhns ist, die in der Zeit nach 1962 den Großteil der Beachtung erfahren hat. Das liegt vielleicht daran, dass die Rede von Krisen, Revolutionen und Gestaltwechsel etwas Verruchtes an sich hat, während Exemplaren und symbolischen Generalisierungen sehr viel eher der vertraute Geruch der traditionellen Wissenschaftstheorie anhaftet. Es war in der Vergangenheit deshalb nicht selten der Fall, dass Kuhns „normaler" Wissenschaftstheorie ob der ganzen Aufregung um Krisen und Revolutionen nicht die Beachtung zugekommen ist, die sie eigentlich verdient. Deshalb die Entscheidung, Kuhn in zwei getrennten Einheiten zu diskutieren.

Erinnern wir uns an die letzte Einheit: Weil wir es hier auf strukturelle Eigenschaften abgesehen hatten, war häufig von *der* Normalwissenschaft im Singular die Rede. Klar ist aber, dass die Wissenschaftsgeschichte von vielen unterschiedlichen Manifestationen normalwissenschaftlichen Forschens wie der ptolemäischen Astronomie, der kopernikanischen Astronomie, der aristotelischen Dynamik, der newtonschen Dynamik, der Korpuskular-Optik oder der Wellen-Optik bevölkert wird. Diese Aufzählung exemplarischer Schwergewichte deutet an, dass es nicht nur eine Vielzahl von Paradigmen gegeben hat, sondern dass sich viele dieser Paradigmen außerdem in direkter thematischer Konkurrenz zueinander befanden. Dieser Umstand wirft jedoch eine nahe liegende Frage auf: In der letzten Einheit haben wir einiges über den Konservativismus gehört, der die Normalwissenschaft nach Kuhns Ansicht auszeichnet. Die Rolle von Exemplaren führt dazu, dass ForscherInnen nur das sehen, was auch ihrer paradigmengeleiteten Erwartung entspricht. Sozialer Druck bringt es mit sich, dass sich NormalwissenschaftlerInnen stets an Ähnlichkeitsrelationen orientieren, anstatt neuartige Fragestellungen und Lösungsstrategien auszuprobieren. Und das allgemeine Vertrauen in das forschungsleitende Paradigma hat zur Folge, dass ein etwaiges Scheitern niemals als das Scheitern des Paradigmas, sondern stets als das Scheitern des forschenden Individuums interpretiert wird. Nimmt man all diese Aspekte zusammen, dann bleibt jedoch unklar, wie eine Vielzahl unterschiedlicher Paradigmen, die sich in scheinbar vollkommen unterschiedlicher Art und Weise auf dasselbe Gegenstandgebiet beziehen, überhaupt entstehen konnte. Wie können sich NormalwissenschaftlerInnen von Paradigmen lösen und neuen Paradigmen anschließen (oder diese gar aus der Taufe heben), wenn es ihr Konservativismus allem Anschein nach verunmöglicht, über den durch das Paradigma definierten Tellerrand zu blicken? Wie ist die faktische Divergenz der Wissenschaftsgeschichte zu erklären, wenn Paradigmen kognitiven Gefängniszellen gleichen, aus denen es kein Entkommen zu geben scheint?

Kuhns Antwort auf diese Frage lautet wie folgt: Das Gesamtphänomen „Wissenschaft" erschöpft sich nicht in den beiden Phasen der vor-paradigmatischen und der Normalwissenschaft. Das Phänomen „Wissenschaft" umfasst noch zwei weitere Bestandteile, nämlich die Phase der Krise und jene der Revolution. Da Erstere der Letzteren notwendig[1] vorausgeht, werde ich mich zunächst der Krise zuwenden.

Wir haben schon bei unserer Auseinandersetzung mit Imre Lakatos darauf hingewiesen, dass paradigmengeleitete Forschungsprogramme zu jedem Zeitpunkt in einem wahren Ozean von Anomalien schwimmen. Kuhn stimmt dieser Sichtweise uneingeschränkt zu. Zu ergänzen ist aus seiner Sicht aber, dass es zu den Leistungen eines stabilen Paradigmas gehört, Anomalien im Regelfall unter die Wahrnehmungsschwelle zu drücken und so eine Behinderung der normalwissenschaftlichen Routinen zu unterbinden. Ein gut funktionierendes Paradigma zeichnet sich also dadurch aus, die NormalwissenschaftlerInnen mit der Möglichkeit erfolgreicher Rätsellösungen so auf Trab zu halten, dass für Anomalien einfach keine Zeit bleibt. Anomalien müssen immer und immer wieder auftreten, bevor sie zunächst von einzelnen WissenschaftlerInnen und dann von allen, für die die betreffende Anomalie fachlich relevant ist, als störende Neuheiten wahrgenommen werden.

Haben Anomalien die Wahrnehmungsschwelle erst einmal durchbrochen, gibt es grob gesprochen drei Möglichkeiten:[2] Die erste und zugleich unspektakulärste lautet, dass es den NormalwissenschaftlerInnen ohne größere Probleme gelingt, die Anomalie im Rahmen des bestehenden Paradigmas in den Griff zu bekommen. Das, was zunächst wie eine Anomalie aussah, reiht sich in diesem Fall in die Liste der erfolgreichen Rätsellösungen ein. Die zweite Möglichkeit ist, dass es zwar misslingt, die Anomalie mit den bestehenden Werkzeugen zu zähmen, eine „Veränderung von Paradigmakategorien und -verfahren" (Kuhn 1976, 75) es aber

1 Im Postskript zur *Struktur* relativiert Kuhn die Behauptung, dass Krisen notwendige Bedingungen für Revolutionen sind (Kuhn 1976, 192–193). Diese Entschärfung seiner ursprünglichen Position scheint angesichts des wissenschaftsgeschichtlichen Verlaufs auch dringend nötig: Es gibt viele Beispiele für Revolutionen, denen keine Krisen vorangegangen sind.

2 Alexander Bird unterscheidet nicht weniger als acht Arten, auf die innerhalb eines Paradigmas auf Anomalien reagiert werden kann (Bird 2000, 50).

möglich macht, die Anomalie dauerhaft zu beseitigen. In diesem Fall kann dem Paradigma attestiert werden, über ein ausreichendes Maß an Flexibilität zu verfügen, um auch unerwartete Rätsel in den Griff zu bekommen. Die dritte und zugleich letzte Möglichkeit lautet, dass sich die Anomalie auch durch eine Modifikation des Paradigmas nicht aus der Welt schaffen lässt. Tritt diese Möglichkeit ein, so ist dies ein sicheres Anzeichen dafür, dass die Leistungsfähigkeit des Paradigmas zumindest in diesem Fall überschritten wurde.

Ist nun automatisch eine Krise die Folge, wenn die dritte Möglichkeit eintritt und sich eine Anomalie als lösungsresistent erweist? Wir haben bereits einige wissenschaftshistorische Episoden kennengelernt, die deutlich zeigen, dass dies nicht der Fall ist: Die Probleme, die im Zusammenhang mit dem Uranusorbit oder der Periheldrehung des Merkur aufgetreten sind (vgl. Einheit 4.2, 106; Kuhn 1976, 94), können hier ebenso der Veranschaulichung dienen, wie Kuhns eigenes Beispiel der Unfähigkeit Newtons, das Mondperigäum hinreichend genau zu berechnen (vgl. Einheit 4.2, 106; Kuhn 1976, 94). In all diesen Fällen waren sich die Mitglieder der Forschungsgemeinschaft des problematischen Charakters der angesprochenen Anomalien durchaus bewusst. Die Wirkung dieser Anomalien war aber nicht annähernd grundlegend genug, um das Gleichgewicht des betreffenden Paradigmas nachhaltig zu stören und so eine Krise heraufzubeschwören. Es sind Beispiele wie diese, die Kuhn zu der Feststellung veranlassen, „daß eine Anomalie, wenn sie eine Krise hervorrufen soll, mehr sein muß als nur eine Anomalie" (Kuhn 1976, 95).

Die zuletzt zitierte Aussage erscheint natürlich sehr kryptisch. Wann genau ist eine Anomalie *mehr* als eine Anomalie? Lassen sich keine genaueren Kriterien angeben, um „wesentliche" von „verschmerzbaren" oder „unwesentlichen" Anomalien zu unterscheiden? Dass man derartige Kriterien bei Kuhn vergeblich sucht, empfanden vor allem einige frühe KritikerInnen als einen schwerwiegenden Mangel (vgl. z.B. Scheffler 1967; Shapere 1984). Man muss aber klar sehen, dass die Absenz solcher Kriterien ganz im Einklang mit Kuhns eigenen Zielen steht: Kuhn geht es nicht um die Formulierung eines Algorithmus, der von einzelnen WissenschaftlerInnen angewandt werden kann und so eine glasklare Unterscheidung zwischen „wesentlichen" und „verschmerzbaren" Anomalien erlauben würde (vgl. z.B. Kuhn 1976, 92–93). Einer von Kuhns Kritikpunkten am *received view* ist ja gerade, dass ein derartiger Algorithmus – eine Methode im klassischen Sinne des Wortes! – weder in der wissenschaftlichen Praxis noch in der wissenschaftstheoretischen Reflexion existiert. Es zeugt deshalb von einem prinzipiellen Missverständnis, Kuhn den Umstand zum Vorwurf zu machen, dass es zwischen wesentlichen und verschmerzbaren Anomalien „keine scharfe Trennungslinie [gibt]" (Kuhn 1976, 93).

Dass eine derartige Trennlinie nicht existiert, bedeutet im Gegenzug aber nicht, dass überhaupt keine Faktoren benannt werden können, die den Status von Anomalien beeinflussen. Folgt man Kuhns Ausführungen, dann sind in diesem Zusammenhang folgende Aspekte wichtig (vgl. hierzu auch Hoyningen-Huene 1989, 218–230): Anomalien sind für Paradigmen besonders gefährlich, wenn sie *erstens* die symbolischen Generalisierungen und damit den Kern des jeweiligen Paradigmas betreffen (vgl. besonders Kuhn 1977, 202–211). Der Grad ihrer Bedrohung hängt *zweitens* von der Länge des Zeitraums ab, in dem es auch führenden VertreterInnen einer Forschungsgemeinschaft nicht gelingt, die betreffenden Anomalien in den Griff zu bekommen. Die Relevanz einer Anomalie hat *drittens* damit zu tun, wie viele weitere Anomalien zu einem bestimmten Zeitpunkt von den Mitgliedern einer Forschungsgemeinschaft als bereits existierend anerkannt werden. Und Anomalien können *viertens* durch so genannte externe Gründe an Brisanz gewinnen, wie Kuhn etwa am Beispiel der ptolemäischen Astronomie verdeutlicht: Diese wurde in der Phase vor der kopernikanischen Revolution durch die praktische Forderung nach einer Kalenderreform unter Druck gesetzt (Kuhn 1976, 82). Obwohl es sich hierbei um einen Aspekt handelt, der der Sphäre wissenschaftlicher (oder „interner") Gründe äußerlich ist, wurden die ohnehin schon vorhandenen Probleme der ptolemäischen Astronomie hierdurch nur umso augenscheinlicher. Wir kommen auf die Rolle von externen Gründen am Ende dieser Einheit zurück.

Nehmen wir an, dass die vier soeben angesprochenen Faktoren in einer Weise zusammenspielen, die es für die Mitglieder einer Forschungsgemeinschaft unumgänglich macht, eine oder mehrere Anomalien als wesentlich anzuerkennen. Nach Kuhn sind nun alle Bedingungen für eine *Krise* erfüllt, für eine Phase also, in der sich eine zunehmende Destabilisierung des Paradigmas ereignet. In gewisser Hinsicht ähneln solche Krisenzeiten der vor-paradigmatischen Wissenschaft: Was fehlt, sind allgemein verbindliche Standards der Formulierung, Lösung und Bewertung von Rätseln. WissenschaftlerInnen neigen deshalb in Krisenzeiten dazu, sich in Grundlagendiskussionen zu ergehen und dabei auf so ungewöhnliche Mittel wie philosophische Argumente oder Gedankenexperimente zurückzugreifen (vgl. Einheit 5.1, 126f.). Noch viel wichtiger ist aber, dass sich ein allgemeines Gefühl der Unzufriedenheit breitmacht. WissenschaftlerInnen haben das Vertrauen in ihr Paradigma verloren und machen aus ihrer Enttäuschung keinen Hehl. Kuhn zitiert in diesem Zusammenhang den österreichischen Physiker Wolfgang Pauli (1900–1958), der inmitten der Krise der Quantenmechanik die Unordnung in der Physik beklagt und sich wünscht, doch lieber „Filmschauspieler oder etwas Ähnliches" (Kuhn 1976, 97) zu sein.

Es ist für Kuhns Wissenschaftstheorie durchaus typisch, die subjektive Unzufriedenheit von WissenschaftlerInnen hervorzuheben, wenn es um die Erklärung der Funktionsweise von wissenschaftlichen Krisen geht. Aus der Perspektive der traditionellen Wissenschaftstheorie könnte man sich fragen, warum ein derartiger Aspekt überhaupt Beachtung finden sollte: Wie kann etwas so Subjektives wie die Empfindungswelt von WissenschaftlerInnen relevant sein, wenn es um die Bewertung des Zustands einer ganzen Forschungstradition geht? Vor dem Hintergrund seines Naturalismus und seiner Kritik der Unterscheidung zwischen Entdeckungs- und Begründungszusammenhang macht Kuhns Betonung subjektiver Befindlichkeiten jedoch durchaus Sinn. Die Unzufriedenheit einzelner WissenschaftlerInnen ist deshalb entscheidend, weil sie einen nicht zu unterschätzenden Einfluss auf das soziale Gefüge des Wissenschaftssystems hat: Die Erfolgserwartung, die NormalwissenschaftlerInnen gegenüber ihrem Paradigma haben, sorgt in Zeiten reibungsloser normalwissenschaftlicher Forschung dafür, dass das Scheitern stets ein Scheitern des Individuums, nie aber ein Scheitern des Paradigmas ist. Dies ändert sich schlagartig, wenn aufgrund zunehmender Unzufriedenheit das Vertrauen in das Paradigma und damit die Erfolgserwartung wegfällt. WissenschaftlerInnen ziehen nun plötzlich die Möglichkeit in Betracht, dass die Schuld für ausbleibende Rätsellösungen nicht sie selbst, sondern das Paradigma treffen könnte. Und dies schafft laut Kuhn Raum für neuartige Denkmöglichkeiten, die zuvor aufgrund des normalwissenschaftlichen Konservativismus noch nicht hätten beachtet werden können. Es entbehrt nicht einer gewissen Ironie, dass der WissenschaftlerInnentypus, den Popper propagiert, bei Kuhn nun doch noch seine Entsprechung findet: Es sind die WissenschaftlerInnen der Krisen und Revolutionen, die sich nach Kuhn durch mutiges Vorgehen, durch ein hohes Maß an Kreativität und durch das Beschreiten neuer Wege auszeichnen.[3]

Krisen sind Phasen der Verunsicherung, die von den meisten WissenschaftlerInnen als überaus belastend empfunden werden. Zu einer dauerhaften Veränderung kommt es aber erst, wenn ein Exemplar die Bühne betritt, das die Scientific Community durch eine bislang unbekannte Art der Rätsellösung inspiriert und der krisengebeutelten Disziplin wieder Hoffnung einhaucht. Sind WissenschaftlerInnen mit ausreichend Genie zur Stelle, kann aus diesem innovativen Exemplar ein neues Paradigma geformt werden, das das alte Paradigma im Zuge einer Revolution ersetzt. Ist dies geschehen, hat sich der Kreis des kuhnschen Wissenschaftszyklus geschlossen: Ein neues Paradigma hat den Platz seines Vorläufers eingenommen und die Mühlen der Normalwissenschaft beginnen sich erneut zu drehen.

6.1 Semantische und methodologische Inkommensurabilität

Sieht man sich die bisherige Beschreibung der kuhnschen Wissenschaftstheorie an, so könnte man sich fragen, worin nun eigentlich ihre angekündigte Radikalität liegt. Ist das, was Kuhn beschreibt, nicht einfach eine ausgeschmückte Variante des traditionellen Gedankens, dass WissenschaftlerInnen T_1 anwenden, bis Probleme auftreten, und dann zu T_2 überwechseln? Ist es nicht so, dass Kuhn zwar

[3] Kuhn hat in diesem Sinne angedeutet, dass seine eigene mit der Wissenschaftstheorie Poppers insofern versöhnt werden könnte, als Letztere lediglich einen Teilbereich wissenschaftlicher Aktivität beschreibt, nämlich jenen der nicht normalen, revolutionären Forschung (vgl. Kuhn 1977b, 272). Man sollte diesen Vorschlag jedoch nicht allzu ernst nehmen: Das Herz der popperschen Philosophie ist zweifellos die Falsifikationsmethode. Es ist aber sehr offensichtlich, dass diese für Kuhn *niemals* geeignet sein kann, das wissenschaftliche Vorgehen vollständig zu charakterisieren – weder in Zeiten der Krise noch in Zeiten der Normalwissenschaft: „Kein bisher [...] aufgedeckter Prozeß hat irgendeine Ähnlichkeit mit der methodologischen Schablone der Falsifikation [...]." (Kuhn 1976, 90).

ein sehr viel detailliertes Bild zeichnet, was die sozialen, historischen und psychologischen Feinheiten anbelangt, dass die Grundstruktur seiner Wissenschaftstheorie (Normalwissenschaft$_1$ – Krise – Revolution – Normalwissenschaft$_2$) über Altbekanntes aber dennoch kaum hinauskommt? Sehen wir etwas genauer hin, um zu erkennen, wie sehr dieser Eindruck täuscht.

Ich möchte damit beginnen, zwei Überzeugungen zu betonen, die für die traditionelle Wissenschaftstheorie des *received view* bestimmend waren: Die erste Überzeugung ist, dass der Weg, der von T_1 zu T_2 führt, entweder von vornherein rational ist oder sich wenigstens nachträglich rationalisieren lässt. Es gibt also, um es anders zu sagen, aus traditioneller Perspektive *rationale* Gründe, die sich im Normalfall sowohl für die Elimination von T_1, als auch für die Akzeptanz von T_2 anführen lassen.

Hinzu kommt aber zweitens noch etwas anderes: Schon in der Auseinandersetzung mit Popper haben wir gehört, dass von einer Nachfolgetheorie T_2 verlangt wird, gegenüber T_1 *progressiv* zu sein. Das bedeutet nicht nur, dass T_2 denjenigen Anomalien Rechnung tragen können muss, an denen T_1 gescheitert war. Es bedeutet auch, dass T_2 all das leisten können muss, was T_1 davor auch schon zu leisten imstande war. T_2 ist also gemäß dieser Sichtweise eine *Erweiterung* von T_1: T_2 und T_1 sprechen in derselben Sprache und zumeist mit denselben Begriffen über denselben Gegenstandsbereich – nur mit dem Unterschied, dass T_2 über eine größere Reichweite verfügt. Der Weg von T_1 zu T_2 ist also nicht nur *rational*. Der Weg von T_1 zu T_2 kann darüber hinaus auch als eine *Kumulation* von wissenschaftlichem Wissen beschrieben werden.

Sehen wir uns die zweite Überzeugung, der zufolge der Weg von T_1 zu T_2 ein kumulativer Prozess der Wissenserweiterung ist, etwas genauer an. Außer Frage steht zunächst, dass es Fälle gibt, in denen der Übergang von einer Theorieversion zur nächsten als eine Erweiterung im eben beschriebenen Sinne verstanden werden kann. Nehmen wir die allgemeine Gasgleichung als Beispiel. Diese beschreibt den Zustand eines idealen Gases hinsichtlich der Größen Druck (p), Volumen (V), Stoffmenge (n), Temperatur (T) und hinsichtlich der Gaskonstante R wie folgt:

$$pV = nRT$$

Diese Gleichung erlaubt eine gute Annäherung an das Verhalten vieler realer Gase. Sie ist jedoch insofern eine Idealisierung der tatsächlichen Umstände, als sie weder das Eigenvolumen der Gasteilchen, noch die Anziehung zwischen ihnen berücksichtigt. Eine Konsequenz dieser Tatsache ist, dass die Prognosen unter extremen Bedingungen sehr ungenau werden. Berechnet man beispielsweise das Verhalten wasserdampfungesättigter Luft unter normalen Druckbedingungen, stimmen die Prognosen recht gut mit den Beobachtungen überein. Geht man demgegenüber von extremen Druckbedingungen aus, macht sich eine klare und nicht tolerierbare Diskrepanz zwischen Prognose und Erfahrung bemerkbar.

Der niederländische Physiknobelpreisträger Johannes Dideriks van der Waals (1837–1923) hat diesen Umstand zum Anlass genommen, eine Modifikation der allgemeinen Gasgleichung vorzunehmen. Die Van-der-Waals-Gleichung lautet

$$(p + n^2a / V^2)(V-nb) = nRT$$

und beinhaltet neben den bereits bekannten Größen nun auch den Kohäsionsdruck (a) und das Kovolumen (b). Obwohl auch diese Gleichung nicht unter allen Bedingungen brauchbare Resultate liefert, liegt es nahe, den Übergang von der allgemeinen Gasgleichung (T_1) zur zweifellos gegenstandsadäquateren Van-der-Waals-Gleichung (T_2) im Sinne einer Kumulation unseres Wissens über Gase zu interpretieren: Wie zuvor angekündigt, sprechen T_2 und T_1 in derselben Sprache und mit derselben Begrifflichkeit (p, V, n, R, T) über denselben Gegenstandsbereich – nur mit dem Unterschied, dass T_2 über eine größere Reichweite verfügt, da sie mit a und b zwei Größen berücksichtigt, die in T_1 noch gefehlt hatten. T_1 kann deshalb als Grenzfall von T_2 bzw. als Annäherung an T_2 begriffen werden. Von T_2 kann man überdies auf ähnliche Weise zur Redlich-Kwong-Gleichung (T_3) weitergehen, die T_2 insofern als Grenzfall beinhaltet, als neben den bereits bekannten Größen auch jene der kritischen Temperatur (T_C) und jene des kritischen Drucks (P_C) berücksichtigt werden.

Es kann kein Zweifel daran bestehen, dass die kumulative Interpretation in manchen Fällen (wie etwa im vorliegenden) sehr überzeugend ist. In weiten Teilen des *received view* wurde aber die sehr viel stärkere These vertreten, dass es sich bei der Kumulationsthese um ein *allgemein verbindliches* Modell der Wissenschaftsentwicklung handelt. Wie bereits angesprochen (vgl. Einheit 3.1, 78), war etwa Popper der Auffassung, dass sich das soeben über das Verhältnis zwischen allgemeiner Gasgleichung, Van-der-Waals-Gleichung und Redlich-Kwong-Gleichung Gesagte auf *alle* Bereiche der naturwissenschaftlichen Forschung übertragen lässt (Popper 1981, 93f.). In demselben Sinn, in dem man die allgemeine Gasgleichung als einen Grenzfall der Van-der-Waals-Gleichung und diese als einen Grenzfall der Redlich-Kwong-Gleichung interpretieren kann, ist laut Popper etwa auch die newtonsche Physik ein Grenzfall der Physik Einsteins. Diese Sichtweise kann man wie folgt konkretisieren: In der SRT wird das Verhältnis zwischen Ruhemasse (m), Kraft (F) und Beschleunigung (a) mit der Gleichung

$$F = ma/\sqrt{1-v^2/c^2}$$

beschrieben. Ist die Relativgeschwindigkeit v im Vergleich zur Lichtgeschwindigkeit c gering, so geht der Lorentzfaktor $\sqrt{1-v^2/c^2}$ gegen 1, was zur Folge hat, dass sich die relativistische Gleichung in das wohlbekannte zweite newtonsche Gesetz

$$F = ma$$

verwandelt. Blickt man in dieser Weise auf das Verhältnis zwischen klassischer newtonscher Physik und relativistischer Physik Einsteins, liegt in der Tat die Vermutung nahe, dass es ähnlich zu interpretieren ist wie das Verhältnis zwischen allgemeiner Gasgleichung, Van-der-Waals-Gleichung und Redlich-Kwong-Gleichung: Auch die Physik Newtons und die Physik Einsteins scheinen in derselben Sprache und mit derselben Begrifflichkeit (F, m, a, v, c) über denselben Gegenstandsbereich zu sprechen – nur mit dem Unterschied, dass die SRT über eine größere Reichweite verfügt. Die Physik Newtons ist dieser Sichtweise zufolge ein Grenzfall der Physik Einsteins, der so lange korrekte Berechnungen erlaubt, wie die relevanten Geschwindigkeiten und Massen gering bleiben. Umgekehrt ist die Physik Einsteins eine progressive Erweiterung der Physik Newtons, da Erstere nicht nur alles leistet, was die Letztere leistet, sondern zusätzlich Bedingungen berücksichtigt, die die Explikationskraft der newtonschen Physik übersteigen.

Kuhn kritisiert diese Sichtweise in der *Struktur* (Kuhn 1976, 111–115) und andernorts (Kuhn 1990) aufs Schärfste. Kurz zusammengefasst lautet seine These, dass die kumulative Sichtweise bestenfalls zur Interpretation von Entwicklungen *innerhalb einer Normalwissenschaft* geeignet ist. Wogegen sich Kuhn aber in aller Deutlichkeit wehrt, ist der Glaube, dass es kumulative Theorieerweiterungen *über Paradigmengrenzen hinweg* geben kann. Progressive Theorieentwicklungen, die sich über Paradigmengrenzen erstrecken, sind nach Kuhn ein *Mythos*. Sehen wir genauer hin, wie Kuhn diese radikale Sichtweise begründet.

Führen wir uns nochmals beide Beispiele vor Augen, die unterschiedlichen Gasgleichungen auf der einen Seite und relativistische bzw. klassische Beschreibungen des Verhältnisses zwischen Masse, Kraft und Beschleunigung auf der anderen. Warum liegt die Vermutung nahe, dass beide Fälle in derselben Art und Weise interpretiert werden können? Sie liegt deshalb nahe, weil die Terme, die über die jeweiligen Phasen der Theorieentwicklung hinweg gleich bleiben, dieselben Bedeutungen zu haben scheinen. T_2 fügt T_1 zwar sowohl im Fall der relativistischen Physik als auch im Fall der Van-der-Waals-Gleichung etwas hinzu (im ersten Fall (Licht-)Geschwindigkeit, im zweiten Fall Kohäsionsdruck und Kovolumen). T_1 scheint aber sowohl hinsichtlich ihrer Grundstruktur als auch hinsichtlich ihrer grundlegenden ontologischen Behauptungen bewahrt zu werden, wenn auch in modifizierter Form.

Nun, nach Kuhn ist es aber genau diese Sichtweise, die im Fall des Paradigmenwechsels zwischen klassischer und relativistischer Physik in kapitaler Art und Weise fehlgeht: Leitet man $F = ma$ aus der relativistischen Gleichung ab (was ja möglich sein müsste, wenn die newtonsche Physik wirklich ein Grenzfall der Physik Einsteins ist), dann sieht dieses abgeleitete $F = ma$ zugegebenermaßen exakt so aus wie das zweite newtonsche Bewegungsgesetz. Kuhns Punkt ist aber, dass diese Identität zwischen der abgeleiteten Gleichung $F = ma$ und jener Gleichung $F = ma$, wie sie in der klassischen Physik vorkommt, eine bloße Illusion ist! Sie ist eine Illusion, weil die Terme der abgeleiteten Gleichung bei genauerer Betrachtung eben nicht *dasselbe* bedeuten wie die Terme, die in der klassischen

Physik Newtons vorkommen. Nehmen wir „Masse“ als Beispiel: Masse ist in der Physik Newtons eine Erhaltungsgröße, d.h. eine physikalische Größe, die in einem abgeschlossenen System zeitlich konstant bleibt. In der Physik Einsteins verliert Masse diesen Sonderstatus aber aufgrund des starken Äquivalenzprinzips, dem zufolge Masse in Energie umgewandelt werden kann. Dieser Umstand macht klar, dass „Masse“ – ähnlich wie „Raum“, „Zeit“, „Gravitation“, „Beschleunigung“ etc. – in der Physik Newtons und in der Physik Einsteins etwas vollkommen anderes bedeutet. Und das hat zur Folge, dass zwischen der Gleichung $F = ma$, wie sie sich aus der relativistischen Physik ableiten lässt, und der Gleichung $F = ma$, wie sie in der klassischen Physik Newtons vorkommt, allen äußeren Ähnlichkeiten zum Trotz *kein* wirkliches Identitätsverhältnis besteht.

> Gerade weil er nicht die Einführung zusätzlicher Objekte oder Begriffe mit sich bringt, zeigt der Übergang von der Newtonschen zur Einsteinschen Mechanik mit besonderer Deutlichkeit, daß die wissenschaftliche Revolution eine Verschiebung des Begriffsnetzes ist, durch welche die Wissenschaftler die Welt betrachten. (Kuhn 1976, 115)[4]

Kuhns These ist also, dass Kumulation zwischen Paradigmen schon allein deshalb ein Mythos ist, weil verwendete Terme auch dann, wenn sie äußerlich identisch sind, nach dem Paradigmenwechsel nicht mehr dasselbe bedeuten wie zuvor. Ein anderes Beispiel für diesen Umstand ist der Übergang von der ptolemäischen zur kopernikanischen Astronomie: In beiden kommt der Begriff „Planet“ vor. Während dieser aber im Rahmen der ptolemäischen Astronomie Mond und Sonne, nicht jedoch die Erde umfasst, gehört aus kopernikanischer Perspektive die Erde in die Gruppe der Planeten, nicht aber die Sonne und der Mond (Kuhn 1976, 127, 140). Derartige Bedeutungsverschiebungen sind laut Kuhn in revolutionären Phasen an der Tagesordnung.

Was ich soeben beschrieben habe, ist der erste Aspekt der berühmt-berüchtigten *Inkommensurabilitätsthese*, die im Jahr 1962 von Thomas Kuhn und Paul Feyerabend vorgestellt wurde.[5] „Inkommensurabilität“ ist ein Begriff, der ur-

---

[4] Die Rede von einem Begriffsnetz deutet an, dass Kuhns semantische Inkommensurabilitätsthese von einer weiteren philosophischen Annahme abhängig ist, auf die ich jedoch nicht näher eingehen werde. Die Rede ist von Willard Van Orman Quines These des Bedeutungsholismus (Quine 2003). In der Art, in der Kuhn sie versteht, besagt diese These Folgendes: Wir erlernen die Bedeutung von Begriffen nicht ausgehend von der Beobachtung der Welt, also etwa nicht durch ostensives Hindeuten auf Dinge. Die Bedeutung von Begriffen hängt vielmehr von ihrem Kontext ab, was das Problem nach sich zieht, dass man den Bedeutungskontext bereits verstehen muss, wenn man anfängt, die Bedeutung des ersten Begriffs einer Sprache zu verstehen. Die radikalste Konsequenz aus dieser Sichtweise ist die Behauptung, dass *jede* Übersetzung unterbestimmt ist.

[5] Feyerabend und Kuhn haben mit dem Begriff der Inkommensurabilität zwar Ähnliches, aber keinesfalls dasselbe gemeint. Feyerabend beschreibt Inkommensurabilität ausschließlich als das Fehlen logischer Relationen zwischen Termen unterschiedlicher Theorien. Diese Absenz logischer Relationen wird durch Bedeutungsverschiebungen verursacht und macht eine Übersetzung zwischen Theorien unmöglich (Feyerabend 1981). In der *Struktur* ist Inkommensurabilität demgegenüber ein sehr viel weiterer Begriff, der semantische, methodologische und die Wahrnehmung betreffende Aspekte umfasst. Zum Verhältnis zwischen Feyerabends und Kuhns Inkommensurabilitätsbegriff bzw. zu seinen philosophischen Vorläufern vgl. z.B. Sankey 1994; Gattei 2008, Kap. 3.

sprünglich aus der Mathematik kommt und dort Fälle bezeichnet, in denen zwei Größen kein gemeinsames Maß haben. Zwei reelle Zahlen sind beispielsweise dann kommensurabel, wenn sie ganzzahlige Vielfache einer dritten reellen Zahl sind, wenn sie also einen gemeinsamen Teiler haben. Demgegenüber ist die Diagonale eines Quadrats mit seinen Seiten inkommensurabel, da nach dem Satz des Pythagoras $d/a = \sqrt{2}$ und $\sqrt{2}$ irrational ist.

Was bedeutet es aber, in Bezug auf Paradigmen von Inkommensurabilität zu sprechen? Einen ersten, semantischen Aspekt haben wir bereits kennengelernt: Nehmen wir an, dass wir einer paradigmenübergreifenden Unterhaltung zwischen einer klassischen und einer relativistischen Physikerin beiwohnen. Beide bedienen sich der Gleichung $F = ma$ und gehen vermutlich davon aus, hiermit dasselbe zu meinen. Sind unsere bisherigen Überlegungen zutreffend, dann ist aber genau dies falsch! Die relativistische und die klassische Physikerin reden in Bezug auf $F = ma$ genauso aneinander vorbei, wie ein Anhänger der ptolemäischen und ein Anhänger der kopernikanischen Astronomie, sobald von Planeten die Rede ist. Ein Charakteristikum der Inkommensurabilität von Paradigmen ist also eine grundlegende Bedeutungsverschiebung, die in Extremfällen das völlige Erliegen paradigmenübergreifender Kommunikation nach sich zieht.

Was ist von Kuhns semantischer Inkommensurabilitätsthese zu halten? Nach meiner Einschätzung beschreibt Kuhn hier ein Phänomen, das Wissenschafts*historikerInnen* wohlbekannt ist, das aber von traditionellen Wissenschafts*theoretikerInnen* lange Zeit ignoriert wurde. Welches Phänomen ich meine, lässt sich am besten anhand einer autobiographischen Bemerkung Kuhns illustrieren (vgl. Kuhn 2000, 16–20): Kuhn berichtet, im Sommer 1947 im Zuge der Vorbereitung einer Lehrveranstaltung erstmals Aristoteles' Schriften über Physik gelesen zu haben. Kuhn war selbst promovierter Physiker und näherte sich dem aristotelischen Werk vor dem Hintergrund unserer modernen Physik. Er musste jedoch mit Verwunderung feststellen, dass in Aristoteles' physikalischem Werk nicht nur jedwede Mechanik fehlte, sondern dass Aristoteles insgesamt wie ein unglaublich schlechter Physiker erschien, der sowohl auf der Ebene der Beobachtungen als auch auf der Ebene der Logik teils haarsträubende Fehler beging. Wie konnte das aber möglich sein? Kuhn wusste natürlich, dass Aristoteles' Bedeutung für die Logik mit Euklids Rolle für die Geometrie vergleichbar ist. Und Kuhn wusste, dass Aristoteles in anderen Bereichen – etwa in der Biologie – als ein überaus genauer und systematischer Beobachter bekannt ist. Wieso sollte jemand, der seine logischen und Beobachtungsfähigkeiten in anderen Bereichen so eindeutig unter Beweis gestellt hat, in der Physik so danebenliegen?

Kuhns Antwort lautet wie folgt: Nähert man sich dem aristotelischen Paradigma auf der Grundlage unseres heutigen physikalischen Paradigmas, dann *muss* Ersteres vollkommen unsinnig erscheinen. Das liegt aber nicht an der Überlegenheit der heutigen Physik, sondern vielmehr daran, dass wir Begriffen, die im aristotelischen Paradigma vorkommen, unsere heutigen Bedeutungen unterschieben und das aristotelische Paradigma deshalb ganz einfach *missverstehen*. Spricht

Aristoteles beispielsweise von Bewegung, dann ist mit diesem Begriff anders als heute nicht nur die örtliche Veränderung eines physikalischen Körpers gemeint, sondern *jegliche Art* von Veränderung. Ist man sich dieses Umstandes nicht bewusst, erscheint vieles, was Aristoteles zur Bewegung sagt, schlechterdings absurd. Dies liegt aber weniger an Aristoteles, sondern an unserer Unfähigkeit, seinen Worten den richtigen Sinn abzugewinnen.

Wie problematisch ist das Phänomen der semantischen Inkommensurabilität? Kuhns reife Auffassung scheint darauf hinauszulaufen, dass es zwar unmöglich ist, vollkommen eindeutige Übersetzungen zwischen Paradigmen zu produzieren, dass es Mühe und Einfühlungsvermögen aber dennoch erlauben, auch weit entfernte Paradigmen in einem Sinne zu verstehen, der dem Verstehen fremdsprachiger Literatur ähnlich ist (Kuhn 2000, 300).[6] Diese Einschätzung scheint durchaus realistisch zu sein: Unsere Erfahrung mit historischen Texten zeigt, dass semantische Inkommensurabilität in der Wissenschaftsgeschichte ein sehr reales Problem ist, das sich beispielsweise nicht mit dem Hinweis auf Freges Unterscheidung zwischen Sinn und Bedeutung vom Tisch wischen lässt.[7] Unsere Kenntnis der Wissenschaftsgeschichte scheint aber andererseits auch zu zeigen, dass ein andauerndes Aneinander-Vorbeireden in Zeiten wissenschaftlicher Krisen (d.h. in Zeiten parallel existierender Paradigmen) nur selten zu beobachten ist. ForscherInnen scheinen in Krisenzeiten zu wissenschaftlicher „Zweisprachigkeit" fähig zu sein, was angesichts der Tatsache, dass sie im Regelfall beide rivalisierenden Paradigmen kennen, nicht weiter verwundert.

Was bedeutet die semantische Inkommensurabilitätsthese nun aber für die traditionelle Wissenschaftstheorie des *received view* und hier vor allem für die kumulative Sichtweise? Es ist nicht leicht, hierauf in dieser Allgemeinheit zu antworten. Klar ist aber zumindest so viel: Die Kumulationsthese kann nicht in der

---

6 Warum vergleicht Kuhn das Übersetzen bzw. Verstehen wissenschaftlicher Texte mit dem von fremdsprachiger Literatur? Im Bereich der Literatur sind wir es gewöhnt, dass es neben den relativ feststehenden Wortbedeutungen Aspekte des Texts gibt, die sich so gut wie gar nicht objektivieren lassen. Ob man beispielsweise einen Anflug von Ironie richtig übersetzt hat, liegt häufig im Auge der Betrachterin. Kuhns Punkt ist, dass es sich bei wissenschaftlichen Texten nicht anders verhält und dass es auch hier Aspekte gibt, die unterschiedliche ÜbersetzerInnen mit gleichem Recht vollkommen anders übersetzen würden.

7 Gottlob Freges einflussreiche Unterscheidung zwischen Sinn und Bedeutung lässt sich am Beispiel des Planeten Venus veranschaulichen: Die beiden Begriffe „Morgenstern" und „Abendstern" haben dieselbe Bedeutung, sie beziehen sich auf den Planeten Venus. Die beiden Begriffe haben aber nicht denselben Sinn, da einmal die Sichtbarkeit eines Himmelskörpers am Morgen und ein andermal die Sichtbarkeit eines Himmelskörpers am Abend gemeint ist (vgl. Frege 1962). Israel Scheffler hat versucht, diese Unterscheidung gegen die These der semantischen Inkommensurabilität in Stellung zu bringen (Scheffler 1967, Kap. 3). Schefflers Punkt ist folgender: Aus dem Umstand, dass sich der Sinn eines Begriffs von Paradigma zu Paradigma wandelt, folgt nicht, dass sich auch seine Bedeutung ändert. Anstatt es zu lösen, scheint Schefflers Argument das Problem aber nur zu verschieben: Das Hauptproblem ist, dass wir genügend historische Fälle kennen, in denen unterschiedliche Theorien dieselben Terme verwenden, mit ihnen jedoch grundverschiedene Dinge bezeichnen.

einfachen Form aufrechterhalten werden, in der sie beispielsweise von Popper vertreten wurde. Theorien unterliegen in revolutionären Phasen teils drastischen Bedeutungsverschiebungen, die sich – wenn überhaupt – nur mit erheblichem Aufwand in das progressive Modell des *received view* integrieren lassen. Noch viel schwerwiegender ist aber das Folgende: Die Probleme, die sich aufgrund der Inkommensurabilitätsthese für den *received view* stellen, beschränken sich nicht auf semantische Aspekte. Kuhns Inkommensurabilitätsbegriff geht noch viel weiter, wie ich nun anhand des Phänomens der *methodologischen Inkommensurabilität* zeigen möchte.

Erinnern wir uns an die zweite Überzeugung, die ich zu Beginn dieses Abschnitts als entscheidend für den *received view* bezeichnet habe: Es handelt sich um die Ansicht, dass sich für den Übergang, der von T_1 zu T_2 führt, gute Gründe angeben lassen, dass also der Übergang von T_1 zu T_2 *rational* ist. Wie ist es aus kuhnscher Perspektive um diese Überzeugung bestellt? Nähern wir uns dieser Frage an, indem wir uns zunächst fragen, warum Kuhn den Begriff der *Revolution* wählt, um diejenigen Punkte der Wissenschaftsgeschichte zu bezeichnen, an denen ein neues Paradigma das alte ersetzt. Obwohl es auf den ersten Blick überraschen mag, wählt Kuhn diese Terminologie deshalb, weil er gewisse Parallelen betonen will, die seiner Ansicht nach zwischen Wissenschaft und *Politik* bestehen. Politische Revolutionen kommen in Gang, wenn in Teilen der Bevölkerungen die Überzeugung wächst, „daß die existierenden Institutionen aufgehört haben, den Problemen, die eine teilweise von ihnen selbst geschaffene Umwelt stellt, gerecht zu werden" (Kuhn 1976, 104). Ganz ähnlich wie im Fall der Wissenschaft stellt sich also zunächst bei manchen Mitgliedern der Gemeinschaft ein Gefühl der Unzufriedenheit mit den herrschenden Bedingungen ein. Dieses Gefühl allein ist zwar nicht genug – aber es ist eine Voraussetzung dafür, dass auf Gedanken und Worte Taten folgen. Kuhn fährt fort:

> Politische Revolutionen gehen darauf aus, politische Institutionen auf Weisen zu ändern, die von jenen Institutionen verboten werden. Ihr Erfolg erfordert daher, daß eine Reihe von Institutionen zugunsten einer anderen aufgegeben wird, und in der Zwischenzeit wird die Gesellschaft von keiner Institution richtig regiert. [...] Eine wachsende Zahl von Menschen wird in wachsendem Maß dem politischen Leben entfremdet und verhält sich mehr und mehr exzentrisch. Wenn sich die Krise dann vertieft, verschreiben sich viele dieser Menschen irgendeinem konkreten Programm für die Erneuerung der Gesellschaft [...]. An diesem Punkt teilt sich die Gesellschaft in einander bekämpfende Lager [...]. Und wenn diese Polarisierung einmal eingetreten ist, *versagt die eigentliche politische Auseinandersetzung.*" (Kuhn 1976, 105)

Fassen wir zusammen: In Zeiten der Stabilität wird das politische Leben von Institutionen reglementiert. Diese Institutionen legen Standards fest, die definieren, wie die Normalität der politischen Auseinandersetzung auszusehen hat. Beginnt eine Krise um sich zu greifen, so hat dies zuerst eine Verringerung und schließlich einen völligen Verlust der institutionellen Reglementierungsmacht zur Folge. Dies wirkt sich auf die Mitglieder der Gemeinschaft wie folgt aus: Sie verhalten sich zunächst „exzentrisch", bevor sie sich in einem zweiten Schritt für eines der existierenden Lager entscheiden. Kuhn schließt mit dem Hinweis, dass diese Lagerbildung mit dem Ende der politischen Auseinandersetzung gleichzusetzen ist.

Sucht man nach einer Möglichkeit, Kuhns Metapher der politischen Revolution auf die Wissenschaftstheorie anzuwenden, bieten sich folgende Fragen an: Welcher Teil des Wissenschaftssystem entspricht dem der politischen Institution und welcher der Reglementierungsmacht, die von der politischen Institution ausgeübt wird? Die Antwort ist offensichtlich: Das, was für die Politik die Institution ist, ist für die Wissenschaft das Paradigma. Und das, was für die Politik die Reglementierungsmacht der Institution ist, sind für die Wissenschaft diejenigen paradigmenabhängigen Standards, die das Verhalten von NormalwissenschaftlerInnen auf allen Ebenen ihrer Forschungstätigkeit regeln. Oder, um es anders zu formulieren: In einem ganz ähnlichem Sinne, in dem politische Institutionen durch ihre Reglementierungsmacht festlegen, welche Vorgehensweisen für politische Handelnde angemessen sind und welche nicht, legen Paradigmen durch *Standards der Rationalität* fest, welche Vorgehensweisen für WissenschaftlerInnen angemessen sind und welche nicht.

Das zuletzt Gesagte zieht eine wichtige Konsequenz nach sich: Wenn sich politische Krisen durch die Absenz von Institutionen auszeichnen und wenn Institutionen dem entsprechen, was in der Wissenschaft Paradigmen sind, dann folgt hieraus, dass sich wissenschaftliche Krisen durch die Absenz von allgemeinverbindlichen Paradigmen auszeichnen. So weit, so gut. Da aber Paradigmen definieren, was in der wissenschaftlichen Auseinandersetzung als rational gelten kann, läuft Kuhns Metapher letzten Endes darauf hinaus, dass sich Krisen nicht nur durch die Absenz von allgemein verbindlichen Paradigmen, sondern vor allem durch die *Absenz von allgemein verbindlichen Rationalitätsstandards* auszeichnen! Natürlich, das bedeutet nicht, dass in Krisenzeiten jede Form der Rationalität abhandenkommt und sich WissenschaftlerInnen plötzlich wie Wahnsinnige gebärden. Was es aber sehr wohl bedeutet, ist dies: In Krisenzeiten können unterschiedliche WissenschaftlerInnen vollkommen Unterschiedliches rational finden. Was sie rational finden, hängt davon ab, welchem der gerade um Vorherrschaft kämpfenden Paradigmen sie sich angeschlossen haben.

Konkretisieren wir, was unter den Schlagworten „Absenz allgemein verbindlicher Rationalitätsstandards" oder „methodologische Inkommensurabilität" zu verstehen ist, indem wir uns einem konkreten Beispiel zuwenden (Kuhn 1976, 116–118; vgl. hierzu auch Westfall 1977; Bowler & Morus 2005, Kap. 2): In der Zeit vor Isaac Newton war ein physikalisches Paradigma tonangebend, das heute unter dem Titel „Mechanismus" bekannt ist. Das mechanistische Paradigma ging von der Überzeugung aus, dass Erklärungen nur dann als wissenschaftlich zu akzeptieren sind, wenn sie die Form von Kausalerklärungen annehmen, wenn also die tieferliegenden Mechanismen aufgedeckt werden, die für die jeweils zu erklärenden Phänomene verantwortlich sind. Die leitende Metapher des Mechanismus war jene eines gigantischen Uhrwerks, das das Universum in seiner Gesamtheit repräsentiert: Wollen wir verstehen, was auf dem für uns sichtbaren Ziffernblatt vor sich geht, so müssen wir Zahnrädchen und Federchen verstehen lernen, die hinter dem Ziffernblatt ihre Arbeit tun. Typisch für den Mechanismus war beispielsweise René Descartes' Erklärung des Magnetismus: Nach Descartes verströmen magnetische Objekte winzige Schrauben, die in Abhängigkeit von ihrer Drehrichtung metallische Objekte entweder anziehen oder abstoßen.

Die Forderung, bei allen Erklärungen auf Kausalprozesse zu referieren, wurde im Mechanismus als zentral empfunden, weil man auf diese Weise hoffte, magischen Erklärungsmustern und dem Glauben an okkulte Kräfte entgegentreten zu können. Die ausschließliche Betonung kausaler Erklärungen hatte aber eine aus heutiger Perspektive eigenwillige Konsequenz: Die Mitglieder des mechanistischen Paradigmas lehnten die Physik Newtons ab, weil dieser in seiner *Principia* keine kausale Erklärung der Gravitation, sondern lediglich eine mathematische Beschreibung derselben liefern konnte. Aus Sicht des mechanistischen Paradigmas stellte die Physik Newtons also einen Rückschritt in vorwissenschaftliche Zeiten dar, da sich Newton an entscheidender Stelle einer „okkulten" Kraft, nämlich jener der Gravitation bedient. Es ist vor diesem Hintergrund und als Antwort auf die mechanistischen Kritik zu sehen, wenn Newton die *Principia* mit den folgenden Worten schließt:

> [A]lles, was sich nicht aus den Naturerscheinungen ableiten läßt, muß als Hypothese bezeichnet werden, und Hypothesen, gleichgültig, ob es metaphysische, physikalische, mechanische oder diejenigen von den verborgenen Eigenschaften sind, haben in der *experimentellen Physik* keinen Platz. (Newton 1999, 516)

Was zwischen Newton und den VertreterInnen des mechanistischen Paradigmas auf dem Spiel steht, sind keine innertheoretischen Diskrepanzen der Art „Stimmt ein bestimmtes Messergebnis mit einem bestimmten Prognosewert überein oder nicht?". Auf dem Spiel stehen auch keine Bedeutungsverschiebungen, wie sie sich zwischen dem klassischen $F = ma$ und dem $F = ma$, wie es sich aus der SRT ableiten lässt, ergeben. Worum es zwischen Newton und den VertreterInnen des mechanistischen Paradigmas geht, ist eine viel grundlegendere Frage: Was kann überhaupt als *legitimes wissenschaftliches Problem* gelten? Oder, um die Frage anders zu formulieren: Welche Art der Fragestellung und welche Art der Antwort verdienen es, in einem wissenschaftlichen Sinne rational genannt zu werden?

Wie basal Fragen dieser Art sind, zeigt sich, wenn wir uns ein Aufeinandertreffen zwischen VertreterInnen des newtonschen und des mechanistischen Paradigmas vorstellen: Für Letztere ist Newton irrational, weil er seiner Theorie die okkulte Kraft der Gravitation zugrunde legt. Für AnhängerInnen Newtons sind demgegenüber die MechanistInnen irrational, weil sie selbst dann noch auf der Forderung nach Kausalerklärungen beharren, wenn bereits hinreichend genaue mathematische Beschreibungen vorhanden sind. Wie jedoch lässt sich ein Disput dieser Art entscheiden? Auf welchen neutralen Boden können sich VertreterInnen rivalisierender Paradigmen zurückziehen, um Auseinandersetzungen dieser Art beizulegen? Natürlich, aus heutiger Perspektive sind unsere Sympathien ganz klar aufseiten Newtons. Liegt das aber nicht möglicherweise nur daran, dass Newton einerseits historisch näher und andererseits Teil einer historischen Entwicklungslinie ist, der wir selbst angehören? Woher nehmen wir die Sicherheit, den Disput zwischen Newton und den MechanistInnen objektiv beurteilen zu können, wo doch auch wir vor dem Hintergrund bestimmter paradigmenabhängiger Rationalitätsstandards argumentieren – Rationalitätsstandards, die im Übrigen weder jene Newtons, noch jene der MechanistInnen sind?

6.2 Ontologische Inkommensurabilität und Relativismus

Der letzte Abschnitt schloss mit der Frage, auf welchem Boden ein Disput beizulegen sei, der nicht weniger als die Kriterien wissenschaftlicher Rationalität zum Gegenstand hat. Drei Antwortmöglichkeiten scheinen prinzipiell offenzustehen: Man kann erstens die Ansicht vertreten, dass derartige Dispute überhaupt nicht beigelegt werden können, da es keinen neutralen Boden gibt, auf dem eine Entscheidung für oder gegen bestimmte Rationalitätsstandards objektiv getroffen werden kann. Der frühe Kuhn scheint diese Position zu befürworten, wenn er schreibt, dass „[j]ede Gruppe [...] ihr eigenes Paradigma zur Verteidigung eben dieses Paradigmas [verwendet]", und gleichzeitig gilt, dass es „[w]ie bei politischen Revolutionen [...] auch bei der Wahl eines Paradigmas keine höhere Norm als die Billigung durch die jeweilige Gemeinschaft [gibt]" (Kuhn 1976, 106).

Die zweite Antwortstrategie ist jene, die Möglichkeit von Rationalitätsstandards einzuräumen, die unabhängig von Paradigmen existieren. Kuhn hat diese Option in der Phase nach der Erstveröffentlichung der *Struktur* präferiert, wenn er von den bereits erwähnten Werten wie Exaktheit, Konsistenz, Anwendbarkeit, Einfachheit und Fruchtbarkeit spricht. Diese Werte sind zwar nach Kuhn ebenfalls Teile von Paradigmen, im Gegensatz zu anderen Komponenten wie symbolischen Generalisierungen oder Exemplaren unterliegen sie aber einem sehr viel geringeren historischen Wandel.[8]

Die dritte und letzte Antwortstrategie könnte wie folgt aussehen: Fälle methodologischer Inkommensurabilität sind deshalb so problematisch, weil sie nach einem neutralen Boden verlangen, auf dem Fragen nach grundlegenden Rationalitätsstandards entschieden werden können. Die bisherigen Antworten liefen darauf hinaus, die Existenz eines derartigen Bodens entweder rundheraus zu bestreiten oder aber das Vorliegen von Werten einzuräumen, die in weitgehender

[8] Folgt man Kuhns Darstellung, wird jedoch schnell klar, dass auch Werte keine Garanten für objektive Auseinandersetzungen zwischen Paradigmen sind: „[O]bgleich gemeinsame Werte von Wissenschaftlern weithin akzeptiert werden und die Bindung an sie tief und ein wesentlicher Bestandteil der Wissenschaft ist, wird die Anwendung von Werten manchmal beträchtlich durch die unterschiedlichen persönlichen und biographischen Züge der Gruppenmitglieder beeinflußt." (Kuhn 1976, 197).

Unabhängigkeit von wechselnden Paradigmen bestehen. Was aber, wenn Fälle methodologischer Inkommensurabilität auf eine ganz andere Art gelöst werden können, nämlich durch den Appell an die paradigmenunabhängige Instanz der *sinnlichen Beobachtung*? Lässt sich, um bei unserem Beispiel zu bleiben, der Disput zwischen dem mechanistischen und dem newtonschen Paradigma nicht einfach mit dem Hinweis entscheiden, dass das Letztere sehr viel besser in der Lage war, den empirischen Daten Rechnung zu tragen? Muss nicht auch den Mitgliedern des mechanistischen Paradigmas klar gewesen sein, dass das Gravitationsgesetz trotz seines vermeintlich okkulten Charakters zu besseren Erklärungen und Prognosen in der Lage war als Ammenmärchen über links- und rechtsdrehende Mikroschrauben? Sehen wir genauer hin, um zu erkennen, warum Kuhn dieser dritte Antwortstrategie eine klare Absage erteilt.

Unsere bisherigen Überlegungen haben ergeben, dass nicht nur die Bedeutungen zentraler Terme einem grundlegenden Wandel unterliegen, wenn sich ein Paradigmenwechsel ereignet. Auch grundlegende methodologische Überzeugungen, Kriterien zur Bestimmung von zulässigen Erklärungsstrategien und selbst die fundamentalen Standards wissenschaftlicher Rationalität sind betroffen, wenn ein Paradigma an den Platz eines anderen tritt. In seinen radikalsten Momenten geht Kuhn aber sogar noch weiter: Im berüchtigten Kapitel 10 der *Struktur* ist an einigen Stellen zu lesen, „daß bei einem Paradigmenwechsel die Welt sich ebenfalls verändert", dass es fast so ist „als wäre die Fachgemeinschaft plötzlich auf einen anderen Planeten versetzt worden", „daß [es] die Wissenschaftler nach einer Revolution mit einer anderen Welt zu tun haben" (Kuhn 1976, 123) oder „daß die Wissenschaftler nach einer Revolution in einer anderen Welt arbeiten" (Kuhn 1976, 146). Neben dem semantischen und dem methodologischen ist dies der dritte Aspekt der Inkommensurabilitätsthese, jener der so genannten *ontologischen* Inkommensurabilität.

Die Behauptung, dass sich neben genuin theoretischen Komponenten wie Exemplaren oder symbolischen Generalisierungen nicht nur Bedeutungen und methodologische Standards ändern, sondern auch *die Welt selbst*, ist der radikalste und zugleich umstrittenste Teil der kuhnschen Inkommensurabilitätsthese. Trifft dieser Aspekt zu, dann ist es nicht nur so, dass Mitglieder verschiedener Forschungsgemeinschaften mit denselben Begriffen Verschiedenes meinen, Unterschiedliches als legitime wissenschaftliche Probleme ansehen und selbst hinsichtlich der Einschätzung differieren, was als Erklärung oder Begründung gelten kann. Trifft die These der ontologischen Inkommensurabilität zu, dann *leben* WissenschaftlerInnen unterschiedlicher Paradigmen in unterschiedlichen Welten und *sehen* deshalb Unterschiedliches! Viele KommentatorInnen finden diese These einfach nur absurd. Peter Godfrey-Smith meint etwa, dass die *Struktur* ein besseres Buch geworden wäre, hätte Kuhn das Kapitel 10 versehentlich in einem Taxi liegen gelassen (Godfrey-Smith 2003, 96).

Was ist aber eigentlich so schlimm an der These, dass sich auch die Welt, in der wir leben, ändert, wenn sich das Paradigma ändert? Je nach Interpretation gibt es vieles, das hier Anlass zur Irritation geben kann. Der wohl offensichtlichste Aspekt ist dieser: Wir gehen im Allgemeinen davon aus, in einer Welt zu leben, die unabhängig davon besteht, wie wir über sie denken oder wie unsere Theorien über sie aussehen. Vertritt Person A die Aussage p (z.B. „Schnee ist weiß.") und Person B die Aussage $\neg p$ (z.B. „Schnee ist nicht weiß."), dann mag es zwar vielleicht so sein, dass wir diese Meinungsverschiedenheit momentan nicht klären können (etwa weil wir uns gerade in der Wüste Arizonas aufhalten). Wir sind aber dennoch überzeugt, dass entweder p *oder* $\neg p$ zutrifft, nicht aber beides zugleich. Genau dies ist aber nicht unbedingt der Fall, wenn die These der ontologischen Inkommensurabilität zutrifft: A und B könnten ja in unterschiedlichen Paradigmen und damit in unterschiedlichen Welten leben und deshalb mit vollem Recht jeweils p *und* $\neg p$ vertreten!

Das soeben angesprochene Resultat lässt sich leicht in die Wissenschaftstheorie transferieren: Teil des *received view* war die Auffassung, dass sich die Wissenschaftssprache klar in zwei Bereiche einteilen lässt, nämlich in die Sphäre der Beobachtungsbegriffe und in jene der theoretischen Begriffe. Beobachtungsbegriffe (wie „Haus", „Planet", „Höhe der Quecksilbersäule" oder „Einhorn"[9]) sind solche, die sich auf Dinge beziehen, die beobachtbar sind. Theoretische Begriffe (wie „Masse", „Feld", „Higgs-Boson" oder „Atom") sind solche, bei denen dies nicht der Fall ist. Die Unterscheidung zwischen Beobachtungsbegriffen und theoretischen Begriffen wurde vor allem deshalb für zentral gehalten, weil man Erstere als neutrale Instanzen ansah, die eine objektive Entscheidung zwischen unterschiedlichen Theorieoptionen erlaubt. Die Situation ist ähnlich wie im vorhin besprochenen Fall von Person A und Person B: Es mag zwar sein, dass wir momentan nicht in der Lage sind, eine Entscheidung zwischen zwei einander widersprechenden Theorien herbeizuführen. Für viele ist es aber selbstverständlich, dass erstens nicht beide Theorien gleichzeitig wahr sein können und dass zweitens, wenn eine Entscheidung zugunsten einer der beiden Theorien überhaupt möglich ist, diese durch die theorieunabhängige Erfahrung herbeigeführt wird. Doch auch für diese Sichtweise ist die These der ontologischen Inkommensurabilität fatal: Ist es wirklich so, dass sich durch einen Paradigmenwechsel auch die Welt der WissenschaftlerInnen ändert, dann können Dispute zwischen Paradigmen natürlich nicht mehr im Rekurs auf die Beobachtung beigelegt werden. Die Beobachtung ist in diesem Fall ebenso paradigmenrelativ wie Bedeutungen und methodologische Standards.

Dass es sich bei der ontologischen Inkommensurabilität um eine ungemein radikale These handelt, dürfte bereits auf der Basis der bisherigen Darstellung klar

9 Das Beispiel des Einhorns soll klar machen, dass die Unterscheidung zwischen beobachtbaren und unbeobachtbaren Begriffen nichts mit der vermuteten Existenz bestimmter Objekte zu tun hat. Aus Sicht der Unterscheidung zwischen Beobachtbarkeit und Unbeobachtbarkeit ist allein Folgendes wichtig: *Wenn* Einhörner existieren würden, *dann* wären sie beobachtbar. Umgekehrt ist es gerade ihre Beobachtbarkeit, die uns so sicher macht, dass es sie nicht gibt (vgl. van Fraassen 1980, 15). Wir kommen hierauf in der nächsten Einheit zurück.

geworden sein. Sehen wir uns jedoch einige historische Beispiele an, um zu einer adäquaten Einschätzung der wahren Tragweite dieser Thematik zu gelangen. Das erste Beispiel stammt von Norwood Russell Hanson (Hanson 1965): Stellen wir uns vor, Johannes Kepler und Tycho Brahe beobachten gemeinsam den Sonnenaufgang. Die Frage ist nun, ob beide *dasselbe* sehen oder nicht. Die nahe liegende Antwort lautet, dass Brahes und Keplers Retinae dieselben Reize verarbeiten und dass es deshalb gerechtfertigt ist, die gestellte Frage positiv zu beantworten. Für Hanson ist dies aber deshalb unbefriedigend, weil die physikalisch-chemischen Prozesse auf unserer Retina nicht einfach mit dem Phänomen des sinnlichen Sehens gleichgesetzt werden können. Hansons Punkt ist, dass Brahe und Kepler etwas vollkommen anderes sehen, *obwohl* die Reize auf ihren Retinae dieselben sind:[10] Brahe sieht eine aufgehende Sonne (d.h. eine sich bewegende Sonne und einen stationären Horizont) und Kepler einen untergehenden Horizont (d.h. einen sich bewegenden Horizont und eine stationäre Sonne). Der These der ontologischen Inkommensurabilität folgend kommt diese Differenz daher, dass Kepler und Brahe in unterschiedlichen Welten leben, nämlich einmal in der Welt des heliozentrischen Paradigmas und einmal in jener des geozentrischen Paradigmas.

Das zweite Beispiel stammt von Kuhn und betrifft die Rolle, die Pendelbewegungen in der frühneuzeitlichen Physik einnahmen. Wie ich bereits erwähnt habe (vgl. Einheit 1.1, 19, Fußnote 4), liegt dem aristotelischen Paradigma die wichtige Unterscheidung zwischen natürlichen und erzwungenen Bewegungen zugrunde. Geht man von dieser Unterscheidung aus, dann erweisen sich speziell Pendelbewegungen als eine schwer einzuordnende Mischform aus beiden Bewegungstypen: An sich würde es der natürlichen Tendenz des Pendelkörpers entsprechen, zum Mittelpunkt des Universums und damit senkrecht nach unten zu streben. Dies wird aber durch die Pendelschnur verhindert, die den Pendelkörper in eine unnatürliche Schwingbewegung zwingt. Es ist genau diese Pendelbewegung, die AristotelikerInnen schwerwiegende Probleme bereitet: Erzwungene Bewegungen verlangen anders als natürliche nach einer externen Kraft, die den betroffenen Körper für die Dauer der erzwungenen Bewegung entgegen seiner natürlichen Tendenz bewegt. Welches ist aber die gesuchte externe Kraft, die für das Schwingen von Pendeln verantwortlich ist? Pendel bewegen sich doch offenkundig eine Zeit lang ganz von selbst, wenn sie aus einer bestimmten Höhe losgelassen wurden!

Blickt man demgegenüber auf Galileis Beschreibungen von Pendelbewegung, so hat man es mit einem vollkommen anderen Phänomen zu tun: Anders als für AristotelikerInnen sind Pendel für Galilei nicht bloß unnatürlich fallende Körper. Sie sind vielmehr Objekte, denen es *beinahe* gelingt, dieselbe Schwingbewegung immer und immer, ad infinitum, zu vollführen. Wichtig ist jedoch, dass dieses „Beinahe" nach Galilei nichts mit dem Wesen der Schwingbewegung zu

10 Dass wir trotz identischer retinaler Reize Unterschiedliches sehen können, zeigen laut Hanson die bekannten Kippbilder, die etwa entweder einen Hasenkopf oder einen Entenkopf darstellen.

tun hat: Eine von Galileis zentralen Einsichten ist, dass es lediglich an Nebensächlichkeiten wie dem Luftwiderstand liegt, dass wir Schwingbewegungen nicht so beobachten können, wie sie ihrem Wesen nach tatsächlich sind. Ließen sich diese Nebensächlichkeiten ausschalten – etwa in einem Vakuum –, dann würden Pendel mit derselben Geschwindigkeit und in derselben Art bis in alle Ewigkeit weiterschwingen.

Unterschiedliche Ansätze bieten sich an, um diese historische Episode zu interpretieren. Eine sehr einfache Sichtweise ist die folgende: Das Verhalten von Pendeln konnte im Rahmen der aristotelischen Physik nicht erklärt werden, in Galileis Physik aber schon. Und genau hierin ist einer der Gründe zu sehen, warum sich Galilei letztendlich durchsetzte und so den Weg für Newton bereitete. Eine derartige Interpretation übersieht aber einen wichtigen Aspekt: Der Disput zwischen aristotelischer und galileischer Physik ist nicht nur einfach ein Disput zwischen rivalisierenden Theorien. Der Disput weist darüber hinaus alle Kennzeichen eines Aufeinandertreffens methodologisch inkommensurabler Paradigmen auf: Für aristotelische PhysikerInnen war es eines der obersten methodologischen Gebote, sich strikt an der passiven Beobachtung natürlicher Abläufe zu orientieren. AristotelikerInnen waren deshalb nicht nur gegenüber Experimenten ablehnend eingestellt, sondern betrachteten auch Idealisierungen, d.i. das bewusste Weglassen von Eigenschaften, die für das Verhalten konkreter Objekte kausalrelevant sind, mit Skepsis.[11] Für die galileische Physik sind Idealisierungen demgegenüber unverzichtbar. Das zeigen Galileis Beschreibungen von Pendeln, die keinen externen Einflüssen unterliegen, deren Masse punktförmig ist und die an masselosen Schnüren hängen. Während derartige Idealisierungen das Lebenselement der Physik Galileis sind, hätten AristotelikerInnen jeden einzelnen realen Schwingkörper als eine glatte Falsifikation von Galileis Theorie angesehen.

Folgt man den Ausführungen, die sich in Kapitel 10 der *Struktur* finden, dann erweist sich Kuhns Interpretation jedoch als noch radikaler: Nach Kuhn lässt sich der Disput zwischen aristotelischer und galileischer Physik weder auf ein Aufeinandertreffen rivalisierender Theorien, noch auf eine Auseinandersetzung zwischen unterschiedlichen Rationalitätsstandards reduzieren. Der entscheidende Aspekt ist für Kuhn vielmehr jener, dass Galilei eine Erklärung für ein Phänomen anbietet, das vor ihm überhaupt nicht existierte! Die galileische und die aristotelische Physik stellen also nicht Theorien dar, die hinsichtlich bestimmter Phänomene miteinander im Widerspruch stehen. Die galileische und die aristotelische Physik sind vielmehr insofern inkommensurabel, als Erstere auf Phänomene Bezug nimmt, die es in der Welt der aristotelischen Physik noch nicht einmal gibt. Pendel wurden also vor und nach Galilei nicht unterschiedlich gut oder auf unterschiedlichem Wege erklärt – Pendel wurden durch Galilei überhaupt erst „ins Leben gerufen“ (Kuhn 1976, 132).

---

[11] Zur Rolle von Idealisierungen in der naturwissenschaftlichen Forschung vgl. z.B. McMullin 1985; Cartwright 1989, Kap. 5; Hüttemann 1997; Morgan & Morrison 1999.

Das dritte und letzte Beispiel haben wir bereits in der Einführungseinheit diskutiert, weshalb wir uns an dieser Stelle kurz fassen können (vgl. Einheit 1.1). Erinnern wir uns an Ptolemäus' Argument für die These der absoluten Ruhelage der Erde. Eine nahe liegende Rekonstruktion ist die folgende: Mitglieder des ptolemäischen Paradigmas und Mitglieder unseres heutigen Paradigmas sehen zwar denselben hüpfenden Menschen, sie interpretieren ihn aber vor dem Hintergrund unterschiedlicher theoretischer Voraussetzungen. Die Unterschiede zwischen diesen theoretischen Voraussetzungen erklären, warum ein und derselbe hüpfende Mensch in unterschiedlichen theoretischen Kontexten vollkommen unterschiedliche epistemische Rollen einnehmen kann. Geht man jedoch demgegenüber von der These der ontologischen Inkommensurabilität aus, dann gelangt man zu einer sehr viel radikaleren Sichtweise: Aus dieser Perspektive ist es ein Fehler, von der Identität des hüpfenden Menschen, den Mitglieder des ptolemäischen Paradigmas sehen und den wir heute sehen, auszugehen. Was AnhängerInnen des ptolemäischen Paradigmas sehen, ist ein Mensch, der auf einer unbewegten Erde in die Höhe springt. Wir jedoch sehen einen Menschen, der auf einer rasend schnellen Erde in die Höhe springt und aufgrund des Trägheitssatzes wieder am Punkt des Absprungs landet. Auch hier bedarf es der These der ontologischen Inkommensurabilität, um diese Differenz zu erklären.

Was ist von der These der ontologischen Inkommensurabilität zu halten? Das vielleicht Auffälligste an ihr ist ihre unglaubliche Kontraintuitivität. Dies wird am dritten Beispiel ganz besonders deutlich: Ich hege keinen Zweifel daran, dass die moderne Interpretation eines hüpfenden Menschen jener, die Ptolemäus anbietet, klar überlegen ist. Es ist aber dennoch nicht der Fall, dass ich einen Menschen *sehe*, der auf einer rasend schnellen Erdkugel in die Höhe springt und aufgrund des Trägheitssatzes wieder am Punkt des Absprungs landet. Zutreffend ist vielmehr Folgendes: Ich weiß über den Trägheitssatz Bescheid und kann auf einer theoretischer Ebene verstehen, warum wir trotz der atemberaubenden Geschwindigkeit der Erde wieder dort landen, wo wir abgesprungen sind. Aber sprechen wir in deskriptiver Weise allein über das, was uns in der Erfahrung gegeben ist, dann sehe ich hüpfende Menschen so, wie sie auch Ptolemäus gesehen hat. Das Wissen um den Erdorbit und den Trägheitssatz ist zweifellos Teil eines theoretischen Hintergrunds, vor dem ich die Welt sehe. Das bedeutet aber nicht, dass dieser theoretische Hintergrund mit dem, was ich sehe, identisch ist. Ganz im Gegenteil, eine derartige Identitätsbehauptung halte ich für deskriptiv falsch.[12] Hinzu kommt, dass es sich in den anderen beiden Fällen durchaus ähnlich verhält: Der Umstand, dass wir auch heute noch von einer aufgehenden Sonne (und nicht vom untergehenden Horizont) sprechen, legt nahe, dass wir Tycho Brahes Erfahrungswelt nahestehen, ohne hierdurch unsere Mitgliedschaft im heliozentrischen

12 Bas van Fraassen unterscheidet in genau diesem Sinne zwischen „etwas sehen" („observing something") und „sehen, dass etwas der Fall ist" („observing, that something is the case"). Nach van Fraassen können etwa zwei Menschen einen Tennisball sehen, ohne gleichermaßen zu sehen, dass es sich um einen Tennisball handelt (van Fraassen 1980, 15).

Paradigma aufs Spiel zu setzen. Und der Umstand, dass wir ein Pendel in der Wohnzimmeruhr sehen, auch wenn wir keine Ahnung haben, was $T = 2\pi \sqrt{l/g}$ bedeutet, legt nahe, dass Pendel nicht eines bestimmten physikalischen Paradigmas bedürfen, um zu existieren.

Nutzen wir die Gelegenheit, um kurz zusammenzufassen und einen Gedanken zu betonen, der für den größeren Zusammenhang des gesamten Buches wichtig ist: Die These der ontologischen Inkommensurabilität stellt das Ende eines Weges dar, der seinen Ausgang bereits in der ersten Einheit genommen hat und der eng mit der Rolle verknüpft ist, die die Beobachtung in der wissenschaftlichen Methode einnimmt. Erinnern wir uns an die BSB-Strategie, der zufolge die Beobachtung sowohl am Anfang als auch am Ende des wissenschaftlichen Erkenntnisprozesses steht. Und erinnern wir uns daran, dass in der BSB-Strategie überdies von einer Art der Beobachtung die Rede war, die sich (ganz im Einklang mit dem *received view*) durch Voraussetzungslosigkeit und insofern durch eine prinzipielle Unabhängigkeit von den zu bewerteten Theorien ausgezeichnet hat.

Es hat jedoch nicht lange gedauert, bis Zweifel an der BSB-Strategie im Allgemeinen und an der Vorstellung theorieunabhängiger Beobachtungen im Speziellen aufgetaucht sind: Auf der einen Seite ist klar geworden, dass selbst dann, wenn Beobachtungen unabhängig von den zu testenden Theorien sind, diese Beobachtungen niemals die getestete Theorie allein, sondern stets nur die Konjunktion aus Theoriekern, Zusatztheorien, Startbedingungen und Randbedingungen infrage stellen. Dies ist die Kernaussage der so genannten Duhem-These, die zwar nicht das Wesen der Beobachtung direkt betrifft, die aber relevant ist, wenn es um die Rolle der Beobachtung im wissenschaftlichen Erkenntnisprozess geht. Auf der anderen Seite mussten wir einsehen, dass sogar so einfache Beobachtungen wie jene eines hüpfenden Menschen keine epistemische Aussagekraft haben, solange sie nicht vor dem Hintergrund bestimmter Theorien interpretiert werden. Zwischen Beobachtung und Theorie scheint es also eine unauflösbare Zirkularität zu geben: Sollen Beobachtungen epistemisch aussagekräftig sein, so müssen sie im Licht von Theorien interpretiert werden. Gleichzeitig sind Beobachtungen aber das, wovon unsere Theoriebewertungen abhängen. Bezeichnen wir dieses Verhältnis der wechselseitigen Beeinflussung als die *schwache Theoriebeladenheitsthese* der Beobachtung.

In der modernen Wissenschaftstheorie ist die schwache Theoriebeladenheitsthese inzwischen generell anerkannt. Niemand würde ernsthaft behaupten, dass es eine Form der Erfahrung gibt, die sich durch vollkommene Theorieunabhängigkeit auszeichnet. Trifft die schwache Theoriebeladenheitsthese zu, dann machen wir in einem ersten Schritt Beobachtung X (betreffend die Sonne, einen hüpfenden Menschen, ein Pendel, Linien auf dem Display einer Wellenkammer etc.) und unterwerfen X in einem zweiten Schritt der theoretischen Interpretation durch eine Theorie oder ein Paradigma Y (Heliozentrismus, Geozentrismus, ptolemäische Astronomie, moderne Physik etc.). VertreterInnen der schwachen Theoriebeladenheitsthese würden zugestehen, dass Schritt 1 und 2 manchmal zusammenfallen, etwa wenn PhysikerInnen so geübt im „Lesen“ von Wellenkammern sind, dass sie die grauen Linien und Kreise ohne zu überlegen als den Zerfall eines positiven Kaons interpretieren.[13] Dieses Zusammenfallen von Beobachtung und Interpretation ist jedoch lediglich ein psychologisches Phänomen, das auf die grundlegende Verschiedenheit von X und Y keinen Einfluss hat.

Folgt man demgegenüber den Darstellungen, die sich bei Autoren wie Norwood Russell Hanson oder Thomas Kuhn finden, dann geht die These der schwachen Theoriebeladenheit der Beobachtung nicht weit genug und muss durch die *starke Theoriebeladenheitsthese* der Beobachtung ersetzt werden. Wir haben gesehen, worin der Unterschied liegt: VertreterInnen der starken Theoriebeladenheitsthese behaupten, dass die Schritte 1 und 2 *stets* zusammenfallen und dass deshalb zwischen Beobachtung und theoretischer Interpretation derselben *prinzipiell* nicht sinnvoll unterschieden werden kann. Das Problem ist also nicht, dass Kepler und Brahe dieselbe Sonne beobachten, diese aber unterschiedlich interpretieren. Das Problem ist, dass Kepler und Brahe unterschiedliche Dinge beobachten, weil sie unterschiedlichen Paradigmen angehören! Akzeptiert man die starke Theoriebeladenheitsthese, dann ist es zur These der ontologischen Inkommensurabilität nur mehr ein kleiner Schritt: Bestimmt das Paradigma, was wir beobachten, und sind Beobachtungen der einzige Zugang zur Welt, dann kann man genauso gut sagen, dass es letzten Endes die Welt selbst ist, die durch das Paradigma, in dem man sich befindet, in ihrem Sein bestimmt wird. Und genau dies ist es, was die Inkommensurabilitätsthese in ihrer radikalen Form zum Ausdruck bringt.

Ich habe bereits darauf hingewiesen, dass sich die These der ontologischen Inkommensurabilität bei näherer Betrachtung als ungemein kontraintuitiv erweist. Dass hierin aber natürlich nicht der einzige Kritikpunkt zu sehen ist, dürfte klar sein: Manche KritikerInnen haben rundheraus bestritten, dass sich die Vorstellung eines Paradigmas oder konzeptuellen Rahmens, der jeder Art des Weltbezugs notwendig zugrunde liegt, überhaupt sinnvoll formulieren lässt (Davidson 1991). Wieder andere haben sich gefragt, wie Kuhn die allgemeine und ausnahmslose Abhängigkeit von Paradigmen betonen kann, ohne selbst von dieser Abhängigkeit in einem Maße betroffen zu sein, das die Objektivität seiner eigenen Wissenschaftstheorie unterminiert. Der vielleicht am häufigsten erhobene Vorwurf ist jedoch der des drohenden Relativismus. Mit dieser Kritik möchte ich mich zum Abschluss dieses Abschnittes beschäftigen.

Nehmen wir an, die Inkommensurabilitätsthese trifft wirklich in ihrer stärksten Form zu. Dies hätte zur Folge, dass sich infolge eines Paradigmenwechsels nicht nur die Bedeutung von Begriffen und sämtliche methodologische Standards ändern, es verändert sich sogar die Welt um uns herum. Nehmen wir mit Kuhn weiter an, dass ausnahmslos jeder kognitive Kontakt mit der Welt nach einem

[13] Auf dem Cover dieses Buchs findet sich die Abbildung einer Wellenkammer, in der sich gerade der Zerfall eines positiven Kaons ereignet. Wellenkammern sind vergleichsweise einfache Teilchendetektoren, die mit einem übersättigten Luft-Alkohol-Gemisch gefüllt sind und auf diese Weise die Ionisierung und damit die Visualisierung von Teilchen möglich machen.

Paradigma verlangt, dass es also keinen paradigmenunabhängigen archimedischen Standpunkt gibt (z.B. Kuhn 2000a, 95). Was würde es unter diesen Voraussetzungen bedeuten, dass eine Person, nennen wir sie A, Überzeugung *p* äußert? Auf den ersten Blick könnte man meinen, es bedeute lediglich, dass A behauptet, dass *p* wahr ist. Trifft aber die radikale Inkommensurabilitätsthese in der oben eingeführten Weise zu, dann ist die Sache nicht ganz so einfach: Da sich der Wahrheitswert von *p* in Abhängigkeit vom Paradigma, vor dessen Hintergrund sich A äußert, ändern könnte, gilt As Behauptung, dass *p* wahr ist, nur relativ zu einem Paradigma P – und dies ist allgemein so: Für jeden Erkenntnisanspruch *p* gilt, dass sowohl von der Wahrheit von *p*, als auch von der rationalen Begründbarkeit von *p* nur relativ zu einem Paradigma P gesprochen werden kann. Dies ist eine der vielen möglichen Formulierungen der Grundthese des *Relativismus*.

Der Relativismus ist eine schillernde These, die in unterschiedlichen Kontexten ziemlich unterschiedliche Reaktionen hervorruft. In manchen Kreisen wird er wahlweise als Zeitvertreib für gelangweilte PhilosophInnen oder als zu vermeidender Lapsus ungeübten Denkens angesehen. In anderen Kreisen werden demgegenüber alle, die den Relativismus nicht uneingeschränkt akzeptieren, automatisch als „AbsolutistInnen" abgestempelt und mit dem Generalverdacht des Wahrheitsimperialismus belegt. Meine Ansicht ist, dass es in der Tat gute Argumente gegen den Relativismus gibt. Diese zeigen meiner Meinung nach, dass sich der Relativismus nicht konsistent vertreten lässt und dass relativistische Konsequenzen ein sicheres Zeichen dafür sind, dass etwas an den zugrunde gelegten Prämissen faul ist. Ich stimme aber andererseits Joseph Margolis zu, wenn dieser angesichts des Umstands, dass PhilosophInnen seit mehr als zwei Jahrtausenden gebetsmühlenartig dieselben anti-relativistischen Argumente wiederholen, zur Vorsicht mahnt: Vielleicht sind die typischen Selbstanwendungsprobleme doch nicht so gut, wie sich viele PhilosophInnen seit Platon einreden (vgl. Margolis 1991). Das Folgende ist also nicht als ein letztes Wort zum Relativismus zu verstehen, sondern eher als eine vorläufige Standortbestimmung.

Gehen wir von der folgenden Bestimmung der These des Relativismus (TR) aus:

TR: Für jeden Erkenntnisanspruch *p* gilt, dass sowohl von der Wahrheit von *p* als auch von der rationalen Begründbarkeit von *p* nur relativ zu einem Paradigma P gesprochen werden kann.

Diese Bestimmung entspricht der relativistischen Intuition, dass Erkenntnisansprüche immer vor dem Hintergrund von Paradigmen formuliert und bewertet werden und dass ein paradigmenunabhängiger Standpunkt, der eine neutrale Bewertung von Erkenntnisansprüchen erlauben würde, nicht existiert. Wie steht es nun aber um die Wahrheit bzw. um die rationale Begründbarkeit von TR? Da TR ein Erkenntnisanspruch ist und besagt, dass *alle* Erkenntnisansprüche relativ zu einem Paradigma bestehen, muss die Grundaussage von TR natürlich auch für TR gelten. Es folgt deshalb TR':

> TR': Für TR gilt, dass sowohl von der Wahrheit von TR als auch von der rationalen Begründbarkeit von TR nur relativ zu einem Paradigma P gesprochen werden kann.

TR' zufolge gilt also, dass sowohl die Wahrheit von TR als auch die rationale Begründbarkeit von TR immer nur relativ zu einem Paradigma P besteht und dass ein paradigmenunabhängiger Standpunkt, der eine neutrale Bewertung von TR erlauben würde, nicht existiert. Gesteht man dies zu, muss man auch zugeben, dass ein Paradigma P' denkbar ist, vor dessen Hintergrund ¬TR gilt, vor dessen Hintergrund TR also falsch ist. Diese Schlussfolgerung folgt direkt aus TR. Für RelativistInnen ist sie fatal: Vertritt man TR, so ist man nicht nur gezwungen, TR' zu akzeptieren, sondern allem Anschein nach auch ¬TR. RelativistInnen sind also der Inkohärenz überführt, weil sie gleichzeitig die Position *und* die Negation ihrer relativistischen Grundthese vertreten.

Betont sei nochmals, dass derartige Selbstanwendungsargumente den Relativismus in seiner mehr als zweitausendjährigen Geschichte nicht zum Schweigen gebracht haben. Es wurde beispielsweise moniert, dass das soeben dargestellte Selbstanwendungsargument einen Begriff absoluter Wahrheit voraussetzt, den RelativistInnen natürlich nicht akzeptieren können und der deshalb durch einen Begriff relativer Wahrheit ersetzt werden muss. Oder aber RelativistInnen haben ihre Position dahingehend modifiziert, dass TR über alle Erkenntnisansprüche urteilt – mit Ausnahme von TR selbst. Ich bin vom Erfolg derartiger relativistischer Erwiderungen alles andere als überzeugt. Wichtig ist mir im Moment jedoch vor allem Folgendes: Akzeptiert man die starke Inkommensurabilitätsthese, dann muss man sich darüber im Klaren sein, dass man sich hiermit auch das Problem des Relativismus einhandelt.

6.3 Eine neue Wissenschaftstheorie?

Man kann die Community derjenigen, die nach 1962 in der einen oder anderen Weise an Kuhn anknüpften, grob in zwei Lager teilen: Auf der einen Seite stehen jene, die den „normalen" Kuhn als Ausgangspunkt nehmen und versuchen, Kuhns Beschreibungen der Normalwissenschaft in den größeren Kontext einer konventionellen Wissenschaftstheorie zu integrieren. Auf der anderen Seite stehen jene, die die Beschreibungen der revolutionären Wissenschaft als die wahre Stärke Kuhns betrachten und von hier aus eine Art der Analyse anstreben, die sich von der bisher dargestellten Wissenschaftstheorie merklich unterscheidet. Dieser Gruppe gilt in diesem Abschnitt meine Aufmerksamkeit.

Wie wir gesehen haben, ist für den revolutionären Kuhn der Gedanke bestimmend, dass die „Frage der Paradigmenwahl niemals durch Logik und Experiment allein eindeutig entschieden werden kann“ (Kuhn 1976, 107). Dass es sich so verhält, ist eine natürliche Folge der Inkommensurabilitätsthese: Je radikaler man diese interpretiert, desto weniger Möglichkeiten bleiben, um den Übergang von einem Paradigma zum nächsten als einen rationalen oder zumindest rationalisierbaren Prozess anzusehen. Im Extremfall wird der Übergang von einem Paradigma zum nächsten zu einem unvorhersehbaren „Gestaltwechsel“[14] oder zu einem Moment der Bekehrung, der einer religiösen Erleuchtung nicht unähnlich ist (vgl. Kuhn 1976, v.a. Kap. 10).

Nimmt man diesen Aspekt der kuhnschen Wissenschaftstheorie ernst und verabschiedet man sich dementsprechend vom Gedanken der Rationalisierbarkeit von Paradigmenwechseln, stellt sich jedoch eine offenkundige Frage: Wir *wissen*, dass sich in der Geschichte der Naturwissenschaften etliche Paradigmenwechsel ereignet haben, und kaum jemand würde bestreiten, dass uns auch in Zukunft weitere Paradigmenwechsel ins Haus stehen werden. Wenn es aber keine rationalen Gründe sind, die von einem Paradigma zum nächsten führen, was ist es dann? Warum werden alte Paradigmen durch neue ersetzt, wenn es nicht die Logik, nicht das Experiment und auch keine anderen rationalen Faktoren sind, die derartige Entwicklungen notwendig machen? Die Antwort, die manche auf diese Frage geben, ist verblüffend einfach: Wenn es nicht rationale Gründe sind, die Paradigmenwechsel unumgänglich machen, dann müssen es wohl *faktische Ursachen* sein. Oder, um es in einer alternativen Terminologie zu sagen: Wenn es nicht *interne* Faktoren sind, die Paradigmenwechsel erklären, dann muss man sich eben nach *externen* Faktoren umsehen. Hier ist ein konkretes Beispiel, das veranschaulicht, was gemeint ist.

Standarddarstellungen der Physik des 20. Jahrhunderts unterscheiden zwischen einer „alten“ und einer „neuen“ Quantentheorie (vgl. z.B. Redhead 1996). Der Wendepunkt wird üblicherweise mit dem Jahr 1925 angesetzt, in dem Werner Heisenberg (1901–1976) den Aufsatz „Über quantentheoretische Umdeutung kinematischer und mechanischer Beziehungen“ in der *Zeitschrift für Physik* veröffentlichte. Folgt man den Standarddarstellungen, dann waren eine Reihe genuin physikalischer Gründe dafür verantwortlich, dass die neue Quantentheorie die alte ablöste und so zum bestimmenden physikalischen Paradigma wurde: Einerseits konnte die neue Quantentheorie bis dato rätselhafte Phänomene wie den anomalen Zeeman-Effekt erklären (vgl. z.B. Jammer 1966, 118–133). Andererseits erwies sich die neue Quantentheorie insgesamt als ein kohärentes System physikalischer Prinzipien, das sich durch seine hervorragende Anwendbarkeit auszeichnete. Den Standarddarstellungen zufolge waren es derartige interne Faktoren, die die Scientific Community von der neuen Quantentheorie überzeugte. Ihre Überzeugungskraft war in der Tat so groß, dass viele PhysikerInnen die endgül-

[14] Wenn Kuhn von Gestaltwechseln spricht, dann sind abermals die bekannten Kippbilder gemeint, von denen schon vorhin die Rede war (vgl. Fußnote 10).

tige Abkehr von einem kausaldeterministischen Weltbild in Kauf nahmen und dementsprechend akzeptierten, dass physikalische Aussagen über die Welt immer nur die Form von Wahrscheinlichkeitsaussagen haben.

Paul Forman, ein US-amerikanischer Wissenschaftshistoriker und -soziologe, veröffentlichte 1971 einen Aufsatz, der den Übergang von der alten zur neuen Quantentheorie in einer völlig anderen Art und Weise erklärt: Laut Forman befand sich die deutsche Physik in den Jahren vor 1925 in einer Zwickmühle. Deutschland hatte den Krieg verloren und in der Öffentlichkeit machte sich eine anti-rationalistische, technologie- und generell wissenschaftskritische Stimmung breit. 1918 hatte Oswald Spengler mit seiner mehrbändigen Monographie *Der Untergang des Abendlandes* eine überaus pessimistische Krisenrhetorik salonfähig gemacht. Das deutsche Bildungsbürgertum kehrte den Naturwissenschaften mitsamt ihrem Determinismus reihenweise den Rücken und wandte sich dem Existenzialismus und der neu aufkeimenden Lebensphilosophie zu. Die deutschen PhysikerInnen der 1920er-Jahre mussten sich also etwas Neues einfallen lassen, um ihre Profession mit der öffentlichen Stimmung zu versöhnen und die Physik auf diese Weise wieder zu einem respektablen Geschäft zu machen. Aus dieser Perspektive betrachtet war die Abkehr von der Kausalität, die zumindest mit manchen Interpretationen der neuen Quantentheorie einhergeht, kein Ergebnis rationaler Überlegungen und theorieimmanenter Entwicklungen. Nein, nach Forman „war die Aufgabe der Kausalität [...] ein Vorschlag, die Physik, und mit ihr das gesamte wissenschaftliche Unternehmen, dem *Zeitgeist* zu opfern“ (Forman 1971, 113; meine Übersetzung). Forman spielt offenkundig auf Kuhn an, wenn er davon spricht, dass Mathematiker, Physiker und Philosophen wie Richard von Mises (1983–1953), Hermann Weyl (1885–1955), Erwin Schrödinger (1887–1961) oder Hans Reichenbach (1864–1937) in Akten „quasi-religiöser Bekehrung zur Akausalität [übertraten]“ (Forman 1971, 80; meine Übersetzung). Diese quasi-religiösen Bekehrungsmomente werden von Forman weiter durch „ihre explizite Unabhängigkeit von vorangegangenen Entwicklungen in der Atomphysik und [durch] ihren offenkundigen Zusammenhang mit der Kapitulation vor der existenzialistischen *Lebensphilosophie*“ (Forman 1971, 90; meine Übersetzung) charakterisiert.

Die Radikalität von Formans Analyse wird besonders deutlich, wenn man sie mit traditionellen Arbeiten zur Wissenschaftssoziologie vergleicht. Soziologische Untersuchungen naturwissenschaftlicher Forschungspraktiken haben natürlich nicht erst mit Forman oder Kuhn begonnen: In der Tradition von Karl Mannheim oder Robert K. Merton wurden bereits zuvor Themen wie das Verhältnis zwischen Politik und Naturwissenschaft oder zwischen dem Aufbau von Institutionen und der Organisation des Wissenschaftssystems untersucht. Für die traditionelle Wissenschaftssoziologie war aber klar, dass mit soziologischen Mitteln nur die sozialen Bedingungen der Wissensproduktion, nicht aber die epistemische Dimension des wissenschaftlichen Wissens untersucht werden kann. Oder, um es konkreter zu sagen: Aus Sicht der traditionellen Wissenschaftssoziologie ist es beispielsweise eine legitime soziologische Frage, warum Galileo Galilei besonders an der Flugbahn von Kanonenkugeln interessiert war. Der Umstand, dass diese die Form einer Parabel hat, übersteigt jedoch den Erklärungsradius der traditionellen Wissenschaftssoziologie. Während die erste Frage auf die *externen Faktoren* der Wissensproduktion abzielt, geht es bei der zweiten Frage nur um die *internen Faktoren* und damit um die rationalen Gründe, die zur Akzeptanz einer Theorie führen.

Entscheidend an Formans Analyse ist, dass das Verhältnis zwischen internen und externen Faktoren exakt umgekehrt wird: Forman behauptet nicht, dass externe Faktoren wie das Aufkeimen des Existenzialismus *auch* eine sekundäre Rolle beim Übergang zur neuen Quantentheorie gespielt haben. Formans Darstellung zufolge waren es *primär* die externen Faktoren, die zum Übergang von der alten zur neuen Quantentheorie geführt haben. Wenn überhaupt, dann spielten „inhaltliche Probleme der Atomphysik nur eine zweitrangige Rolle" (Forman 1971, 110; meine Übersetzung). Verallgemeinert man Formans Ansatz, dann erweist sich die Entwicklung der Naturwissenschaft als keine Abfolge guter Gründe, sondern als eine Abfolge sozialer „Verhandlungen" (engl.: *social negotiations*). Dass eine bestimmte Theorie zu einem bestimmten Zeitpunkt akzeptiert wird, unterliegt im Prinzip denselben sozialen Kräften, die auch für wechselnde Haarmoden, für Trends auf Esoterikmessen oder für gerade angesagte Musikstile verantwortlich sind.

Formans Analyse steht beispielhaft für eine Richtung, die häufig unter dem Begriff *Science and Technology Studies* (STS) subsumiert wird. Von „Studies" ist deshalb die Rede, weil es auf allgemeinster Ebene um eine interdisziplinäre Analyse der Wissenschaften in ihren sozialen, historischen, kulturellen, geschlechterspezifischen und technologischen Kontexten geht. Sieht man sich die individuellen Herangehensweisen etwas genauer an, merkt man jedoch rasch, dass unter das Label STS teils recht unterschiedliche Programme fallen (vgl. z.B. Sismondo 2010). Ich werde mich deshalb in aller Kürze auf ein besonders bekanntes Beispiel beschränken, nämlich auf das *Strong Programme* der so genannten Edinburgher Schule.

Das *Strong Programme* wurde in den 1970ern von David Bloor, Barry Barnes, Steven Shapin und einigen anderen in Abgrenzung zum *Weak Programme* der traditionellen Wissenschaftssoziologie formuliert. Letzteres ist insofern schwach, als es – wie wir bereits am Beispiel Mannheims oder Mertons gesehen haben – die epistemische Dimension wissenschaftlichen Wissens aus der soziologischen Analyse ausnimmt. Warum WissenschaftlerInnen bestimmte Theorien zu bestimmten Zeitpunkten präferieren, muss aus Sicht der traditionellen Wissenssoziologie im Rekurs auf interne Faktoren erklärt werden und ist deshalb eine genuin wissenschaftstheoretische Frage. Nur unter der Bedingung, dass sich keine internen Faktoren namhaft machen lassen und wir es mit offenkundig irrationalen Überzeugungen zu tun haben, ist es zulässig, externe Faktoren zur Erklärung wissenschaftsimmanenter Entwicklungen heranzuziehen. Aus Sicht des *Weak Program-*

mes stehen Wissenschaftssoziologie und Wissenschaftstheorie deshalb in einem Verhältnis der Komplementarität: Wir bedienen uns der wissenschaftstheoretischen Analyse von internen Faktoren, solange wir es mit einer rationalen Überzeugung wie Newtons Proklamation des Gravitationsgesetzes zu tun haben. Wir bedienen uns andererseits der wissenschaftssoziologischen Analyse von externen Faktoren, wenn es um irrationale Überzeugungen wie Newtons Glauben, dass die Welt 2060 untergehen wird, geht. Rationale und irrationale Überzeugungen bedürfen also gemäß dieser Sichtweise grundverschiedener Erklärungsmuster.

Geht es nach den VertreterInnen des *Strong Programme*, dann sind die soeben erwähnten Methodendirektiven der traditionellen Wissenschaftssoziologie nicht nur falsch – für David Bloor stellt es sogar einen Verrat an der eigenen Disziplin dar, wenn SoziologInnen die epistemische Dimension wissenschaftlichen Wissens ausklammern und sich bei ihrer Analyse auf irrationale Überzeugungen beschränken (Bloor 1976, 1). Folgt man Bloor, dann liegen ausnahmslos *alle* Aspekte der wissenschaftlichen Forschung im Erklärungsradius der Soziologie. VertreterInnen des *Strong Programme* sehen deshalb keinen Grund, warum die Wissenschaftssoziologie nicht jede Art der normativen Analyse ersetzen und die Nachfolge der traditionellen Wissenschaftstheorie antreten kann.

Vier Prinzipien charakterisieren nach Bloor Untersuchungen, die im Geiste des *Strong Programme* durchgeführt werden (Bloor 1976, 4f.):

1. *Kausalität*: Die Wissenssoziologie soll kausal sein, d.h. sie soll mit den Kausalbedingungen befasst sein, die Überzeugungen oder Wissensbestände hervorbringen.
2. *Neutralität*: Die Wissenssoziologie sollte im Hinblick auf Wahrheit und Falschheit, Rationalität und Irrationalität oder Erfolg und Misserfolg neutral sein. Beide Seiten dieser Dichotomien bedürfen einer Erklärung.
3. *Symmetrie*: Die Wissenssoziologie ist in Bezug auf die Art ihrer Erklärungen symmetrisch. Das bedeutet, dass dieselben Ursachen wahre, falsche, rationale oder irrationale Überzeugungen erklären.
4. *Reflexivität*: Die Erklärungsmuster, die die Wissenschaftssoziologie anwendet, müssen auch auf sie selbst anwendbar sein.

Es ist offenkundig, dass epistemische Normen im *Strong Programme* keinen Platz haben. Das Symmetrieprinzip besagt, dass wir uns immer an dieselbe Art der Kausalerklärung halten müssen, unabhängig davon, ob wahre, falsche, rationale oder irrationale Überzeugungen unsere Untersuchungsobjekte sind. Überzeugungen und Vorgehensweisen werden also allein durch die Angabe lokal gültiger Regeln erklärt, denen Individuen bei der Formung ihrer Überzeugungen und bei der Planung ihrer Verhaltensweisen folgen. In dieser Hinsicht unterscheidet sich die Wissenschaft von anderen Gesellschaftsbereichen in keiner Weise: WissenschaftlerInnen sind keine rationalen Akteure, die nur an nackten Daten und logischen Schlussfolgerungen interessiert sind. Wie alle anderen Individuen unterliegen auch sie sozialen Kräften, die ihre Überzeugungen und Handlungsweisen mal in die eine, mal in die andere Richtung treiben. Diese Kräfte offenzulegen, ist Aufgabe der empirischen Wissenschaftssoziologie.

Was ist vom *Strong Programme* zu halten? Beginnen wir bei den Positiva: Die Untersuchungen, die im Geiste des *Strong Programme* oder allgemeiner innerhalb der STS durchgeführt wurden, haben ganz zweifellos für ein sehr viel detailreicheres Bild der sozialen Bedingungen gesorgt, unter denen wissenschaftliches Wissen produziert wird. Das *Strong Programme* hat darüber hinaus und teilweise vollkommen zu Recht die Naivität des Wissenschaftsbildes angeprangert, das nicht wenige WissenschaftstheoretikerInnen vertreten haben. Die philosophische Community wurde außerdem daran erinnert, dass man die sozialen, historischen, kulturellen, geschlechterspezifischen und technologischen Bedingungen der Wissensproduktion nicht völlig ignorieren kann, wenn man zu einem umfassenden Verständnis der Forschungsrealität gelangen will.

Angesichts seiner Radikalität dürfte es andererseits nicht verwundern, dass das *Strong Programme* auch viel Kritik einstecken musste. Ich möchte hier lediglich einen Punkt hervorheben, der außerdem erlaubt, ein Thema abzuschließen, das uns bereits in der letzten Einheit beschäftigt hat.

Es muss nicht gesondert betont werden, dass dem *Strong Programme* eine strikt naturalistische Programmatik zugrunde liegt. Dies wird etwa daran deutlich, dass an die Stelle epistemischer Werte lokal gültige Regeln treten, die zwar einzelne Überzeugungen und Vorgehensweisen *erklären*, nicht aber in einem fundamentaleren Sinne normativ *begründen* können. Nimmt man diese naturalistische Grundausrichtung ernst, so ergeben sich aber in der Folge einige Probleme: Die VertreterInnen des *Strong Programme* betrachten wissenschaftliches Wissen als ein natürliches Phänomen, das unabhängig davon, ob wir einzelne Wissenschaftsbestände rational oder irrational finden, erklärt werden muss. In genau diesem Sinne führt Paul Forman sozialen Druck und die aufkeimende Lebensphilosophie an, um zu erklären, warum PhysikerInnen der 1920er die neue Quantentheorie akzeptierten. Wie steht es aber mit anderen Episoden der Wissenschaftsgeschichte, wie etwa mit der „arischen Physik“ der 1930er- und 1940er-Jahre? Arische Physiker wie Philipp Lenard (1862–1947) oder Johannes Stark (1874–1957) lehnten die ART Einsteins oder die Quantentheorie ab, weil diese zu anschauungsfern, zu wenig mechanistisch und ganz generell zu „jüdisch“ waren. An ihre Stelle sollte eine Art der Naturforschung treten, die dem „deutschen Denken“ und dem „unverbildeten Volksgeist“ sehr viel eher zu entsprechen imstande sei (vgl. hierzu z.B. Hentschel 1996).

Es bedarf nur einer geringen Portion Kreativität, um eine Erklärung der arischen Physik anzubieten, die Formans Erklärung der neuen Quantentheorie strukturell ebenbürtig ist. Ist das aber wirklich alles? Beschränken sich unsere Kommentare zur neuen Quantentheorie und zur arischen Physik wirklich darauf, auf soziale Regeln und Kräfte hinzuweisen, die im Deutschland der 1920er, 1930er und 1940er zweifellos wirksam waren? Gibt es wirklich keine objektiven Standards, auf Basis derer wir die Akzeptanz der neuen Quantentheorie gerechtfertigt, die Akzeptanz der arischen Physik jedoch vollkommen absurd finden können? Folgt man dem radikalen Naturalismus des *Strong Programme*, dann kann von der Existenz einer derartigen Basis tatsächlich nicht ausgegangen werden. Ich mag auf der Basis derjenigen Regeln und Kräfte, die meine Überzeugungen bestimmen, die arische Physik absurd finden. Da aber die Programmatik des *Strong Programme* keine höhere Instanz (wie eben objektive Werte) vorsieht, ist mein Urteil relativ zu jenem Glaubenshintergrund, in den ich nun mal hineingeboren wurde und auf dessen Grundlage ich aus bloß kontingenten Gründen argumentiere.

Worauf ich hinauswill, dürfte klar sein: Ich habe in der letzten Einheit davon gesprochen, dass ein Grundproblem des Naturalismus jenes des drohenden Relativismus ist. Das *Strong Programme* veranschaulicht diesen Punkt sehr gut: Wer den positiven Bezug auf Normen kappt und sich mit der Angabe lokal gültiger Regeln und Kräfte begnügt, verzichtet gleichzeitig auf die Möglichkeit evaluativer Urteile, denen nicht der Index der Kontextrelativität anhaftet. Die Folge ist, dass ausnahmslos alle Geltungsansprüche und Bewertungsstandorte gleichwertig sind. Die VertreterInnen des *Strong Programme* unterscheiden sich von anderen NaturalistInnen zwar insofern, als sie die relativistischen Konsequenzen ihres Standpunktes nicht nur offen anerkennen, sondern den Relativismus sogar ausdrücklich als einen Vorzug ihres Programms ansehen (vgl. z.B. Barnes 2011). Treffen die Ergebnisse des letzten Abschnittes zu, dann ändert dies aber nichts daran, dass dem *Strong Programme* der Makel der Inkohärenz anhaftet.[15]

6.4 Zusammenfassung und exemplarische Fragen

Gehen wir, wie schon in der letzten Einheit, ganz an den Anfang unserer Auseinandersetzung mit Kuhn zurück: Wir haben beim *received view* begonnen, bei der wissenschaftstheoretischen Orthodoxie also, die bis zu den 1960er-Jahren bestimmend gewesen war. Der *received view* besteht aus fünf Thesen: Wissenschaft ist erstens ein kumulativer Prozess. Dieser Prozess wird zweitens von einer klar identifizierbaren Methode vorangetrieben, die zur Bestimmung der epistemischen Qualität von Theorien dient. Bei der Analyse der Wissenschaften muss drittens scharf zwischen Entdeckungs- und Begründungszusammenhang und viertens zwischen Beobachtungsbegriffen und theoretischen Begriffen unterschieden werden. Fünftens geht man im *received view* davon aus, dass die Begrif-

[15] Thomas Kuhn wurde von vielen VertreterInnen des *Strong Programme* und der STS als wichtiger Impuls für ihre neue Art der Wissenschaftstheorie gepriesen (vgl. z.B. Barnes 1980). Es sollte aber nicht unerwähnt bleiben, dass sich vor allem der späte Kuhn gegen solche Vereinnahmungen mit zum Teil recht drastischen Worten gewehrt hat: In seiner letzten Veröffentlichung bezeichnet Kuhn die Behauptungen des *Strong Programme* nicht nur als „absurd", er spricht sogar von „Dekonstruktion, die aus dem Ruder gelaufen ist" (Kuhn 2000b, 110; meine Übersetzung).

fe, die in wissenschaftlichen Theorien verwendet werden, feststehende Bedeutungen haben.

Ich habe mehrfach betont, dass Kuhns Sonderstatus auf seine Frontstellung gegenüber allen fünf Thesen des *received view* zurückzuführen ist. In der letzten Einheit konnten wir aber lediglich zwei Unvereinbarkeiten zwischen Kuhn und der Art der Wissenschaftstheorie, die vor 1962 üblich war, dingfest machen. Ausgehend von seinem Naturalismus konnten wir einerseits nachvollziehen, weshalb Kuhn gegen die Unterscheidung zwischen Entdeckungszusammenhang und Begründungszusammenhang opponiert. Andererseits erlaubte es die Beschäftigung mit dem Begriff des Exemplars, Kuhns Skepsis gegenüber einer traditionellen Methodenvorstellung zu rekonstruieren.

Auf der Grundlage dieser Einheit sind wir nun in der Lage, auch die letzten drei Diskrepanzen zwischen Kuhn und dem *received view* offenzulegen. Eine der bestimmenden Thesen des *received view* ist die des kumulativen Charakters der Wissenschaftsentwicklungen: Nachfolgetheorien sind dieser Sichtweise zufolge stets *Erweiterungen* der Vorgängertheorien. Dass bedeutet, dass die Nachfolgetheorien in derselben Sprache und zumeist mit denselben Begriffen über denselben Gegenstandsbereich sprechen – nur eben mit dem Unterschied, dass die Nachfolgetheorie über eine größere Reichweite verfügt und die Vorgängertheorie als Sonderfall enthält. Ausgehend vom Beispiel des Übergangs zwischen der Physik Newtons und der Physik Einsteins mussten wir jedoch einsehen, dass diese Art der Relation zwischen Theorien keineswegs der Regelfall ist. Folgt man Kuhns Darstellungen, dann sorgen Paradigmenwechsel dafür, dass die Begriffe, die in Theorien zum Einsatz kommen, teils drastischen Bedeutungsverschiebungen unterworfen sind. Dies ist der erste, der semantische Aspekt der Inkommensurabilitätsthese, der nicht nur einfachen Kumulationsmodellen der Wissenschaftsentwicklung, sondern auch der fünften These des *received view* den Garaus macht: Bedeuten Begriffe vor und nach einem Paradigmenwechsel tatsächlich etwas vollkommen anderes, dann widerspricht dies nicht nur der Vorstellung eines stetigen Anwachsen wissenschaftlichen Wissens – es ist natürlich auch mit der Idee unvereinbar, dass die Bedeutungen von Begriffen über Paradigmengrenzen hinweg konstant bleiben.

Bedeutungsverschiebungen sind jedoch nur ein Teil des Phänomens der Inkommensurabilität: Der Übergang zwischen Paradigmen ist nach Kuhn ebenso durch radikale Veränderungen der methodologischen Standards gekennzeichnet, was wir am Beispiel der Auseinandersetzung zwischen Newton und den Mitgliedern des mechanistischen Paradigmas illustriert haben. Die These der methodologischen Inkommensurabilität besagt also, dass sich zwischen Paradigmen nicht nur grundlegende Bedeutungsverschiebungen ereignen, sondern dass selbst grundlegende Rationalitätsstandards teils fundamentalen Veränderungen unterworfen sind.

Das Ende der Fahnenstange ist aber selbst mit den Thesen der semantischen und der methodologischen Inkommensurabilität noch nicht erreicht: Die radikale Form der Inkommensurabilität ist die ontologische; sie betrifft nicht weniger als die empirische Welt selbst. Beispiele wie Galileis Analyse von Pendelbewegungen zeigen laut Kuhn, dass Paradigmenwechsel nicht nur Bedeutungsverschiebungen und Modifikationen der Rationalitätsstandards nach sich ziehen, sondern auch eine drastische Veränderung der Welt, in der WissenschaftlerInnen leben. Es ist dieser Aspekt der ontologischen Inkommensurabilität, der schließlich auch die vierte These des *received view* aus den Angeln hebt: Ist es wirklich so, dass die Veränderung eines theoretischen Paradigmas auch die Welt verändert, die WissenschaftlerInnen beobachten, dann macht es freilich keinen Sinn mehr, die Wissenschaftssprache in die beiden Sphären der Beobachtungsbegriffe und der theoretischen Begriffe einteilen zu wollen.

Zum Abschluss dieser Einheit bin ich auf zwei Themen eingegangen, die mit der Wissenschaftstheorie Kuhns eng zusammenhängen: Einerseits habe ich zu zeigen versucht, weshalb radikalere Interpretationen der Inkommensurabilitätsthese relativistische Konsequenzen nach sich ziehen. Andererseits habe ich auf die *Science and Technology Studies* und das *Strong Programme* hingewiesen. Diese verfolgen in der Nachfolge Kuhns das Ziel, die Produktion wissenschaftlichen Wissens allein durch die Angabe externer Faktoren zu erklären. Kommen wir zu den exemplarischen Fragen:

- Benennen Sie alle vier Phasen, aus denen Wissenschaft nach Kuhn besteht, und erläutern sie ihre Funktionsweise.
- Was besagt die Inkommensurabilitätsthese? Benennen Sie unterschiedliche Aspekte derselben.
- Was ist der Relativismus und warum kann man ihn problematisch finden?
- Benennen Sie die vier Prinzipien des *Strong Programme* und bewerten Sie die Art der Wissenschaftsanalyse, die aus diesen Prinzipien folgt.
- Führen Sie diejenigen Thesen des *received view* an, die mit Kuhns Beschreibungen der revolutionären Wissenschaft im Widerspruch stehen und erläutern Sie, worin die Unterschiede zwischen Kuhn und dem *received view* bestehen!

6.5 Weiterführende Literatur

Diejenige Literatur zu Kuhn, die ich am Ende der letzten Einheit genannt habe, ist natürlich auch für diese Einheit relevant. Die Literatur zur Inkommensurabilitätsthese ist gewaltig. Zum Einstieg eignet sich Sankey (1993; 1994), Hoyningen-Huene & Sankey (2001) oder Soler, Sankey & Hoyningen-Huene (2008). Weiterführendes zur Frage des Relativismus findet sich u.a. im sehr umfangreichen *Stanford-Encyclopedia*-Eintrag von Chris Swoyer (2010), in den beiden Monographien von Harvey Siegel (1987) und Maria Baghramian (2004), sowie in den beiden klassischen Sammelbänden von Martin Hollis & Steven Lukes (1982) und

Michael Krausz (1989), sowie in jenem von Richard Schantz & Markus Seidel (2011). Kritische Auseinandersetzungen mit dem *Strong Programme*, mit unterschiedlichen Spielarten der STS und mit der so genannten Sokal-Affäre[16] finden sich u.a. in Hacking (1999), Kukla (2000), Brown (2001), Boghossian (2006) oder im Sammelband von Koertge (1998).

[16] 1996 hat der US-amerikanische Physiker Alan Sokal in der postmodern angehauchten Zeitschrift *Social Text* einen Aufsatz veröffentlicht, in dem er neben vielen anderen Absonderlichkeiten dafür argumentiert, dass die Theorie der Quantengravitation ein soziales und sprachliches Konstrukt ist. Das Problem ist, dass Sokals Aufsatz von der ersten bis zur letzten Zeile ein Schwindel war. Sokal wollte hiermit zeigen, wie suboptimal die wissenschaftlichen Kriterien in manchen Teilen der postmodernen Kultur- und Geisteswissenschaften sind. Die Sokal-Affäre hat in weiterer Folge vor allem in Nordamerika zu einer Debatte geführt, die nicht selten als „Science Wars" bezeichnet wurde. Sokal hat gemeinsam mit dem Physiker Jean Bricmont ein Buch verfasst, in dem er noch einmal seine Einschätzung der ganzen Affäre zusammenfasst (Sokal & Bricmont 1999).

(A_2), *weil* Wasser bei Temperaturen unter Null immer friert (G_1) und *weil* sich Wasser immer ausdehnt, wenn es gefroren ist (G_2).

Folgt man Hempels Darstellung, dann müssen Erklärungen in allen Wissenschaftsbereichen (also beispielsweise auch in den Geschichts- oder Sozialwissenschaften!) genau diese Form aufweisen, sollen sie als wissenschaftlich gelten (Hempel 1965b). Die Form eines deduktiven Arguments ist aber nicht alles, was zählt. Nach Hempel müssen die folgenden Adäquatheitsbedingungen erfüllt sein (Hempel 1965c, 247f.):

1. Das Explanandum muss eine logische Konsequenz des Explanans sein. (Folgerungsbedingung)
2. Das Explanans muss zumindest ein Naturgesetz enthalten, ohne das die Ableitung des Explanandums nicht möglich wäre. (Gesetzesbedingung)
3. Das Explanans muss empirischen Gehalt haben. (Gehaltsbedingung)
4. Die Aussagen, aus denen das Explanans besteht, müssen wahr sein. (Wahrheitsbedingung)

Die Folgerungsbedingung besagt, dass eine Erklärung nur dann brauchbar ist, wenn es sich um ein folgerichtiges Argument handelt, wenn also das Explanandum aus dem Explanans unter Anwendung eines akzeptierten Schlussverfahrens ableitbar ist. Die Gesetzesbedingung besagt, dass eine Erklärung nur dann als wissenschaftlich gelten kann, wenn in ihr zumindest ein Naturgesetz vorkommt, ohne das sich das Explanandum nicht aus dem Explanans ableiten ließe. Die Gehaltsbedingung besagt, dass es möglich sein muss, die Aussagen, die in ihrer Gesamtheit das Explanans ergeben, empirisch zu testen. Und die Wahrheitsbedingung besagt, dass sich Erklärungen nicht mit Folgerichtigkeit begnügen können, sondern darüber hinaus auch wahr sein müssen.

Folgt man dem D-N-Modell, dann ist ein Ereignis E dann wissenschaftlich erklärt, wenn die konkreten Vorbedingungen und die allgemeinen Naturgesetze angegeben werden können, die das Eintreten von E erwartbar gemacht haben. Zu erklären bedeutet also, in genau diesem Sinne der Erwartbarkeit zu verstehen, warum E eintreten musste (Hempel 1965c, 337). Aus dieser Perspektive wird auch klar, warum Erklärungen und Prognosen für Hempel im Kern dasselbe sind: Sie sind dasselbe, weil sie dieselbe logische Struktur haben und sich nur hinsichtlich der temporalen Relation unterscheiden, die zwischen dem zur Debatte stehenden Ereignis und der Auflistung der fraglichen Antezedensbedingungen und Gesetzesaussagen besteht (vgl. z.B. Hempel 1965a, 174).

Wie ich bereits erwähnt habe, war das D-N-Modell der erste groß angelegte Versuch, den Begriff der wissenschaftlichen Erklärung einer systematischen Klärung zu unterziehen. Dementsprechend umfassend sind die Diskussionsbeiträge, die sich dem D-N-Modell vor allem in kritischer Absicht nähern. Dass das D-N-Modell heutzutage von niemandem mehr als eine umfassende Theorie des wissenschaftlichen Erklärens anerkannt wird, hat mit einer Reihe von Problemen zu tun, von denen ich vier besonders hervorheben möchte.

Das erste Problem wird unter dem Begriff der *pre-emption* (also des Zuvorkommens) diskutiert und kann ausgehend von der folgenden Erklärung dargestellt werden (Achinstein 1983, 168–173):

Jones hat ein Kilo Arsen zu sich genommen.	(A_1)	Explanans
Alle, die ein Kilo Arsen zu sich nehmen, sterben innerhalb der darauffolgenden 24 Stunden.	(G_1)	
Jones ist innerhalb der darauffolgenden 24 Stunden gestorben.		Explanandum

Diese Erklärung für das Ableben von Jones entspricht in jeder Hinsicht dem D-N-Modell: Es handelt sich um ein folgerichtiges Argument, dessen Prämissenmenge empirisch gehaltvoll ist und eine Gesetzesaussage enthält. Nehmen wir darüber hinaus an, dass die Prämissen auch wahr sind. Alles scheint also dafür zu sprechen, dass es sich um eine makellose Erklärung handelt. Das Problem der *pre-emption* liegt nun aber darin, dass Jones, der tatsächlich ein Kilo Arsen zu sich genommen und der tatsächlich innerhalb der darauffolgenden 24 Stunden den letzten Gang angetreten hat, nicht aufgrund seines Arsenkonsums verschieden ist, sondern aufgrund eines Autounfalls. Es mag zwar sein, dass das Arsen Jones dahingerafft *hätte*, *wäre* der Autounfall nicht passiert. Dies ändert aber nichts daran, dass die obige Erklärung, die das Ableben Jones' auf seinen Arsenkonsum zurückführt, inadäquat ist, *obwohl* alle Bedingungen des D-N-Modells erfüllt sind.

Das zweite Problem stammt von Wesley Salmon (1998) und wird zumeist unter dem Begriff der *explanatorischen Irrelevanz* diskutiert. Gehen wir von folgender Erklärung aus:

Jones hat die Antibabypille genommen.	(A_1)	Explanans
Alle Männer, die die Antibabypille nehmen, werden nicht schwanger.	(G_1)	
Jones ist im letzten Jahr nicht schwanger geworden.		Explanandum

Das Problem dürfte offensichtlich sein: Dass Jones regelmäßig die Antibabypille konsumiert, mag zwar bei der nächsten Firmenweihnachtsfeier für viel Gesprächsstoff sorgen. Es ist aber vollkommen irrelevant, wenn es darum geht, das Explanandum – also Jones' Nicht-Schwangerschaft – zu erklären. Auch hier haben wir es mit einer inakzeptablen Erklärung zu tun, *obwohl* alle Bedingungen des D-N-Modells erfüllt sind.

Das *dritte* Problem zeigt sich, wenn wir einen Blick auf eines der augenscheinlichsten Charakteristika des D-N-Modells werfen, nämlich auf die Rolle, die Naturgesetze in wissenschaftlichen Erklärungen einnehmen. Nach Hempel gilt, dass von wissenschaftlichen Erklärungen nur dann die Rede sein kann, wenn zumindest ein Naturgesetz Teil des Explanans ist. Dies wirft aber eine offenkundige Frage auf: Was sind Naturgesetze? Und wie erkennt man sie?

Naturgesetze sind nach Hempel „Aussagen universeller Form", in denen zum Ausdruck kommt, „daß, wo und wann auch immer Bedingungen einer bestimmten Art *F* eintreten, immer und ohne Ausnahme auch gewisse Bedingungen einer anderen Art *G* eintreten werden" (Hempel 1974, 78). Naturgesetze zeichnen sich nach Hempel also durch die folgende Form aus:

Für alle *x*: Wenn *x* ein *F* ist, dann ist *x* auch ein *G*.

Akzeptiert man diese Sichtweise, dann ergibt sich jedoch ein Problem, das auch Hempel nicht verborgen geblieben ist. Hier sind zwei konkrete Beispiele, die der soeben angegebenen Form gleichermaßen entsprechen (van Fraassen 1989, 27):

Für alle *x*: Wenn *x* ein Klumpen angereichertes Uran (^{235}U) ist,
dann hat *x* einen Durchmesser, der kleiner ist als ein Kilometer.

Für alle *x*: Wenn *x* ein Klumpen Gold (Au) ist,
dann hat *x* einen Durchmesser, der kleiner ist als ein Kilometer.

Beide Aussagen sind wahr. Beide Aussagen beschreiben eine Regelmäßigkeit, die zeitlich und räumlich uneingeschränkt gilt. Und beide haben die exakt selbe Form, nämlich jene einer Allaussage. Dennoch gibt es einen gewichtigen Unterschied: Uranklumpen, die einen Durchmesser von mehr als einem Kilometer haben, gibt es deshalb nicht, weil die kritische Masse von ^{235}U bei ca. 50 Kilogramm liegt und uns größere Uranklumpen deshalb um die Ohren fliegen würden. Dass es keine Uranklumpen mit einem Durchmesser von mehr als einem Kilometer gibt, ist also keine zufällige, sondern eine *naturgesetzliche* Regelmäßigkeit. Ganz anders im Fall von Goldklumpen: Dass alle Goldklumpen einen Durchmesser haben, der unter einem Kilometer liegt, ist zweifellos wahr. Es handelt sich hierbei aber bloß um eine zufällige Regelmäßigkeit, da im Prinzip nichts gegen die Existenz eines Goldklumpens mit mehr als einem Kilometer Durchmesser sprechen würde. Im Gegensatz zur Aussage über Uranklumpen ist die Aussage über Goldklumpen bloß eine *akzidentielle Verallgemeinerung*.

Das soeben Gesagte zeigt, dass sich „[e]in wissenschaftliches Gesetz [...] nicht adäquat als eine wahre Aussage universeller Form definieren [lässt]" (Hempel 1974, 80). Die universelle Form stellt zwar eine notwendige, aber keinesfalls auch eine hinreichende Bedingung dafür dar, dass wir es mit einem Naturgesetz zu tun haben. Dies wirft aber eine nahe liegende Frage auf: Was unterscheidet Naturgesetze von bloß akzidentiellen Verallgemeinerungen? Dass diese Frage nicht nur für sich genommen wichtig ist, sondern auch für die Tragfähigkeit des D-N-Modells allerhöchste Relevanz hat, sollte klar sein: Wenn es zutrifft, dass eine Erklärung nur dann akzeptabel ist, wenn ihr Explanans zumindest ein Naturgesetz enthält, dann müssen wir natürlich imstande sein, Naturgesetze als solche zu erkennen und von bloß akzidentiellen Verallgemeinerungen abzugrenzen. Wie eine derartige Abgrenzung konkret aussehen soll, stellt jedoch bis heute eine offene Frage dar.

Kommen wir zum vierten und letzten Problem, das in einer geringfügig anderen Form von Sylvain Bromberger formuliert wurde (Bromberger 1966) und das zumeist unter dem Titel *Erklärungsasymmetrie* diskutiert wird. Nehmen wir an, ein Fahnenmast mit einer bekannten Höhe steht auf einer ebenen Fläche und wird von der Sonne beschienen. Was wir erklären wollen, ist die Länge des Schattens, den der Fahnenmast wirft. Hier ist eine passende D-N-Erklärung:

Der Fahnenmast ist x Zentimeter hoch.	(A_1)	
Die Sonne steht in einem Winkel von y Grad hinter dem Fahnenmast.	(A_2)	Explanans
In einem homogenen Medium breiten sich Lichtstrahlen geradlinig aus.	(G_1)	
Der Schatten des Masts ist z Zentimeter lang.		Explanandum

Diese Erklärung für die Länge des Schattens entspricht in jeder Hinsicht dem D-N-Modell. Die Höhe des Fahnenmasts und der Winkel, in dem die Sonne hinter dem Fahnenmast steht, sind die notwendigen Antezedensbedingungen. Darüber hinaus benötigen wir nur noch das Gesetz der geradlinigen Ausbreitung des Lichts und ein wenig Trigonometrie, um das Explanandum deduktiv aus dem Explanans abzuleiten. Sehen wir uns nun aber die folgende D-N- Erklärung an:

Der Schatten des Fahnenmasts ist z Zentimeter lang.	(A_1)	
Die Sonne steht in einem Winkel von y Grad hinter dem Fahnenmast.	(A_2)	Explanans
In einem homogenen Medium breiten sich Lichtstrahlen geradlinig aus.	(G_1)	
Der Fahnenmast ist x Zentimeter hoch.		Explanandum

Auch diese Erklärung entspricht dem D-N-Modell in jeder Hinsicht. Doch im Gegensatz zur vorhergehenden Erklärung ist hier nun plötzlich die Höhe des Fahnenmasts das Explanandum, das u.a. durch die Länge des Schattens erklärt werden soll. Genau dies erscheint uns aber hochgradig absurd! Während die Länge des Fahnenmasts zusammen mit den anderen Informationen ohne Zweifel erklärt, warum der Schatten z Zentimeter lang ist, kann die Länge des Schattens ganz klar *nicht* als eine Erklärung für die Höhe des Fahnenmasts herangezogen werden.[2] Aus der Perspektive des D-N-Modells ist diese Erklärungsasymmetrie jedoch vollkommen rätselhaft, weil beide Erklärungen sämtlichen weiter oben formulierten Anforderungen vollauf entsprechen. Im Rahmen des D-N-Modells lässt sich also nicht verständlich machen, warum eine Erklärung akzeptabel ist, die andere aber nicht.

Nicht zuletzt das Problem der Erklärungsasymmetrie rückt einen wichtigen Aspekt an Hempels D-N-Modell in den Vordergrund: Ähnlich wie bei seinen Bemühungen, den Begriff der empirischen Bestätigung mit rein syntaktischen Mitteln darzustellen (vgl. Einheit 2.2, vor allem 70), sind auch Hempels Arbeiten zum Begriff der wissenschaftlichen Erklärung von dem Versuch geprägt, größtmögliche metaphysische Sparsamkeit walten zu lassen. Hempel will sich auf die Mittel der Logik beschränken, um das wissenschaftliche Erklären einer wissenschaftstheoretischen Erklärung zuzuführen. Beispiele wie der Fahnenmast, Jones' Antibabypille oder die Debatte um die Unterscheidung zwischen Naturgesetzen und akzidentiellen Verallgemeinerungen legen aber nahe, dass Hempels Beschränkung auf die logische Form von wissenschaftlichen Erklärungen einfach nicht ausreicht. Offensichtlich bedarf es mehr, um erfolgreich zu erklären. Worin ist dieses „Mehr" aber genau zu sehen?

7.2 Was die Welt im Innersten zusammenhält ...

Wir haben den letzten Abschnitt mit dem Hinweis auf ein „Mehr" geschlossen, das in Hempels D-N-Modell keine Berücksichtigung findet, das aber allem Anschein nach entscheidend ist, wenn man zu einem adäquaten Verständnis wissenschaftlicher Erklärungen gelangen will. Pierre Duhem spricht dieses „Mehr" direkt an, wenn er ganz zu Beginn seines Hauptwerks *Ziel und Struktur der physikalischen Theorien* Folgendes schreibt:

> Erklären [...] heißt die *Wirklichkeit* aus den *Erscheinungen*, die sie wie ein Schleier umhüllen, herauszuschälen, um diese Wirklichkeit nackt von Angesicht zu Angesicht zu sehen. (Duhem 1998, 3)

Obwohl Duhem nicht glaubt, dass die Naturwissenschaften jemals zu Erklärungen in diesem starken Sinne des Wortes in der Lage sein werden,[3] ist die Unterscheidung zwischen der Wirklichkeit und den sie umhüllenden Erscheinungen hilfreich, um mehr Licht in die gegenwärtige Diskussion zu bringen. Erinnern wir uns an das

---

2 Fragt man, weshalb der Schatten *z* Zentimeter lang ist, und bekommt man als Antwort „Weil der Fahnenmast *x* Zentimeter lang ist", dann ist dies vollkommen zufriedenstellend. Fragt man demgegenüber, weshalb der Fahnenmast *x* Zentimeter lang ist, und bekommt man als Antwort „Weil der Schatten *z* Zentimeter lang ist", wird man dies kaum als befriedigende Antwort auf eine legitime Warum-Frage ansehen.

3 Für Duhem ist es Sache der Metaphysik, die Wirklichkeit im vollsten Sinne des Wortes zu erklären. Die Physik ist nach Duhem stets auf die Sphäre der Erscheinungen beschränkt.

Fahnenmast-Beispiel: Die Erscheinungen, von denen Duhem spricht, sind die Höhe des Masts, der Einfallswinkel des Sonnenlichts und die Länge des Schattens. Beschränkt man sich auf diese Sphäre des unmittelbar Zugänglichen und nimmt man außerdem nur die logischen Regeln hinzu, mittels derer Aussagen über die Erscheinungen in einen argumentativen Zusammenhang gebracht werden, dann treten die vorhin angesprochenen Probleme auf und man läuft beispielsweise Gefahr, die Länge des Masts durch die Länge des Schattens erklären zu wollen.

Woran liegt es aber eigentlich, dass uns eine derartige Erklärung so grundverkehrt erscheint? Was macht uns so sicher, dass die Länge des Schattens *keine* gute Erklärung für die Höhe des Fahnenmasts abgibt? Eine nahe liegende Antwort könnte wie folgt aussehen: Wir kennen die kausalen Hintergründe. Wir können eine Geschichte über Photonen und über die Gesetze der Lichtausbreitung erzählen und wir verstehen, dass ein Schatten ein Mangel an Strahlung ist, die ein solides Objekt auf der Seite der Lichtquelle empfängt. Kurz: Wir verstehen die Wirklichkeit, die sich – Duhems Metapher folgend – hinter dem Schleier der Erscheinungen verbirgt. Nur wenn wir im Rahmen unserer Erklärungen tatsächlich auf Letztere beschränkt wären, kämen wir in die missliche Lage, zwischen der Länge des Masts, die die Länge des Schattens erklärt, und der Länge des Schattens, die die Länge des Masts „erklärt", nicht unterscheiden zu können. Man könnte deshalb zu dem Schluss gelangen, dass die Adäquatheit wissenschaftlicher Erklärungen maßgeblich davon abhängt, dass in ihnen nicht nur ein Wissen um die unmittelbar zugänglichen Erscheinungen, sondern auch ein Wissen über die tiefer liegende Wirklichkeit zur Anwendung kommt.

Zu Beginn dieser Einheit habe ich gesagt, dass wir von den Naturwissenschaften eine Erklärung der Welt erwarten. Es sollte inzwischen klar geworden sein, dass mit dem hier verwendeten Begriff der Welt zwei vollkommen unterschiedliche Dinge gemeint sein können: „Die Welt erklären" kann einerseits bedeuten, sich auf eine möglichst verlässliche prognostische Handhabe der *Erscheinungs*welt zu beschränken. Dies ist der Weg, den neben Hempel all jene einschlagen, die dem *wissenschaftlichen Anti-Realismus* nahestehen. „Die Welt erklären" kann aber andererseits auch bedeuteten, es auf die vermeintlich fundamentale Ebene der *Wirklichkeit* abgesehen zu haben, die – so die Hoffnung – die Erscheinungswelt in einem substantielleren, nicht allein auf prognostische Handhabe beschränkten Sinn erklärt. Dies ist der Weg all jener, die sich dem *wissenschaftlichen Realismus* zugehörig fühlen. Der Auseinandersetzung zwischen diesen beiden Sichtweisen ist der Rest dieser Einheit gewidmet.

Eine weitere Konkretisierung ist nötig, bevor wir mit der Diskussion zwischen Realismus und Anti-Realismus[4] so richtig beginnen können: Ausgehend vom

[4] Wenn ich im Folgenden von „Realismus" bzw. „Anti-Realismus" spreche, dann ist immer der *wissenschaftliche* Realismus bzw. der *wissenschaftliche* Anti-Realismus gemeint. Es ist jedoch wichtig, die Debatte um den wissenschaftlichen Realismus deutlich von der allgemeinen Realismusdebatte, wie sie außerhalb der Wissenschaftstheorie geführt wird, abzugrenzen. In Letzterer geht es um die metaphysische Frage, ob es eine vom Bewusstsein unabhängige Außenwelt gibt oder nicht.

weiter oben angeführten Duhem-Zitat habe ich mehrmals zwischen Erscheinung und Wirklichkeit unterschieden. Es ist jedoch unklar geblieben, was unter diesen Begriffen genau zu verstehen ist. Eine vergleichsweise unverfängliche Art, diese philosophiehistorisch nicht ganz unbelastete Unterscheidung zu verstehen, ist diese: In unseren modernen naturwissenschaftlichen Theorien wird allem Anschein nach auf zwei unterschiedliche Kategorien von Gegenständen und Eigenschaften Bezug genommen. Auf der einen Seite beziehen sich Theorien auf so genannte *beobachtbare Entitäten und Eigenschaften* wie Sessel, Autos, Quecksilbersäulen, Supernovae, Einhörner, Längen oder Farben. Auf der anderen Seite beziehen sich Theorien auf so genannte *unbeobachtbare Entitäten und Eigenschaften* wie Atome, Neutrinos, Photonen, Quarks, Ätherwinde, Spins oder Temperaturen.[5] Beobachtbare Entitäten und Eigenschaften stehen dem unmittelbaren Zugriff durch unsere fünf Sinne offen und können deshalb mit Duhems Begriff der Erscheinungen identifiziert werden. Unbeobachtbare Entitäten und Eigenschaften sind – wenn überhaupt – nur auf indirektem Wege zugänglich, nämlich durch Vermittlung wissenschaftlicher Theorien und Instrumente. Ihnen entspricht die andere Seite der Unterscheidung, nämlich jene der Wirklichkeit, die vom Schleier der Erscheinungen umhüllt wird.

Auf allgemeinster Ebene dreht sich die Debatte um den wissenschaftlichen Realismus nun um die Frage, ob unsere naturwissenschaftlichen Theorien auf die Ebene der Erscheinungen beschränkt bleiben oder ob sie uns darüber hinaus auch den kognitiven Zugang zu einer tiefer liegenden Ebene der Wirklichkeit erlauben. Zur Diskussion steht also die Frage, ob uns wissenschaftliche Theorien eine Art des Wissens ermöglichen, das über den Bereich beobachtbarer Entitäten und Eigenschaften hinausgeht. Wissenschaftliche RealistInnen bejahen dies, wissenschaftliche Anti-RealistInnen halten diese Ansicht für verfehlt. Beginnen wir unsere Auseinandersetzung mit diesen beiden Standpunkten damit, zunächst den Realismus einer etwas genaueren Analyse zu unterziehen.

Will man zu einem exakteren Verständnis des Realismus gelangen, empfiehlt es sich, zwischen drei realistischen Subthesen zu unterscheiden (vgl. z.B. Psillos 2000). Jede einzelne dieser drei Thesen dient dem Zweck, eine bestimmte antirealistische Argumentationsstrategie zu unterminieren.

1. Die *ontologische* These besagt, dass die Akzeptanz einer Theorie die Überzeugung einschließt, dass die von der Theorie postulierten Entitäten und Eigenschaften unabhängig von der Theorie und unabhängig von uns existieren.

In der Debatte um den wissenschaftlichen Realismus dreht sich demgegenüber alles um die sehr viel speziellere Frage, ob Terme wie „Atom“, „Elektron“ oder „Spin“ auf Entitäten oder Eigenschaften referieren, die unabhängig von uns und unabhängig von unseren Theorien existieren.

5 Wie ich schon in der letzten Einheit angedeutet habe (vgl. Einheit 6.2, 168, Fußnote 9), geht es bei der Unterscheidung zwischen beobachtbaren und unbeobachtbaren Entitäten nicht um die Frage der vermuteten Existenz dieser Entitäten. Um diesen Punkt zu unterstreichen, kommt auf beiden Seiten der Unterscheidung jeweils ein Beispiel vor, das unserem aktuellen Wissensstand zufolge nicht existiert.

2. Die *semantische* These besagt, dass sämtliche Terme, die in einer Theorie vorkommen, ihrer Absicht nach auf Gegenstände oder Eigenschaften in der Welt referieren. Der Wahrheitswert einer Theorie hängt deshalb davon ab, ob die Theorie die intendierte Wirklichkeit so beschreibt, wie sie tatsächlich ist. Das bedeutet auch: Ist eine Theorie wahr, dann existieren die Entitäten, über die in der Theorie geurteilt wird.
3. Die *epistemische* These besagt, dass reife und prognostisch erfolgreiche Theorien (zumindest annähernd) wahre Beschreibungen der Welt inklusive derjenigen Entitäten und Eigenschaften, die durch die betreffende Theorie postuliert werden, enthalten. Allein aufgrund dieser reifen und prognostisch erfolgreichen Theorien wissen wir von den in ihnen postulierten Entitäten und Eigenschaften.

Die ontologische These soll zwei anti-realistische Argumentationsstrategien ausschließen: Sie impliziert einerseits, dass es eine denkunabhängige Welt gibt, die sich im Rahmen von Theorien beschreiben lässt. Und sie besagt andererseits, dass wir bei der Akzeptanz von Theorien ontologische Verpflichtungen eingehen, die *sämtliche* Existenzbehauptungen, die in der Theorie formuliert sind oder die sich aus der Theorie ableiten lassen, einschließen. Die erste Subthese richtet sich gegen globale Anti-Realismen wie den Sozialkonstruktivismus oder gegen extreme Auslegungen der Inkommensurabilitätsthese, gegen Positionen also, die die denkunabhängige Existenz der Außenwelt ganz generell bestreiten. Die zweite Subthese richtet sich demgegenüber gegen solche Anti-Realismen, die bei der Akzeptanz von Theorien zwischen dem unterscheiden, was Theorien auf der Ebene des Beobachtbaren behaupten, und dem, was Theorien in Bezug auf Unbeobachtbares behaupten. (Zur zweiten Form des selektiven Anti-Realismus später mehr.)

Die semantische These wird oft dahingehend konkretisiert, dass Theorien nach realistischem Dafürhalten *wortwörtlich* zu verstehen sind, dass also Terme wie „Atom" oder „Quark" ihrer Intention nach auf Entitäten in der Welt referieren, und zwar auf Atome bzw. Quarks. Diese These soll einem reduktionistischen Anti-Realismus, wie er beispielsweise von Rudolf Carnap vertreten wurde, einen Riegel vorschieben. Carnap hat die Ansicht vertreten, dass Terme wie „Atom", „Quark" oder „Temperatur" nicht eigentlich auf unbeobachtbare Entitäten oder Eigenschaften referieren, sondern bloß praktische „Instrumente" darstellen, um unsere Erfahrungen über Beobachtbares zu ordnen. Carnap hielt es dementsprechend für möglich, dass sich sämtliche theoretischen Terme durch Beobachtungsterme explizit definieren lassen, dass also Theorien, die theoretische Terme enthalten, restlos auf Aussagen reduziert werden können, in denen nur über Beobachtbares geurteilt wird (vgl. z.B. Carnap 1936; 1937). Eine Möglichkeit, dieses reduktive Programm in die Tat umzusetzen, ist etwa die Rückführung theoretischer Terme auf die Messoperationen, die zur Bestimmung dieser Terme nötig sind. Der theoretische Term „Temperatur" könnte gemäß dieser Grundidee beispielsweise wie folgt explizit definiert werden: Ein Objekt *x* hat die Temperatur von y Grad Celsius dann und nur dann, wenn x mit einem Thermometer in Berührung gebracht wird und das Thermometer y Grad Celsius anzeigt. Reduktive Anti-Realismen dieser Art haben sich jedoch aus technischen Gründen als undurchführbar erwiesen.[6]

Kommen wir abschließend zur epistemischen These, die sich von den anderen beiden realistischen Subthesen insofern unterscheidet, als sie die Wissenschaften, wie sie *de facto* vorliegen, betrifft: Ist die epistemische These korrekt, dann sind wir zu glauben berechtigt, dass die „reifsten" Theorien, über die wir heutzutage verfügen, eine annähernd wahre Beschreibungen der Welt auf beiden Seiten der Beobachtbarkeits- / Unbeobachtbarkeits-Unterscheidung liefern. Dass in dieser Formulierung einerseits nur von *reifen* Theorien und andererseits nur von *annähernder* Wahrheit die Rede ist, stellt eine wichtige Einschränkung dar: Nicht einmal die optimistischsten RealistInnen behaupten, dass wir im Besitz einer finalen Version der Naturwissenschaft sind, deren zukünftige Falsifikation ausgeschlossen werden kann. RealistInnen ziehen sich deshalb häufig auf die Sichtweise zurück, dass sich zumindest unsere allgemein anerkanntesten (eben: unsere *reifsten*) Kernwissenschaften auf dem Weg einer immer besseren Annäherung an die Wahrheit befinden.

Ich deute auf diese unterschiedlichen realistischen Subthesen hin, weil auf diese Weise klar werden sollte, dass das Gesamtspektrum realistischen Denkens eine Vielzahl unterschiedlicher Nuancen zulässt: Die stärkste Form des Realismus ist natürlich jene, die alle drei Subthesen umfasst. Es gibt aber auch schwächere Formen des Realismus: Karl Popper akzeptiert beispielsweise die semantische und die ontologische These. Er verneint aber die epistemische These, wenn er schreibt, dass „wir unsere Theorien, [...] den Glauben an ihre Wahrheit [und auch] den Glauben, sie kämen der Wahrheit nahe, [...] nicht rechtfertigen [können]" (Popper 2002, 70). Umgekehrt ist es keine notwendige Bedingung für Anti-Realismen, alle drei realistische Subthesen zu bestreiten: Bas van Fraassen bestreitet beispielsweise die ontologische und die epistemische These, er akzeptiert aber, dass Theorien wortwörtlich zu verstehen sind und dass ihre Wahrheitswerte durch das Sein der Welt bestimmt werden.

Wir haben nun eine etwas bessere Vorstellung davon, was es bedeutet, eine der möglichen Spielarten des wissenschaftlichen Realismus zu vertreten. Was wir aber noch nicht kennen, sind Gründe, die uns zur Akzeptanz einer dieser Realismen bewegen sollten. Warum RealistIn und nicht Anti-RealistIn sein? Welche Argumente sind es, die für eine realistische Interpretation der Naturwissenschaften sprechen?

---

[6] Bleibt man beim Beispiel der operationalen Definition des theoretischen Terms „Temperatur", dann ist ein offenkundiges Problem dieses: Ist „Temperatur" restlos auf die Operation des Temperaturmessens reduzierbar, dann ist nicht einzusehen, weshalb das, was mittels eines Quecksilberthermometers gemessen wird, identisch mit dem sein soll, was man mit einem Flüssigkristallthermometer oder mit einem Bimetallthermometer misst. Dass dies eine ziemlich absurde Konsequenz ist, sollte offensichtlich sein.

Bei manchen mögen derartige Fragen für Verwunderung sorgen. Erübrigen sich solche Diskussionen angesichts der Dominanz der modernen Naturwissenschaften nicht von vornherein? Käme es nicht einer höchst eigenwilligen Form intellektueller Schizophrenie gleich, wenn wir zwar mithilfe unserer bewährtesten Theorien zum Mars fliegen, ihnen aber gleichzeitig nicht glauben, wenn sie die Existenz von Neutrinos oder Quarks postulieren?

Um Missverständnissen vorzubeugen, sollte hinsichtlich solcher Fragen Folgendes vorweggenommen werden: Die Diskussion zwischen Realismus und Anti-Realismus dreht sich nicht um die Frage, ob wir den modernen Wissenschaften trauen können, ob wir sie verlässlich finden oder ob wir meinen, dass sie die Reichweite des menschlichen Erkennens und Tuns erweitert haben. All dies steht für Anti-RealistInnen ebenso außer Frage wie für RealistInnen. Was zur Debatte steht, sind vielmehr Fragen nach der korrekten Interpretation unserer Theorien und nach dem eigentlichen Ziel unseres wissenschaftlichen Strebens. Und hier gibt es durchaus Diskussionsspielraum: Nicht wenige würden beispielsweise sagen, dass die nüchterne Beschränkung auf das, was uns in der sinnlichen Erfahrung gegeben ist, ein wichtiges Charakteristikum der wissenschaftlichen Methode ist. Wenn es sich aber wirklich so verhält, dann fragt sich, wie die Beschränkung auf die sinnliche Erfahrung mit Existenzbehauptungen in Bezug auf Neutrinos, Quarks, Feldstärken, Higgs-Bosonen oder Ätherwinde in Einklang zu bringen ist. Über diese gibt es nämlich genau genommen nichts zu wissen, wenn man das Gebot, sich auf die sinnliche Erfahrung zu beschränken, ernst nimmt. Hinzu kommt, dass die Akzeptanz einer Theorie nicht notwendig mit der Verpflichtung einhergehen muss, sie auch im vollsten Sinne des Wortes für wahr zu halten. Larry Laudan hat auf etliche historische Fälle hingewiesen, in denen WissenschaftlerInnen mit einer Theorie erfolgreich arbeiten, ohne ihre Wahrheit auch nur als eine Möglichkeit zu betrachten.[7] Woher nehmen wir die Überzeugung, dass dies nicht immer so ist? Rechnen wir nicht nach wie vor mit Newton, obwohl wir wissen, dass seine Physik falsch ist?

Was sind also die Argumente, die RealistInnen für ihre Interpretation der Naturwissenschaften ins Feld führen? Das vermutlich wichtigste ist das so genannte *no miracles*-Argument, das ursprünglich von J. J. C. Smart (1963, 38) und Hilary Putnam (1975, 73) vorgetragen wurde. Ausgangspunkt dieses Arguments ist der von RealistInnen und Anti-RealistInnen gleichermaßen akzeptierte Umstand, dass unsere modernen Naturwissenschaften höchst erfolgreich sind, was ihre Prognoseleistung und ihre technologisch-praktischen Anwendungen betrifft. Angesichts dieses Umstands gibt es nach realistischem Dafürhalten nur zwei Optionen: Entweder man sieht den Erfolg der Naturwissenschaften als ein unfassbares Wunder an oder man verzichtet auf den Glauben an Wunder und akzeptiert

[7] Laudan trifft in diesem Zusammenhang die hilfreiche Unterscheidung zwischen einem *context of acceptance* und einem *context of pursuit*. Von Letzterem ist die Rede, wenn WissenschaftlerInnen mit Theorien arbeiten, ohne sie als ernsthafte Wahrheitskanditaten anzusehen. Von Ersterem ist die Rede, wenn WissenschaftlerInnen Theorien so behandeln, als wären sie in einem realistischem Sinne des Wortes wahr (vgl. Laudan 1977, 108–114).

stattdessen die Hypothese des wissenschaftlichen Realismus, die den Erfolg der Naturwissenschaften problemlos erklärt. Eine Art, das *no miracles*-Argument darzustellen, sieht dementsprechend wie folgt aus:

1) Die Naturwissenschaften sind höchst erfolgreich, was ihre Prognoseleistung und praktisch-technologischen Anwendungen betrifft.
2) Träfe die Hypothese des Realismus zu, dann würde dies den unter 1) angesprochenen Erfolg der Naturwissenschaften in befriedigender Art und Weise erklären.
3) Die Hypothese des Realismus ist die beste, vielleicht sogar die einzige Erklärung des unter 1) angesprochenen Erfolgs der Naturwissenschaften.

---

4) Ergo: Die Hypothese des Realismus ist wahr.

Das *no miracles*-Argument wirkt auf den ersten Blick sehr plausibel. Ist es angesichts der unbestreitbaren Prognoseleistungen der Naturwissenschaften und angesichts ihres technologisch-praktischen Erfolgs nicht mehr als nahe liegend, dass unsere besten Theorien die Struktur der empirischen Welt zumindest annähernd richtig beschreiben, und zwar auf beiden Seiten der Beobachtbarkeits- / Unbeobachtbarkeits-Unterscheidung? Wie so oft liegt der Teufel auch hier im Detail. Ich möchte im Folgenden drei exemplarische Argumentationsstrategien hervorheben, die gegen das *no miracles*-Argument in Stellung gebracht werden können.

Die erste Strategie besteht darin, die Konklusion (4) des *no mircales*-Arguments, in Frage zu stellen. Hintergrund dieser Strategie ist, dass es sich offensichtlich um kein deduktives, sondern um ein abduktives Schlussverfahren, also um einen Schluss auf die beste Erklärung handelt. Dass dies für die Bewertung des *no mircales*-Arguments wichtig ist, sollte außer Frage stehen: Wie wir bereits wissen (vgl. Einheit 2, 57), sind abduktive Schlüsse zwar gehaltserweiternd, dafür aber nicht wahrheitskonservierend. Sie garantieren die Wahrheit der Konklusion also selbst dann nicht, wenn alle ihre Prämissen wahr sind. Verdeutlichen wir uns dies anhand des bereits bekannten Beispiels meiner Freundin Berta, die mir die Tür nicht öffnet, obwohl ich bei ihr zum Kaffee geladen bin: Natürlich ist die Hypothese, dass Berta unterwegs ist, um Milch zu holen, eine sehr gute und möglicherweise sogar die beste Erklärung für die Tatsache der verschlossenen Tür. Und natürlich ist es rational, in Ermangelung besserer Alternativen die Milch-Hypothese als Erklärung der verschlossenen Wohnungstür zu akzeptieren. Hiermit ist aber noch lange nicht gesagt, dass es ebenso rational ist, die Erklärungsleistung der Milch-Hypothese auch als Indikator für ihre Wahrheit anzusehen: Nur weil die Milch-Hypothese unser Bedürfnis nach Erklärungen befriedigt, heißt das nicht, dass sie deshalb auch wahr ist.[8] Verwendet man den Begriff der Wahrheit

[8] Arthur Fine hat entlang dieser Linie dafür argumentiert, dass das *no miracles*-Argument in letzter Konsequenz auf einer *Petitio principii* beruht (vgl. Fine 1986a, 114-115). Nach Fine ist einer der

mit Bedacht, dann wird man sich auf jeden Fall um einen unabhängigen Weg der Überprüfung bemühen, bevor man die Wahrheit der Milch-Hypothese als hinreichend gesichert ansieht. Im gegebenen Beispiel könnte man beispielsweise Berta selbst nach dem Grund für die verschlossene Türe fragen, wenn man sie das nächste Mal sieht. Oder man könnte zum Supermarkt um die Ecke gehen und dort nach Berta Ausschau halten. Welches sind jedoch die unabhängigen Prüfungsmöglichkeiten, die uns im Falle des *no mircales*-Arguments offenstehen? Da nicht einmal vorstellbar ist, wie solche Prüfungsmöglichkeiten konkret aussehen sollten, kann man den Schluss, der von der Erklärungsleistung des Realismus auf seine Wahrheit führt, durchaus problematisch finden (vgl. hierzu auch Lipton 2004).

Die zweite Argumentationsstrategie bezieht sich auf die Behauptung, dass die Hypothese des Realismus die beste, vielleicht sogar die einzige Erklärung für den prognostischen und praktisch-technologischen Erfolg der Naturwissenschaften sei (3). Hiergegen erhebt beispielsweise Bas van Fraassen Einspruch, indem er eine evolutionäre Erklärung des Erfolgs der Naturwissenschaften vorschlägt: Nach van Fraassen befinden sich wissenschaftliche Theorien ähnlich wie lebende Organismen stets in einem unbarmherzigen Wettkampf mit anderen rivalisierenden Theorien. Dass sich manche Theorien durchsetzen und andere nicht, liegt nach van Fraassen eben genau daran, dass manche Theorien erfolgreich (van Fraassen würde sagen: empirisch adäquat) sind und andere nicht. Der Erfolg der naturwissenschaftlichen Forschung wird also nicht durch die Hypothese des Realismus erklärt, sondern durch die These eines evolutionären Selektionsdrucks, dem nur prognostisch erfolgreiche Theorien standhalten. Laut van Fraassen ist diese evolutionäre Erklärung des Erfolgs der Naturwissenschaften der Hypothese des Realismus zumindest ebenbürtig, wenn nicht sogar überlegen (vgl. van Fraassen 1980, 39–40). Weitere Erklärungen des naturwissenschaftlichen Erfolgs, die ohne die Hypothese des Realismus auskommen, wurden beispielsweise von Arthur Fine (1986, besonders 152–156) oder P. Kyle Stanford (2000) vorgeschlagen.

Die dritte Argumentationsstrategie richtet sich dagegen, dass die Hypothese des Realismus eine befriedigende Erklärung für den Erfolg der naturwissenschaftlichen Forschung abgeben würde (2). Auf den ersten Blick mag es verwunderlich sein, dass Anti-RealistInnen diese These attackieren – zu selbstverständlich erscheint es, dass sich der prognostische und praktische Erfolg der Wissenschaften einwandfrei erklären ließe, wenn der Realismus wahr wäre und reife Theorien die

zentralen Unterschiede zwischen RealistInnen und Anti-RealistInnen jener der Interpretation von abduktiven Schlüssen: Während RealistInnen üblicherweise meinen, dass abduktive Schlüsse in einem gewissen Ausmaß auch die Wahrheit der jeweiligen Konklusion rechtfertigen, sind Anti-RealistInnen zumeist der Auffassung, dass dies nicht der Fall ist. Verwenden RealistInnen nun aber einen abduktiven Schluss, um die Gegenseite von der Wahrheit des Realismus zu überzeugen, dann bedienen sie sich einer Interpretation des abduktiven Schließens, die von Anti-RealistInnen von vornherein nicht geteilt wird.

Wirklichkeit so beschrieben, wie sie tatsächlich ist. Dieser realistischen Grundintuition ist jedoch Larry Laudan mit der folgenden Liste beispielhafter Theorien entgegengetreten (vgl. Laudan 1981, 33):

- die kristallinen Sphären der antiken und mittelalterlichen Astronomie
- die Humoralmedizin
- die Effluvientheorie der Elektrizität
- der Katastrophismus in der Geologie
- die Phlogistontheorie
- die kalorische Wärmetheorie
- die Vibrationstheorie der Wärme
- die Vitalkrafttheorie in der Physiologie
- der elektromagnetische Äther
- der optische Äther
- die Theorie der zirkulären Trägheit
- Theorien der Spontanerzeugung

Folgt man Laudans Argumentation, dann haben alle diese Theorien zwei Dinge gemeinsam. Erstens: Sie waren eine gewisse Zeit lang erfolgreich, was ihre prognostischen und praktisch-technologischen Leistungen anlangt. Zweitens: Soweit wir heute wissen, referieren ihre zentralen Terme *nicht*. Für RealistInnen ist diese Kombination aus offensichtlichen Gründen brandgefährlich: Trifft Laudans Analyse zu, dann gibt es unzählige Beispiele für Theorien, die zwar prognostisch und praktisch-technologisch erfolgreich waren, die aber gleichzeitig an zentraler Stelle von Termen Gebrauch machen, die nach heutigem Wissensstand auf nichts in der Welt referieren. Wenn aber Erfolg offensichtlich auch ohne Wahrheit (im Sinne der Referenz zwischen theoretischem Term und einer unabhängig von der Theorie existierenden Entität) möglich ist, dann zieht dies die Überzeugungskraft der wichtigen zweiten Prämisse des *no miracles*-Arguments schwer in Mitleidenschaft. Der prognostische oder praktisch-technologische Erfolg von Theorien, die an zentraler Stelle von Termen wie „Phlogiston" oder „Äther" Gebrauch machen, scheint mit dem Realismus im Allgemeinen und mit dem *no miracles*-Argument in Speziellen nur schwer vereinbar zu sein.

Laudans Liste erfolgreicher und trotzdem falscher Theorien rückt die Grenzen des *no miracles*-Arguments deutlich in den Vordergrund: Wenn es möglich ist, dass falsche (d.i. nicht referierende) Theorien erfolgreich sein können, dann ist es fragwürdig, den Erfolg von Theorien durch ihre (Referenz implizierende) Wahrheit zu erklären. Als ob dies noch nicht genug wäre, kommt es für RealistInnen aber noch dicker: Laudans Liste ist nicht nur eine Aufzählung von konkreten Gegenbeispielen, die den behaupteten Zusammenhang zwischen Wahrheit und Erfolg zu unterminieren scheinen. Laudans Liste lässt sich darüber hinaus zu einem eigenständigen Argument ausbauen, nämlich zur so genannten *pessimistischen Meta-Induktion*.

7.3 Pessimismus und Unterbestimmtheit

Ausgehend von Laudans Liste lässt sich das Argument der pessimistischen Meta-Induktion wie folgt formulieren:

1) Wir kennen aus der Wissenschaftsgeschichte viele Theorien, die erfolgreich waren, obwohl ihre zentralen Terme nach heutigem Wissensstand nicht referieren.
2) Es wäre ungerechtfertigt zu glauben, dass die besten Theorien, über die wir momentan verfügen, grundlegend anders sind als diese historischen Beispiele.

---

3) Ergo: Wir haben Grund zur Annahme, dass auch die besten Theorien, über die wir momentan verfügen, durch nachfolgende Theorien ersetzt werden, und dass diese nachfolgenden Theorien zentrale Terme unserer heutigen Theorien als nicht referierend erweisen werden.

Wie der Name bereits sagt, beruht das Argument der pessimistischen Meta-Induktion auf einer induktiven Verallgemeinerung: Die Menge derjenigen früheren Theorien, die trotz Nicht-Referenz ihrer zentralen Terme Erfolg hatten, dient als Datenbasis für die Konklusion, dass es auch um unsere heutigen Theorien nicht besser bestellt ist, dass sich also auch unsere heutigen Theorien trotz ihres Erfolges als nicht-referierend erweisen werden. Die pessimistische Meta-Induktion verkehrt also die Pointe des *no miracles*-Arguments in sein Gegenteil: Nimmt man den wissenschaftsgeschichtlichen Verlauf zur Kenntnis, dann ist nicht Erfolg ohne Wahrheit ein unerklärliches Wunder. Was angesichts des historischen *track records* wirklich ein Wunder wäre, sind Theorien, denen *nicht* dasselbe Schicksal blüht, das den Theorien auf Laudans Liste beschieden war.

RealistInnen haben unterschiedliche Wege beschritten, um das Argument der pessimistischen Meta-Induktion zu entschärfen. Die erste Strategie ist jene, bei der historischen Datenbasis anzusetzen, die die anti-realistische Konklusion stützen soll. Dies ist auf zwei Arten geschehen: RealistInnen haben einerseits betont, dass ihre Interpretation der Naturwissenschaft nur *reife* Theorien betrifft, dass aber Laudans Liste etliche Theorien enthält, auf die diese (freilich zu konkretisierende) Eigenschaft nicht zutrifft. Andererseits und hieran anschließend haben RealistInnen darauf hingewiesen, dass die historische Datenbasis bei Weitem zu schmal ist, um eine Konklusion von so weitreichendem Ausmaß zu stützen (vgl. z.B. Devitt 1997, 161–166).

Die zweite Strategie betrifft den Begriff des Erfolgs, der dem Argument der pessimistischen Meta-Induktion zugrunde liegt. RealistInnen wie Stathis Psillos haben Larry Laudan vorgeworfen, seiner Auswahl vermeintlich erfolgreicher, aber gleichzeitig nicht referierender Theorien einen viel zu liberalen Begriff des Erfolgs zugrunde zu legen (vgl. Psillos 1999, 104–108). Verwendet man stattdessen einen modifizierten Erfolgsbegriff, der etwa bei Prognosen *bislang unbekannter* empirischer Phänomene ansetzt und diese als zentrales Qualitätsmerkmal auszeichnet, fallen etliche Theorien aus der Datenbasis der pessimistischen Meta-Induktion. Auf der Grundlage einer derartigen Modifikation erscheint es beispielsweise höchst zweifelhaft, ob man zu Recht vom Erfolg der Theorie kristalliner Sphären sprechen kann.

Die *dritte* Strategie ist jene des selektiven Strukturenrealismus,[9] wie er vor allem von John Worrall (z.B. 1989), Steven French (z.B. 2006) und James Ladyman (z.B. 1998) ausgearbeitet wurde. Folgt man Worralls einflussreicher Darstellung, dann ist dem Argument der pessimistischen Meta-Induktion dahingehend zuzustimmen, dass die Wissenschaftsgeschichte tatsächlich viele Episoden radikaler Diskontinuität beinhaltet, in denen sich zentrale Terme der Vorgängertheorien aus der Perspektive der Nachfolgetheorien als nicht referierend erweisen. Worrall akzeptiert also, dass angesichts des historischen *track records* eine realistische Interpretation der *Entitäten*, die von Theorien postuliert werden, nicht aufrechtzuerhalten ist. Vollkommen anders sieht die Situation nach Worrall aber dann aus, wenn wir uns anstatt auf Entitäten auf die *Strukturen* konzentrieren, die in den jeweiligen Theorien zum Ausdruck gelangen. Worrall illustriert dies am Beispiel der Geschichte der modernen Optik, genauer am Übergang von der Korpuskulartheorie des Lichts über Fresnels Theorie des Lichtäthers zu Maxwells Theorie des Elektromagnetismus. Zwar ist es richtig, dass alle drei Theorien höchst unterschiedliche Aussagen über das ontologische Inventar der Welt machen und deshalb mit der Vorstellung des Entitätenrealismus nur schwer vereinbar sind. Orientiert man sich jedoch stattdessen an den strukturellen Aspekten, die in den mathematischen Formeln zum Ausdruck gelangen, dann lässt sich die Idee einer Kontinuität der Theorieevolution sehr viel eher aufrechterhalten. Augustin Jean Fresnel (1788–1827) lag zwar mit seiner Lichtäthertheorie hinsichtlich der Frage, *was* oszilliert, vollkommen falsch. Er behielt aber nach Worrall weitestgehend recht, was die strukturellen Zusammenhänge zwischen den optischen Erscheinungen und den theoretischen Komponenten wie dem Reflexions- oder Transmissionsgrad anbetrifft (vgl. Worrall 1989, v.a. 118–120). Strukturelle Kontinuitäten dieser Art wurden auch für andere Theorien wie für die klassische und die Quantenmechanik nachgewiesen (Saunders 1993).

Wir haben mit der pessimistischen Meta-Induktion ein Argument kennengelernt, das von Anti-RealistInnen nicht nur *gegen* den Realismus, sondern vor allem

[9] Die zweite wichtige Art des selektiven Realismus ist der Entitätenrealismus, wie er von Ian Hacking (1996) und Nancy Cartwright (1983) ausgearbeitet wurde. Bereits der Titel deutet an, dass wir nach Auffassung von EntitätenrealistInnen zwar berechtigt sind, unbeobachtbare Entitäten realistisch zu interpretieren, nicht aber die Theorien, die diese Entitäten postulieren. Hackings Realitätskriterium ist ein sehr einfaches: Kann man Entitäten manipulieren, um mit ihnen Kausalprozesse in Gang zu setzen (beispielsweise in experimentellen Kontexten), dann ist es gerechtfertigt, von der Realität dieser Entitäten auszugehen. Oder, wie Hacking mit Blick auf ein Experiment, in dem eine Kugel aus Niob mit Positronen „besprüht" wird, schreibt: „*Wenn man* [Positronen] *versprühen kann, sind sie real.*" (Hacking 1996, 47)

auch *für* ihre eigene Interpretation der naturwissenschaftlichen Forschung ins Feld geführt wird. Es gibt aber noch ein zweites Argument, das häufig zur Sprache kommt, wenn für den wissenschaftlichen Anti-Realismus argumentiert wird. Dieses zweite Argument beruht im Kern auf der so genannten *Unterbestimmtheitsthese*, die in ihrer knappsten Form Folgendes besagt: Zu jeder Theorie *T* (die Unbeobachtbares postuliert) gibt es eine rivalisierende Theorie *T'*, die mit *T* zwar logisch unverträglich ist, die aber zu den exakt selben Aussagen über Beobachtbares gelangt (die also mit *T empirisch äquivalent* ist). Ist die Entscheidung zwischen *T* und *T'* allein von den zur Verfügung stehenden empirischen Daten abhängig, gibt es folglich keine Möglichkeit, eine rationale Entscheidung zwischen *T* und *T'* herbeizuführen. Mit einem Wort: *T* und *T'* sind in diesem Fall *empirisch unterbestimmt*.

Hier ein einfaches, nicht naturwissenschaftliches Beispiel, das uns eine etwas konkretere Vorstellung von der Unterbestimmtheitsthese geben soll: Nehmen wir an, wir haben empirische Daten zur Verfügung, die eine klare Korrelation zwischen dem Konsum von so genannten „Killerspielen" (also von Videospielen mit gewalttätigem Inhalt) und der Gewaltbereitschaft von Jugendlichen zeigen. Ausgehend von diesen Daten wäre es nahe liegend, Theorie *T* zu formulieren, der zufolge Killerspiele die Ursache für die höhere Gewaltbereitschaft ihrer KonsumentInnen sind. Jede weitere Jugendliche, die Killerspiele konsumiert *und* die zu Gewalt neigt, scheint *T* zu bestätigen. Die empirischen Ausgangsdaten und jede weitere Korrelation zwischen Gewaltbereitschaft und Videospielkonsum bestätigt aber nicht nur *T*, sondern im exakt selben Ausmaß auch *T'*, wobei *T'* besagt, dass sich die Sache genau andersherum verhält und die Gewaltbereitschaft von Jugendlichen die Ursache für den Konsum von Killerspielen ist! Ob *T* zutrifft und Killerspiele die Ursache für Jugendgewalt sind oder ob *T'* zutrifft und die Gewalttätigkeit von Jugendlichen der Grund für ihren Konsum von Killerspielen ist, lässt sich allein auf der Basis der statistischen Korrelation zwischen Gewaltbereitschaft und Videospielkonsum nicht entscheiden. Mit anderen Worten: *T* und *T'* sind *empirisch unterbestimmt*, da sie den verfügbaren Daten exakt gleich gut zu entsprechen imstande sind.

Das einfache Beispiel der Korrelation zwischen Videospielkonsum und Gewaltbereitschaft erlaubt es uns, die potenzielle Gefahr, die von der Unterbestimmtheitsthese für den Realismus ausgeht, etwas besser einschätzen zu können. Für RealistInnen ist es nicht genug, nur die semantische These anzuerkennen und Theorien als Aussagen anzusehen, deren Wahrheitswerte durch das Sein der Welt fixiert sind. RealistInnen müssen darüber hinaus die Ansicht vertreten, dass es unter geeigneten Bedingungen möglich ist, die Wahrheitswerte von Theorien auch tatsächlich feststellen und dementsprechend wahre von falschen Theorien unterscheiden zu können. Genau diese Möglichkeit scheint aber nicht gegeben zu sein, wenn die Unterbestimmtheitsthese zutrifft: Wissen wir, dass sich *T* und *T'* widersprechen, dann wissen wir natürlich auch, dass nur eine der beiden Theorien wahr sein kann. Sind aber *T* und *T'* in dem Sinne empirisch äquivalent, dass sich aus ihnen die exakt selben Aussagen über Empirisches ableiten lassen, dann gibt es keine Möglichkeit, sich allein auf Basis der empirischen Erfahrung entweder für *T* oder für *T'* zu entscheiden. Wir wissen zwar, dass zumindest eine von beiden Theorien falsch ist. Wir sind aber niemals in der epistemischen Position zu wissen, welche.

Die soeben dargestellte Sichtweise entspricht dem Kerngedanken von Bas van Fraassens „konstruktivem Empirismus", der nach wie vor einflussreichsten Form des wissenschaftlichen Anti-Realismus. Van Fraassen akzeptiert zwar mit der semantischen These die Überzeugung, dass Theorien auch in Bezug auf Unbeobachtbares wortwörtlich zu verstehen sind und dass der Wahrheitswert dieser Theorien vom Sein der Welt fixiert wird. Da er aber von der Richtigkeit der Unterbestimmtheitsthese überzeugt ist, bestreitet van Fraassen, dass wir jemals in der Lage sind, die Wahrheitswerte unserer Theorien auch wirklich ermitteln zu können. Eine Theorie zu akzeptieren bedeutet nach van Fraassen deshalb nicht, ontologische Verpflichtungen einzugehen, die *sämtliche* (also Beobachtbares *und* Unbeobachtbares betreffende) Existenzbehauptungen umfassen. Eine Theorie zu akzeptieren, schließt nach van Fraassen nur die Überzeugung ein, dass die Theorie *empirisch adäquat* ist, dass also ihre Aussagen über Beobachtbares wahr sind. Gegenüber all dem, was Theorien über Unbeobachtbares sagen, ist die einzige rationale Haltung nach van Fraassen jene des Agnostizismus: Wir sind zwar nicht in der epistemischen Position, Aussagen über Elektronen, Positronen oder Quarks zu *bestreiten*. Wir sind aber ebenso wenig in der epistemischen Position, Aussagen über Elektronen, Positronen oder Quarks für *wahr* im korrespondenztheoretischen Sinne des Wortes zu halten (vgl. z.B. van Fraassen 1980).

Wir sind nun also in der Lage, die Relevanz einzuschätzen, die die Unterbestimmtheitsthese in der Debatte um den wissenschaftlichen Realismus hat. Unklar ist aber nach wie vor, was eigentlich für sie spricht. Bislang wissen wir nur, dass ein Problem für den Realismus die Folge *wäre*, wenn es zu jeder Theorie *T* eine rivalisierende (d.i. logisch unverträgliche *und* empirisch äquivalente) Theorie *T'* *gäbe*. Warum sollte man aber davon ausgehen, dass dem auch tatsächlich so ist? Oder, um anders zu fragen: Trifft es wirklich zu, dass es zu jeder Theorie *T* eine rivalisierende Theorie *T'* gibt?

André Kukla gehört zu jenen, die diese Frage eindeutig bejahen. Nach Kukla gibt es sogar einen Algorithmus, der es uns erlaubt, zu *jeder* beliebigen Theorie eine empirisch äquivalente und gleichzeitig unverträgliche Rivalentheorie zu produzieren. Kuklas Algorithmus sieht wie folgt aus: Zu jeder Theorie *T* lässt sich die Theorie *T!* konstruieren, wobei *T!* besagt, dass *T* wahr ist, wann immer irgendjemand irgendetwas beobachtet. *T!* besagt aber weiter, dass sich die Welt immer dann, wenn sich keine Beobachtungen ereignen, in Übereinstimmung mit T_2 verhält, wobei T_2 mit *T* logisch unverträglich ist (Kukla 1998, 70f.).

Was ist zu Kuklas Rivalen-Algorithmus zu sagen? Nun, einige KritikerInnen haben moniert, dass sich der Realismus auf diese Weise nicht entscheidend unter Druck setzen lässt, weil es sich bei Kuklas Rivalen lediglich um mutwillig konstruierte Pseudo-Theorien handelt (vgl. z.B. Laudan & Leplin 1991; Hoefer & Rosenberg 1994). Geht es nach den KritikerInnen, sollten WissenschaftstheoretikerInnen ihre Energie lieber darauf verwenden, reale wissenschaftliche Theorien zu interpretieren, anstatt sich mit Szenarien herumzuschlagen, die in der neueren Philosophiegeschichte ohnehin ein alter Hut sind.[10] Obwohl Reaktionen wie diese auf den ersten Blick nachvollziehbar sind, sollten wir uns jedoch in diesem Kontext an unsere Diskussion des „blün"-Paradoxons erinnern (vgl. Einheit 2.3; vgl. auch Kukla 1993, v.a. 4f.): Auch hier war die erste Reaktion jene, Goodmans Argumentation aufgrund der vermeintlichen Künstlichkeit des Prädikats „blün" zurückzuweisen. Wir hatten hierauf aber geantwortet, dass es bei genauerer Betrachtung ziemlich dogmatisch erscheint, „blün" aufgrund seiner Künstlichkeit abzulehnen, gleichzeitig aber Begriffe wie „Elektronenspin" zu akzeptieren. Ich denke, dass eine ähnliche Reaktion auch hier angebracht ist: Natürlich, *T!* ist eine artifizielle Pseudo-Theorie, wie auch Kukla unumwunden zugibt (Kukla 1993, 4). Selbst wenn es aber zutreffen sollte, dass sich die Diskussion der Unterbestimmtheitsthese auf derartige Pseudo-Theorien beschränkt, benötigen KritikerInnen immer noch ein Kriterium, um zwischen vermeintlich unproblematischen Artefakten à la *T!* und „ernsthaften" Theorien trennscharf unterscheiden zu können.

Beschränkt sich die Diskussion um die Unterbestimmtheitsthese aber wirklich auf Rivalen, die absichtlich durch Algorithmen erzeugt wurden? Nach Ansicht einiger WissenschaftstheoretikerInnen ist dies nicht der Fall. Bas van Fraassen gibt etwa das folgende Beispiel (van Fraassen 1980, 46f.): Gehen wir von Newtons Mechanik plus Gravitationstheorie (*TN*), vom Postulat, dass das Massezentrum des Sonnensystems in Relation zum absoluten Raum ruht (R), und vom Postulat, dass sich das Massezentrum des Sonnensystems in Relation zum absoluten Raum mit der konstanten Geschwindigkeit *v* bewegt (*V*), aus. $TN \wedge R$ und $TN \wedge V$ sind empirisch äquivalent, obwohl sie sich logisch widersprechen. Es gibt also keine Möglichkeit, allein auf der Basis empirischer Erfahrungen eine rationale Entscheidung zwischen $TN \wedge R$ und $TN \wedge V$ herbeizuführen. Ein anderes Beispiel findet sich in Variationen bei Roger Jones (1991, 188) und John Earman (1993a, 31): Modifizieren wir *TN* dahingehend, dass die Vorstellung des absoluten, euklidischen Raums durch jene eines Raums ersetzt wird, der sich in der Gegenwart von Massen krümmt, und nennen wir die so entstehende Modifikation *TN!*. *TN!* ist nicht mit der ART identisch, da Zeit weiterhin als ein vom Raum unabhängiger Parameter behandelt wird. Entscheidend ist aber, dass *TN* und *TN!* zu den exakt selben Aussagen über beobachtbare Prozesse gelangen, obwohl sich *TN* und *TN!* hinsichtlich zentraler theoretischer Terme widersprechen. Beschränkt man sich auf die Sphäre sinnlicher Erfahrungen, dann gibt es also auch hier keine denkbare Beobachtung, die eine rationale Entscheidung zwischen *TN* und *TN!* erlauben würde. Sowohl im Fall, den van Fraassen diskutiert, als auch in jenem, den Earman

[10] Kuklas Algorithmus erinnert natürlich an skeptische Szenarien wie jenes des cartesianischen Dämons, der uns hinsichtlich aller unserer Erfahrungen täuscht.

und Jones besprechen, handelt es sich offenkundig nicht um absichtlich erzeugte Artefakte, sondern um Theorierivalen, denen wir allem Anschein nach auch im naturwissenschaftlichen Alltag begegnen könnten.

Zum Abschluss dieser Einheit möchte ich noch auf eine Modifikation der Unterbestimmtheitsthese hinweisen, die in jüngster Vergangenheit von P. Kyle Stanford vorgeschlagen wurde (vgl. Stanford 2006): Nach Stanford hat das eigentliche Problem, das aus der Unterbestimmtheitsthese folgt, weder mit künstlich erzeugten noch mit historisch realen Fällen empirisch äquivalenter Rivalentheorien zu tun. Das wahre Unterbestimmtheitsproblem ist nach Stanford viel eher darin zu sehen, dass es zu jedem Zeitpunkt *t*, zu dem wir eine Theorie *T* für gut bestätigt halten, zumindest eine alternative Theorie *T'* gibt, die radikal anders als *T* ist, die wenigstens ebenso gut bestätigt wie *T* ist, an deren Möglichkeit wir zum Zeitpunkt *t* aber aus bloß kontingenten Gründen noch nicht einmal *gedacht* haben.[11] Stanford versucht anhand von historischen Fallstudien zu zeigen, dass dieses Problem „nicht erdachter Alternativen“ kein Produkt der wissenschaftstheoretischen Imagination, sondern der einzelwissenschaftlichen Praxis entspringt: Nach Stanford gehört es zum naturwissenschaftlichen Alltag, dass WissenschaftlerInnen nur eine geringe Anzahl von Theorien in Betracht ziehen, obwohl sich später herausstellt, dass es eine Vielzahl von unbedachten Alternativen gegeben hätte, die mindestens ebenso gut bestätigt gewesen, die aber von radikal anderen theoretischen Voraussetzungen ausgegangen wären. Stanford hält es sogar für möglich, dieses Problem „nicht erdachter Alternativen“ zu einer Variation des pessimistischen Meta-Induktions-Arguments auszubauen: Weil sich aus wissenschaftsgeschichtlicher Perspektive zeigt, dass WissenschaftlerInnen üblicherweise nur einen Bruchteil der theoretischen Möglichkeiten ausschöpfen, haben wir Grund zur Annahme, dass dies auch heute so ist. Trifft dieses Argument zu, dann gibt es zu unserer aktuellen Naturwissenschaft Alternativen, an die wir bloß noch nicht gedacht haben.

7.4 Zusammenfassung und exemplarische Fragen

Unsere Überlegungen haben ihren Ausgang beim Begriff der wissenschaftlichen Erklärung genommen, genauer, bei Hempels so genanntem D-N-Modell. Nach Hempel liegt eine wissenschaftliche Erklärung vor, wenn das Explanandum (also eine Aussage, die das zu erklärende Phänomen beschreibt) im Rahmen eines

11 Stanford bezeichnet diese Art der Unterbestimmtheit im Anschluss an Lawrence Sklar als „transiente Unterbestimmtheit“ (vgl. Sklar 1975). Von *transienter* Unterbestimmtheit ist deshalb die Rede, weil es sich anders als in den zuvor diskutierten Fällen nicht um die Situation handelt, in der zwei Theorien in einem absoluten (d.i. zeitlich nicht eingeschränkten) Sinne empirisch äquivalent sind, sondern um die Situation, in der zwei Theorien *vorläufig gleich gut bestätigt* sind. Trifft Stanfords Argumentation zu, dann ist die transiente Unterbestimmtheit jedoch für den Realismus ebenso fatal wie jene Formen der Unterbestimmtheit, die auf dem Begriff der empirischen Äquivalenz aufbauen.

deduktiven Arguments aus dem Explanans (also aus der Klasse derjenigen Aussagen, die angeführt werden, um das Explanandum zu erklären) abgeleitet werden kann. Darüber hinaus müssen vier weitere Bedingungen erfüllt sein: Das Explanandum muss eine logische Konsequenz des Explanans sein. Das Explanans muss zumindest eine allgemeine Gesetzesaussage enthalten. Das Explanans muss über empirischen Gehalt verfügen. Und die Aussagen, die in ihrer Gesamtheit das Explanans ergeben, müssen wahr sein.

Unsere weiteren Überlegungen haben jedoch gezeigt, dass das D-N-Modell eine Reihe von Problemen aufwirft, die sich nicht ohne Weiteres aus der Welt schaffen lassen. Konkret haben wir das Problem der *pre-emption*, jenes der *expalantorischen Irrelevanz*, jenes der *akzidentiellen Verallgemeinerungen* und schließlich jenes der *Erklärungsasymmetrie* diskutiert.

Die Auseinandersetzung mit den Grenzen des D-N-Modells haben die Frage nach dem eigentlichen Ziel des wissenschaftlichen Erklärens virulent werden lassen: Geht es beim wissenschaftlichen Erklären nur um die prognostische Handhabe beobachtbarer Phänomene? Oder geht es um ein umfassenderes Verständnis, das auch die Ebene des Unbeobachtbaren einschließt? Mit einem Wort: Ist der wissenschaftliche Realismus oder der wissenschaftliche Anti-Realismus die zu präferierende Interpretation der naturwissenschaftlichen Forschung?

Wir haben die Debatte der zuletzt aufgeworfenen Frage mit der Unterscheidung dreier realistischer Subthesen begonnen, nämlich mit der ontologischen, der semantischen und der epistemischen These. Diese Vorgehensweise ließ uns erkennen, dass es bei der Formulierung realistischer bzw. anti-realistischer Standpunkte ein weites Spektrum möglicher Nuancierungen gibt, dass RealistInnen also beileibe nicht alle Subthesen akzeptieren und Anti-RealistInnen nicht alle Subthesen zurückweisen müssen.

Der letzte Abschnitt war der Darstellung und Kritik dreier Argumente gewidmet, die innerhalb der Diskussion um realistische bzw. anti-realistische Interpretationen der Naturwissenschaft von allergrößter Wichtigkeit sind. Neben dem *no miracles*-Argument haben wir uns auf das Argument der pessimistischen Meta-Induktion und auf die Unterbestimmtheitsthese konzentriert. Den Abschluss hat P. Kyle Stanfords Problem „nicht erdachter Alternativen" gemacht, das den Realismus zumindest Stanfords Intention zufolge zusätzlich unter Druck setzen soll.

Kommen wir zum letzten Mal zu den abschließenden Fragen:

- Was ist das D-N-Modell der wissenschaftlichen Erklärung? Welche Bedingungen müssen erfüllt sein, damit nach Hempel eine vollwertige Erklärung vorliegt?
- Diskutieren Sie zumindest zwei Probleme, die das D-N-Modell aufwirft.
- Unterscheiden Sie drei Subthesen des wissenschaftlichen Realismus und beschreiben Sie unterschiedliche realistische und anti-realistische Positionen, die durch verschiedene Kombinationen dieser Subthesen entstehen.

- Was ist das *no miracles*-Argument? Diskutieren Sie seine Stärken und Schwächen.
- Benennen und diskutieren Sie zwei Argumente, die häufig für den Anti-Realismus ins Treffen geführt werden.

7.5 Weiterführende Literatur

Hempel gibt eine detaillierte Darstellung seines D-N-Modells in Hempel 1965b. Eine kürzere Darstellung findet sich im vierten und fünften Kapitel von Hempel 1974. Eine Gesamtdarstellung Hempels, die das D-N-Modell in den weiteren Kontext seiner Philosophie setzt, gibt Curd (2012). Wichtige Beiträge zur Diskussion von Hempels Erklärungsbegriffs finden sich in Fetzer (2000). Einen guten Überblick über die Debatte um das D-N-Modell, aber auch über alternative Zugänge geben beispielsweise Salmon (1989), Koertge (1992), Schurz (1995) oder Woodward (2011). In deutscher Sprache ist darüber hinaus besonders Bartelborth (2007) empfehlenswert. Die Literatur zur Debatte um den wissenschaftlichen Realismus ist außerordentlich umfangreich, weshalb es schwer fällt, sich hier auf einige wenige repräsentative Titel zu beschränken. Als Ausgangspunkt bieten sich jedoch die Monographie von Psillos (1999), der zweite Teil von Ladyman (2006) und der erste Teil von Chakravartty (2007) an. In deutscher Sprache ist vor allem Suhm (2005) empfehlenswert. Wichtige Beiträge zur Diskussion, wie sie bis ca. 1980 verlaufen ist, finden sich zudem in Leplin (1984). Zu Bas van Fraassens „konstruktivem Empirismus", der nach wie vor bekanntesten anti-realistischen Position, v.a. van Fraassen (1980), Churchland & Hooker (1985) und Dicken (2010). Einen guten Überblick über den Strukturenrealismus gibt Ladyman (2009).

Literatur

Achinstein, P. (1983): *The Nature of Explanation* (Oxford: Oxford University Press).

Adam, M. (2002): *Theoriebeladenheit und Objektivität. Zur Rolle von Beobachtungen in den Naturwissenschaften* (Frankfurt/M.: Dr. Hänsel-Hohenhausen).

Andersen, H., Barker, P. & Chen, X. (2006): *The cognitive structure of scientific revolutions* (Cambridge: Cambridge University Press).

Baghramian, M. (2004): *Relativism* (London: Routledge).

Bailer-Jones, D. & Friebe, C. (2009): *Thomas Kuhn* (Paderborn: mentis).

Bamford, G. (1996): „Popper and his commentators on the Discovery of Neptune: A Close Shave for the Law of Gravitation?", in: *Studies in the History of Science* 27/2, 207–232.

Barnes, B. (1980): *T. S. Kuhn and Social Science* (London: MacMillan).

– (2011): „Relativism as a Completion of the Scientific Project", in: Schantz, R. & Seidel, M. (Hg.): *The Problem of Relativism in the Sociology of (Scientific Knowledge* (Frankfurt/M.: Ontos), 23–39.

Bartelborth, T. (2007): *Erklären* (Berlin: de Gruyter).

Baum, R. & Sheehan, W. (1997): *In Search of Planet Vulcan. The Ghost in Newton's Clockwork Universe* (Cambridge: Basic Books).

Belkind, O. (2012): „Newton's scientific method and the universal law of gravitation", in: Janiak, A. & Schliesser, E. (Hg.): *Interpreting Newton. Critical Essays* (Cambridge: Cambridge University Press), 138–168.

Bird, A. (1998): *Philosophy of Science* (London & New York: Routledge).

– (2000): *Thomas Kuhn* (Chesham: Acumen).

– (2004): „Kuhn, naturalism, and the positivst legacy", in: *Studies in the History and Philosophy of Science* 35, 337–356.

– (2012): „The Structure of Scientific Revolutions and its Significance: An Essay Review oft he Fiftieth Anniversary Edition", in: *The British Journal for the Philosophy of Science* 63, 859–883.

– (2012a): „Kuhn, Naturalism, and the Social Study of Science", in: Kindi, V. & Arabatzis, T. (Hg.): *Kuhn's The Structure of Scientific Revolutions Revisited* (New York & London: Routledge), 205–230.

Bloor, D. (1976): *Knowledge and Social Imagery* (London: Routledge).

Boghossian, P. (2006): *Fear of Knowledge. Against Relativism and Constructivism* (Oxford: Oxford University Press).

Bowler, P. J. & Morus, I. R. (2005): *Making Modern Science. A Historical Survey* (Chicago: Chicago University Press).

Broad, C. D. (1952): *Ethics and the History of Philosophy* (London:Routledge).

Bromberger, S. (1966): „Why-Questions", in: Colodny, R. (Hg.): *Mind and Cosmos: Essays in Contemporary Science and Philosophy* (Pittsburgh: Pittsburgh University Press), 86–110.

Brown, J. R. (1994): *Smoke and Mirrors. How science reflects reality* (London & New York: Routledge).

– (2001): *Who Rules in Science? An Opinionated Guide to the Wars* (Cambridge: Harvard University Press).
Bruner, J. S. & Postman, L. (1949): „On the Perception of Incongruity: A Paradigm", in: *Journal of Personality* 18, 206–223.
Carnap, R. (1936): „Testability and Meaning", in: *Philosophy of Science* 3, 419–471.
– (1937): „Testability and Meaning – Continued", in: *Philosophy of Science* 4, 1–40.
Carrier, M. (2001): *Nikolaus Kopernikus* (München: C.H. Beck).
– (2002): „Explaining Scientific Progress. Lakatos' Methodological Account of Kuhnian Patterns of Theory Change", in: Kampis, G., Kvasz, L. & Stöltzner, M. (Hg.): *Appraising Lakatos: Mathematics, Methodology and the Man* (Dordrecht et al.: Kluwer), 53–71.
– (2009): *Raum-Zeit* (Berlin: de Gruyter).
– (2012): „Historical Approaches: Kuhn, Lakatos and Feyerabend", in: Brown, J. R. (Hg.): *Philosophy of Science: The Key Thinkers* (London & New York: Continuum), 132–151.
Cartwright, N. (1983): *How the Laws of Physics Lie* (Oxford: Oxford University Press).
– (1989): *Nature's Capacities and their Measurement* (Oxford: Clarendon Press).
Chakravartty, A. (2007): *A Metaphysics for Scientific Realism. Knowing the Unobservable* (Cambridge: Cambridge University Press).
Churchland, P. M. & Hooker, C. A. (Hg.) (1985): *Images of Science. Essays on Realism and Empiricism, with a Reply from Bas C. van Fraassen* (Chicago: University of Chicago Press).
Coffa, A. (1991): *The Semantic Tradition from Kant to Carnap. The Vienna Station* (Cambridge: Cambridge University Press).
Cohen, R. S., Feyerabend P. K. & Wartofsky, M. W. (Hg.) (1976): *Essays in Memory of Imre Lakatos* (Dordrecht & Boston: Reidel).
Collins, H. M. & Pinch, T. (1993): *The Golem. What Everyone Should Know about Science* (Cambridge: Cambridge University Press).
Crombie, A. C. (1965): *Von Augustinus bis Galilei. Die Emanzipation der Naturwissenschaft* (Köln/Berlin: Kiepenheuer & Witsch).
Curd, M. (2012): „Carl G. Hempel: Logical Empiricist", in: Brown, J. R. (Hg.): *Philosophy of Science: The Key Thinkers* (London & New York: Continuum), 83–111.
Cushing, J. T. (1998): *Philosophical Concepts in Physics. The Historical Relation between Philosophy and Scientific Theories* (Cambridge: Cambridge University Press).
Davidson, D. (1991): „On the Very Idea of a Conceptual Scheme", in: *Inquiries into Truth and Interpretation* (Oxford: Clarendon Press), 183–198.
De Caro, M. & MacArthur, D. (Hg.) (2004): *Naturalism in Question* (Cambridge: Harvard University Press).
Devitt, M. (1996): *Realism and Truth* (Princeton: Princeton University Press).
DeWitt, R. (2010): *Worldviews. An Introduction to the History and Philosophy of Science* (Oxford: Wiley-Blackwell).
Dicken, P. (2010): *Constructive Empiricism. Epistemology and the Philosophy of Science* (London: Palgrave MacMillan).
Doppelt, V. (2001): „Incommensurability and the Normative Foundations of Scientific Knowledge", in: Hoyningen-Huene, P. & Sankey, H. (Hg.): *Incommensurability and Related Matters* (Dordrecht: Kluwer), 159–179.
Dreyer, J. L. E. (1905): *History of the Planetary Systems From Thales to Kepler* (Cambridge: Cambridge University Press).
Duhem, P. (1998 [1906]): *Ziel und Struktur der physikalischen Theorien* (Hamburg: Meiner).

Earman, J. (1993): „Carnap, Kuhn, and the Philosophy of Scientific Methodology", in: Horwich, P. (Hg.): *World Changes* (Cambridge et al.: MIT Press), 9–36.

Earman, J. (1993a): „Underdetermination, Realism, and Reason", in: *Midwest Studies in Philosophy* XVIII, 19–36.

Earman, J. & Glymour, C. (1980): „Relativity and Eclipses: The British Eclipse Expedition of 1919 and ist Predecessors", in: *Historical Studies in the Physical Sciences* 11/1, 49–85.

Einstein, A. (1916): „Die Grundlage der allgemeinen Relativitätstheorie", in: Annalen der Physik 49/7, 769–822.

Esfeld, M. (Hg.) (2012): *Philosophie der Physik* (Frankfurt/M.: Suhrkamp).

Fairweather, A. (2012): „The epistemic value of good sense", in: *Studies in History and Philosophy of Science* 43, 139–146.

Fetzer, J. H. (2000) (Hg.): *Science, Explanation, and Rationality. Aspects of the Philosophy of Carl G. Hempel* (Oxford: Oxford University Press).

Feyerabend, P. (1976): „On the Critique of Scientific Reason", in: Howson, C. (Hg.): *Method and appraisal in the physical Sciences* (Cambridge: Cambridge University Press), 309–339.

– (1981): „Explanation, Reduction and Empiricism", in: *Realism, rationalism and scientific method. Philosophical Papers Volume 1* (Cambridge: Cambridge University Press), 44–96.

– (1986): *Wider den Methodenzwang* (Frankfurt/M.: Suhrkamp).

Feynman, R. P. (2007): *Sechs physikalische Fingerübungen. Physikalische Fingerübungen für Fortgeschrittene* (München & Zürich: Piper).

Fine, A. (1986): „Unnatural Attitudes: Realist and Instumentalist Attachments to Science", in: *Mind* 95/378, 149–179.

– (1986a): „The Natural Ontological Attitude", in: *The Shaky Game. Einstein, Realism and the Quantum Theory* (Chicago: University of Chicago Press), 112–135.

Fleck, L. (1980): *Entstehung und Entwicklung einer wissenschaftlichen Tatsache. Einführung in die Lehre vom Denkstil und Denkkollektiv* (Frankfurt/M.: Suhrkamp).

Fontenrose, R. (1973): „In Search of Vulcan", in: *Journal for the History of Astronomy* 4, 145–158.

Forman, P. (1971): „Weimar Culture, Causality, and Quantum Theory, 1918–1927: Adaption by German Physicists and Mathematicians to a Hostile Intellectual Environment", in: *Historical Studies in the Physical Sciences* 3, 1–115.

Frege, G. (1962 [1892]): „Über Sinn und Bedeutung", in: *Funktion, Begriff, Bedeutung. Fünf logische Studien* (Göttingen: Vandenhoeck & Ruprecht), 38–63.

French, S. (2006): „Structure as a Weapon for the Realist", in: *Proceedings of the Aristotelian Society* 106, 169–187.

Friedman, M. (1999): *Reconsidering Logical Positivism* (Cambridge: Cambridge University Press).

– (2002): „Kuhn and Logical Empiricism", in: Nickles, T. (Hg.): *Thomas Kuhn* (Cambridge: Cambridge University Press), 19–44.

Fuller, S. (2012): „Anti-Inductivism as Worldview: The Philosophy of Karl Popper", in: Brown, J. R. (Hg.): *Philosophy of Science: The Key Thinkers* (London & New York: Continuum), 112–131.

Gattei, S. (2008): *Thomas Kuhn's „Linguistic Turn" and the Legacy of Logical Empiricism* (Aldershot: Ashgate).

– (2009): *Karl Popper's Philosophy of Science. Rationality Without Foundations* (London & New York: Routledge).

Gavroglu, K., Gourdaroulis, Y. & Nicolacopoulos, P. (Hg.) (1989): *Imre Lakatos and Theories of Scientific Change* (Dordrecht et al.: Kluwer).

Giere, R. (1988): *Explaining Science. A Cognitive Approach* (Chicago: University of Chicago Press).

– (1999): „Philosophy of Science Naturalized“, in: *Science Without Laws* (Chicago: University of Chicago Press), 151–173.

Gillies, D. (1993): *Philosophy of Science in the Twentieth Century. Four Central Themes* (Oxford & Cambridge: Blackwell).

Godfrey-Smith, P. (2003): *Theory and Reality: an introduction to the philosophy of science* (Chicago: University of Chicago Press).

Grosser, M. (1962): *The Discovery of Neptune* (London: Oxford University Press).

Good, I. J. (1967): „The White Shoe is a Red Herring“, in: *British Journal for the Philosophy of Science* 17/4, 322.

Goodman, N. (1955): *Fact, Fiction and Forecast* (Cambridge: Harvard University Press).

Hacking, I. (1979): „Imre Lakatos' Philosophy of Science“, in: *The British Journal for the Philosophy of Science* 30/4, 381–402.

– (1996): *Einführung in die Philosophie der Naturwissenschaften* (Stuttgart: Reclam).

– (1999): *The Social Construction of What?* (Cambridge: Harvard University Press).

Hanson, N. R. (1962): „Leverrier: The Zenith and Nadir of Newtonian Mechanics“, in: *Isis* 53/3, 359–378.

– (1965): *Patterns of Discovery* (Cambridge: Cambridge University Press).

Harper, W. (2002): „Newton's argument for universal gravitation“, in: Cohen, B. & Smith, G. E. (Hg.): *The Cambridge Companion to Newton* (Cambridge: Cambridge University Press), 174–201.

Hempel, C. G. (1945): „Studies in the Logic of Confirmation (I.)“, in: *Mind* LIV/213, 1–26.

– (1965a): „The Theoretician's Dilemma“, in: *Aspects of Scientific Explanation. And Other Essays in the Philosophy of Science* (New York: The Free Press), 173–226.

– (1965b): „The Function of General Laws in History“, in: *Aspects of Scientific Explanation. And Other Essays in the Philosophy of Science* (New York: The Free Press), 231–243.

– (1965c): „Aspects of Scientific Explanation“, in: *Aspects of Scientific Explanation. And Other Essays in the Philosophy of Science* (New York: The Free Press), 331–496.

– (1967): „The White Shoe – No Red Herring“, in: *British Journal for the Philosophy of Science* 18/3, 239–240.

– (1974): *Philosophie der Naturwissenschaften* (München: Deutscher Taschenbuch Verlag).

Hentschel, K. (Hg.) (1996): *Physics and National Socialism. An Anthology of Primary Sources* (Basel: Birkhäuser).

Hoefer, C. & Rosenberg, A. (1994): „Empirical equivalence, underdetermination, and systems of the world“, in: *Philosophy of Science* 61/4, 592–607.

Hollis, M. & Lukes, S. (Hg.) (1982): *Rationality and Relativism* (Cambridge: MIT Press).

Hoyningen-Huene, P. (1989): *Die Wissenschaftsphilosophie Thomas S. Kuhns. Rekonstruktion und Grundlagenprobleme* (Braunschweig: Vieweg).

– (2006): „Context of Discovery and Context of Justification and Thomas Kuhn“, in: Schickore, J. & Steinle, F. (Hg.): *Revisiting Discovery and Justification* (Dordrecht: Springer), 119–131.

– & Sankey, H. (Hg.) (2001): *Incommensurability and Related Matters* (Dordrecht: Kluwer).

Huggett, N. (Hg.) (1999): *Space from Zeno to Einstein. Classic Readings with a Contemporary Commentary* (Cambridge: MIT Press).

Hume, D. (1973 [1748]): *Eine Untersuchung über den menschlichen Verstand* (Hamburg: Meiner).

Hüttemann, A. (1997): *Idealisierungen und das Ziel der Physik. Eine Untersuchung zum Realismus, Empirismus und Konstruktivismus in der Wissenschaftstheorie* (Berlin et al.: de Gruyter).

Ivanova, M. (2010): „Pierre Duhem's good sense as a guide to theory choice", in: *Studies in History and Philosophy of Science* 41, 58–64.

Jammer, M. (1966): *The Conceptual Development of Quantum Mechanics* (New York et al.: McGraw-Hill).

Jones, R. (1991): „Realism about What?", in: *Philosophy of Science* 58/2, 185–202.

Kadvany, J. (2001): *Imre Lakatos and the Guises of Reason* (Durham & London: Duke University Press).

Kampis, G., Kvasz, L. & Stöltzner, M. (Hg.) (2002): *Appraising Lakatos. Mathematics, Methodology and the Man* (Dordrecht: Kluwer).

Keil, G. (1993): *Kritik des Naturalismus* (Berlin & New York: de Gruyter).

Keuth, H. (Hg.) (1998): *Karl Popper. Logik der Forschung* (Berlin: Akademie Verlag).

– (2011): *Die Philosophie Karl Poppers* (Tübingen: Mohr Siebeck).

Kidd, I. J. (2011): „Pierre Duhem's epistemic aims and the intellectual virtue of humility: a reply to Ivanova", in: *Studies in History and Philosophy of Science* 42, 185–189.

Kindi, V. & Arabatzis, T. (Hg.) (2012): *Kuhn's The Structure of Scientific Revolutions Revisited* (New York & London: Routledge).

Kitcher, P. (2003): *The Advancement of Science. Science without Legend, Objectivity without Illusions* (Oxford: Oxford University Press).

Knowles, J. (2002): „What's really wrong with Laudan's normative naturalism", in: *International Studies in the Philosophy of Science* 16/2, 171–185.

Koertge, N. (1992): „Review Article: Explanation and its Problems", in: *British Journal for the Philosophy of Science* 43, 85–98.

– (1998) (Hg.): *A House Build on Sand. Exposing Postmodernist Myths About Science* (Oxford: Oxford University Press).

Koestler, A. (1959): The Sleepwalkers. A History of Man's Changing Vision of the Universe (London: MacMillan).

Kosso, P. (1998): *Appearance and Reality. An Introduction to the Philosophy of Physics* (New York & Oxford: Oxford University Press).

Krausz, M. (1989): *Relativism. Interpretation and Confrontation* (Notre Dame: University of Notre Dame Press).

Kuhn, T. S. (1970): „Reflections on my Critics", in: Lakatos, I. & Musgrave, A. (Hg.): *Criticism and the Growth of Knowledge* (Cambridge: Cambridge University Press), 231–278.

– (1976 [1962]): *Die Struktur wissenschaftlicher Revolutionen* (Frankfurt/M.: Suhrkamp).

– (1977): „The Function of Measurement in Modern Physical Science", in: *The Essential Tension. Selected Studies in Scientific Tradition and Change* (Chicago: The University of Chicago Press), 178–224.

– (1977a): „The Essential Tension. Tradition and Innovation in Scientific Research", in: *The Essential Tension. Selected Studies in Scientific Tradition and Change* (Chicago: The University of Chicago Press), 225–239.

– (1977b): „Logic of Discovery or Psychology of Research", in: *The Essential Tension. Selected Studies in Scientific Tradition and Change* (Chicago: The University of Chicago Press), 266–292.

– (1977c): „Second Thoughts on Paradigms“, in: *The Essential Tension. Selected Studies in Scientific Tradition and Change* (Chicago: The University of Chicago Press), 293-–319.
– (1977d): „Objectivity, Value Judgement, and Theory Choice“, in: *The Essential Tension. Selected Studies in Scientific Tradition and Change* (Chicago: The University of Chicago Press), 320–339.
– (1980 [1957]): *Die Kopernikanische Revolution* (Braunschweig/Wiesbaden: Friedrich Vieweg & Sohn).
– (1990): „Dubbing and Redubbing: The Vulnerability of Rigid Designation“, in: Savage, C. W. (Hg.): *Scientific Theories* (Minneapolis: University of Minnesota Press), 298–318.
– (2000): „What Are Scientific Revolutions?“, in: *The Road Since Structure. Philosophical Essays, 1970–1993, with an Autobiographical Interview* (Chicago: University of Chicago Press), 13–32.
– (2000a): „The Road since *Structure*?“, in: *The Road Since Structure. Philosophical Essays, 1970–1993, with an Autobiographical Interview* (Chicago: University of Chicago Press), 90–104.
– (2000b): „The Trouble With the Historical Philosophy of Science“, in: *The Road Since Structure. Philosophical Essays, 1970–1993, with an Autobiographical Interview* (Chicago: University of Chicago Press), 105–120.
Kukla, A. (1993): „Empirical Equivalence and Underdetermination“, in: *Analysis* 53/1, 1–7.
– (1998): *Studies in Scientific Realism* (Oxford: Oxford University Press).
– (2000): *Social Constructivism and the Philosophy of Science* (London: Routledge).
Ladyman, J. (1998): „What is structural realism?“, in: *Studies in History and Philosophy of Science* 29, 409–424.
– (2006): *Understanding Philosophy of Science* (London: Routledge).
Lakatos, I. (1969): „Criticism and the Methodology of Scientific Research Programmes“, in: *Proceedings of the Aristotelian Society* LXIX, 149–186.
– (1976): *Proofs and Refutations* (Cambridge: Cambridge University Press).
– (1978): *Philosophical Papers. Volume 1* (Cambridge: Cambridge University Press).
– (1978a): „Falsification and the methodology of scientific research programmes“, in: *Philosophical Papers. Volume 1* (Cambridge: Cambridge University Press), 8–101.
– (1978b): „History of science and its rational reconstructions“, in: *Philosophical Papers. Volume 1* (Cambridge: Cambridge University Press), 102–138.
– (1978c): „Why did Copernicus's research programme supersede Ptolemy's?“, in: *Philosophical Papers. Volume 1* (Cambridge: Cambridge University Press), 168–192.
– (1978d): *Philosophical Papers. Volume 2* (Cambridge: Cambridge University Press).
Larvor, B. (1998): *Lakatos. An Introduction* (London & New York 1998).
Laudan, L. (1978): *Progress and its Problems* (Berkeley: University of California Press).
– (1981): „A Confutation of Convergent Realism“, in: *Philosophy of Science* 48/1, 19–49.
– (1996): *Beyond Positivism and Relativism: Theory, Method, and Evidence* (Boulder: Westview Press).
– & Leplin, J. (1991): „Empirical equivalence and underdetermination“, in: *Journal of Philosophy* 88/9, 449–472.
Leplin, J. (Hg.) (1984): *Scientific Realism* (Berkeley: University of California Press).
Lipton, P. (2004): *Inference to the Best Explanation. Second Edition* (London: Routledge).
Lorentz, H. A., Einstein, A., Minkowski, H. & Weyl, H. (1923): *The Principle of Relativity. A Collection of Original Memoirs on the Special and General Theory of Relativity* (New York: Dover).
Margolis, J. (1991): *The Truth about Relativism* (Oxford: Blackwell).

Mason, S. F. (1962): *A History of the Sciences* (New York: Collier).
Masterman, M. (1970): „The Nature of a Paradigm", in: Lakatos, I. & Musgrave, A. (Hg.): *Criticism and the Growth of Knowledge* (Cambridge: Cambridge University Press), 59–89.
McMullin, E. (1985): „Galilean Idealization", in: *Studies in History and Philosophy of Science* 16, 247–273.
Mermin, D. N. (2005): *It's About Time. Understanding Einstein's Relativity* (Princeton: Princeton University Press).
Miller, D. (1994): *Critical Rationalism. A Restatement and Defense* (Chicago: Open Court).
Moore, P. (1996): The Planet Neptune. A Historical Survey Before Voyager (Oxford: Wiley & Sons).
Morgan, M. S. & Morrison, M. (Hg.) (1999): *Models as Mediators. Perspectives on Natural and Social Science* (Cambridge: Cambridge University Press).
Moulines, C. U. (2008): *Die Entwicklung der modernen Wissenschaftstheorie (1890–2000). Eine historische Einführung* (Hamburg: LIT).
Munitz, M. K. (Hg.) (1965): *Theories of the Universe. From Babylonian Myth to Modern Science* (New York et al.: The Free Press).
Musgrave, A. (1974): „The Objectivism of Popper's Epistemology", in: Schilpp, P. A. (Hg.): *The Philosophy of Karl Popper. Book I* (La Salle: Open Court), 560–596.
– (1976): „Method or Madness? Can the Methodology of Research Programmes be rescued from epistemological anarchism?", in: Cohen, R. S., Feyerabend, P. & Wartofsky, M. W. (Hg.): *Essays in Memory of Imre Lakatos* (Dordrecht & Boston: Reidel), 457–491.
Nagel, E. (1961): *The Structure of Science. Problems in the Logic of Scientific Explanation* (New York: Harcourt).
Nersessian, N. (2002): „Kuhn, Conceptual Change, and Cognitive Science", in: Nickles, T. (Hg.): *Thomas Kuhn* (Cambridge: Cambridge University Press), 178–211.
Neurath, O. (1981): *Gesammelte philosophische und methodologische Schriften* (Wien: Hölder-Pichler-Tempsky).
Newton, I. (1999 [1687]): Die mathematischen Prinzipien der Physik (Berlin & New York: de Gruyter).
Newton-Smith, W. H. (1981): *The Rationality of Science* (London & New York: Routledge).
Nickles, T. (2002): „Normal Science: Form Logic to Case-Based and Model-Based Reasoning", in: Nickles, T. (Hg.): *Thomas Kuhn* (Cambridge: Cambridge University Press), 142–177.
Oddie, G. (2008): „Truthlikeness", in: Zalte E. N. (Hg.): *The Stanford Encyclopedia of Philosophy (Fall 2008 Edition)*, URL = http://plato.stanford.edu/archives/fall2008/entries/truthlikeness/.
O'Hear, A. (1980): *Karl Popper* (London & Boston: Routledge & Kegan Paul).
Papineau, D. (1993): *Philosophical Naturalism* (Oxford: Blackwell).
Peacock, J. A. (2000): *Cosmological Physics* (Cambridge: Cambridge University Press).
Peirce, C. S. (1976 [1878]): „Deduktion, Induktion und Hypothese", in: Apel, K.-O. (Hg.): *Charles S. Peirce. Schriften I. Zur Entstehung des Pragmatismus* (Frankfurt/M.: Suhrkamp), 373–394.
Poincaré, H. (1904): *Wissenschaft und Hypothese* (Leipzig: B.G. Teubner).
Polanyi, M. (1974 [1958]): *Personal Knowledge. Towards a Post-Critical Philosophy* (Chicago: University of Chicago Press).
Popper, K. (1970): „Normal Science and its Dangers", in: Lakatos, I. & Musgrave, A. (Hg.): *Criticism and the Growth of Knowledge* (Cambridge: Cambridge University Press), 51–58.

– (1974): „Replies to my Critics“, in: Schilpp, P. A. (Hg.): *The Philosophy of Karl Popper. Book II* (La Salle: Open Court), 961–1197.
– (1979): *Ausgangspunkte. Meine intellektuelle Entwicklung* (Hamburg: Hoffmann und Campe).
– (1981): „The Rationality of Scientific Revolutions“, in: Hacking, I. (Hg.): *Scientific Revolutions* (Oxford: Oxford University Press), 80–106.
– (1984 [1972]): *Objektive Erkenntnis. Ein evolutionärer Entwurf* (Hamburg: Hoffmann und Campe).
– (1994a [1934]): *Logik der Forschung* (Tübingen: J.C.B. Mohr).
– Popper, K. (1994b [1963]): *Vermutungen und Widerlegungen: das Wachstum der wissenschaftlichen Erkenntnis* (Tübingen: Mohr Siebeck).
– (2002 [1983]): *Realismus und das Ziel der Wissenschaft* (Tübingen: Mohr Siebeck).

Portides, D. (2008): „Models“, in: Psillos, S. & Curd, M. (Hg.): *The Routledge Companion to Philosophy of Science* (London & New York: Routledge), 385–395.

Psillos, S. (1999): *Scientific Realism. How Science Tracks Truth* (London & New York: Routledge).

Psillos, S. (2000): „The present state of the scientific realism debate“, in: *British Journal for the Philosophy of Science* 51/4, 705–728.

Putnam, H. (1975): „What is Mathematical Truth?“, in: *Mathematics, Matter and Method. Philosophical Papers Volume I* (Cambridge: Cambridge University Press), 60–78.
– (1975a): „What Theories are Not“, in: *Mathematics, Matter and Method. Philosophical Papers Volume I* (Cambridge: Cambridge University Press), 215–227.
– (1975b): „The ‚Corroboration‘ of Theories“, in: *Mathematics, Matter and Method. Philosophical Papers Volume I* (Cambridge: Cambridge University Press), 250–269.

Quine, W. V. O (2003): „Ontologische Relativität“, in: *Ontologische Relativität und andere Schriften* (Frankfurt/M.: Klostermann), 43–84.
– (2003a): „Naturalisierte Erkenntnistheorie“, in: *Ontologische Relativität und andere Schriften* (Frankfurt/M.: Klostermann), 85–106.

Redhead, M. (1996): „Quantum Theory“, in: Olby, R. C., Cantor, G. N., Christie, J. R. R. & Hodge, M. J. S. (Hg.): *Companion to the History of Modern Science* (London: Routledge), 458–478.

Reichenbach, H. (1983 [1938]): *Erfahrung und Prognose: Eine Analyse der Grundlagen und der Struktur der Erkenntnis* (Braunschweig/Wiesbaden: Friedrich Vieweg & Sohn).

Reisch, G. A. (1991): „Did Kuhn Kill Logical Empiricism?“, in: *Philosophy of Science* 58/2, 264–277.

Rowbottom, D. P. (2011): *Popper's Critical Rationalism. A Philosophical Investigation* (New York & London: Routledge).
– (2011a): „Kuhn vs. Popper on Dogmatism in Science: A Resolution at the Group Level“, in: *Studies in History and Philosophy of Science* 42/1: 117–124.

Ruben, D.-H. (1990): *Explaining Explanation* (London: Routledge).

Ruse, M. (1986): *Taking Darwin Seriously: A Naturalistic Approach to Philosophy* (Oxford: Blackwell).

Russell, B. (1951 [1945]): *Philosophie des Abendlandes. Ihr Zusammenhang mit der politischen und sozialen Entwicklung* (Darmstadt: Holle Verlag).

Sady, W. (2012): „Ludwik Fleck“, in: Zalta, E. N. (Hg.): *The Stanford Encyclopedia of Philosophy* (Summer 2012 Edition), URL = <http://plato.stanford.edu/archives/sum2012/entries/fleck/>.

Salmon, W. C. (1967): *The Foundations of Scientific Inference* (Pittsburgh: Pittsburgh University Press).

– (1981): „Rational Prediction“, in: *British Journal for the Philosophy of Science* 32, 115–125.
– (1989): „Four Decades of Scientific Explanation“, in: Kitcher, P. & Salmon, W. C. (Hg.): *Scientific Explanation* (Minneapolis: University of Minnesota Press), 3–219.
– (1998): „A Third Dogma of Empiricism“, in: *Causality and Explanation* (Oxford: Oxford University Press), 95–107.
Sankey, H. (1993): „Kuhn's Changing Concept of Incommensurability“, in: *The British Journal for the Philosophy of Science* 44/4, 759–774.
– (1994): *The Incommensurability Thesis* (Aldershot: Avebury).
Saunders, S. (1993): „To what physics corresponds“, in: French, S. & Kamminga, H. (Hg.): *Correspondence, Invariance and Heuristics. Essays in Honour of Heinz Post* (Dordrecht: Kluwer), 295–325.
Schantz, R. & Seidel, M. (Hg.) 2011): *The Problem of Relativism in the Sociology of (Scientific Knowledge* (Frankfurt/M.: Ontos).
Scheffler, I. (1967): *Science and Subjectivity* (Indianapolis: Bobbs-Merrill).
Schickore, J. & Steinle, F. (Hg.) (2006): *Revisiting Discovery and Justification* (Dordrecht: Springer).
Schurz, G. (1995): „Scientific Explanation: A Critical Survey“, in: *Foundations of Science* 1/3, 429–465.
– (1998): „Das Problem der Induktion“, in: Keuth, H. (1998)(Hg.): *Karl Popper. Logik der Forschung* (Berlin: Akademie Verlag), 25–40.
– (2002): „Ceteris paribus laws: classification and deconstruction“, in: *Erkenntnis* 52, 351–372.
Shapere, D. (1964): „The Structure of Scientific Revolutions“, in: *The Philosophical Review* 73/3, 383–394.
– (1984): „Meaning and Scientific Change“, in: *Reason and the Search for Knowledge. Investigations in the Philosophy of Science* (Dordrecht et al.: Reidel) 58–101.
Shapin, S. (1996): *The Scientific Revolution* (Chicago: University of Chicago Press).
Siegel, H. (1980): „Justification, Discovery and the Naturalizing of Epistemology“, in: *Philosophy of Science* 47/2, 297–321.
– (1987): *Relativism Refuted. A Critique of Contemporary Epistemological Relativism* (Dordrecht et al.: Reidel).
– (1990): „Laudan's normative naturalism“, in: *Studies in History and Philosophy of Science Part A* 21/2, 295–313.
Silver, B. L. (1998): *The Ascent of Science* (New York & Oxford: Oxford University Press).
Sismondo, S. (2010): *An Introduction to Science and Technology Studies* (Oxford: Blackwell).
Sklar, J. (1975): „Methodological Conservatism“, in: *The philosophical Review* 84/3, 374–400.
Smart, J. J. C. (1963): *Philosophy and Scientific Realism* (London: Routledge).
Smith, G. E. (2002): „The methodology of the *Principia*“, in: Cohen, B. & Smith, G. E. (Hg.): *The Cambridge Companion to Newton* (Cambridge: Cambridge University Press), 138–173.
Sokal, A. & Bricmont, J. (1999): *Eleganter Unsinn: Wie die Denker der Postmoderne die Wissenschaften mißbrauchen* (München: C. H. Beck).
Soler, L., Sankey, H. & Hoyningen-Huene, P. (Hg.) (2008): *Rethinking Scientific Change and Theory Comparison: Stabilities, Ruptures, Incommensurabilities?* (Dordrecht: Springer).
Stalker, D. (Hg.) (1994): *Grue! The New Riddle of Induction* (Chicago & La Salle: Open Court).

Standage, T. (2000): *The Neptune File. A Story of Astronomical Rivalry and the Pioneers of Planet Hunting* (New York: Walker & Company).
Stanford, P. K. (2000): „An Antirealist Explanation of the Success of Science", in: *Philosophy of Science* 67, 266–284.
– (2006): *Exceeding our Grasp. Science, History, and the Problem of Unconceived Alternatives* (Oxford: Oxford University Press).
Stegmüller, W. (1996): *Das Problem der Induktion: Humes Herausforderung und moderne Antworten* (Darmstadt: Wissenschaftliche Buchgesellschaft)
Stump, D. J. (2007): „Pierre Duhem's virtue epistemology", in: *Studies in History and Philosophy of Science* 38, 149–159.
Suhm, C. (2005): Wissenschaftlicher Realismus. Eine Studie zur Realismus-Antirealismus-Debatte in der neueren Wissenschaftstheorie (Frankfurt/M.: Ontos).
Suppe, F. (1974): „The Search for Philosophic Understanding of Scientific Theories", in: *The Structure of Scientific Theories* (Urbana et al.: University of Illinois Press), 3–241.
Swinburne, R. (Hg.) (1973): *The Justification of Induction* (Oxford: Oxford University Press).
Swoyer, C. (2010): „Relativism", in: Zalta, E. N. (Hg.): *The Stanford Encyclopedia of Philosophy (Winter 2010 Edition)*, URL = http://plato.stanford.edu/archives/fall2011/entries/relativism/.
Thagard, P. (1992): *Conceptual Revolutions* (Princeton: Princeton University Press.
– (1993): *Computational Philosophy of Science* (Cambridge: MIT Press).
Toulmin, S. & Goodfield, J. (1961): *The Fabric of the Heavens. The Development of Anstronomy and Dynamics* (Chicago: University of Chicago Press).
Tweyman, S. (1995): *David Hume. Critical Assessments. Volume II* (London & New York: Routledge).
van Fraassen, B. C. (1980): *The Scientific Image* (Oxford: Clarendon Press).
van Fraassen, B. C. (1989): *Laws and Symmetry* (Oxford: Clarendon Press).
Vickers, J. (2011): „The Problem of Induction", in: Zalta, E. N. (Hg.): *The Stanford Encyclopedia of Philosophy (Fall 2011 Edition)*, URL = http://plato.stanford.edu/archives/fall2011/entries/induction-problem/.
Vuillemin, J. (1979): „On Duhem's and Quine's Theses", in: *Grazer Philosophische Studien* 9, 69–96.
Watkins, J. W. N. (1974): „The Unity of Popper's Thought", in: Schilpp, P. A. (Hg.): *The Philosophy of Karl Popper. Book I* (La Salle: Open Court), 371–412.
– (1984): *Science and Scepticism* (London et al.: Hutchinson).
Weinberg, S. (1992): *Dreams of a Final Theory. The Scientist's Search for the Ultimate Laws of Nature* (New York: Vintage).
Wendel, H. J. (1998): „Das Abgrenzungsproblem", in: Keuth, H. (Hg.) (1998): *Karl Popper. Logik der Forschung* (Berlin: Akademie Verlag), 41–66.
Westfall, R. S. (1977): *The Construction of Modern Science. Mechanism and Mechanics* (Cambridge: Cambridge University Press).
– (1990): „Making a World of Precision: Newton and the Construction of a Quantitative Physics", in: Durham, F. & Purrington, R. D. (Hg.): *Some Truer Method. Reflections on the Heritage of Newton* (New York: Columbia University Press), 59–87.
Worrall, J. (1989): „Structural Realism: The Best of Both Worlds?", in: *Dialectica* 43/1-2, 99–124.
– (2011): „Underdetermination, realism and empirical equivalence", in: *Synthese* 180, 157–172.

Woodward, J. (2011): „Scientific Explanation“, in: Zalte E. N. (Hg.): *The Stanford Encyclopedia of Philosophy (Winter 2011 Edition)*, URL = http://plato.stanford.edu/archives/fall2008/entries/scientific-explanation/.

Zahar, E. (1983): „The Popper-Lakatos Controversy in the Light of ‚Die beiden Grundprobleme der Erkenntnistheorie‘“, in: *British Journal for the Philosophy of Science* 34, 149–171.

– (1989): *Einstein's Revolution. A Study in Heuristic* (La Salle: Open Court).

Sach- und Personenregister